国家民族事务委员会2015年领军人才支持项目
北京市教改立项"和谐首都建设与中央民族大学民族学专业课程群构建" 资助

北京少数民族文化资源研究

苏发祥 主 编

李劲松 次仁卓玛 副主编

九州出版社 全国百佳图书出版单位
JIUZHOUPRESS

图书在版编目（CIP）数据

北京少数民族文化资源研究 / 苏发祥主编. -- 北京 ：
九州出版社，2017.5
ISBN 978-7-5108-5335-7

Ⅰ．①北… Ⅱ．①苏… Ⅲ．①少数民族－民族文化－
资源保护－北京 Ⅳ．①K280.1

中国版本图书馆CIP数据核字（2017）第108316号

北京少数民族文化资源研究

作　　者	苏发祥　主编
出版发行	九州出版社
地　　址	北京市西城区阜外大街甲 35 号（100037）
发行电话	（010）68992190/3/5/6
网　　址	www.jiuzhoupress.com
电子信箱	jiuzhou@jiuzhoupress.com
印　　刷	北京九州迅驰传媒文化有限公司
开　　本	710 毫米 ×1000 毫米　16 开
印　　张	21
字　　数	350 千字
版　　次	2017 年 8 月第 1 版
印　　次	2017 年 8 月第 1 次印刷
书　　号	ISBN 978-7-5108-5335-7
定　　价	69.00 元

目 录

北京市少数民族人口状况与民族工作服务管理机制创新

包路芳 *

中国是一个统一的多民族国家，北京作为首都，是全国的政治、文化中心和国际交流中心，是全国民族成分齐全的散杂居城市，全国 55 个少数民族都有人在京工作、学习和生活。根据 2010 年第六次全国人口普查统计，北京市有少数民族人口 80.1 万人，约占全市总人口的 4.1%。少数民族人口比例虽小，但具有民族成分全、分布面宽、联系面广、人才荟萃、影响力大、国内外交往频繁等特点。少数民族在北京的良好发展，会对全国的少数民族起到示范和辐射的作用。尤其是在京少数民族流动人口的生存和发展状况，将对全国民族地区特别是边疆地区的社会稳定产生影响。

随着北京城市化进程的加快，大量外来人口涌入北京，北京市少数民族常住人口和流动人口都迅速增加。本文主要结合历次人口普查中北京市少数民族人口的数据，分析北京市少数民族人口的增长、聚居变化趋势、民族关系发展走向等特征，并研究这些特征对新形势下北京的民族工作产生的影响，在此基础上提出相应的对策建议。

一、北京市少数民族人口状况

（一）人口总量稳步增长，民族成分齐全

建国以来至今，北京市少数民族人口总量呈现稳步增长趋势，少数民族从 5 个

---

* 包路芳，博士，现供职于北京市社会科学院。

增加到 55 个，少数民族成分全部齐全。根据 1949 年 10 月的行政区划（1255 平方公里）和仅限于城市居民的户口统计，北京只有 5 个少数民族，人口仅 9 万多人，占全市人口的 4.75%。至 1953 年第一次全国人口普查时，北京的少数民族成分上升到 38 个，占当时国务院认定的 41 个少数民族成分的 92.7%，少数民族人口增加到 17 万人，占全市总人口的 6.09%。随着北京市行政区划的扩大和少数民族人口的自然增长，到 1964 年第二次全国人口普查时，北京的少数民族成分增加到 53 个，占当时国务院认定的 53 个少数民族成分的 98.1%，人口增加到 28.52 万人，占全市总人口的 3.75%。

1982 年第三次全国人口普查时，北京的少数民族成分上升到了 54 个，占当时全国少数民族成分的 98.2%，人口增加到 32.3 万人，占全市总人口的 3.5%。到 1990 年第四次全国人口普查时，北京市少数民族有 41.4 万人，占全市总人口的 3.8%，少数民族成分增加到 55 个。从这一时期开始，北京市就成为全国民族成分最为齐全的地区。2000 年第五次全国人口普查时，北京市少数民族人口为 58.5 万人，占全市总人口的 4.3%。2005 年 1% 人口抽样调查时，北京市少数民族达到 72 万人，占全市总人口的 4.67%。2010 年第六次全国人口普查时，北京市有少数民族人口 80.1 万人，占全市总人口的 4.1%。可见，北京市少数民族人口总量稳步增加，而且还有持续增长的趋势。

北京市少数民族人口持续增长的主要原因有：一是党的民族政策得到落实，使许多过去隐瞒民族成分者恢复或更改了民族成分；二是民族院校在北京的开办不仅带来了少数民族人口的增加，也带来了民族成分种类的增多；三是因为工作调动、分配、婚嫁等原因，迁入北京市的少数民族逐步增多；四是不同民族通婚后，子女大多选择少数民族成分；五是少数民族流动人口呈现越来越多的趋势。据北京市民族事务委员会提供的数字，2010 年北京市少数民族流动人口为 29.56 万人。少数民族流动人口散布在各个区县，虽然总体数量不大，但具有民族成分较全、来源基本稳定、职业分布面广的特点。北京市少数民族常住人口和流动人口持续增长，这是落实党的民族政策和改革开放推动社会发展的显著成果，充分说明少数民族人口数量不仅受自然增长率的影响，也受社会环境的影响。

（二）随着人口总量的增加，少数民族构成日趋复杂

从北京市少数民族人口构成来看，新中国成立初期能够确定的只有满族、蒙古

族、回族、藏族和苗族 5 个少数民族，其中前 3 个民族的人口数量占据绝对优势。到 1953 年时确定的少数民族成分达到 38 个，1964 年少数民族成分达到 53 个，逐渐成为民族成分最全的城市，回族、满族、蒙古族 3 个世居民族占到少数民族总人口的 97.5%。1982 年第三次人口普查中，少数民族人口达到万人以上的世居民族有：回族 185228 人（占全市总人口的 2%），满族 116710 人（占全市总人口的 1.3%）。千人以上万人以下的少数民族有蒙古族、朝鲜族、壮族，不足千人的少数民族有藏族、维吾尔族、苗族，加上其他个别少数民族，共占全市总人口的 0.2%。

1990 年第四次全国人口普查时，北京市万人以上的少数民族是回族、满族、蒙古族 3 个世居民族，千人以上万人以下的有朝鲜族、土家族、壮族、苗族、维吾尔族、藏族，共 6 个。

2000 年第五次全国人口普查时，万人以上的少数民族增加到 4 个，分别为满族、回族、蒙古族、朝鲜族。此时满族人口 250286 人，超过了回族人口的 235837 人，位居第一位；千人以上万人以下的少数民族有土家族、壮族、苗族、维吾尔族、藏族、彝族、锡伯族、布依族、侗族、瑶族，共 10 个。10 人以下的少数民族有 8 个。

2010 年第六次全国人口普查时，万人以上的少数民族增加到 7 个，分别为：满族、回族、蒙古族、朝鲜族、土家族、壮族和苗族。根据"六普"数据，北京市各少数民族人口中排在前五位的依次是满族、回族、蒙古族、朝鲜族和土家族，占少数民族人口的 90.2%。其中，满族人口最多，为 33.6 万人，占 41.9%；其次是回族人口，为 24.9 万人，占 31.1%；蒙古族、朝鲜族和土家族人口分别为 7.7 万人、3.7 万人和 2.4 万人，在少数民族人口中的比重分别为 9.6%、4.7% 和 2.9%。与 2000 年人口普查相比，排在前五位的民族顺序没有变化，但比重有所变动。从 2000 年的"五普"到 2010 年的"六普"，千人以上万人以下的少数民族增加到 16 个。

从北京市少数民族人口的变动情况来看，从 1964 年以后，非世居的少数民族的增长速度大于世居的少数民族人口的增长速度。在 1990～2000 年的 10 年间，少数民族人口的增长速度明显快于全市人口的增幅。但到 2010 年的"六普"时期，少数民族人口的增长速度低于全市总人口的增长速度，低于汉族人口的增长速度。

（三）少数民族人口呈大分散、小聚居分布，散杂居特征日益明显

北京市作为一个多民族交错杂居的地区，少数民族人口分布始终保持着"大分散、小聚居"的居住特点。改革开放以来，随着北京市城市化进程的全面推进，逐渐改变了城市少数民族原有的居住状况，并对民族关系产生了深远的影响。特别是近些年北京市实施旧城拆迁改造以及城市化进程加快，各少数民族人口绝对数量不断上升，民族间的交往日益频繁，人口杂居状况日趋明显。少数民族人口分布出现从城市中心区向远近郊分散转移的趋势，城乡接合部少数民族人口增多，单一民族居住的街道已不存在，"大分散、小聚居"特点更加明显。

根据 2010 年的"六普"数据，从功能区分布看，首都功能核心区的少数民族人口 12.3 万人，占全市少数民族人口的 15.4%，比 2000 年减少 0.9 万人，比重下降了 7.1 个百分点；城市功能拓展区为 36.8 万人，占 45.9%，比 2000 年增加 8.9 万人，比重下降 1.8 个百分点；城市发展新区少数民族人口为 22.3 万人，占 27.8%，比 2000 年增加 11.1 万人，比重上升 8.7 个百分点；生态涵养区少数民族人口 8.7 万人，占 10.9%，比 2000 年增加 2.4 万人，比重上升 0.2 个百分点。原城区少数民族聚居规模逐渐缩小，杂居状况日趋突出，民族成分呈现多元化。54.2%的满族人口集中在海淀、朝阳、丰台、密云、怀柔 5 个区；67.2%的回族人口集中在朝阳、西城、海淀、丰台、通州 5 个区；51.5%的蒙古族人口集中在海淀、朝阳、昌平 3 个区；58.1%的朝鲜族人口集中在朝阳区和海淀区。

一些原民族乡村转制为城市社区，又形成了规模较大的新的城市民族聚居社区。少数民族人口占比在 20%～49%的有 10 个，主要分布在牛街、马甸、上地等地区，以及经历了旧村改造和市政征地的农村地区。[①] 至 2012 年，北京市少数民族主要分布在 13 个民族工作重点街道和 5 个民族乡、117 个民族村。北京市 16 个区县都有少数民族居住和工作，而且每一个区县都至少有 30 个以上的少数民族。其中，朝阳区和海淀区有 55 个少数民族，少数民族人口分布较多。东城、西城、丰台、昌平、石景山、房山、通州、顺义、大兴 9 个区有 40 个以上的少数民族，少数民族人口分布范围广泛，这在全国其他城市是很少见的。

---

① 良警宇：《北京市拆迁改造后少数民族新聚居状况调查报告》，载《北京社会发展报告（2010—2011）》，社科文献出版社，2012 年。

（四）少数民族人口年龄构成较轻，文化素质较高

北京市少数民族已进入适度增长、素质提高的良好发展阶段。2010 年的"六普"数据显示，北京市少数民族人口年龄构成比较年轻。北京市 0 ~ 14 岁的少数民族人口 9.9 万人，占全市少数民族人口的 12.4%，比常住人口同年龄段人口比重高出 3.8 个百分点；15 ~ 64 岁的少数民族人口 64.5 万人，占 80.4%，低于常住人口同年龄段人口比重 2.3 个百分点；65 岁及以上的少数民族人口 5.7 万人，占 7.2%，比常住人口同年龄段的人口比重低 1.5 个百分点。少数民族人口的平均年龄为 34.4 岁，低于常住人口平均年龄 2.9 岁。由此可见，在京居住的少数民族人口年龄结构多元化，年龄构成较轻。

与此同时，北京市少数民族人口呈现出文化素质较高的趋势。少数民族人口的平均受教育年限为 12.1 年，比 2000 年人口普查提高了 1.5 年。6 岁及以上的少数民族人口中，具有大专及以上文化水平的 30.7 万人，占 40.9%；具有高中或中专文化水平的 16.4 万人，占 21.8%；具有初中文化水平的 19.6 万人，占 26.1%；具有小学文化水平的 7.4 万人，占 9.9%。与 2000 年人口普查相比，大专及以上文化水平的人口增长较快，在少数民族人口中的比重上升了 19.4 个百分点。

北京市 46 所民族中小学已全部优先达到北京市规定的办学基本标准，部分民族学校步入全市先进学校行列，形成了学前教育、基础教育、高等教育和职业教育相结合的民族教育网络，民族教育体系初步建立，基本能够满足少数民族人口接受不同层次教育的需求。同时，培养和造就了一支数量较为充足、结构相对合理、整体素质较高的少数民族干部队伍。北京市各级各届人大、政协中，少数民族代表、委员的比例都高于少数民族人口占全市人口的比例。北京市已经形成了覆盖机关、企事业单位的超过 4.5 万人的少数民族干部队伍，约占全市干部比例的 5%，高于少数民族人口占全市人口的比例。少数民族干部越来越成为一支不可或缺的力量，参与全市政治、经济、文化等各项事业的管理。

（五）少数民族人口在就业、收入方面都有所改变

历史上，北京市的少数民族就有从事商业、服务业、物资供销、仓储业的传统。近 10 年来，富有民族特色的商业、服务业越来越受到人们的青睐。随着少数民族受教育水平的持续提高，北京市少数民族专业技术人员的比重也在逐步提高。第三产业的从业人员占 63.8%，第一、第二产业的从业人员有所降低。目前，来京

少数民族流动人口多从事批发零售、餐饮等社会服务业。

由于历史原因，北京不少民族乡村发展水平滞后。近些年来，北京市政府加大了对民族乡村的经济扶持力度，将少数民族乡村经济发展纳入全市工作总体规划。在市区以多民族居住社区建设、清真食品网点建设为重点，在民族乡村以加强水路电网等基础设施建设、改善农村生活环境和产业结构调整为重点。"十一五"期间，北京市用于少数民族事业发展的资金超过 10 亿元，其中少数民族经济发展专项资金两次翻番，增至每年 4000 万元。按照"规划先行、项目推进、部门联动、政策集成、优先发展"的思路，通过创新"以奖代补"工作机制等措施，北京市少数民族经济全面提速，少数民族人口的收入水平发生了重大变化。从朝阳区常营回族乡、通州区于家务回族乡、怀柔区长哨营满族乡、喇叭沟门满族乡、密云县檀营满族蒙古族乡 5 个民族乡来看，2006 年的人均收入为 7724 元，2007 年为 8384 元，2008 年为 9927 元。2009 年比 2001 年的 4709 元翻了一番，年均增幅达 15.8%，远高于全国农村人均收入水平。2010 年，全市少数民族村人均劳动所得达到 12052 元，所有民族村的人均劳动所得均超过 6000 元，彻底消灭了低收入村，部分民族乡村已经跻身京郊农村经济发展先进行列。

二、北京市民族工作面临的新形势新情况

当前，首都北京已经进入了全面推进以改善民生为重点的社会建设，打造文化繁荣、开放包容、和谐宜居的首善之城的新阶段。大量少数民族人口的到来丰富了北京市的多元文化氛围，少数民族城市化、城市多民族化和文化多元化趋势日益明显。在建设"人文北京、科技北京、绿色北京"的各项实践中，北京市的少数民族和民族关系出现了一系列新形势新情况，城市民族工作正面临着一系列新的挑战。

（一）北京市少数民族人口特别是流动人口持续增长，城市民族工作重点正在发生转变

2000 年"五普"时，北京市的少数民族流动人口约 9.31 万人，占全市流动人口的 2.8%，占全市少数民族人口的 15.91%。[①] 北京市民族事务委员会 2008 年的调

---

① 中国民族宗教网，http://www.mzb.com.cn/onews.asp？id=23429

查显示，来京时间半年以上的少数民族流动人口数量约为 14 万人，与户籍人口比例为 1：5。2010 年"六普"时北京市少数民族流动人口为 29.56 万人。

随着城市化的迅速发展，北京市少数民族流动人口也将以更快的速度增加。由于对其数量构成、劳动就业、社会保障、子女教育等情况缺乏动态跟踪调查，很难为政策制定、开展工作提供进一步的信息支撑。虽然北京市少数民族流动人口所占比例不大，但民族成分较全且结构趋于复杂，其融入城市社会面临着"三多三难三缺少"，即困难多、就业难、缺少利益诉求渠道；矛盾多、化解难、缺少调节机制；差异多、沟通难、缺少交流平台。受制于政府部门条块分割的管理体制，城市民族工作在协调解决经济、就业、教育、治安、医疗等纠纷上，缺少有效手段，往往依靠民族干部和少数民族代表人士进行调解，难以形成规范化和高效化的工作。

北京市民族事务委员会从事民族工作的业务处仅有 2 个，主要职能中并没有针对少数民族流动人口的服务管理定责。随着北京市少数民族流动人口持续增长，城市民族工作正在发生"5 个转变"，即从封闭的工作体系向更加多样开放转变；从常住人口向流动人口转变；从临时应对向长效机制转变；从单纯为外来少数民族排忧解难向引导外来少数民族融入城市社会转变；从单纯的服务管理向重引导、求平衡转变。过去的民族工作主要围绕少数民族常住人口展开，伴随城市化的进程和人口流动的加剧，少数民族流动人口的服务管理工作已成为城市民族工作新的重点和难点，成为影响城市民族关系的重要方面。城市民族工作的内容和范围将不断扩大，工作任务也将更加繁重。

（二）城市化进程加快和多元化的利益诉求，对城市民族工作提出了新的要求

社区是城市民族工作的基础，拆迁改造后的少数民族聚居社区正在重组，拆迁改造带来的少数民族就业、宗教活动场所、特需商品供应、子女入学等问题的解决需要一个循序渐进的过程。当前北京市信仰伊斯兰教的少数民族有回、维吾尔、哈萨克、乌孜别克、塔吉克、柯尔克孜、塔塔尔、保安、撒拉、东乡 10 个，人数近30 万，约占全市信教总人数的一半。与之日常生活密切相关的清真饮食网点、宗教活动场所和丧葬墓地的需求也日益增加。随着少数民族物质和精神生活的提高，其平等意识、自我意识、发展意识正在逐步增强，要求尊重本民族的风俗习惯、历史传承和宗教信仰；要求建立单一民族社会组织（如联谊会之类），过单一民族的

节日的呼声也日渐高涨。可以说，北京市的少数民族关注本民族的地位和民族自我意识的程度比以往任何时候都更加强烈。

北京市的少数民族流动人口主要来自河北、吉林、甘肃、内蒙古、新疆等地区，涉及全国30个省、自治区和直辖市的53个民族。散布在各个区县，集中在朝阳区、海淀区、丰台区和石景山区，环城带区县次之。这在一定程度上加速了北京市的民族融合进程，也对少数民族的社会服务和管理提出了更高的要求。由于民族认同、文化背景、宗教信仰和风俗习惯等原因，流入北京的少数民族倾向于分散聚居，一般是以家庭、亲朋好友为主，或以同乡、同民族聚居为主，具有十分明显的地域性和民族性。

少数民族流动人口形成的新的小聚居区，则产生了新的民族宗教文化需求，如维吾尔族聚居在甘家口新疆驻京办附近，望京一带朝鲜族比较集中。而来自西北从事清真餐饮业的回族个体户，常以一个家庭加上亲朋好友、同乡、同民族相对聚居。而在北京的撒拉族流动人口群体，自20世纪80年代末开始，陆续从青海循化地区来到北京，主要靠开饭馆谋生，到现在已经有了300多家撒拉人开的饭馆。[①]大量来自边疆民族地区的务工人员，具有流动性较大、文化层次较低、汉语水平不高等特点。除了民族风俗习惯、宗教信仰、语言文字等传统因素长期存在外，流动人口与城市管理的摩擦增多。个别执法人员的思想认识和工作理念不能适应新形势下的首都民族工作，管理方式简单僵化。随着北京市少数民族流动人口成分增多，分散聚居，不同民族之间因经济利益、风俗习惯等方面的差异导致的矛盾纠纷也必将会有所增多。因此，针对民族关系的协调事务将更加复杂，针对少数民族流动人口的服务和管理任务将越来越重，这给城市民族工作提出了新的更高的要求。

（三）城市管理与民族宗教问题交织，增加了城市民族工作的复杂性和不确定性

大批少数民族来北京务工经商，随之而来的还有本民族的宗教习俗。少数民族在生活习俗与宗教信仰方面的特殊性，使其在增加首都民族文化多样性的同时，也因差异性而容易产生纠纷，强化狭隘的民族和宗教意识。民族关系如果出现问题，就容易与宗教问题一起集中爆发，甚至迅速蔓延，引起连锁反应，成为极端事件的

---

① 沈瑜祥：《活在他处——从结构与实践看在京开饭馆的撒拉人的生存状况》，中央民族大学2011年硕士学位论文。

"导火索"。尤其是北京作为一个国际化大都市，民族和宗教方面的对外交往活跃，各种民族宗教问题容易被境内外敌对势力所利用——利用首都的"放大效应"制造事端。当出现涉及少数民族的矛盾和摩擦时，有可能把本是一般的社会问题放大升级，转化成"民族问题"，造成一般问题的"泛民族化"，使得民族和宗教问题更加复杂多变。

近年来，北京市民族关系和谐稳定，继续保持了团结和谐的态势，没有发生影响重大、性质恶劣的因民族宗教问题而引发的群体性事件。因城市改造、拆迁等问题偶发的少数民族矛盾纠纷，也都得到了很好的解决。但是，有的矛盾纠纷并不属于民族宗教问题范围，但由于社会因素与民族宗教问题交织在一起，致使问题复杂化。

另一方面，北京市少数民族分布面广、分散、杂居的特点日益突出，少数民族流动人口与城市管理的摩擦日益增多，均在不同程度上增加了民族关系的复杂性和城市民族工作的不确定性，从而对民族团结提出了更高的要求。

（四）民族工作社会化参与程度不高，城市民族工作法制建设滞后

随着北京市各民族交往联系更加紧密，民族关系日益成为一种全社会范围内的关系，深入到首都生活的方方面面，由此带来的影响民族关系的因素也越来越多样化、日常化和复杂化。城市民族工作已不再仅仅是民族工作部门的事，而成为城市管理工作的一个组成部分。当前，北京市的民族工作社会化参与程度不高，需要进一步加强对党和国家的民族工作方针政策、民族知识的宣传力度和效果，形成全社会的共同参与。

北京市的社会建设、流动人口管理等组织机构多设在市委系统，而民族工作则属政府管理部门，加入不到市委系统的组织建构中，造成实际工作中得不到应有的重视。此外，城市民族工作的复杂性牵涉到方方面面，需要形成社会合力。民族工作部门不仅要善于发挥体制优势，协调建立政府部门的联动机制，也要善于整合配置社会资源，建立社会协作机制，聚社会之能，真正形成党委领导、政府推动、社会运转、多方协同、大众参与的工作格局，切实增强民族工作的整体性、协同性、合作性。同时，北京的民族工作还要承担起与首都功能相对应的、面向全国少数民族和民族地区的工作，如流动人口的服务与管理、对口支援等延伸性工作。各城市民族工作部门之间以及政府之间、各城市与民族地区之间的合作配合已经成为现实

需要。这就要求城市民族工作不能仅停留在传统体系内部，必须拓展到更广的社会领域，由分散的、部门化的、低层次的工作方式，转向系统的、社会化的、高层次的工作方式。

当前，城市民族工作法制建设滞后。1993 年国务院颁布实施的《城市民族工作条例》已经难以适应市场经济体制的变化，对城市民族工作的管理缺乏可操作性，不能适应新时期北京市少数民族人口管理服务的新情况新变化。1999 年施行的《北京市少数民族权益保障条例》也应加紧修订，以适应民族工作的新形势和新要求。

三、创新民族工作社会服务和管理的对策建议

北京的特殊地位和作用，使北京市的民族关系对我国民族关系的影响日益显著，北京市的民族工作在城市工作和我国民族工作中的地位与作用越来越突出。面对新时期北京市民族工作的新形势新任务，不断加强和创新民族工作的社会服务和管理机制，做好北京市少数民族的工作，对全国的民族团结、社会稳定和经济发展具有全局性的重要意义。

（一）充分发挥北京的政治中心、文化中心优势，营造民族团结氛围，构建和谐的民族关系

北京历史上就是一个多民族共同居住的城市，各民族文化在此汇聚交融。持续增长的少数民族人口作为宝贵的人力资源和多元文化的承载者，带来了丰富多样、异彩纷呈的民族文化，为首都文化事业的大发展大繁荣源源不断地注入活力。

在民族政策的宣传上，要充分发挥北京市的政治、文化中心优势，大力营造各民族"共同团结进步、共同繁荣发展"的舆论氛围和文化包容的社会环境；贯彻"汉族离不开少数民族、少数民族离不开汉族、少数民族之间相互离不开"的思想；积极引导北京广大市民和少数民族常住人口、流动人口树立"北京是全国人民的首都"意识，发扬包容厚德的北京精神，充实"人文北京"的内涵；深入开展平等、尊重、关爱、融入的城市民族工作宣传教育活动，宣传少数民族在京创业的典型事迹。通过民族团结进步创建典型的培育和宣传，营造各族人民互相尊重、互相学习、互相帮助，共享城市文明的良好氛围，形成 56 个民族"共存共荣、共建共

享、共进共识"格局；在大众化的媒体上，加大对少数民族文化的推介力度，把少数民族文化引入主流媒体当中，并形成辐射效应；建立民族文化间的全方位交流模式，通过举办民族联谊活动，拉近不同民族成员间的距离。通过举办"56个民族讲坛"等喜闻乐见的多样化形式，广泛普及民族知识，不断巩固和发展"平等、团结、互助、和谐"的社会主义民族关系。

要多层次、立体化、全方位宣传党和国家的民族宗教政策，增强宣传的针对性和时效性，提高全社会对民族宗教政策的认知，使党和国家的民族宗教政策广泛深入人心。从着眼"小社会"的宣传向着眼"大社会"的宣传转变；从侧重于特殊性的宣传向以认同性为主导的宣传转变；从控制信息式的宣传向开放传播型的宣传转变。围绕这"三个转变"，在范围上由过去的以专职干部和少数民族群体为主要教育对象，向民族团结教育进社区、进学校、进家庭、进企业、进社团拓展，提高民族宣传工作社会化的程度；整合传统的宣传、教育、文化等方面，打破部门界限，争取各方面的参与、支持和配合，形成多层次、立体化、全方位的"大宣传"工作格局；加强对一线领导、基层干部经常性的民族宗教政策和法规的学习教育；加强行业宣传，对窗口服务单位、执法人员、社区流管员等一线人员进行宣传培训。

（二）提高认识，加强组织领导，推动城市民族工作社会化

必须充分认识城市民族工作的重要性，彻底转变忽视城市民族工作、将民族问题边缘化的观念。统一认识、形成合力，是及时化解涉及少数民族突发矛盾纠纷的保障。深化流入地与流出地政府之间的良性互动机制，进一步强化首都与边疆民族地区的信息沟通与协调配合。充分发挥当地民族宗教部门作用，有效地协调与合作，共同处置少数民族流动人口服务和管理中遇到的各类问题。总结以往涉及少数民族流动人口突发事件处理的成功经验，形成更加成熟的工作机制；要充分发挥北京市民族工作部门的牵头作用，建立健全公安、城管、工商、税务等相关部门密切配合、齐抓共管的长效机制。充分发挥多部门"信息共享、任务明确、各司其职、统一部署、协调行动"的整体优势，形成城市民族工作的合力；建立涉及少数民族的突发事件预防和处置机制，及时妥善处理群体性事件，防止"消防队"式的处理模式；加强对北京市少数民族情况的动态跟踪、数据搜集和调查研究，构建覆盖全市的信息监测网络系统，定期研究新情况新问题，及时掌握各类信息，为有效制定政策和推动工作提供依据和参考。

改革开放 30 多年来，我国各民族交往处于历史上最为活跃的时期，众多领域出现新的民族族际组合态势，民族间直接经济利益呈现多元化趋势，民族工作部门已无法仅靠自身力量，去应对点多面广的复杂局面。从传统的职能定位中跳出来，借政府之力，聚社会之能，把散杂居城市民族经济社会发展的任务进行科学的"分解"和"转移"，在"分解"和"转移"中，建立起一个关于民族工作的社会协作机制，这就是"民族工作社会化"的内涵。要想做好散杂居城市的民族工作，一定要致力于提高民族工作社会化的程度。

在不断推进政府机构改革的大背景下，民族工作部门的职能也要随之深刻转变，把民族工作从"部门推进"转变为"社会推进"，将散杂居城市民族工作从零散的、部门化的、低层次的工作方式，转化成系统的、社会化的、高层次的工作方式，要大胆到社会各个领域里挖掘和配置新的资源，在新的层次上实现并扩展民族工作部门的职能。如：充分发挥北京市已有的民委委员制的作用，建立起整合与创新的工作机制；紧紧依靠区县，使民族工作进入区县党政工作的统一部署；充分发挥各有关部门和社会力量的积极作用，实现"五个进入"，即通过民族工作进社区、进学校、进企业、进社团、进乡村，提高民族工作社会化程度。在政府推动下，形成全社会共同支持和促进的良好局面，形成"党委领导、政府负责、社会协同、公众参与"的社会管理新格局。

（三）保障和改善少数民族生产生活，提高服务管理水平

保障和改善少数民族生产生活是城市民族工作的出发点和落脚点，是贯彻落实党和国家的民族政策的具体体现。

首先，北京市要加快发展城市民族经济，将其纳入地方总体经济规划。通过出台相关优惠政策，加大对城市民族贸易和少数民族用品生产定点企业的扶持力度，引导和鼓励各民族群众从事民族特需品供应、民族餐饮业等具有民族特色产业的生产经营活动，推进民族企业的产业化、规模化、现代化发展进程。

其次，要积极保障城市化过程中土地被征用、居住被重组的少数民族群体的合法权益，尊重他们的生活习俗，构建覆盖城乡的民族特色服务体系，把少数民族权益保障落到实处。特别是对有特殊需求的群体，重点解决好"入口"（清真饮食）、"入土"（殡葬）、"入院"（看病治疗）、"入寺"（宗教活动）"四入"服务。随着传统的世居少数民族聚居格局被打破，少数民族社区的杂居程度进一步提高。在征地

和拆迁改造过程中，需要和城市规划建设部门一同考虑少数民族的特殊性和宗教因素，使新形成的民族聚居区更为合理。如宣传以牛街街道为代表的"相互尊重，团结互助，同步繁荣，共享成果"的典型经验，将"为少数民族群众提供系列化精细化服务"的理念和做法推广到全市的街道社区，打造更多的"牛街式"街道。同时，注重保障被征地少数民族的长远生计问题。关注少数民族下岗职工和特困人口的实际困难，在解决其基本生活保障的同时，设法通过技能培训等途径为其创造再就业的机会。

对城市少数民族流动人口坚持以属地管理为主，重视社区在城市管理中的基础平台作用，通过"属地化管理、市民化服务"等方式，完善政策保障措施。在信教的少数民族流动人口集中地区，设立临时宗教活动场所，统一规范管理，以满足少数民族群众宗教信仰的自由；加强对少数民族流动人口就业的"绿色通道"建设，保障少数民族基于风俗习惯的特殊需求。在履行市场监管、公共服务、社会管理职能时对各少数民族一视同仁，坚决制止在生产、经营、服务、用工等环节上的歧视行为。此外，在社会管理和公共服务部门应适当配备少数民族干部，切实维护少数民族的合法权益。

进一步建立健全少数民族在京务工经商服务管理工作的机制。全市各部门、各区县按照"平等对待、积极引导、加强服务、依法保护"的原则，主动帮助在京少数民族解决看病就医、租住房屋、子女入学等方面的困难；充分运用市政法委、统战、工商、综治、流管、维稳、民宗、公安、对口支援与经济合作等部门参加的组织协调机制，统筹组织开展服务管理工作；发挥贸易市场经营企业的作用，为来京的少数民族地区商户提供经营平台，创造经营条件，组织大商户集中签订民族地区商品在京销售，在市场安排上给予一系列优惠措施，使民族地区商户"能进北京，能致富"。比如，新发地市场投资1000多万元为来自新疆和田、喀什地区的120多名商户建立了"维吾尔商户之家"，一年内销售新疆农产品23.86万吨。

（四）强化法制建设，提高城市民族工作法治化和规范化水平

必须加快城市民族工作法制建设。原有的相关条例尚未上升到法律层面，而且许多内容与当前城市民族工作的实际已经很不相称，对于城市少数民族的各种权益保护更多使用"可以、适当、倾斜"等主观概念，缺乏可操作性标准。要加快城市民族政策法规的"立、留、改、废"进程，结合城市民族工作的新变化、新情况，

抓紧修订 1993 年国务院颁布实施的《城市民族工作条例》，切实增强其针对性、实效性和可操作性，如增加对少数民族流动人口权益保障的规定规范。应尽快出台国家《清真食品管理条例》《散居少数民族权益保护法》等相关法律法规，为城市民族工作提供有力的法律保障，确保新时期散杂居城市民族工作在一个更高的层面展开。

当前，北京市要逐步健全"地方性法规—市政府规章—各部门规章制度"的民族法制体系，使民族政策法规为各级党委政府和社会各界所熟悉，以规范民族关系，推动民族工作制度化、规范化。加快配套行政法规和地方性法规的制定。如：清真食品的依法经营、市场监管问题及企业的优惠政策问题；回民公墓的设施条件问题；多种所有制并存下的优惠政策制定和实施问题。深入贯彻落实《北京市少数民族权益保障条例》等各项规定，由传统的偏重于依靠政策办事转向政策指导下的依法行政，转变"一事一议""有事才议"的工作方式。在此基础上，加紧修订 1999 年施行的《北京市少数民族权益保障条例》，并与流动人口服务管理的法规相衔接、相配套。将少数民族流动人口的权益保障、政府部门服务和管理工作的职能、社区民族工作的法律地位等列入《条例》，使少数民族流动人口能够依法行为，政府部门能够依法行政，社区能够依法自治。

此外，建立和完善民族政策法规执行情况的督促检查监督机制，做到有法必依，执法必严，违法必究。在法律规范下，保证城市民族关系的巩固与发展。同时，要完善其他领域涉及民族工作的法律法规，实现专门的民族法律法规与其他领域法律法规的有效衔接。如将民族宗教方面的信访和突发事件纳入法制化管理的轨道。坚持"两是两避"原则，即是什么问题就解决什么问题，避免问题复杂化；是什么人的问题就解决什么人的问题，避免问题扩大化。对涉及少数民族的问题要准确定性，依法处理，维护法律的尊严和城市社会环境的长治久安。

试论少数民族对北京传统民俗文化的影响

刘 军 *

北京是文化古都、历史名城。从辽代开始，便逐渐成为北方乃至全国的政治、军事和文化中心。首都的特殊地位，加之辽、金、元、清 4 朝为少数民族政权，使北京又成为边疆少数民族文化与中原汉族文化的交汇之地。"无论她的都市风貌，还是文化内涵，都展现了五彩斑斓的民族特色。京师不但是政治中心，也是文化融汇中心"。① 因此，北京的文化，包括民俗文化，既不是普通的、一般的地域文化，也不是某个民族的单一民族文化，而是以汉族文化为主体，又融合了契丹、女真、蒙、回、满、藏等少数民族文化而形成的多元文化共同体，是多元一体的中华民族文化的结晶与代表。

从北京的传统民俗文化来看，不少民俗事项、民俗活动的形成、演变和发展，都曾深受少数民族，特别是蒙古、回、满族文化的影响。可以说，北京的衣食住行、婚丧嫁娶、岁时节日、竞技娱乐等传统习俗中，都或多或少地熔铸着少数民族文化的烙印。

一、满族服饰文化对北京服饰民俗的影响

众所周知，清代，在清政府"首崇满洲"的政策下，满族的服饰文化对北京乃至全国的服饰民俗都产生过重要影响。从北京的服饰民俗来看，其影响主要表现在 5 个方面：一是旗袍、马褂等满族传统服装的普及与全民化；二是男子发型的改变，

---

* 刘军，蒙古族，现供职于北京市雍和宫。

① 曹子西：《北京通史》（第七卷），中国书店，1994 年，第 71 页。

即"半蓬半留"、剃发垂辫习俗的形成；三是女服衣襟、领缘、袖口等处装饰的增加和"十八镶"装饰风格的形成；四是刺绣小挂件（民间俗称"活计"，有七件一套的，称"七件头"，有九件一套的，称"九件头"。）荷包、扇套、眼镜盒、扳指套等佩饰的流行；五是妇女佩戴绢花、绒花、纸花或鲜花习俗的兴盛等。满族服饰文化对北京服饰民俗的这些影响，是通过两个阶段、两种方式实现的。

第一阶段是清代初期，是通过清政府政治性、民族歧视和民族压迫性服饰改革，即强迫同化的方式进行的。

清朝是以满族统治阶级为主体建立的封建王朝，清军入关，定鼎北京以后，清朝政府立即开始了定服制、"易服色"的工作，把坚守和推广满族服饰制度作为"固国之本""立国之经"。下令严禁汉人继续穿着宽襟大袖的明代服装，必须剃发垂辫，改穿满族的"旗装"，如有违抗或逃避者"杀毋赦"。企图以换装易服为归顺降服的标志，强制人们从衣冠、发式到思想意识都承认并接受其统治。早在1644年6月5日，多尔衮率八旗军刚刚抵达通州时，就发布了"剃发令"。① 此令一出，立即遭到汉族人民的坚决反抗。鉴于天下未定、时局动荡，满族统治者被迫复准"天下臣民""照旧束发"。但一年以后，"剃发令"再次颁行全国。其中提到：天下现已大定，"若不划一，终属二心，不几为异国之人乎"？"自今布告之后，京城内外限旬日"，尽令剃发。"遵依者，为我国之民；迟疑者，同逆命之寇，必置重罪"，"即行传谕京城内外"，"俾文武衙门官吏、师生、一应军民人等，一体遵行"。② "天子脚下"的北京，剃发易服令执行得最严。当时清政府派出剃头匠，在西四、东四、地安门等各主要路口搭起席棚，甚至派出兵勇充当剃头匠，挑担巡游于街巷之中，以响唤头（旧时北京理发匠用的一种长约三四十厘米、形似大钢铁镊子的工具。使用时将一根粗铁棍插入其间，快速由两尖之间划出，两尖碰撞，发出一种特殊的声响，以招人前来剪发剃头，故称。）为号令，强行为仍然"拢发包巾"者剃去前额头发，如有抗拒者，就地正法。因此，当时有"留发不留头，留头不留发"之说。剃发令颁布之后不久，又有谕旨下达礼部："官民既已剃发，衣冠皆宜遵本朝之制。从前原欲即令改易，恐物价腾贵，一时措置维艰，故缓至今日。近见京城内外军民，衣冠遵满式者甚少，着旧时巾帽者甚多，甚非一道同风之义，尔部即行文顺天府五城御史，晓示禁止。官吏纵容者，访出并坐。仍通行各该抚按转行

---

① 《清世祖实录》卷五。
② 《清世祖实录》卷十七。

所属，一体遵行。"① 此后，制作和出售明装巾帽的店铺被强令关停。在这种政治高压和暴力威逼之下，很多人被迫留起了辫子，脱掉了祖祖辈辈穿着的宽襟大袖的汉装，穿起了紧身窄袖的旗装。

第二阶段是清朝中后期，是通过民间长期潜移默化的影响，以自然同化的方式实现的。

清初的强制性服饰改革遭到了汉族人民的强烈反对，为了缓和因此而引发的满汉间的民族矛盾，清政府只好做出让步，采纳了明朝遗臣金之俊的"十不从"（实际上是十从十不从，即男从女不从；生从死不从；阳从阴不从；官从隶不从；儒从而释、道不从；娼从而优伶不从；仕宦从而婚姻不从；国号从而官号不从；役税从而语言文字不从。）建议，剃发易服主要针对普通的成年男性，而妇女、出家人及婚礼服、丧服等均可用明装，保持汉族的传统习俗。但此后由于京城满族及蒙、汉八旗人口剧增，社会生活日趋安定，特别是经过"康乾盛世"，北京的经济呈现中兴繁荣之势后，人们对清朝政府、对满族文化的态度与观念，逐渐由初期的抗拒、抵触转向认同与接纳，满汉文化实现自然的交汇与融合。不仅男子，很多汉族妇女也渐渐看惯了旗袍，穿起了满装。以至于到了辛亥革命以后，人们像当年抵制剃发蓄辫和旗袍马褂一样，抵制民国政府的"剪辫令"。把青年人的"维新"服饰斥之为异端，极力维护传统旗装的正统地位。北洋政府和国民政府也顺应当时民众的生活习惯，将旗装定为"国服""礼服"。甚至五四新文化运动的先锋——北京大学的学生们也将其定为"校服"。直到新中国成立以前，北京的男装基本上是清代旗装的变种——长袍的天下，女式旗袍也相当流行。即使今天，女式旗袍仍享有着"国服""礼服"的荣耀，深受京城女性的青睐。

当然，满汉服饰的影响是相互的，在影响汉族服饰的同时，满族服饰在质料、工艺、式样等方面也吸收、接纳了很多汉族服饰的内容和特点。

二、蒙古、回、满族饮食文化对北京饮食民俗的影响

饮食民俗是各民族民俗文化的重要内容之一，具有很强的稳定性、传承性和播布性。历史上，众多的蒙古、回、满族人迁居北京，带来了本民族独特的饮食习惯和烹调方法，丰富了北京人的饮食结构、烹饪方法，推动了"京菜"的形成和北京

---

① 《清世祖实录》卷十九。

饮食业的繁荣与发展。

　　从饮食结构来看，蒙古族是传统的畜牧业民族，素以牛羊肉和奶食为主。满族则是农业和渔猎业并重，喜食玉米杂粮和山珍野味的民族。回族是伊斯兰教民族，禁食猪肉，喜食并擅长烹制牛羊肉和各种面食品。他们的饮食习惯、爱好和需求，影响、带动了北京的市场和北京人的生活。清代，北京销售牛羊肉、奶制品和东北地区土特产品的店铺，尤其是羊肉铺很多，羊肉的消费量很大。老北京卖羊肉的店铺一般都设有一个床形的大木案，以便切割和摊放羊肉，因此而得名"羊肉床子"。经营羊肉床子的多为回民，但羊则主要来自京北长城之外的蒙古族地区，俗称"西口大羊"。有些规模较大的羊肉床子为了降低成本，还设有饲养场，自己也饲养一些绵羊。羊肉床子不仅卖生肉，还制作烧羊肉及羊头、羊杂碎、羊肉馅包子等熟食出售。当年烧羊肉、爆羊肚、杂碎汤等都是北京脍炙人口的风味食品。关于奶食品的情况，沈太侔《东华琐录》载："京师筵宴，蒙回并列藩国，故筵前饮器，以牛乳为珍贵必备之品，上日御两膳，大官光禄，别以金银器蓄之。市肆亦有市牛乳者，有凝如膏，所谓酪也，或饰以瓜子之属，谓之八宝，红白紫绿，斑斓可观。溶之如汤，则白如锡，沃如沸雪，所谓奶茶也。炙奶令热，熟卷为片，有酥皮、火皮之目，实以山楂、核桃（仁），杂以诸果，双卷两端，切为寸断，奶卷也。其余或凝而范以模，如棋子以为饼；或屑为面，实以馅而为饽，其实皆所谓酥酪而已。"[1]

　　除肉、奶食品外，北京的米、面类食品也有不少来自少数民族。如火烧、油饼、油炸果等原是回族食品；面茶是蒙古族食品；灌肠、豆面糕、萨其玛、芙蓉糕等是满族食品。旧时北京有很多制售糕点及其他面食品的"饽饽铺"，不仅原料、制作方法多来自满族，而且这"饽饽"之名也为满语。"萨其玛乃满洲饽饽，以冰糖、奶油合白面为之，形如糯米，用不灰木烘炉烤熟，遂成方块，甜腻可食。芙蓉糕与萨其玛同，但面有红糖，艳如芙蓉耳"。[2]

　　从烹饪方法来看，蒙、回、满等北方民族的烧、烤、涮、煮、炖、炸等传统烹饪方法也早已传入北京，融入了北京人的生活之中。仅以烧烤为例，烧烤是北方游牧、渔猎民族古老而普遍的烹饪方法之一。北魏贾思勰《齐民要术》中介绍的"胡炮肉"、《晋书·五行志》所记的"羌煮貊炙"，指的都是这种烹饪方法。蒙古族的

---

　　① 何刚德，沈太侔：《话梦集·春明梦录·东华琐录》，北京古籍出版社，1995年，第189、190页。

　　② 潘荣陛，富察敦崇，查慎行，让廉：《帝京岁时纪胜·燕京岁时记·人海记·京都风俗志》，北京古籍出版社，2001年，第88页。

食肉方法除煮制手扒肉外，常用的就是烧烤的方法。古代，其烧烤的方法主要有两种，一种是将干肉条或鲜肉块直接挑举于火上烤熟。另一种是《元史》中所载的"掘地为炊以燎肉"，即掘地为坑，坑内烧柴，上悬架羊肉甚至整羊进行烘烤的方法。对此，《饮膳正要》还有详细的记载："羊一口带毛。右件于地上作炉，三尺深，周回以石烤，令通赤。用铁芭盛羊，上用柳子盖覆，土封，以熟为度。"维吾尔族的烤全羊的方法也与此类似。长期生活在东北白山黑水间的女真人及其后裔满族，也有用烧热的石板、平底锅或铁帘子烤狍肉、鹿肉和猪肉的习俗。这些方法在蒙古、满族入主北京后，都先后传入北京，经过不断的改进变化，形成了具有北京风格的烧烤食馔。《调鼎集》曾这样记载北京烤全羊、烤羊腿的方法："以整绵羊收拾干净，挖一坑，以炭数百斤，生红渐消，乃以铁练挂整羊，其中四面以草皮围之，不使走风气味。过夜开出，羊皮不焦而骨节俱酥，比平常烧更美。若内仿做，即整羊腿肥羊以饼炉如法制之亦可。但火候须庖人在行耳。"

清代以来，不仅宫廷和豪门贵族的"满汉全席"中烧烤占有重要位置，而且民间烧烤之风亦颇为流行。特别是清朝中叶以后，一些专营烤牛羊肉的摊点和店铺陆续出现。烤肉的用具也进一步改进，铁炙这种更易于烤制，又可传果木香味的工具被普遍采用。每至秋冬季节，烤肉香飘北京城，成为北京食馔一绝和人们追求的时尚。在此基础上还发展形成了一些著名的烤肉老店，如前门的正阳楼和北京的"烤肉三杰"：地处西单安儿胡同的"烤肉宛"、地处什刹前海东南角的"烤肉季"和先农坛四面钟地方的"烤肉王"。并形成了京味十足的吃烤肉的两种方法：文吃和武吃。文吃是由服务员将肉烤好后端上桌来，顾客慢慢品尝。武吃是食客自立炉侧，足蹬长条凳，持筷夹肉，边烤边吃。清人夏仁虎《旧京琐记》载："八九月间，正阳楼之烤羊肉，都人恒重视之。炽炭于盆，以铁丝罩覆之，切肉至薄，蘸醢酱而炙于火，其馨四溢。食肉亦有姿式，一足立地，一足踞小木几，持箸燎肉，傍列酒尊，且炙且啖且饮。"

除烤肉外，旧时北京还有一道源于满族的著名风味菜肴"烧燎白煮"，也是用烧烤加白煮的方法烹制的。所谓"烧"指烧碟；"燎"指先用火烧烤至半熟，然后再洗净入锅煮透煮熟，切片上桌而食的"燎肉片"；"白煮"是指放入清水锅中煮熟，然后切片蘸酱油等调料食用的"白肉片"。[1] 是北京人常吃的家常菜。

---

① 萨兆沩：《京城烧烤》，北京燕山出版社，1998年，第94页。

从北京庄馆饭店的发展繁荣和北京菜系的形成来看，回族人民清真饮食的影响和贡献尤为鲜明。

清真饮食在北京的发展始于元代。明代，北京的清真厨行已是名师高手辈出，声名显赫。著名的就有"阜成门的厨子魏，德胜门外的厨子金，崇文门的厨子鲍，朝阳门的厨子黑"[①] 等。清乾隆年间，宫廷举行盛大宴会时，已开始设置清真筵席。到了清末民初，北京的清真饮食业更加兴盛和繁荣，当时著名的庄馆就有"元兴堂""同和轩""两益轩""同益轩""同聚馆""西域馆""鸿宾楼""畅悦楼""庆宴楼""白魁""东来顺""西来顺""一亩园"等。各馆之间同风同源，又各有所长，形成北京菜系中一个特色鲜明的重要流派——北京清真菜。

除上述这些大店名馆外，当时北京城中还有许多回民经营的"羊肉床子""饽饽铺子"及大大小小的小吃店铺、摊点等。前门外的门框胡同，就是老北京有名的回民风味小吃一条街。"白记豆腐脑"、香甜的年糕、醇香的复顺斋酱牛肉、脆嫩无比的"冯记爆肚儿"等，每天都吸引着成百上千的老北京人纷至沓来，一饱口福。

老北京的回民厨师中，除自己经营或受雇于饭庄、饭馆之外，还有从事"口子厨行"，专门"跑大棚"，应承红白喜宴的。他们或"包席"（包工包料），或"散作"（只出工不包料），重质量，讲信誉，勤恳劳作，精诚备至，以"大棚厨子"特有的方式直接参与北京百姓的生活，也为北京饮食业的繁荣与发展贡献了力量。

三、蒙古族、满族居住文化对北京居住民俗的影响

蒙古族、满族曾先后入主北京一二百年，不仅对北京城市格局的奠定，而且对"胡同""蓝旗营"等街巷称谓的形成、居民的分布及相关习俗的形成等产生了重要影响。

"胡同"是北京人对街巷的称谓。过去北京的胡同达 3000 多条，像网一样纵横交错，连接起所有的院落，组成了规模宏大的北京城。北京人也大都居住、生活在大大小小的胡同里。

"胡同"产生于元代，"胡同"之名也并非汉语，而是蒙古语音译，本作"衚衕"，后作"胡同"。"胡同"在蒙古语中是"水井"之意。蒙古族过去是"逐水草而迁徙"的游牧民族，无论走到哪里，首先关注的都是人畜生存所需的水。他们来

---

① 周家望：《老北京的吃喝》，北京燕山出版社，1999 年，第 167 页。

到大都，定居在城市中，自然也要考虑水源问题，井泉是居民的生命之源。当胡同这种居住形式出现在大都，将原本分散在水井周围村落里的人们集中居住时，水井——"胡同"这一基本的居住条件便成为这种新式居住形式的代名词，并相沿成习，传承至今。胡同来自蒙古语，"蓝旗营""镶白旗""红旗村"等地名则与清代八旗驻军和满族居民的分布相关。努尔哈赤创立八旗制度以后，满族人均被划入旗籍。各旗之人相对集中居住，战时为兵，生产为民。清军入关进京以后，仍沿袭此制。于是，北京形成一种新的特殊的居住形式——"旗营房"，即八旗驻军的军营房。当时驻京旗营分护军营、健锐营、圆明园护军营、火器营等。护军营八旗居城内，守卫京师。其中，正黄、镶黄两旗居北城，正白、镶白两旗居东城，正红、镶红两旗居西城，正蓝、镶蓝两旗居南城。[①] 其余三营为"外三营"，驻扎在京城的西北郊。旗营房是兵民合一的地方，里面的住户全是"出则为兵，入则为民"的八旗子弟兵和家属。营房的建筑形式及内部的家具摆设等也保留了许多满族传统民居的特点，"口袋房，万字炕，烟筒出在地面上"。1911 年，辛亥革命爆发后，北京各旗营纷纷解体，所居之旗营房多转为居民区。现在，老营房虽已基本上见不到了，但附近仍有不少满族人居住。而且，由各旗营的分布而产生的地名也存在不少。除上述 3 个外，还有安定门外的"西营房胡同"，东直门外的"营房头条"至十条，朝阳门外"南营房头条"至八条；法华寺南"营房东街""营房西街""营房宽街"，阜成门外"北营房西里""北营房东里"及"北营房中街""北营房西街"和"南营房"等。

清政府为巩固其统治，还曾在北京采取"满汉分城居住"，"满人居内城，汉人居外城"的满汉分居政策，即把北京内城（今天的东城区和西城区）作为旗营地和贵族官员住宅区。而把原来住在内城的汉族人等赶到了外城居住。这种满汉分居的政策，使清代北京的城市格局和社区分布截然不同于此前历代，对北京的政治、经济和文化生活都产生了重大影响。"久而久之，不但内外城之间的风俗迥别，就连内城的东西两半部在风俗细节上也不尽相同"。[②] 乾隆以后，满汉分居的规定虽有所松动，搬到内城居住的汉人逐渐增加，内城也慢慢地热闹了起来，但直到清末，搬到外城居住的满族人仍旧很少。这也正是众多清代王府豪宅均分布在今东城区、西城区的原因所在。

① 《八旗通志》卷二。
② 石继昌：《春明旧事》，北京出版社，1997 年，第 125 页。

四、满族文化对北京竞技、娱乐民俗的影响

满族是一个精骑善射，在马背上建功立业的民族。马，在清王朝的建立及最初政权的巩固中都立下了汗马功劳。所以上至皇帝，下至普通旗人，为了继承和保持民族传统，也为了维护本民族的地位和统治，在对子女的教育中均提倡文武合一、"骑射教子孙"。正如康熙所说："既为满洲，则当遵满洲职业，勤于骑射。"① 由于这种思想的影响，清代北京的骑乘之风很盛，且由初期的练功武备、强身健体，逐渐走向消闲娱乐、竞技称雄。许多王公权贵、官宦子弟纷纷加入其中。清中期以后，除京师八旗专用的教场外，北京已出现了永定门外娘娘庙、东便门外蟠桃宫、西便门外白云观、黄寺的北教场、钓鱼台的行宫、先农坛东墙外、安定门城隍庙等赛马场。各赛马场的比赛方法和规则不一，有走马、跑马、马车、骑射等竞赛项目。每到会期，还常有庙会相伴，观者如云，热闹非凡。

提笼遛鸟是北京人的生活娱乐习俗之一。人们养鸟，或为听其声，或为观其形，或为训练、把玩。这一习俗的形成和发展，也与满族有关。满族先世曾以渔猎为生，"鹰猎"是他们的重要生产方式之一。拉鹰（捕鹰）、饲鹰、驯鹰和放鹰（撒鹰捕猎）是男人们的必备本领之一。捕捉鸣禽，饲养之以听音，是猎人们的业余爱好。清军入关，也将这一习俗带入了北京。清代的北京，不仅宫廷设有"养鹰鹞处"和专门捕鹰、驯鹰的"鹰户"，而且"玩鹰""养鸟"也是不少王公贵族、八旗子弟的嗜好。当时，北京的十多万八旗民众除了"上则服官，下则披甲"，"惟赖俸饷养赡"外，被禁止从事其他职业。"八旗兵丁和闲散人等不时出猎，猎鸟是主要活动之一"。② 此后，捕鸟养鸟者日增，且此倡彼随，逐渐形成风气，传至满汉各族和社会各阶层之中，成为很多人的共同嗜好。不过，捕鸟之人始终以旗人为多。这些人中，有的是以消遣娱乐为目的，有的是不惯于供职服役，有的则因生计困顿而靠捕鸟卖鸟的收入来补贴家用。尤其是辛亥革命以后，八旗薪饷和季米皆断，旗人只好自谋生路，于是不少人干脆就利用自己的"特长"，当起了专业捕鸟人。当时"北京城内旗人、香山健锐营旗人、蓝靛厂火器营旗人、城门附近营房旗人中皆有不少捕鸟为业者。到了四十年代末至五十年代初，老者大多逝去，阜成门北营房还有几位老年旗兵业此，有德顺（瓜尔佳氏，后改称关顺）、松年（人称大松子）、

---

① 《八旗通志》卷二十五。
② 爱新觉罗·瀛生，于润琦：《京城旧俗》，北京燕山出版社，1998 年，第 69 页。

英春（后以缝鞋为业，人称皮匠）、成恩（行四，人称四成子）及其他诸人一直未弃捕鸟生涯"。"旗人业此是很自然的，因为清代的八旗兵实即猎人部队"。"八旗兵闲暇时携鹰犬出猎，有时去捕鸟，早成习惯，所以后来以此为谋生之路，是很自然的。这当然也传给北京汉族和其他族人，成为老北京的一项爱好活动"。[①] 应该说，满族人的传统习俗和清代特殊的社会环境，共同推动了北京"玩鸟"习俗的兴盛和发展。

五、蒙、藏、满族文化对北京岁时节日民俗的影响

老北京的岁时节日风俗，在继承历史传统的基础上，经过辽、金、元三代，又融入了一些北方民族的习俗。到了明清之际，特别是清"康乾盛世"以后，呈现出了"满汉舍壁，蒙藏兼镶"[②]的繁荣景象。

北京人爱喝腊八粥，这腊八粥本为"佛粥"。按佛门说法，腊月初八是佛祖释迦牟尼喝此神粥而成道的日子，因此许多佛寺常于此日煮粥、喝粥。清代，实行尊崇藏传佛教（喇嘛教）的政策，京师建了许多喇嘛庙。北京城内外寺庙林立，一到腊月初八便竞相煮粥敬神。尤其是雍和宫，更以此为一年中之盛事。《燕京岁时记》载："雍和宫喇嘛于初八日夜内熬粥供佛，特派大臣监视，以昭诚敬。其粥锅之大，可容数石米。"其实，当时雍和宫的蒙、藏喇嘛们从腊月初一就开始搭棚垒灶，支起六口丈二大锅，初七鸡啼生火煮粥，到腊八拂晓出锅。第一锅粥献佛，第二锅粥进献皇帝，第三锅粥赏赐大臣，第四锅粥敬奉施主，第五锅粥赈济贫民，第六锅粥寺内僧众自食。后此风俗传至民间，北京人不论贫富，家家户户"每至腊七日，则剥果，涤器，终夜经营，至天明时则粥熟矣。除祀先供佛外，分馈亲友，不得过午"。[③] 以示共庆丰收。

自古以来，庙会就是都市居民的一种重要社会活动。这种活动既具有民间宗教文化特点，同时也是一种节令性的喜庆娱乐联欢活动。老北京的春节庙会极为繁盛。每年正月，许多喇嘛庙都要举行喇嘛打鬼的宗教仪式，无论旗、民都来观看，久而久之，"打鬼"庙会融汇为北京的节日风俗。而且，以喜庆、热烈、讲究而著

---

① 爱新觉罗·瀛生，于润琦：《京城旧俗》，北京燕山出版社，1998年，第69页。

② 常人春，陈燕京：《老北京的年节》，中国城市出版社，2000年，第1页。

③ 潘荣陛，富察敦崇，查慎行，让廉：《帝京岁时纪胜·燕京岁时记·人海记·京都风俗志》，北京古籍出版社，2001年，第92页。

称的北京的春节活动，历来都是以黑寺、黄寺、雍和宫的"打鬼"为其尾声的。

"打鬼"亦称"送鬼""打牛魔王""撵鬼"，藏语称"莫朗木多"，意为传召送鬼。蒙古语称为"跳布扎"，意为"驱魔散祟"。打鬼是藏传佛教的一种旨在驱鬼求吉的宗教仪式，同时也是老北京的年俗之一。《燕京岁时记》载："打鬼本西域佛法，并非怪异，即古者九门观傩之遗风，亦所以禳除不祥也。每至打鬼，各喇嘛僧等扮演诸天神将以驱逐邪魔，都人观者甚众，有万家空巷之风。""打鬼日期，黄寺在十五日，黑寺在二十三日，雍和宫在三十日"。[①] 打鬼仪式共 13 幕，仪式结束，北京的春节活动也就彻底结束了。

另外，每年春夏之交的传统庙会，如白云观、蟠桃宫、万寿寺等庙会都有走车、赛马的盛会，这其实都是满族、蒙古族骑射习俗的遗风。

总之，北京的传统民俗文化是汉、满、蒙、回、藏等各民族文化交汇融合、兼容并蓄的综合体。这种多元一体性特征，又构成了其独特性、丰富性和高品位的"极致"性。这种多元文化的接触与碰撞、交汇与整合，是一个全方位、多层次和长期相互吸纳、相互影响的过程；是北京的客位文化——少数民族文化，对主位文化——汉文化冲击或渗透的过程；也是汉文化对少数民族文化的文化特质进行选择、吸纳和自我重组的过程。对其进行分析和研究，不仅对北京历史、文化的研究和文化产业的开发有重要意义，而且对中华民族多元一体格局和民族关系史的研究也有重要的参考价值。

---

① 潘荣陛，富察敦崇，查慎行，让廉：《帝京岁时纪胜·燕京岁时记·人海记·京都风俗志》，北京古籍出版社，2001 年，第 49 页。

北京旅游业现状与未来

厉新建　陈丽嘉　张明曦　马蕾[*]

一、引言

旅游业作为经济社会发展的综合性产业，是符合首都城市战略定位的功能性产业。在已发布的《国务院关于促进旅游业改革发展的若干意见》《国务院办公厅关于进一步促进旅游投资和消费的若干意见》《北京市人民政府关于全面推进北京市旅游产业发展的意见》《北京市人民政府关于促进旅游业改革发展的实施意见》等一系列政策的支持下，北京市着眼首都城市战略定位，围绕建设国际一流和谐宜居之都的目标，努力将旅游业培育成为首都经济的重要支柱产业和人民群众更加满意的现代服务业，并取得了阶段性的成果。

根据 2014 年福布斯中国大陆旅游业最发达城市排行榜显示：北京以丰富的旅游资源，高质量的景区建设、饭店基础设施等因素，位居全国旅游发达城市之首，各项旅游相关指标也高居第一或第二位。（见表 1）然而旅游资源数量以及星级饭店数量占优的北京，在入境旅游人数的排名上却位居深圳、上海以及广州之后。虽然这与深圳、广州、港澳之间存在较近的地缘优势有关，但也在一定程度上反映了北京在入境旅游方面仍然存在一定的问题。

---

　*　厉新建，教授，博士，主要研究旅游经济发展战略、旅游企业跨国经营等。陈丽嘉，北京第二外国语学院旅游管理学院在读研究生。张明曦，北京第二外国语学院旅游管理学院在读研究生。马蕾，北京第二外国语学院旅游管理学院在读研究生。

表1　2014年福布斯中国大陆旅游业最发达城市排行榜

排名	城市	所属省份	入境旅游人数排名	国内旅游人数排名	旅游外汇收入排名	国内旅游收入排名	星级饭店数量排名	4A及以上旅游景区数量排名
1	北京	北京	4	3	2	1	1	1
2	上海	上海	2	2	1	2	2	3
3	重庆	重庆	10	1	13	5	3	2
4	广州	广东	3	31	3	4	4	10
5	深圳	广东	1	51	4	19	11	77

数据来源：《2014福布斯中国大陆旅游业最发达城市排行榜》。

二、北京市旅游业现状分析

（一）总体情况分析

北京市旅游业通过30多年的发展，形成了巨大的市场和产业规模，2014年北京市旅游业总体保持稳定健康发展，旅游接待量和旅游总收入同比增长。旅游总人数2.61亿人次，同比增长3.8%。旅游总收入4280.1亿元，同比增长8%。旅游餐饮和购物额2142亿元，同比增长4.8%，占全市社会消费品零售额的比重为23.5%。旅游特征产业完成投资额614.9亿元，同比增长1.2%，占全社会固定资产投资的比重为8.1%。但是对比近几年数据，可以发现存在以下两个特点。

1. 国内旅游人数增速有所减缓，入境旅游人数降幅放缓

自2010年至今，北京接待国内旅游人数呈逐年上升的趋势，而入境旅游人数与国内旅游人数相比，呈现较大差异，增长势头较为缓慢，且在2011年之后呈现下降趋势。（见表2）

表 2   2010—2014 年北京市国内、入境旅游情况

年份	来京旅游人数	国内旅游人数	入境旅游人数
2010	18390.1	17900.0	490.1
2011	21404.4	20884.0	520.4
2012	23134.6	22633.7	500.9
2013	25188.1	24738.0	450.1
2014	26127.5	25700.0	427.5

数据来源：北京市旅游委官方网站。

2014 年北京市接待国内其他省市来京旅游者 1.56 亿人次，同比增长 5.8%；本市居民在京旅游人数 1.01 亿人次，同比增长 1.2%，国内旅游人数较之前增速有所减缓。全年共接待入境旅游者 427.5 万人次，同比下降 5.0%，降幅比上年缩小 5.1 个百分点，入境旅游市场规模虽然处于下降趋势，但下降幅度已逐渐降低。

尽管复苏中的世界经济仍然十分脆弱而且不均衡，世界许多区域还面临地缘政治和公共健康方面的重大挑战，但根据世界旅游组织公布的相关数据，2014 年的国际游客数量依然创下了新纪录。2014 年到访纽约的游客数量达到了创纪录的 5640 万人，其中约有 20%（1220 万人）来自海外。相较之下，北京市入境旅游人数仅占北京旅游接待总量不到 2%，与"建设世界一流城市"的定位仍存在较大差距。

2. 国内旅游收入持续增长，入境旅游收入小幅下降

2014 年北京国内旅游持续增长，连续两年保持了旅游收入增速高于接待人数增速的势头。国内旅游收入 3628.9 亿元，同比增长 8.9%，人均花费 2324 元 / 人次，比去年同期增长 2.9%。平均停留时间 4.99 天，人均天花费 466 元，与上年基本持平。

受入境旅游人数下降趋势影响，2014 年旅游外汇收入 46.08 亿美元，同比下降 3.9%（折合人民币 283.1 亿元，同比下降 4.6%）。受人民币汇率以及国内物价变动影响，入境旅游者在京旅游人均花费 1078 美元，同比增长 1.2%，人均天花费 254.23 美元，平均停留 4.24 天。

从花费构成看，国内其他省市来京旅游者购物所占比重最大（28.2%），其次为餐饮（22.1%），住宿（20.2%）。入境旅游者则主要花费在长途交通（27%）以及购物（26.7%）上。

（二）产业基础情况分析

1. 星级饭店

截止到 2014 年底，全市共有星级饭店 554 家，其中五星级 65 家，四星级 129 家，三星级 203 家，二星级 147 家，一星级 10 家。全市星级饭店平均出租率 57.6%，平均房价 513.1 元 / 间天。全年全市星级饭店营业收入 255.9 亿元，比去年同期减少 7.8%。

为何北京市星级饭店收入会呈现下滑态势？一方面，受政策抑制公款消费影响，一些公务和政务团队不能再选择星级酒店了，对以公务旅游、公务会议、公务招待为主的酒店产生了较大冲击。另一方面，饭店星级评定标准并不是强制性的，北京市许多有特色的、高规格的精品酒店并不热衷于纳入星级酒店的评选体系。在如今传统酒店趋向饱和，个性化、多样化消费逐渐成为主流的情况下，随着北京文化精品酒店的逐渐崛起，星级饭店将不再是北京旅游住宿消费的主要阵营。

2. 旅行社

2014 年底，北京市共有旅行社 1602 家。其中，有特许经营中国公民出境业务的旅行社 443 家。旅行社数量较多，但布局较为分散，缺少真正国际性的旅行社大集团。2014 年全市旅行社接待入境旅游者 109.8 万人次，占入境旅游者总数的 25.7%，同比减少 10.1%；接待国内旅游人数 317.2 万人次，占国内旅游总人数的 1.2%，同比减少 0.7%。国内旅游散客比重较大，达到将近九成。

北京市特许经营中国公民出境游业务的旅行社组织出境旅游（首站）人数 410.2 万人次，同比增长 23.9%。主要目的地为韩国、泰国、日本等地理位置相对较近且存在地缘文化优势的传统出境旅游目的地国家。同时，受到马来西亚航空公司 370 航班失联的影响，通过北京市旅行社组织到马来西亚旅游的中国公民人数呈大幅度跳水趋势，降幅达到 44.9%。（见表 3）

表 3　2014 年北京市特许经营

中国公民出境游业务的旅行社组织出境旅游（首站）人数

项　　目	2014 年 4 季度	同比增长（%）	2014 年 1–4 季度	同比增长（%）
出境旅游人数	1090157	38.1	4101961	23.9
按主要前往地分				
香港	56099	-6.6	263195	-11.2
澳门	30799	40.7	133208	17.5
台湾	70852	29.5	270831	48.1
泰国	172828	49.7	471392	-27.2
新加坡	22500	4.4	106327	-35.8
马来西亚	18230	-32.0	94059	-44.9
韩国	192865	83.9	737063	79.4
日本	123891	142.2	434798	132.4
德国	53298	74.4	194015	36.1
法国	74739	44.3	302222	33.6
意大利	67041	58.4	252712	31.3
瑞士	63961	41.4	244094	26.2
澳大利亚	28242	25.0	112166	-1.0

数据来源：根据北京市旅游委统计数据整理。

3. 景区与乡村游

　　旅游景区（景点）在传统六大要素中居于核心地位，是支撑旅游产业发展的基础。截止到 2014 年底，北京共有评 A 的旅游景区（点）227 个，其中 5A 级 8 个、4A 级 72 个、3A 级 95 个、2A 级 44 个、1A 级 8 个。全市 A 级及其他重点景区（点）共接待游客 2.87 亿人次（含年月票人数），同比增长 7.3%；营业收入 65.7 亿元，同比增长 5.7%。从重点旅游景区的管理机构来看，多以事业单位为主，发展动力不足；从旅游产品体系来看，旅游产品逐渐从观光旅游占主体地位转向观光旅游、休闲度假旅游以及专项旅游（乡村旅游、会展旅游等）协调发展，旅游与文化、体育、商业等行业融合衍生的新型旅游项目不断涌现。[1]

　　其中，乡村旅游是北京市旅游产业发展中的重要内容，乡村旅游需求促使了观

---

① 厉新建，张飞飞，华云，宋昌耀，宋彦亭：《北京旅游要素市场优化配置研究》，载《北京旅游发展报告（2014）》。

光农业、休闲农业的产生，而观光农业、休闲农业是传统农业向旅游业的延伸，是旅游业与农业融合发展的产物。2014 年，时任中央农村工作领导小组副组长、办公室主任陈锡文指出，我国乡村旅游的游客数量达 12 亿人次，占到全部游客数量的 30%，乡村旅游收入 3200 亿元，带动了 3300 万农民致富。在北京市政府与北京市旅游委的重视与关怀下，北京市乡村旅游发展已经初具规模，并呈现出多样化发展的态势，具有较大的发展空间。据北京市统计局、国家统计局北京调查总队统计：截至 2014 年底，乡村旅游接待户 1.7 万户，同比增加 652 户，从业人员 6.9 万人，同比减少 2%。接待乡村旅游人数 3825.4 万人次，同比增长 2%；乡村旅游收入 36.2 亿元，同比减少 3.7%。

三、未来发展

（一）围绕首都城市战略定位，实现旅游业可持续性发展

随着中央关于"疏解北京非首都功能，推进京津冀协同发展"战略思想的逐步推进，北京的城市功能将得到优化，更加强化城市的政治中心、文化中心、国际交往中心和科技创新中心的功能。而随着相对低端、低附加值的经济管理功能和服务功能的逐步外迁，也会使城市质量得到进一步提升。未来京津冀协同发展所主打的"4+N"产业格局会加快产业间的互联互通，3 地 4 个战略功能区和若干个合作共享平台的建设，会为区域以及旅游业发展带来更多的机遇和资源。所以北京旅游业在今后的发展上，应扩大视野，敏锐地抓住新的机会，利用更多的优质资源实现自身的可持续发展。

新的城市战略地位会为这里吸引更多的产业类型和先进的科学技术，在资源和技术的双向推动下自然会出现越来越多的产品以及与之配套的新的营销方式及渠道。而新的变化会给北京旅游人次规模带来较大的增长空间，同时也会促成供给能力的快速提升。未来北京旅游业向高端化发展势必会是一个重要的方向。

所以当务之急，就是要解决现阶段北京旅游业发展中依然显著的一些问题。例如北京一日游市场秩序混乱，其中存在的问题是多方面的，如旅游者自身的防范意识薄弱、相关部门的市场治理方式以及公共服务质量水平有待提升等。是否可以利用未来发展的契机，从根源上解决此类问题？这就需要在供给侧方面进行深化改

革。同时，旅游业作为活力性强的产业，随着市场空间范围的进一步拓展，如何更好地利用北京旅游增长极带动区域旅游实现更大的发展，以及在旅游业不断扩散与其他产业的融合中更好地产生扩散效应，它的动力机制和具体路径究竟该如何把控等问题，都是需要进一步观察和评估的。此外，在旅游规划、土地规划、城镇规划等规划的衔接问题上也有很多壁垒需要去打破。

（二）重点建设世界一流旅游城市

在未来，北京旅游业发展的另一大目标应该是建设成为世界一流的旅游目的地/城市，这就需要北京旅游业尽快建立起产业自信，通过进一步加大市场开放力度，吸引更多游客来此旅游，特别是国外旅游者。同时要迎合大环境下消费者的需求以及旅游偏好，重点完善相关产业的融通以及加快公共服务设施的建设，以期通过营造更优良的环境来满足旅游者的需求，使其真正实现旅行的自由。只有游客体验满意度达到了较高水平，才能说明该旅游目的地已经达到了世界一流旅游目的地的水准。

而如何实现这一目标，则可以从两个角度来思考，即充分提升北京集聚性的吸引力和扩散性的影响力。所谓集聚性的吸引力是指由于旅游城市的吸引力所产生的对全球旅游市场的影响力，它主要表现为某旅游城市所吸引的外国入境旅游过夜人次数。就北京而言，近年来入境旅游者人数基本徘徊在 400～500 万之间，而对比伦敦、纽约、曼谷，基本人数差距是在两倍左右。而从外汇收入水平来看，和这些世界旅游城市的差距则甚远。这其中可能存在数据计算口径和指标设计不统一的问题，但就整体趋势来看，不得不承认其中的差距。

而要解决集聚性吸引力问题，就要充分提升北京旅游的扩散性影响力，即通过利用传播的扩散性、创新的扩散性和管控的扩散性来实现其预期影响力。可以想见，在当前传播媒体如此发达的环境中，如果无法通过各种全球主流媒体将自己推送到全世界各个角落，那显然难以成为世界一流旅游城市。所以就要通过产品创新、商业模式创新等方面对世界其他城市的旅游发展产生足够的影响，或者通过北京的旅游类跨国公司向所在国家进行宣传，从而产生一定的影响力。

四、建议

（一）完善旅游发展基金的运作和使用

目前，我国正处于旅游业发展的关键阶段，为实现将旅游产业培育成为国民经济战略性支柱产业的长远目标，我们应从多个角度对于旅游业的发展进行推动，包括设立并完善旅游发展基金的运作和使用。旅游发展基金的运作包含以下几个重点：

第一，探索建立北京旅游创业发展基金。人才是旅游产业发展至关重要的因素，旅游业兼具劳动密集型产业和智慧密集型产业的特点，但对于目前中国的旅游行业而言，领军型人才、高层次人才的缺乏是主要的短板，其次则是人才职业化水平以及整体职业能力的欠缺。针对这些问题，在北京旅游发展的过程中，应该积极实施人才强旅战略，通过包括旅游创业发展基金在内的多种方式，促进旅游创新创业人才在京落户，抢占未来旅游产业发展的制高点，提升北京旅游业发展的持续创新能力。

第二，在以乡村旅游为主的农村地区，政府要明确该地区的涉农资金可以集中使用，可以优先用于乡村旅游的发展与转型升级项目。北京的乡村旅游经历了自发发展、数量扩张、规范发展和品质提升几个阶段，目前呈现快速发展与品质提升并进的局面。由于北京的旅游资源极为丰富，游客不再满足于简单的"吃农家饭、住农家院、干农家活"的乡村旅游，从而形成了由乡村景区、民俗旅游村、休闲度假村、观光农业示范园以及乡村节事构成的乡村旅游产品体系。北京乡村旅游目前存在的问题包括产品标准体系的不完整、营销方式落后、环境破坏严重、基础设施不完善以及旅游发展资金不足等。对于乡村旅游发展的资金问题，可以从两个方面解决，一方面是引入社会资本，遵循市场规律，加大对于乡村新业态项目的投资；另一方面则是通过政府对于乡村旅游发展的资金支持，包括涉农资金的使用，以发展乡村旅游基础设施，促进产品开发、生态保护、宣传营销等。

第三，在北京旅游未来发展的过程中，应当有方向、有针对性地对重点发展项目进行支持。应当在安排中央和北京市促进服务业发展、扶持中小企业发展、小城镇建设、新农村建设、扶贫开发、节能减排、文化遗产保护以及其他与旅游业相关的专项资金时，对市旅游委确定的重点旅游项目优先予以支持。

第四，制定旅游发展专项资金资助企业评价标准，加强营销资金使用的绩效评估，可通过竞争性的方式对申请旅游专项资金的企业进行资金分配，增强资金的管理水平和使用效益。

（二）促进文化旅游的产业融合

文化旅游是北京的核心旅游产品，也是北京旅游业可持续发展的根本所在。从北京旅游的产业结构来看，北京一直以历史文化类观光旅游产品为主。在中国目前已经获得批准的 31 项"可接触类"世界遗产中，北京就独占 6 项，在全国范围内首屈一指。但与此同时，北京的文化旅游发展还有许多难以与市场需求相适应之处。

文化旅游占据了北京旅游产品的绝对统治地位，同时也造成了旅游产品较为单一的局面。就目前来看，北京的旅游产品大多由静态的历史建筑遗产构成，而作为文化旅游的另一个重要组成部分——北京旅游产业中的演艺产品、节事活动、手工艺作品部分则较为欠缺，游客过于局限于几个标志性的旅游景点，由此导致了北京旅游的参与性不足，程式化现象比较严重，产业体系不够健全。[①]北京旅游在未来的发展中应当对资源的体系化挖掘予以重视，打破程式化的旅游模式，寻求开发能够承接这些标志性景点游客的衍生消费能力的休闲性资源，并提供开放化的平台，为人们实现旅行自由创造旅游资源的空间。[②]

在北京以世界旅游城市为目标的建设过程中，不仅需要强调中国特色，也应当从各个方面突出北京特色，重视人文北京的重要价值，将北京建设成为中国文化"走出去"的桥头堡。北京特色主要源自城市传统文脉的延续和文化特质的打造，文化创意应当成为打造北京城市新的文化特征的重要方式。目前，北京文化的输出体系尚未健全，许多传统的艺术、文化以及技艺缺乏一个能够向外展示的平台。在北京旅游未来的发展过程当中，可通过安排一定比例的资金用于公益性旅游购物平台的打造，为民间手工艺创意作品提供展示平台。

此外，北京还应当继续发展夜间的休闲娱乐消费资源。游客们除去日间对于景区的参观游览外，在晚上也希望能够观赏到富有文化意味的演出，美国的百老汇对

---

① 徐菊凤：《北京文化旅游：现状·难点·战略》，载《人文地理》，2003 年第 5 期。

② 厉新建，张凌云，崔莉：《全域旅游：建设世界一流旅游目的地的理念创新——以北京为例》，载《人文地理》，2013 年第 131 期。

于各国的游客都有着巨大的吸引力，而北京作为一个旅游城市，也应当满足游客夜间休闲娱乐的文化需求。目前，天坛演艺聚集区就吸引了不少游客，从而为北京打造出一个文化旅游的新的制高点。除了引进投资、建设旅游演艺集聚区外，对旅游演艺产品也要注意应用平台战略，为具有自我表现欲望的民间艺人提供演艺平台，增加演艺产品的自我发展能力。

（三）探索城乡联动机制

城乡一体化作为推进社会主义新农村建设与构建和谐社会的重要路径，一直以来都是政府与学术界关注的重要课题，而旅游业则是推进城乡要素平等交换的重要平台。城市旅游与乡村旅游作为两种不同的旅游形式，在旅游资源、交通通道、客源等方面却有着很强的互补性与融合性。整合城乡旅游资源，加快城乡旅游互动开发，有助于缩小城乡之间的差距，促进城乡一体化建设，也有利于农村经济的发展，以及为城乡旅游提供源源不断的客源市场，促进城乡文明的交流与传播。

第一，旅游作为一种空间行为活动，是旅游者通过旅游通道在旅游客源地与旅游目的地之间的空间双向流动过程，以旅游为纽带，可以加强城乡之间的空间联系；第二，作为综合性的现代服务业，旅游业是实现城乡产业互动的桥梁与纽带，也是繁荣农村经济、加快城乡经济一体化发展的具体途径；第三，以旅游为平台，能够推动城乡公共资源的共享。因此，在北京未来的旅游发展过程中，要以区域以及地方旅游规划为契机，统筹土地利用和城乡规划，合理安排城乡空间布局，统筹城乡产业发展，优化产业结构，引导城市资金、技术、人才、管理等要素向农村流动，促进城乡旅游协调发展。①

城乡旅游的协调互动因素包括政府部门、旅游企业、旅游者和当地居民以及旅游产业本身。第一，政府部门的政策推动能够有效地促进人流、物流和资金流在城乡之间双向流动，带动区域相关产业发展，从而推动城乡之间的联动发展；第二，旅游企业也应当随着北京旅游的逐步发展开辟出新的领域与资源，与目前的市场需求相适应，城乡旅游的联动发展拥有较大的市场潜力，能够为旅游企业带来巨大的经济与社会效益；第三，从旅游者本身的角度来讲，他们也愿意前往与平时所居住的环境有较大差异的目的地旅游，感受全新的文化氛围，这也是城乡旅游互动发展的一大动力所在；而从当地居民的角度来看，旅游业是一种投资相对较低且效率较

---

① 张勇，梁留科，胡春丽：《区域城乡旅游互动研究》，载《经济地理》，2011 年第 3 期。

高的绿色产业，旅游业的发展往往能够极大地提高当地居民的生活水平；第四，北京的旅游产业经历了长期的发展已经逐渐地走向了成熟与完善，乡村旅游需要城市旅游业的带动，也将促进城乡旅游之间的互动，成为一种持续的推动力。探索城乡联动机制，应当适当放宽城乡之间的交易范围，允许乡村居民利用部分宅基地换取城市居民的资金，用于发展乡村旅游以及改善居住条件，以此推动乡村旅游的发展，并加强乡村基础设施的建设；相比之下，城市旅游的发展较为成熟，城市居民可以在换得的宅基地上开发符合规划要求的旅游项目。第五，政府也应当给予乡村旅游适当的优惠政策，例如乡村地区发展面向游客的住宿设施、建设旅游景点等旅游项目，应给予减免税政策优惠。

（四）尝试在生态涵养带建立休闲区

北京市生态涵养发展区包括门头沟、平谷、怀柔、密云、延庆 5 个区县，是北京的生态屏障和水源保护地，是环境友好型产业基地，是保证北京可持续发展的支撑区域，也是北京市民休闲游憩的理想空间。该区域拥有良好的生态质量以及丰富的自然资源，是建立发展国家休闲区以及其他各类休闲区的良好选择。

美国的国家公园系统一直以来都吸引了巨大的客流来访，但由于国家公园自然资源的特殊性，其受到的开发限制较多，因此国家公园的发展对于周边经济带动的能力相对较差。同时，国家公园的运转、自然资源的保护也会为政府额外带来财政上的负担。美国的国家休闲区正是因此应运而生，国家休闲区是美国国土资源利用的一种新形式，其涉及的国土资源介于完全保护性公有国土资源与高密集度开发利用的私有国土资源之间，通常是拥有较好的自然与文化旅游资源，由公私部门合作开发，可供民众开展公共休闲旅游活动的国土资源。国家休闲区主要面向国民的休闲需求，能够提供多样且充足的休闲设施与活动，同时也能够降低国家公园系统的客流压力，为当地居民提供福利。相对于美国的国家公园而言，休闲区更加适合国民休闲活动的需要，能够在改善公共福利、带动地区经济发展和保护生态环境之间形成良好的平衡。[1]

在北京未来的旅游发展中，可以借鉴美国的发展经验，尝试在生态涵养带建立国家休闲区以及其他各类休闲区。与此同时，在未来的城市规划中，应当运用全域旅游的理念，对于空间的体系化发展予以重视，自觉围绕休闲城市的相关标准来对

---

[1] 齐镨：《美国国家休闲区研究与启示》，载《中国旅游报》，2013 年 10 月 16 日。

城市设施进行规划，提升城市服务；要充分考虑到居民与游客的休闲需求，不断改善城市的休闲环境，丰富休闲业态，活跃休闲方式，完善城市空间体系。

同时，在政策方面，对于休闲区的发展也应予以一定的支持，对于国家休闲区内的项目以及其他大型旅游项目的景观用地，要相应制定特殊政策，区别对待景观用地与项目建设用地，为引进市场资金提供制度保障。

北京少数民族特色文化创意产业发展正当时

余梓东*　牛顿　陈延豹

文化创意产业作为文化、科技和经济深度融合的产物，凭借其独特的产业价值取向、广泛的覆盖领域和快速的成长方式，被公认为 21 世纪全球最有前途的产业之一。少数民族特色文化创意产业是文化创意产业的重要组成部分，主要指以创作、创造、创新为根本手段，以少数民族特色文化内容和创意成果为核心价值，以知识产权实现或消费为交易特征，为社会公众提供少数民族特色文化体验的具有内在联系的行业群。

北京作为全国文化的中心，近年来在市委市政府的高度重视下，少数民族特色文化创意产业有了很大的发展，呈现出不断上升的发展趋势。但与同类相关行业迅速发展的态势相比仍显滞后，尤其是在行业发展、空间布局等方面，还有一定的发展潜力。

一、少数民族特色文化创意产业发展的现状

随着我国改革的不断深入，少数民族文化从一种隐形的环境中开始向有形的形态发展，少数民族文化产业的概念也随着文化生产带来的经济效益而愈来愈为社会所重视。北京是我国文化创意产业之都，文化创意产业发展一直处于领先地位，但是少数民族文化创意产业的发展却不尽人意，认识的不足在很大程度上限制了其发展。

首先，少数民族文化创意产业相关政策导向力度不够，产业资源分散，各类行

---

* 余梓东，满族，中央民族大学教授，博士生导师。

业整合程度也不高。少数民族特色文化创意产业资源的载体具有突出的分散性。一方面，北京的目标是要建设具有全国辐射力的中国民族特色文化创意产业中心城市，其创意资源本身来源于全国 56 个民族的文化资源。另一方面，北京市少数民族人口分布仍呈现出大分散、小聚居的特点，表明北京的少数民族特色文化资源载体具有典型的分散性。仅就民族艺术而言，全国 55 个少数民族在长期的历史发展过程中，创造了多姿多彩的文化艺术，要把它们整合起来并形成产业链，需要做很大的努力。

其次，少数民族文化创意产业市场运行体制缺乏活力，产业衔接度不足。北京少数民族特色文化创意产业企业经营单一业务的多，形成产业链的比较少，文化创意产业链组织化程度不高，存在着价值链环节短、增值不足、横向链接不够等问题，从而造成文化创意产业网络体系相对单一的经营格局。从上游原创研发到中游生产制造到下游销售发行等，尚未形成完整、顺畅、高效、环环相扣的产业链，缺少综合性的展示平台。融资体系不健全，多元化的投资格局尚未形成。

最后，少数民族文化创意产业人才队伍培养机制还不完善。总体来看，一般性文化产业人才不少，但高端领军人才稀缺。调研显示，北京少数民族特色文化创意产业人才还相对缺乏，创意人才的总量、结构、素质还不能适应产业快速发展的要求。产业研究尚处于初级阶段，有些领域基本处于空白状态。

二、少数民族特色文化创意产业发展的对策和建议

目前，少数民族文化创意产业发展已纳入《北京市"十二五时期"少数民族事业发展规划》。为认真贯彻落实党的十七届六中全会提出的"推动社会主义文化大发展大繁荣"精神，大力发展北京市少数民族特色文化创意产业，激发民族文化的创造力，可以从以下方面进一步探索。

切实加强宏观指导和管理。发挥北京市文化创意产业主管部门和市民委的统筹协调作用，建立健全少数民族特色文化创意产业发展的协调推进机制，调动社会各种力量发展少数民族特色文化创意产业的积极性。进一步加强文化创意产业决策研究，建立健全研究成果转化机制、少数民族特色文化创意产业统计制度和指标体系，建立少数民族特色文化创意产业专业管理委员会。

在贯彻实施北京市文化创意产业发展规划的基础上，研究制订少数民族特色文

化创意产业实施细则，完善配套政策。针对少数民族特色文化创意产业的重点企业，制定完善切合实际的分行业的扶持政策，增强政策的针对性和有效性。落实自主创新、促进产品出口、加强知识产权保护等方面的政策法规，为少数民族特色文化创意产业发展提供政策保障。鼓励企事业单位及个体创意人员，利用一切符合文化创意产业生产规律的经营方式和组织形式，发展少数民族特色文化创意产业。

全面落实文化经济政策，切实加大财政资金支持，建立少数民族特色文化创意产业专项基金。采取政府购买、项目补贴等方式，鼓励创作生产弘扬优秀少数民族文化的产品。在确定由文化艺术专项资金扶持的项目时，向少数民族题材作品倾斜。大力扶持中小型少数民族特色文化创意产业发展，制定针对中小型企业的少数民族文化创意产业企业发展专项资金等相关政策，加大对数字内容、设计创意等新兴文化创意行业中小企业的支持力度。鼓励商业银行重点支持中小型少数民族特色文化创意企业，支持社会力量建立风险投资和担保公司，为少数民族特色文化创意产业中小型企业提供融资服务。鼓励投资主体多元化，不断完善多种经济成分共同发展的少数民族特色文化创意产业格局。

加强文化发展基地、民族体育推广基地、民族教育研究基地、民族医药研发基地等少数民族特色基地建设，尽快建立以少数民族传统体育、民族文化艺术、民族医药养生为主要内容的旅游休闲文化产业区。利用存量房地资源发展少数民族特色文化创意产业，鼓励盘活现有产业园区和传统工业区存量房地资源，结合传统工业转型和产业结构提升，优化配置资源，用于少数民族特色文化创意产业经营。

加强品牌建设，创新服务载体，提升服务质量。充分整合、利用北京乃至全国丰富的少数民族文化资源，通过挖掘、开发和利用北京地区多年积累的传统历史文化，包括会馆、手工艺、中医药、餐饮文化、商贾文化等，重点扶持民族传统老字号商贸、餐饮、中医药、京味特色旅游、传统工艺美术等文化精品。大力培育文化新品牌，积极创编国家级少数民族文化精品，重点打造培育北京音乐节、民族舞蹈节、民族电影节、民族体育节、民族书画节、民族医药文化节、民族民歌节、民族美食节、民族风情节和民族社区文化节等系列少数民族文化精品和节庆活动。重点推动少数民族特色文化艺术、少数民族特色新闻出版、少数民族特色广播影视、少数民族特色广告会展、少数民族特色艺术品交易、少数民族特色设计服务、少数民族特色旅游娱乐等产业的发展，每年重点推出至少一部少数民族题材的优秀电影作品，推出一批介绍民族文化的书籍和音像制品。

实施民族文化"走出去"战略,鼓励和支持少数民族文化创意产品和服务出口业务。积极开展国际交流与经济合作,鼓励文化企业开展境外投资活动与承接国际服务外包业务,支持文化产品和服务出口业务,对出口业绩突出的企业予以奖励。引导商业银行重点对有效益、有还贷能力的少数民族特色文化创意企业自主创新产品或服务出口所需的流动资金贷款优先安排、重点支持。培育辐射国内外的少数民族特色文化创意产业营销网络体系。

建立健全少数民族特色文化产业知识产权保护体系,特别要保护好具有自主创新知识产权的文化创意成果。发挥文化创意产业促进组织和中介机构、行业组织的作用,积极支持各类文化经纪人和经纪执业人员开展针对少数民族特色文化创意产品的业务。充分发挥行业协会在少数民族特色文化创意产业发展和管理方面的作用,增强行业协会应对少数民族特色文化创意产业国际知识产权纠纷与诉讼的整体联防能力。

完善少数民族特色文化创意人才培养机制。依托北京丰富的人文教育资源建立少数民族特色文化产业研究中心,支持在高等院校设立少数民族特色文化创意相关专业,重点培养少数民族特色文化创意研发设计、营销管理和经纪人才。鼓励企业与大学、院所联合,建立一批产学研一体的少数民族特色文化创意产业培养基地。努力加强在职培训,逐步建立教育培训与岗位实践相结合的少数民族特色文化创意人才培养机制。

北京市少数民族文化相关博物馆调查

曲　雁[*]

"博物馆"一词起源于希腊语，意即"供奉缪司及从事研究的处所"。现代意义的博物馆自 17 世纪后期出现，其后在世界范围内迅速发展起来。博物馆作为典型的文化机构，其功能主要包括：一是收集与保存；二是陈列与展览；三是教育与知识养成；四是娱乐。^①博物馆的理念始于西方，很多西方的博物馆建立之初，都是以自然史博物馆或民族志博物馆为主。博物馆文化不仅仅是历史长河中铅华的重现，更对人们审视现代社会现实，掌握未来方向具有十分重要的意义。新中国成立后，我国博物馆事业也得到了快速蓬勃的发展，建成了众多类型的博物馆。

一、北京市博物馆概况

北京作为文化之都，有着丰富的博物馆资源，截止到 2014 年，北京地区注册登记的博物馆已达到 171 个，仅次于伦敦，成为全球拥有博物馆数量第二多的城市。北京地区的博物馆总体规模大、数量多、藏品丰富、陈列质量高、门类品种齐全、临时和小型专题展览内容广泛。参考《走进博物馆——北京地区博物馆大全》^②，可将众多的博物馆分为如下几类：社会历史类、自然科学类、文化艺术类。社会历史类博物馆，比如：中国国家博物馆、首都博物馆、北京钟鼓楼、北京民俗博物馆等，这类博物馆主要通过各种展品和展览，展示社会历史及其发展变迁的信

　＊　曲雁，中央民族大学民族学与社会学学院 2015 级硕士研究生。

　①　参考庄孔韶：《人类学通论》，山西教育出版社，2013 年。

　②　参考北京市文物局，首都博物馆联盟：《走进博物馆——北京地区博物馆大全》，北京出版社，2013 年。

息。自然科学类博物馆，比如：北京自然博物馆、中国科学技术馆、国家动物博物馆、中国地质博物馆、北京天文馆、中国铁道博物馆、中国航空博物馆等，这一类别通常是小朋友们最感兴趣的博物馆，这些博物馆中不仅有天文、历史、地理、科技等知识展示，还有许多的互动游戏体验环节，真正实现寓教于乐。文化艺术类博物馆，比如：中国电影博物馆、中国美术馆、中国现代文学馆、炎黄艺术馆等，这类博物馆主要陈列展出一些珍贵的文化艺术作品。近年来，随着博物馆的大力发展，博物馆的类型也在不断丰富，出现了很多的新型博物馆以及相关的博物馆研究，比如生态博物馆①、专题博物馆和各种行业博物馆、少数民族博物馆等。这些博物馆作为原来综合类博物馆的补充，极大地丰富了博物馆的展览展示内容，也为观众的参观和学习提供了更多的便利。

我国民族博物馆（包括人类学、民族学博物馆）的兴建是与民族学的引进和传播密切相关的。二十世纪二三十年代，随着民族学研究在中国的开展，以蔡元培先生为代表的一批有识之士积极倡导筹办中国自己的民族类博物馆。创建于 1914 年的四川大学博物馆（其前身为华西大学博物馆）是我国第一个收集收藏、陈列研究西南地区民族文物的博物馆机构，在该馆所藏的民族文物中，以藏族文物为大宗。在北京的众多博物馆中，有几个博物馆是专门以民族文化为展示内容的，另外，还有很多综合类博物馆中也都设立了少数民族文化展示的分馆，为大众提供了学习和了解少数民族知识的场所。

本文将通过调研北京市与少数民族文化相关的博物馆，汇集和整理相关的展览展示信息，探讨博物馆的教育功能，考察如何通过参观博物馆了解和学习少数民族文化知识，并在此基础上，进一步建立和加强传统文化的保护意识。

二、少数民族文化展示考察

民族博物馆主要是指国内少数民族的专业性博物馆或反映民族地区历史文化的博物馆。民族博物馆是一个大的概念，凡是属于民族方面的内容，利用民族文物和标本作为传达信息的主要手段，有专门的房屋、设备和业务干部，有收藏的民族文物、标本，有经常向群众开放的陈列展览，都是民族博物馆。具体包括中央的综合性民族博物馆、地方性民族博物馆、民族学博物馆、专题性民族博物馆几大类。

---

① 参考段阳萍：《西南民族生态博物馆研究》，中央民族大学出版社，2013 年。

本调查主要围绕北京地区的与少数民族文化相关的博物馆，根据地理位置、交通状况、展示内容等条件，综合选取了 8 家提供少数民族文化相关内容的博物馆作为田野调查点，所考察的博物馆基本情况介绍如下：

1.北京中华民族博物馆（中华民族园）

1994 年北园建成，对外开放。作为国内唯一一座以露天形式复原、收藏、陈列和研究中国 56 个民族文化、文物、社会生活的大型人类学博物馆，是集中国各民族的传统建筑、民俗风情、歌舞表演、工艺制作以及民族美食为一体的大型民族文化基地。

2.中央民族大学民族博物馆（北京民族博物馆）

1952 年成立，是一座以校内教学为主的综合性民族学博物馆。新馆目前基本陈列为：北方民族服饰文化厅、南方民族服饰文化厅、生活文化厅、宗教文化厅、台湾少数民族文化展、校史展、中国少数民族古文字展，共 7 个展厅。馆内收藏有各少数民族的文物、文献典籍、服装、生产工具等共 14 大类 3 万余件展品。

3.北京服装学院民族服饰博物馆

2001 年正式开馆，是中国第一家专业类服饰博物馆，也是集收藏、展示、科研、教学为一体的文化研究机构，收藏有中国各民族的服装、饰品、织物等 1 万余件，还收藏有 20 世纪 30 年代极为珍贵的彝族、藏族、羌族人的生活图片近千幅。

4.民族文化宫博物馆

民族文化宫建于 1959 年，内设展览馆、中国民族图书馆、博物馆、大剧院、民族画院等部门。民族文化宫博物馆已征集、收藏全国 55 个少数民族的文物约 5 万件（套），图片资料 6 万余幅，图书文献资料 2000 余册，音像资料 500 余盘。举办了各种类型的民族文物、民族文化展览和陈列百余个。

5.中国民族博物馆

已筹备 28 年，正待立项建设。该馆收藏的民族文物包括考古挖掘品、历代传世品和近现代各民族的生产生活用品、服装服饰、宗教用品、工艺美术品等，其中尤以黎族文物为重。博物馆功能定位为荟萃中国 56 个民族灿烂文化，反映各民族团结奋斗、共同繁荣发展的历史。

6.西藏文化博物馆

2010 年建成开放，是目前唯一一座设在北京的西藏文化专业性综合博物馆，展品按照"见证西藏历史"和"弘扬藏族文化"两大主线编排。第一主线下设"多元一体""崭新纪元"两个展厅;第二主线下设"智慧之匙""艺海遗珍"和"雪域风情"三个展厅。展品包括历史文物、佛像、唐卡、宗教法器、档案文书等,约2000余件。

7. 首都博物馆

1981年旧馆建成开馆,原址是"北京孔庙"。首博新馆2006年正式开馆,是北京一座重要的文化设施,主要分为基本陈列、精品陈列和临时展览三大部分:基本陈列有"古都北京·历史文化篇""京城旧事——老北京民俗展";精品陈列有"古代瓷器艺术精品展""燕地青铜艺术精品展""古代书法艺术精品展""古代绘画艺术精品展""古代玉器艺术精品展""古代佛教艺术精品展"。以上陈列共展出馆藏文物5622件。

8. 中国妇女儿童博物馆

2010年建成开馆,是我国第一家以妇女儿童为主题的国家级博物馆,馆藏文物3万余件。展览分为妇女和儿童两大主题,设6个基本陈列和5个专题展览。其中,女性服饰馆展出了中国56个民族妇女的服饰。

以上各博物馆综合展示情况比较,请参见附表I。民族博物馆展示少数民族文化的方式,[①]大致分为三种:一是通过文物、照片进行静态的展柜式陈列,这也是博物馆最传统、最直接的陈列方式;二是通过艺术手段,再现或还原少数民族生活中的某种场景和生活状态,让观众观察、体验和了解少数民族文化;三是通过数字化的展示方式,让观众自行搜索、点击、查询所需要的少数民族音像、图片和视频资料。

以上8家博物馆也是通过这些展示手段,展览展示少数民族的建筑、服饰、生活、宗教、文献文物等,向大众介绍和展示了多种多样的少数民族文化。综合情况分析如下:

1. 建筑文化展示

中华民族博物馆是一座微型民族景观综合体,在馆区内可以一览中国56个民族的建筑文化,包括标志性建筑、民居样式和生产生活用具等。有很多在《中国民族志》[②]中出现的少数民族典型建筑,都可以在这里找到同比例原型。比如:白族的"三坊一照壁"、鄂伦春族的桦树皮屋、黎族的船型屋、傣族干栏式村寨、侗族

---

① 林毅红:《民族博物馆:少数民族传统文化栖息之地》,载《中国社会科学网》,2014年8月1日。
② 参考杨圣敏,丁宏:《中国民族志》,中央民族大学出版社,2011年。

的鼓楼和风雨桥、藏族的大昭寺、纳西族四方街等。通过参观，观众可以对各个民族的建筑、生活、生产、风俗、艺术、宗教等都有初步的感观认识和了解。另外，在不同的开放日的各时段，还安排有各种主题活动和少数民族风情的演出节目，观众也可以参与其中，现场体验感受民族艺术和文化风情，由此对各民族文化，尤其是少数民族文化有一个整体的观察和了解。

2. 服饰文化展示

每个民族都有自己独具特色的服装服饰，民族服装服饰是最鲜明的民族文化展示符号，又因绚丽多彩的造型和别具一格的工艺而极具观赏性。中国少数民族传统服饰一向以鲜明的色彩、精巧的工艺、多样的款式、独特的风貌著称于世。[1] 因此许多博物馆都设立了专门的民族服饰展厅，将其作为展现少数民族文化艺术的主要内容，但是展出的侧重有所不同。比如中央民族大学博物馆分别设立了北方民族服饰厅和南方民族服饰厅，重点展示了清朝年间各个少数民族的传统服饰；北京服装学院民族服饰博物馆重点展出了苗族各个分支的传统服饰，以及各少数民族独具特色的织锦作品。根据我国的少数民族分布特点，民族服饰也呈现出一定的特征，中东南部地区整体服饰汉化影响较重，东北地区几个典型少数民族，如蒙古族、鄂伦春族、达斡尔族、鄂温克族等的服饰特点是主要以动物毛皮为原料的服装服饰突出；西部地区民族服饰呈现几大块地域特征，西北部新疆地区的维吾尔族、回族、哈萨克族、塔塔尔族等的突出的帽饰；西部的西藏地区的藏族、门巴族等，因吐蕃王朝时期受到汉族的影响，服饰呈现出了一些汉藏融合的特点；[2] 西南部各民族多起源于三苗，受苗族服饰影响，服饰多以黑色为美，并配以华丽的银饰品。通过观看各个博物馆展出的少数民族服饰，并听取解说员的讲解，以及阅读展厅内电子设备滚动播放的内容，观众可以对少数民族服饰有初步的认识，进而了解各个民族的特色风貌。

3. 文献文物展示

少数民族文献和器具展示，也是很多博物馆的重点展示内容，比如：中央民族大学博物馆和民族文化宫博物馆中，都馆藏了很多的少数民族文献典籍和民族文物，观众可以看到彝文经、东巴经、贝叶经等。另外，在中华民族博物馆还设立了传统农具展厅，展示了中国的传统农业文化，包括种植业、林业、畜牧业、水产

---

① 参考祁春英:《中国少数民族服饰文化艺术研究》，民族出版社，2012年。
② 参考苏发祥:《藏族历史》，巴蜀书社，2003年。

业、手工业等。观众通过观看展览，可以对中国各少数民族的传统生计生活有更加直观的认识和感受。

4. 宗教文化展示

宗教文化是各民族文化的重要组成部分。首都博物馆的古代佛教艺术精品展中共展出佛像262尊，展示了汉传佛像艺术和藏传佛像艺术在我国汉族、藏族地区发展、演变的脉络和形成的不同的文化艺术风格。另外，西藏文化博物馆则系统地梳理了西藏的历史、经济、政治和文化特征，其中运用了很多的图片资料，对达赖喇嘛和班禅额尔德尼活佛转世系统，以及重要的金瓶掣签制度进行了详细的介绍。[①]观众通过观看展览，可以对西藏历史和藏文化的重要内容有基本的了解。

5. 临时专题展览

临时专题展览也是各博物馆的主推项目，比如民族文化宫2016年举办了"中国民族古籍再生保护成果展""美丽德宏·相约——北京非物质文化遗产展示"，中央民族大学博物馆的"台湾少数民族展览"等，都从不同的立意和角度，全方位地展示了各民族文化。

民族博物馆是一个国家和民族地区科学文化水平的集中展示，是历史文化遗产和自然遗存、标本的收藏和宣传教育机构，它不仅对本国人民起着社会教育的作用，而且对外具有介绍中国、让国外人士了解中国、增进国际交往的功能。在当前日益频繁的国际交往中，参观民族博物馆已成为一种时尚。参观民族博物馆，可以用很短的时间，获得一个国家、一个民族或地区的历史、文化、物产、地理、风土民情方面的知识，开阔眼界，增进情谊，为日后进一步联系交往疏通渠道。通过参观这些博物馆，观众可以了解少数民族文化，获得民族知识，更能欣赏到少数民族风情。但是，笔者通过对以上8家博物馆的考察和研究发现，其在少数民族知识普及等方面普遍存在着很多的问题。

二、少数民族知识普及的优势和劣势分析

收藏、研究、展示、教育和娱乐是博物馆的传统功能，但是教育功能还有待创新。寒假里，笔者对带孩子参观以上8家博物馆的家长们进行了个案访谈，得到的反馈多是参观博物馆开阔了孩子们的视野，但是，上述8家博物馆在少数民族知识

---

① 参考苏发祥：《历辈达赖喇嘛》，青海人民出版社，2009年。

普及方面普遍具有一些优势和劣势。

优势方面而言，多数博物馆都是在国家和政府的大力扶持下兴建起来的，空间开阔、馆藏丰富、展品种类多样。布景式展示，将少数民族的生活栩栩如生地展示在观众面前；参与式活动，使观众可以参与到活动中，身临其境地感受民族文化的魅力。另外，很多博物馆都提供了内容详实的网站资料介绍，并在博物馆内配备了多媒体现代化设备供观众使用，还开设了专门供儿童体验的各种动手活动区，使观众们的整体博物馆参观体验感越来越好。

但是，缺点也比较明显：一是很多博物馆的馆藏内容比较单一，以少数民族服装服饰展示为例，仅仅是简单用卡片标明了属于哪个民族的服装，没有配以更为有趣的文化知识介绍；二是陈列形式简单、保守、陈旧，观众无法获取更多有用的知识信息；三是活动设计简单，缺少新意，无法激发观众的兴趣；四是讲解内容空洞无趣，无法给参观者，特别是小孩子留下印象。最终，使观众们只能走马观花地浏览一下博物馆，很难获得更多有用的关于少数民族文化知识的信息。

三、与国外博物馆利用比较

西方博物馆整体发展水平比较高，和我们的博物馆比较，具有一些领先优势。首先，国外的很多知名博物馆都已经实现了数字化展览，观众可从网上获得有关展品的详细信息，这样，观众在参观前就可以提前查阅相关资料，做好准备工作。世界几大知名博物馆还有自己的 APP 应用，方便观众进行信息搜索和学习。其次，在欧美，中小学生都非常重视博物馆学习，学校和家长都会为孩子们预留参观博物馆的时间，并制定学习计划，而博物馆也会为孩子们安排固定的参观时间，提供相应的有针对性的学习任务计划书，使孩子们可以有针对性地学习。最后，国外博物馆的整体展示设计，也有很多可供学习的地方。以墨西哥国立人类学博物馆为例，它是人类学专门性博物馆，馆内收藏和展出的主要是古代印第安人文明遗产。博物馆的整体建筑与展品风格、考古发现与实景复原、人物服饰与生活场景相结合，给观众带来强烈震撼的视觉效果和文化冲击。相比之下，我们的博物馆整体设计还有很多可以改进的地方。

四、思考和建议

笔者通过参观和考察上述 8 家博物馆，并分析博物馆对少数民族文化和知识普及的意义，建议相关博物馆根据观众需求调整改变现状，更好地利用博物馆资源和优势服务社会。如博物馆可在展览形式、展示手段、应用效果、客户服务等方面作出改进：

①增加数字化展览内容，使内容介绍更加丰富、详实，讲解更加有趣；

②加入现代化手段，如电子屏换衣服、儿童迷宫、藏宝、盖戳等内容；

③编制类似《中国地图》^① 的有趣的《中国民族志》普及版，使孩子们在参观前普及相关民族的基本特征知识，并留下思考问题，让孩子们继续思考探讨；

④充分利用博物馆本身的资源和优势，吸引与学校、机构的合作；

⑤国家增加政策扶持，开办更多免费讲座。

人类学、民族学是研究人类文化的学科，而博物馆正是很好地展示各种文化内容的窗口，如何将文化的研究内容，更好地通过博物馆展示出来，普惠大众、实现文化教育的目的，应该成为民族学中的博物馆应用和研究的方向。希望北京的众多博物馆由一座座神秘的冷冰冰的空城堡，真正变为大人和孩子们了解少数民族文化知识的宝库，更好地培养和提升人们的文化遗产保护意识。

---

① 参考（波兰）亚历山德拉·米热林斯卡，丹尼尔·米热林斯卡著，冯婷译：《地图》，贵州人民出版社，2014 年。

附录：各博物馆综合展示内容比较情况如下：

博物馆名称	馆址	博物馆展示内容									开馆时间	网址
		图片介绍	民族建筑	民族服装	民族饰品	生产生活相关	艺术文献相关	宗教相关	民族表演	临时展览		
中华民族园	朝阳区民族园路1号	✓	✓	✓	✓	✓		✓	✓	✓	全年（除特殊节假日）	www.emuseum.org.cn
北京民族博物馆	海淀区中关村南大街27号	✓	✓	✓	✓	✓	✓	✓		✓	8:30—17:00，每周一、二、四对外开馆，周六下午对外开馆	
北京服装学院民族服饰博物馆	朝阳区和平街北口北京综合楼3层	✓		✓	✓	✓	✓			✓	8:30—11:30，13:30—16:30，周二、四全天，每周二、四、六	
民族文化宫博物馆	西城区复兴门内大街49号	✓	✓	✓	✓	✓	✓	✓	✓	✓	9:00—16:00，周一闭馆	www.cpon.cn
中国民族博物馆	无对外开放的展示馆，办公地址：海淀区倒庙1号院						✓	✓		✓	与机构合作举办各类临时展览活动	www.cnmuseum.com
西藏民族博物馆	广安门外大街305号	✓		✓	✓	✓	✓	✓		✓	9:00—16:30，每周二、四、六对外开馆	www.tibetculture.net
首都博物馆	西城区复兴门外大街16号	✓	✓	✓	✓	✓	✓	✓		✓	9:00—17:00，周一闭馆	www.capitalmuseum.org.cn
中国妇女儿童博物馆	全国妇联大楼北侧	✓	✓	✓	✓		✓	✓	✓	✓	9:00—16:00，周一闭馆	ccwm.china.com.cn

21 世纪以来中央台春晚少数民族类节目及其特点

才丹华姆 *

自 1983 年开办至今，中央电视台春节联欢晚会（简称央视春晚，或直接称为春晚）可以说是中国规模最大、最受关注、收视率最高、影响力最大的综艺性晚会。春晚中的少数民族节目也是精彩纷呈，令人回味无穷。本文集中分析了自 2000 年以来央视春晚少数民族类节目的构成及其特点。

一、21 世纪少数民族类节目综述

1．2000 年—2009 年

2000 年春晚共有 37 个节目，少数民族类节目的表演顺序是第十七位，节目全称为《爱我中华》。由赵薇、景岗山、孙国庆、韩磊、江涛、郭蓉、朱军和哈萨克族、蒙古族、藏族、回族、朝鲜族表演团体联唱联奏，民族歌手用本民族语言演唱汉族歌手的歌曲，汉族歌手使用乐器弹奏各民族音乐。2001 年春晚共 36 个节目，少数民族类节目是第十位，是以民歌对唱的形式进行表演。分别是歌曲《侗族大歌》、维吾尔歌曲《琴努里》、由斯琴格日乐演唱高山族民歌《无字歌》、彝族歌曲《回家》、回族歌曲《花儿与少年》、藏族歌曲《三朵花》和腾格尔演唱的《蒙古人》，除了《无字歌》之外，其余歌曲都是本民族歌手通过汉语歌唱的。

2002 年《民歌新歌接力唱》在北京和深圳两地场地同时进行，在北京演播厅由汤灿带领来自青海的藏族服饰表演队演唱《在那东山顶上》，之后在深圳场地由艾斯卡尔、慷巴尔汗、古丽夏缇用汉语演唱维吾尔歌曲《美丽》，紧接着在北京演

播厅由一群来自艺术学校的小朋友表演蒙古族舞蹈《欢腾的小马驹》，镜头再次切向深圳，由刘媛媛、陈思思演绎了高山族歌舞《娜努湾情歌》。2003 年少数民族类节目在 42 个节目中排第三十七位，索朗旺姆、容中尔甲、德西美朵、高原红组合演唱了《举起欢乐的酒杯》，阿里郎组合演唱了《阿里郎》，斯琴格日乐演唱了《暖吉娅》，刘斌、古丽巴哈尔·吐尔逊演唱了《新疆好》，吕继宏、李丹阳演唱了《中华美中华亲》，演唱基本上都是使用本民族的语言。

2004 年 39 个节目中少数民族类节目排在第三十八位，歌舞组合《迎春放歌》由朝鲜族歌手金海心和阿里郎组合、藏族歌手索朗旺姆和阿佳组合、蒙古族歌手斯琴格日勒和爱艺斯组合、维吾尔歌手艾尔肯和天山雪莲组合、彝族歌手阿木和山鹰组合用汉语演唱了本民族的歌曲。2005 年有两个少数民族类节目，在 38 个节目中分别安排在第六位和第三十一位。第六位的《争奇斗艳——民族风》表演了苗族鼓舞、哈尼族木屐踢踏舞、藏族弦子舞、壮族舞蹈、维吾尔族旋舞、朝鲜族长鼓舞、蒙古族筷子舞。其中哈尼族首次以单独民族身份在春晚表演节目。第三十一位的《闻鸡起舞——请茶祝酒拜大年》，由魏金栋、梦鸽、游晴、胡圆飞、吴春燕、马小晨、曾小燕、艾尔肯、天山雪莲组合、李琼、蚂蚁组合、斯琴格日勒、王莉、霍勇等通过汉语进行大联唱。

2006 年的 31 个节目中也同 2005 年一样，有两个少数民族类节目，分别是由布仁巴雅尔、乌日娜和英格玛演唱的歌曲《吉祥三宝》，和《燃情金曲》中克里木、吕薇演唱的《花儿为什么这样红》。分别安排在了第十一位和第十七位，但是这一年没有民族大联欢的表演形式。2007 年的 33 个表演节目中有 3 个少数民族类节目，分别是排在第二位的歌组合《欢乐和谐·民族情》，由藏族香格里拉组合、朝鲜族歌手卞英花、彝族歌手李怀秀和李怀福、彝族新稻子组合、维吾尔歌手阿尔法、蒙古族歌手齐峰、苗族歌手阿幼朵和苗族朵蝶朵阿组合分别用汉语演唱了本民族的酒歌。第九个节目《欢乐和谐·家乡美》联唱时，藏族歌唱家才旦卓玛、宗庸卓玛和茸芭莘娜用汉语演唱了《雪莲献北京》。还有第二十个节目，由西藏自治区拉孜县农民艺术团的演员表演的舞蹈《飞弦踏春》。

2008 年总共有 36 个节目，其中第二十一个节目是由不同民族老艺术家代表和青年歌唱家演唱各民族的著名歌曲。分别是祖海和黄婉秋演唱的壮族歌曲《盘歌》，克里木和陈思思演唱的维吾尔歌曲《你送我一枝玫瑰花》，才旦卓玛和蔡国庆演唱的藏族歌曲《逛新城》，德德玛与五彩传说演唱的蒙古族歌曲《美丽的草原我的家》，郁钧剑和蒋大为演唱的朝鲜族歌曲《红太阳照边疆》。2009 年的 39 个节目中只有一个主要展现少数民族歌舞的节目，即第二十八位出场，由土苗兄妹组合和毕卡兹组合表演的民俗舞蹈《山乡春来早》，这一年中没有民族大联欢形式的表演。

2．2010 年—2016 年

2010 年的 39 个节目中有两个少数民族类节目，其中一个是第十三位出场的《民族歌舞大串联》，另一个是第三十五位出场、包含在《歌组合》中的由索朗扎西用汉语演绎的《姑娘我爱你》。《民族歌舞大串联》由陈春燕演唱、雷滢用独弦琴演奏了《壮乡美》，由蒙古族歌唱家齐峰演唱、东方神骏组合手拉马头琴演奏了《我和草原有个约定》，藏族歌唱组合香格里拉组合演唱了《卓玛》，回族歌手马忠华和撒丽娜演唱了《妹妹的山丹花儿开》，维吾尔族歌手艾海提巴克·卡地尔、夏热帕提·热合满与和田地区歌舞团共同表演了《幸福生活亚克西》。2011 年的 31 个节目中，五大民族歌舞《幸福大家庭》安排在第五位表演场次，分别是安达组合、内蒙古民族歌舞剧院表演的蒙古族歌舞《吉祥颂》，宁夏歌舞团表演的回族舞蹈《数花》，广西艺术学院舞蹈学院表演的壮族歌舞《美丽的姑娘》，新疆艺术剧院歌舞团表演的维吾尔族歌舞《刀郎麦西来甫》，西藏山南地区扎囊县农牧民演员和西藏日喀则地区民族艺术团表演的藏族歌舞《欢歌起舞》，都是使用本民族语言进行表演。

2012 年的 39 个节目中，少数民族类节目是零点倒计时之后的第一个节目，即第三十三个。节目类型为混合无单一民族单元的民族歌舞群演，由玖月奇迹演唱《中国美》，万玛尖措、玉米提、赛娜、薛一村子等领舞。2013 年的 40 个节目中，没有专门的少数民族歌舞表演单元，但独龙族歌手阿普萨萨作为《直通春晚》三强选手之一，在第二十三个节目《歌曲联唱》中演唱了土家族民歌《山路十八弯》。

2014 年共 38 个节目，少数民族歌舞《欢歌》在第三位出场，五个民族用各自的民族语言演唱了各自的民歌。其中壮族歌手韦晴晴演唱了《敬酒歌》、蒙古组歌手萨其拉手拉马头琴演唱了《酒歌》、歌手马小明演唱了回族花儿《雪白的鸽子》、维吾尔族歌手玉米提演唱了《阿依合尼木》、藏族歌手次仁央宗带领青海省玉树州民间风土歌舞团表演了《雪域欢歌》。蒙古族歌手乌兰图雅和乌日娜海在第三十三个节目中单独歌唱了《套马杆》。2015 年的 36 个节目中，56 个民族创意服装秀《大地春晖》是第二十九个节目，也是零点过后第一个节目，分别具体展现了回族服饰、蒙古族服饰、藏族服饰，以满族、朝鲜族、鄂伦春族为代表的东北民族服饰，以维吾尔族、哈萨克族、柯尔克孜族、塔吉克族为代表的新疆民族服饰，以苗族、侗族、彝族为代表的南方诸民族服饰，最后在《茉莉花》的曲子中谢幕，几乎涵盖了 56 个民族的服饰。

2016 年春晚比较特别，有一个分会场就设在蒙古族地区的呼伦贝尔，由马跃和欧仁图雅主持，内蒙古分会场主要展现民族特色和北方地区人民过年的民俗。民族大联唱是第二十八个节目，分别由维吾尔族歌手马依热·艾买提江、玉米提演唱《赛乃姆》，壮族歌手汪小敏、谢源演唱《相爱嫌时短》，回族歌手蒋欣、杜淳演唱《美好的祝福挂心上》，蒙古族歌手乌英嘎、阿云嘎演唱《圆顶帽子》，藏族歌手曲尼次仁、扎西顿珠演唱《白毡毡黑毡毡》，在 10 个民族青年歌手用母语领唱结束后，56 个民族全体舞蹈演员表演了大合唱《在你伟大的怀抱里》。在主持人的衔接中，摄像机转向了内蒙古呼伦贝尔会场，分别由五彩呼伦贝尔儿童合唱团演唱了《酒歌》，布仁巴雅尔、乌日娜、诺尔曼、金山演唱了《春天来了》，云飞、图雅娜莎演唱了《守望相助》。

二、21 世纪春晚少数民族节目现状

"少数民族节目主要是指由少数民族演员演出的具有民族元素、反映民族风俗和特色的单独或群组式的节目"。[①] 春晚的少数民族节目，是体现民族大团结、欢庆大团圆的歌舞节目。中国作为一个多民族、文化多元的国家，少数民族登台表演也体现了国家的团结、稳定、繁荣，体现了 56 个民族是一家。

1. 表演形式

21 世纪以来的 16 年中，除了 2006 年、2009 年和 2013 年之外，都有民族大联欢的表演形式，在最近的 3 年中，表演的民族都用自己的语言演唱歌曲，可以判断民族大联欢的表演形式已经基本确定。除了大联欢外，还有某个民族单独演唱的表演单元，如在 2007 年由西藏自治区拉孜县农民艺术团的演员表演的舞蹈《飞弦踏春》等。

其实除了民族特色鲜明的表演外，由少数民族歌舞演员表演的其他歌舞也不在少数，如 2012 年由白族舞蹈家杨丽萍表演的舞蹈《雀之恋》，2015 年彝族歌手阿鲁阿卓携手蒙古族歌手韩磊演唱了《人间天河》。也有通过新的组合形式来表演少

---

① 宫承波，张君昌，王甫：《春晚三十年》，泰山出版社，2012 年，第 417 页。

数民族地区歌舞的节目，如 2011 年由香港及内地歌手容祖儿、古巨基、玖月奇迹、郑钧、吴彤演唱的《康定情歌》《青春舞曲》《阿诗玛》《赶圩归来阿哩哩》，2014 年由几个地方电视台的选秀节目冠军汪小敏、华晨宇、肖懿航、李琦和霍尊演唱的《站在高岗上》《在那遥远的地方》《康定情歌》《青春舞曲》和《卷珠帘》，这种新民乐形式很新颖悦耳。

2．歌曲内容

歌曲内容有赞颂祖国，赞颂共产党，赞美幸福生活，赞美美好爱情，赞美大好河山，赞美民族文化，歌颂家乡等。其中主旋律的歌曲比较多，尤其是 2010 年春晚的维吾尔歌曲《幸福生活亚克西》，歌颂了党中央的政策，如农业税、学费、合作医疗和帮扶款等，以及 2008 年才旦卓玛和蔡国庆演唱的《逛新城》等。

因为面向全国观众，在语言方面主要是用汉语，但是在 2011 年、2014 年和 2016 年逐渐呈现出使用民族语言演绎的趋势。语言是一个民族文化的承载物，因此使用本民族的语言进行歌唱更加能够体现中华 56 个民族的文化多样性和丰富性。

3．时间安排

21 世纪以来，春节联欢晚会平均每年 4 个小时多，平均每年有 35 个节目。每年的少数民族类节目安排次序不一：有些年安排在第二个节目或第五个节目，如 2007 年和 2011 年；有些年安排在倒数，如 2004 年和 2016 年。而近几年逐渐安排在了零点倒计时单元左右。

4．特别分析 2016 年春晚少数民族类节目

《在你伟大的怀抱里》节目时长突破了 8 分钟，是历年春晚少数民族歌舞节目中时长最长的一次。参与表演的演员人数达到 180 多人，成为春晚舞台上参与表演人数最多的节目之一，同时也是服装最绚丽的节目之一。导演组介绍，这个节目首次请来了少数民族本土的服装设计师，设计本民族的演出服装，这样更能展现少数民族服饰的精髓和本民族的文化内涵。并且，所有演员都是地地道道的少数民族演员。由此，可以预想今后的少数民族类节目可能更加注重民族歌舞的"原汁原味"，为全国各族观众展现一个更加具有"民族特色"的歌舞表演。

三、21 世纪以来少数民族类节目中存在的问题和发展前景

近 16 年的春晚少数民族类节目中出现最多的民族是蒙古族、维吾尔族、藏族，其次是壮族、朝鲜族、回族、彝族，接着是苗族、高山族、土家族、哈尼族等。尤其在近几年民族大联欢形式的节目中，主要还是蒙古族、维吾尔族、藏族、回族、壮族 5 族。虽然在 2015 年，56 个民族创意服装秀《大地春晖》中，很多民族都出现在了舞台中央，但是每个民族的表演时间仅仅只有几秒，只是让观众看到了眼花缭乱的民族服饰，根本无暇去辨认在台上表演的民族都是哪些具体的民族。

就节目形式而言，在这新世纪的 16 年春晚中，少数民族类节目主要是歌舞表演。而在 20 世纪 90 年代的春晚节目中，倒有一些由少数民族艺术工作者表演的其他类型节目，分别是 1992 年由维吾尔族歌唱家克里木和回族相声演员常佩业表演的相声《民族乐》，1995 年由孙丽英和维吾尔族歌手阿不力孜·聂表演的小歌剧《克里木参军》选段。

节目形式的创新既要保持本民族特色，又要能够符合广大观众的"口味"与喜好。节目形式的创新并不是一件简单的事情，需要深入挖掘各民族的文化特色与语言魅力，需要多年的试验与经验的积累，需要更多的人投入到这场思想的碰撞和艺术的挖掘与采集之中，它不仅仅是春晚节目组的事，也是各民族艺术工作者的责任。

形式的创新是一件需要长期思考的问题，就目前的歌舞表演类节目来看，歌曲和舞蹈的类型也比较单一，就藏族来讲，虽然近几年渐渐地引入了弦子、"果谐"等舞蹈形式，但以往一直是以水袖舞的形式为大家表演，从而形成了一提及藏族就是甩袖子的刻板印象。其实藏族广布在西藏、青海、四川、甘肃和云南等地，内部又分为三大方言和文化区域，即安多、康区和卫藏，每个区域的歌唱方式和舞蹈形式均各具特色。因此，就应该凭借春晚这个大舞台，向全国的广大观众展现一个更加多元的民族表演，而不是大家早已熟知的"甩袖子"。

并且，有的歌曲的出境频率太高，《康定情歌》16 年中出场 4 次，《马铃响玉鸟唱》3 次，《刘三姐》3 次，近 5 年《青春舞曲》上台 2 次。虽然经典是毋庸置疑的，但在有限的时间中应该面向观众展示更加多元的文化特色。随着时代的发展，少数民族地区的变化也是日新月异的。表现在服饰、音乐和舞蹈上，吸收了很多时下的流行元素。为了符合年轻一代观众的"口味"，在不破坏原有特色的情况下，

可以进行跨区域、跨民族的拼接、组合、混搭或者反串，从而为观众带来更具时代特色、民族特色的精彩演出。

春晚节目组和各民族艺术工作者可以"头脑风暴"创新节目形式和节目内容，将更多的民族特色展现出来，把更多的民族文化展现给大家。春晚是属于全国 56 个民族的大舞台，而民族类节目能够增进各民族的国家认同感和归属感，因此要让更多的民族登上春晚的舞台，展现其特色与魅力，并为全国人民带来新春的祝福。

北京满族文化研究综述

孙睿婷[*]

北京的满族是全国满族的重要成员，清代以来北京成为满族的中心地区，迁居入京的满族人一代又一代地在这里繁衍生息，将北京视为自己的故乡，现如今他们已经成为"老北京"，是北京社会生活变迁的见证人。生活在这里的每一代人都传承着本民族的精神血脉，并逐渐形成了别具一格的京味儿满族文化，它是整个满族文化的重要载体和表现形式，对北京满族文化的研究也成为一项重要的工作。因此，本文将对北京满族文化的研究成果进行分类梳理。

一、有关北京满族文化的整体性研究

提到对北京满族文化的研究，作出重要贡献的当属著名满学学者金启孮先生，他的著作《金启孮谈北京的满族》[①] 共分为《北京郊区的满族》《京旗的满族》和《府邸世家的满族》三个部分，对北京满族人群按照地理区域和社会阶层作出划分，全方位地生动再现了清王朝中叶至新中国成立前北京满族社会的历史沿革和生活活动场景，囊括了北京满族的历史、社会、文化风俗等众多方面的研究内容。在该书《京旗的满族》部分中，介绍了北京满族的宗教活动、冠姓习俗、语言与文学、京剧与曲艺等各项文化内容，还对北京满族如游侠和烈士般英勇顽强的民族性格进行了探讨。在《府邸世家的满族》部分中，对存在于北京满族社会中的封爵制度和府邸文化进行了深入研究，并对依附于这种文化之下的各种身份的北京旗人进行了刻

---

* 孙睿婷，中央民族大学民族学与社会学学院 2016 级硕士研究生。
① 参考金启孮：《金启孮谈北京的满族》，中华书局，2009 年。

画。总之，金启孮先生的《金启孮谈北京的满族》是包罗京旗文化的百科全书，也是北京满族文化研究的重要成果和极有价值的参考。

另一部全方位的北京满族文化研究著作是定宜庄的《老北京人的口述历史》（上、下）①，书中收录了老北京人的个人生活史，其中包括一些北京的满族人，涵盖了他们的社会交往、审美情趣、生活状态等个性化信息，是研究北京满族文化的另一重要借鉴。此外，还有一些此类主题的文章，如中央民族大学孔振的博士学位论文《北京旗人文化研究》中的论述和观点也十分值得参考。

二、北京满族的文化与风俗研究

这一领域的研究篇目众多，其中一部分重点关注满族文化和北京文化之间相互的碰撞和影响，但内容多大同小异。其中具有代表性的文章有关纪新的《满族对北京的文化奉献》，文中具体列举了满族文化对北京话、京味儿文学传统曲艺等方面的贡献，另外，还指出了满族礼仪对北京文化极大的影响力，以至在民国时代，北京的汉族家庭也习惯了行"满汉两礼"了。另外还有阎崇年的《满洲文化对京师文化的影响》一文提出了许多新的见解，如满族的建筑文化对北京的宫殿建筑、宗教建筑和民用建筑以及苑囿行宫的建设产生了深刻的影响；清代北京旗民分城居住的政策在地理方位上形成的满汉两个文化圈虽有所交叉，却各成体统，其文化上的差异，影响北京文化达 3 个多世纪。他还对满洲人进入北京之初对文物进行破坏的现象进行了反思。

另一部分则侧重于北京满族的风俗习惯研究，这一类研究涉猎广泛又充满趣味。如李宝臣的《旧京的旗人旗俗》全方位地展现了北京满族群体的生活风貌，就称呼、旗礼、文娱方面的习俗进行细致描绘。在北京满族的婚俗研究中，金受申的《老北京的生活》②一书中就略有涉及，还有薛柏成和孙学凡的《清代北京旗人婚姻家庭中的伦理道德观念》对北京满族人的婚嫁及家庭价值观进行探讨，并对在此价值体系影响下形成的风俗习惯进行深入的剖析。另外还有其他风俗文化的研究，如周虹的《满族妇女生活与民俗文化研究》③中关于清宫中妇女生活的研究；杜佩红

---

① 参考定宜庄：《老北京人的口述史》，中国社会科学出版社，2009 年。
② 参考金受申：《老北京的生活》，北京出版社，1989 年。
③ 参考周虹：《满族妇女生活与民俗文化研究》，中国社会科学出版社，2004 年。

的《老北京的满族女装》中关于服饰的研究；刘小萌的《清代北京旗人的房屋买卖》和《清前期北京旗人满文房契研究》中对清代房契的研究；赵杰的《京味文化中的满族风俗》中涉及的北京满族风俗的研究等。

三、关于北京满族人及其社会的研究

以北京满人及其社会作为对象进行的研究成果较为丰富。专门针对北京满族人本身的研究有赵书先后发表的一系列论文：《建国前后的北京满族人》、《"文革"先后的北京满族人》和《改革开放三十年的北京满族人》，作者详细介绍了在这些时期北京满族人的基本情况，包括人口、社会地位、著名人物、国家对其政策等多方面的内容，为研究不同时代背景下的北京满族人生活提供参考。著名学者阎崇年也有相关的研究，他的《北京满族的百年沧桑》从历史学的角度对辛亥革命以来的北京满族群体的发展变化脉络进行梳理。

关于北京满族社会情况最有影响力的研究当属中国社会科学院近代史研究所刘小萌研究员出版的《清代北京旗人社会》①一书，该书记载了清朝时期北京旗人社会生活各方面的详细内容，包含了旗人与民人的空间地域联系、经济交往联系、生活文化交往以及北京旗人在与汉人的互动中自身文化习俗的变迁等，系统地展现了清初直至辛亥革命后北京旗人社会生活史的基本脉络，弥补了前人研究中的许多空白。许多学者也就此书内容发表书评，如中国历史第一档案馆研究员菲楠的《〈清代北京旗人社会〉评介》、北京市社会科学院满学研究所研究员赵志强的《〈清代北京旗人社会〉述评》、日本学者上田裕之的《评刘小萌著〈清代北京旗人社会〉述评》等。这些书评不仅对《清代北京旗人社会》一书进行了探讨，还就这一时期北京满族社会生活的研究提出了各自的见解，十分有学术价值。刘小萌自己在后来发表的《清代北京的旗民关系——以商铺为中心的考察》和《清代京师的旗籍商人》等文章中补充了自己先前对于清代北京满族社会文化的研究，其中重点考察了商业行为对京旗制度的影响，并提出"旗人经商，并与民人频繁互动，密切了彼此关系，促进了旗民分治制度的瓦解"②的观点。

另一类有关清代北京社会生活的研究，主要围绕旗民分城而居的政策展开，如

---

① 参考刘晓萌：《清代北京旗人社会》，中国社会科学出版社，2008 年。
② 刘小萌：《清代北京的旗民关系——以商铺为中心的考察》，载《清史研究》，2011 年第 1 期。

北京大学博士赵寰熹的《清代北京旗民分城而居政策的实施及其影响》和《论康熙朝北京内城旗人的外迁及其影响》，对旗民分城而居政策的发展演变历程、社会根源和社会影响等内容作出详细的论述。另有文章《清代北京旗人"福利分房"兴衰》[1]，对北京旗人住房的私有化进行了研究。其他学者围绕北京旗人社会生活进行的研究还有很多，但主题与上文列举的研究大致相仿，此处不再赘述。

四、北京满族语言与文学研究

（一）京旗语言与北京话的研究

一直以来有不少学者都致力于京腔京韵的研究，如从北京满人的满语以及满式汉语的角度对北京话进行了深入的研究，最有代表性的是赵杰的专著《北京话的满语底层和"轻音""儿化"探源》，作者梳理了自辽金以来北京话的发展脉络，强调了清以后满汉互学对现代北京话形成的巨大影响，并提出"满语京语不是简单地'消亡'，而是相当一部分融化到满式汉语之中"[2]的观点。书中重点从词源探析和语音变化两个角度详述满语对北京话的影响，一方面，探究北京话满汉词汇融合的共同规律，并且结合几个京腔方言岛的实际情况分析了满式汉语的基本特征；另一方面从语音、语素的角度总结出旗人汉语前重后轻的特点对现代北京话形成的基础性影响，以及旗人汉语前音节元音的低、后化等现象便于拼合"儿化"尾音[3]等结论。另外，作者抽象出一些关于满汉语融合的理论，具有一定的启示作用。作者还发表了其他一些关于北京地区满语研究的文章，如《京郊火器营北京话中的满语词》《京北喇叭沟门乡满语透析》等，以具体的方言岛为例探讨了在当前市场经济、社会流通加快的时代大背景下挖掘和保护满语的必要性和紧迫性。其他学者涉及此话题的文章的主题和内容大致与以上研究相似，此处不再一一列举。

另有一篇文章值得一提，即由丁石庆和梁婕合作完成的《语言转用之残余形式的活标本——北京市密云县檀营满族语言调查复议》，文章从北京满族人的语言转用这一新颖的角度，探究北京檀营满人的民族意识。该文根据实地的调查结果得

---

① 佚名：《清代北京旗人"福利分房"兴衰》，载《兵团建设》，2010年第6期。
② 赵杰：《北京话的满语底层和"轻音""儿化"探源》，北京燕山出版社，1996年，第16页。
③ 同上，第214页。

出，檀营民族心理在不同年龄、不同文化程度的人中有着显著的差别，年龄大、文化程度高的被调查者的民族认同感及对本民族的认识要明显高于其他被调查者，由此分析出北京檀营满族当前还保有的民族特点以及对民族文化的追求程度。

（二）北京满族文学研究

以老舍、蔡友梅等人为代表的满族作家为文坛贡献了一部部璀璨的佳作，时至今日其影响依旧可见，因此关于北京满族文学及旗人作家的研究一直以来都是学者们关注的热门话题，同时也是北京满族文化研究中十分重要的内容，仅从文学鉴赏角度进行探讨的著作或论文就已不胜枚举，本文将重点梳理与民族元素相关的北京满族文学研究成果。这些研究成果大体分为以下几个类型：

1. 针对清末民初京旗小说的研究

较早关注这一领域的是张菊玲 1999 年发表的《清末民初旗人的京话小说》，其中对这一时期的主要作家及其主要作品都进行了介绍，并总结出这些作品所反映的时代变迁和满族人文风俗。近 10 年来再次涉及这一主题并且较有代表性的研究是刘大先的《被遗忘的清末民初京旗小说》和《清末民初京旗小说引论》，作者详细分析了清末民初京旗小说形成的社会历史背景以及文学叙事特点，更为重要的是作者透过作品关注到旗人当时所展现的"被压抑的现代性"[①] 和处于弱势的社会地位。

2. 针对作家本人的研究

京旗作家兼有的民族和学者的身份本身就是值得研究的对象，2016 年发表的专门针对民初北京旗人作家群身份考述的研究，即高云球和王巨川合著的《文化北京：民初北京旗人作家群文化身份考述》，以京旗作家身份的考证为切入点，讨论了在民初社会大变革之中，北京满族作家在转变身份和融入社会方面所做的努力，展现出这批作家的精神风貌和文化观念，以此探究满族文化的发展路径。其他关于北京满族作家的文章还有雷晓彤的《近代北京的满族小说家蔡友梅》、吕菲的《论清代北京满族女作家顾春的文学创作》等，其中都涉及了对北京满族文学和满族作家的重新审视，探讨了北京独特的满族文化对文学家及其作品起到的浸润和滋养作用。

3. 关于民族认同的文学研究

在这一类型的研究中，主要以老舍先生的作品和人生经历为例讨论北京满族人

---

① 刘大先：《被遗忘的清末民初京旗小说》，载《承德民族师专学报》，2008 年第 1 期。

的文化心理以及民族身份认同。相关的专著有关纪新的《老舍评传》[①],分析了老舍先生的生平及其所代表的满族文化气质。另外还有一些文章通过对老舍先生的作品进行分析,探究以老舍为代表的北京满族人对自己民族的情结和对民族文化精神的追求,其中最有代表性的是老舍先生的儿子舒乙发表的《再谈老舍先生和满族文学》一文,论述了老舍先生从解放前对自身满族身份的回避到解放后逐渐在作品中认同自己的民族身份、表达民族情怀的转变过程,并指出了老舍先生作品的"隐式满族文学""痕迹律"[②]等特点。同类研究还包括狄玉洁的《当送葬变成绝响——论〈茶馆〉背后的文化内涵》和李艳爽的《民族命运的挽歌——〈正红旗下〉的历史书写》等。

除上述几类研究之外,还有一些研究主要从北京满族作家对京味文学影响的角度进行研究,如刘大先的《定位京味文学的三重坐标》,就指出北京满族文学在民族交融的过程中对京味文学的定位作用,并深刻影响了整体京味文化的形成。

五、关于北京满族饮食、休闲文娱的研究

(一)关于饮食的研究

涉及北京饮食以及京味小吃的相关作品浩如烟海,但大多为随笔或散文类的记叙,专业科学的学术研究相对较少。关于满族饮食的研究也缺乏专著成果,仅有一些学术论文对其特点和影响力进行探讨。将满族饮食传统与北京地方饮食相结合进行的研究则更加乏善可陈。目前收集到的相关文章仅有首都师范大学历史系张秀荣的《满族的饮食文化对北京地区的影响》,文章梳理了满族及其先人的传统饮食文化,重点探究清人入关后满族的饮食对北京人饮食习惯和风俗的影响,从面食、副食、家常菜和火锅等角度出发分类讨论了满族饮食传统为北京饮食文化带来的改变,更是产生了驴打滚、萨其马、东来顺等驰名全国的北京名吃。并透过饮食文化现象分析了北京满族文化顽强的生命力,描绘了北京地区多民族文化多元一体的图景。另外还有几篇专门研究全体满族饮食的文章中也对北京地区满族的饮食文化有所涉及,如包玉坤的《满族饮食文化研究》等。

---

① 参考关纪新:《老舍评传》,重庆出版社,2003年。
② 舒乙:《再谈老舍先生和满族文学》,载《满族研究》,1985年第1期。

（二）北京满族休闲娱乐文化

由于清代的八旗制度，为在京的满族人提供了休闲娱乐活动的经济和时间成本，久而久之形成了别具特色的京旗休闲文娱文化，早在清、民时期就有相关的记载，如清代镶蓝旗满洲旗人穆齐贤以满文书写的日记《闲窗录梦》、富察敦崇的《燕京岁时记·蛐蛐儿、聒聒儿、油壶卢》，以及夏仁虎的《旧京琐记·俗尚》等。现代学者关于北京满族休闲文化的相关研究也不在少数，针对此话题的学术研究内容包罗万象，涉猎范围十分广泛。其中有对清代北京旗人的日常娱乐生活的研究，如李红雨的《清代北京旗人的休闲生活》，文章肯定了北京旗人的休闲精神对北京文化产生的积极作用，并指出"被有闲"[1]的八旗制度是滋生出北京旗人子弟悠闲生活方式的根源，而他们又丰富和深化了休闲的内容与形式，并潜移默化地导致了独特的京城文化精神的形成。与之类似的研究还有《明清北京休闲文化发展的分期及其影响因素》《悠游街巷：清中期北京内城旗人的日常活动——以〈闲窗录梦〉为例》等。

除此之外，关于北京满族人休闲娱乐文化的文章还有很多，例如中央民族大学凌静的硕士学位论文就对北京满族人的茶馆文化进行了深入的探讨，文章题为"京旗社会背景下的清末茶馆研究"，详细阐述了北京茶馆的历史沿革和消费主体，其中满族人是茶馆的重要顾客，并分析了茶馆中满族茶客的群体特征和消费活动，展现了茶馆之于北京满族群体的社会功能。文章的新颖之处在于从茶馆的视角入手，对京旗女子的社会地位进行了探讨。

针对北京满族曲艺文化也有部分研究，如王譞的《论多元文化视域下相声的产生》，阐述了清末满族艺人张三禄将相声搬上表演舞台的历史过程，并指出满族幽默诙谐的民族性格是相声艺术孕育的基础。满族文化与京剧的相互作用也是常见的研究内容，如刘尧晔的《清代北京旗人群体的市民化与戏曲消费研究》阐述了北京满族人对京剧的巨大贡献：满族人不仅喜欢京剧，还贡献了相当多的著名京剧表演艺术家；另外，作者还关注清代北京旗人市民与戏曲消费之间相辅相成的关系。赵志忠的《满族与京剧》着重探讨了北京满族人的思想意识和审美情趣对京剧内容和主旨的丰富，以及对国粹的弘扬和传承起到的重要影响作用。同类研究还有印丽雅的《京剧〈请清兵〉满语唱词译释》等。

---

[1] 李红雨：《清代北京旗人的休闲生活》，载《满族研究》，2011年第4期。

六、北京满族文化其他方面的研究

（一）北京满族建筑研究

涉及北京满族建筑文化的研究少之又少，主要是用比较法来分析京旗建筑。如谢敏聪的《清盛京与北京宫阙建置比较初探》，比较了沈阳故宫和北京故宫的建筑结构和功能，反映入京前后满族的建筑风格的同异，从而分析受到内地多民族文化影响下的北京满族建筑艺术的风格和特点。另外还有一些文章仅在满族文化元素与北京建筑风格的相互影响方面略有涉及，如范丽业和马玉斌的《浅析满族民居与北京四合院空间布局特点之比较》、朱永杰和韩光辉的《塑造北京宜居环境中的传统文化风景》等。

（二）北京满族民族认同的研究

前文曾经提到了从京旗文学作品入手进行的民族认同研究，另外还有一些从其他角度来探讨满族族群认同的研究，如学者定宜庄和胡鸿保合著的《鹰手三旗的后裔——对北京市喇叭沟门满族乡的调查与思考》，作者通过调查发现当地满族文化的"建构"与史实难以契合，并指出京郊喇叭沟门满族是由汉人"满化"而来的，原本应无满族早期习俗，而现在他们"建构"出了诸如萨满信仰等满族习俗，这一现象符合民族认同中的"想象的共同体"的说法。[①] 另外，文章还探讨了田野调查与历史研究的关系，也引人深思。另一篇对于研究北京旗人民族认同很有参考价值的文章是中央民族大学洪文雄的硕士论文《北京西山健锐营：历史记忆与文化认同》，文章详细介绍了健锐营作为一个特殊的文化及社会群体的历史沿革、内部结构和旗营生活等，并运用人类学和历史学的研究方法对键锐营的历史记忆和文化影响进行分析，最终得出健锐营根据当时的社会环境的变化适时地建构或调整不同层次的文化认同、其历史记忆是一个文化的生产、消费和再生产过程等结论。此外，相关论文还有《"选择性建构"：国家、市场和主体行动互动下的文化身份与认同——对北京某满族村的个案研究》及《当代城市散居满族民族意识探析——以北京为例》，都对当前北京满族人的民族身份认同及精神文化追求作出了自己的分析。

---

① 定宜庄，胡鸿保：《鹰手三旗的后裔——对北京市喇叭沟门满族乡的调查与思考》，载《民族研究》，2005 年第 4 期。

通过以上对北京满族文化研究的梳理，可以大致概括出北京满族文化研究具有以下几个特点：第一，从时间上看，关于清代及民国时期北京满族的文化研究较为丰富。无论是文化、风俗还是文学、休闲类的研究，都以清民时期的老北京社会为背景，只有语言和民族认同等少数话题是以现代社会为背景进行的研究。第二，北京满族文化作为满族文化研究的重要分支，研究范围广，涉及文化习俗、社会生活、语言文学、休闲饮食、民族心理等众多话题，不过仍有一些领域的研究有待探索，例如宗教和民族体育的研究。通过查阅资料，笔者发现满族的宗教信仰和民族体育都是满族文化的重要组成部分，相关研究也成果丰硕，但是针对北京地区的研究却寥寥无几。第三，对于北京地区满族文化的研究不仅要重视自身文化的研究，还要关注各民族文化交往的互动和影响。例如，满族文化对京味儿文化的影响、满语和满式汉语对北京话形成的促进作用等。第四，北京满族文化的研究成果多数是期刊上发表的论文或博士、硕士学位论文，学术专著相对较少。第五，目前的北京满族文化研究多采用传统的满学研究方法，只有少数几篇是从民族学、人类学的研究方法入手的，研究成果中较少看到系统的理论支撑。

总之，目前国内的北京满族文化研究虽取得了可喜成果，可为进一步的研究提供丰富且有价值的参考，但其内容和研究方法仍有尚待补充完善之处。

满族对北京的文化奉献

关纪新[*]

作为中华古国北半部核心性的都会城市，北京是历史上各民族不同质地文化互相折冲、汇融的重要焦点。北京城自古扼守于长城东段之要冲，南眺中州腹地且多向通达于华东、华中、华南，西指晋、陕、宁、青、甘而遥抵西域并南挽川、藏，北毗蒙古高原之大漠，东去白山黑水之广垠，其得天独厚的地理位置，使之从久远以来，就肩负着中原农耕文化圈与塞外渔猎、游牧文化圈等多民族文化彼此交流、汇通的过渡带的责任。从北京的历史沿革可见，她从来就是一座有着包容多民族文化胸襟的城市。

一

清朝在北京建都近 3 个世纪，其间，这里成了满洲民族（后简称满族）首要的聚居地，并在京城实行了旗、民分城居住之策。大致相当于今日东城、西城的内城，只许满洲八旗、蒙古八旗和汉军八旗的将士及家眷居住，原住内城的汉、回等其他民族百姓，被迁至京师外城——大致相当于现崇文、宣武两区。在内城，中心是皇城，围绕皇城，八旗严格地被分置于四方八隅。两黄旗居北：镶黄旗驻安定门内，正黄旗驻德胜门内；两白旗居东：镶白旗驻朝阳门内，正白旗驻东直门内；两红旗居西：镶红旗驻阜成门内，正红旗驻西直门内；两蓝旗居南：镶蓝旗驻宣武门内，正蓝旗驻崇文门内。这种严整的布局，至清中叶才略微模糊起来，因为旗人们没法不吃不喝、不去找商人购物，旗人贵族更不能戒除观览世风、看戏娱乐

* 关纪新，满族，满族文学与文化研究家、老舍研究家、中国多民族文学理论评论家。

的瘾，他们须跟外民族打交道。渐渐地，原来住在外城的"民人"①，有些搬进了内城；内城的王公贵族也有到外城去辟地设府的；再后来，受"八旗生计"的挟迫，部分贫苦旗人典出了城里的居舍，离开起初的本旗指定居住地，向着附近可资容身处所搬迁。虽然有了此类变化，八旗在内城的基本居住区划，却直到亡清之际无大变化。在京师的八旗区划内分设着八旗都统衙门，不但掌管着京城旗人的事务，还把分散在全国的驻防旗人统辖起来。原则上说，遍布全国的八旗驻防旗兵，都是从京师"老家"派出的，如果战死外地，遗骸须送回京师"奉安"。这种方式是与清初最高统治者将本民族中心由东北地区移到北京的整体部署对应的，正如同雍正皇帝所说过的那样："驻防不过出差之所，京师乃其乡土。"② 世居京师二百几十年的旗人们，对祖国东北白山黑水之间的"发祥地"，记忆渐渐朦胧，只在为了满足忆旧情感时才提提祖籍"长白"的说法。一代代的旗族人们，将北京作为家乡来爱戴，"京师即故乡"观念在他们中间根深蒂固。历经了十多代人的繁衍生息，他们已然成了北京城里的"土著"。

清代，是满族文化出现大幅度嬗变的历史时期。严酷的八旗制度，把世代的旗人无例外地圈定在当兵吃粮饷的唯一人生轨道里，禁止他们从事其他一切职业，不许做工、务农、经商，这虽然有助于政治基石的牢靠，也在相当程度上防止了旗人与民争利，但是，它也造成了八旗下层的日益贫困化。③ 当时，即使是"天潢贵胄"王爷贝勒们，也活得不痛快，他们虽无冻馁之忧，却也没有随意离京出游外埠的权利，没有起码的人身自由，旗人们精神上的苦闷抑郁可想而知。他们为了规避人生悲剧的笼罩，普遍出现了追求艺术情趣的倾向，以便找寻心灵间哪怕是暂时的安慰和平衡，渐渐养成了艺术嗜好。起初，上层有闲子弟多在琴棋书画等较为书斋式的领域里展露才华，而下层穷苦旗人则往往到吹拉弹唱等习见的文娱形式里寄托时光。后来，贵族阶层在艺术生活方面的世俗化走势，也一天天地鲜明。全民族生活的"艺术化"倾向，后来竟至于把这个原本饱含尚武精魂的民族，改造成了一个文化气息十足的群体。

---

① 在清代，"民人"是与旗人相对应的称呼，指的是除旗人而外的所有人和所有民族。

② 《清世宗实录》（卷一二一），雍正十年七月乙酉。

③ 从乾隆年间起，出现了愈演愈烈的"八旗生计"问题：旗人"人口大量增加，而兵有定额，饷有定数，既不能无限制地增饷，又不能放松正身旗人参加生产劳动的限制"（见《满族简史》第109页，中华书局1979年版），补不上兵缺的旗籍子弟不断涌现，只好眼睁睁地赋闲，成为"闲散旗人"，这导致了下层旗籍人家日益贫困化。

有清一代近 300 年间，八旗族众既然已将自己与北京城融为一体，他们在变革本民族传统文化的同时，也就以本民族的现时文化风尚，充分濡染和变通着京师文化。在这个为时不短的历史进程中，北京城的地域文化切实承受着满族民族文化多向度的深刻影响。

二

20 世纪的后半期，世间开始习惯地把大众型北京文化，称为"京味儿文化"。而在这种全方位多侧面的"京味儿文化"中间，最具文化播散力、最使八方人们为之着迷的，就要数"京味儿语言"，即北京方言了。这种方言，语音明快悦耳，语汇五光十色，表现面丰富厚实，谈吐间魅力无限，时常能给听者以超常的享受和感染。在 20 世纪前期，随着中国新文化运动大力推广汉语白话文的进程，北京话曾以多项优势登临"国语"的显赫位置。至 20 世纪中期，中华人民共和国又将这种地方性语言认定为在全国推行汉语标准话的方言基础。

我国各地的近代及现代汉语，都是由古代汉语分流演变而来的。对照华中、华南、东南等汉民族世代聚居地区，北京现代方言中所保留的汉语古音韵，是最稀少的。这显然与我国北方的阿尔泰语系民族在历史上先后进入并统治北京地区达 700余年，直接相关。在这 700 年间，仅母语为阿尔泰语系满—通古斯语族满语支的女真人与满人，就曾经在此建立过共计 400 余年的金与清两个王朝。在此期间，女真语和满语必会与当地的汉语发生最密切的碰撞与会融。金代与清代，女真人和满人虽属统治者，在人口比例和民族文化势能上却不占优势，故而其民族语言后来为汉语替代成为必然。不过，女真语，尤其是后来的满语，尽管最终作为民族语言的整体淡出历史文化场景，却在一个较长的阶段里，通过与北京地区汉语方言的双向交流互渗，潜移默化地将自身诸多的信息及特征，铸入北京方言之内。

即以清代的满汉语言彼此互动而言，满语远非一味地只取被动守势，它不仅使汉语北京话收入了一系列的满语词汇，更让北京话平添了显见的口语轻重音读音新标准，以及大量"儿化"词的尾音处理新规律。这种具备了"轻音"与"儿化"新特征，并且收入了一定量满语词汇的北京话，便是经过原本操满语的满族人依据本民族语言特点来重塑汉语北京话的文化结晶——"汉语京腔"。"京腔的真正形成是在清初，京腔的创造者是往返于北京和东北之间的满蒙汉八旗人，这中间当然也包括辽金时期和更早定居在关东的东北汉人。从语言的外部因素来说，对京腔形成贡献最大的是清朝各级满族统治者和宗室、贵族；从语言内部的接触规律看，满语极大地丰富了京腔的言语库。可以这样说，没有满语底层的影响，今天的这种京腔是不会出现的"。[①]

在清代满族逐步改操汉语的过程中，京师满族整体投入了汉语"京腔"的打造工作。到了清康乾时期，经过京师旗族在原有北京方言基础上系统打磨的"京腔"渐趋定型，这种上自皇帝、贵族下至京师内城统治民族人人习用的方言模式，自然会对各地官民起到一定的示范作用。清廷还利用行政命令来推行京师方言作为国家官话：雍正六年，皇帝颁发了汉语正音的敕命，要求粤语区、闽语区、吴语区出身的官吏谒见皇帝时须说北京官话。《官音汇解》《正音撮要》《正音咀华》等规范标准音的语言学著作应时出版，并在南方各处开办正音书院。值得注意的是，《正音咀华》的作者莎彝尊就是一位满族人，这说明满族的知识分子此时已经承担起了北京话的音韵规范化和普及化工作。

三

京味儿文学，是满族对北京文化贡献良多的另一个方面。

满族书面文学在顺治时代出现了由使用满文到使用汉文创作的规模性转轨，尽管此后仍出现少量满语写作，但满族作家的大多数却已改用汉文写作。清代，满人用汉文写下的诗集约有 600 种之多，而长篇小说或小说集也有近 10 种，此外散文、戏剧、曲艺作品亦为数甚多。京师是清代满人的聚居地，上述作品绝大多数均写作于北京，它们既带有北京的地方特点，又回馈于北京文化。

满族富有艺术创造力度。八旗作家在拜汉族文人为师而研习写作的路上，没有亦步亦趋拾人牙慧，而是有胆有识地标示出自身的民族文学个性风采。刚刚从白山黑水原初文化形态中走来的满族，精神气质的长处在于生性浑朴，崇尚自然，情趣真切，心胸袒露，而弱势则在于他们很难在短时间内参透艰涩拗口的汉文经典，很难像中原士大夫那样从容地引经据典。经过摸索，他们懂得了扬长避短，独辟蹊径。清初，纳兰性德率先登上中原词坛，其悼亡词凄清率真，军旅词雄浑天然，给人以别样真切的审美享受。国学大师王国维曾指出："纳兰容若以自然之眼观物，

---

① 参考赵杰：《满族话与北京话》，辽宁民族出版社，1996 年。

以自然之舌言情。此初入中原,未染汉人风气,故能真切如此。北宋以来,一人而已。"① 可见,纳兰性德的创作个性中的确存有独到的民族气质,他"以自然之眼观物,以自然之舌言情"和"未染汉人风气"的艺术个性,为中原词坛吹进了清新的气息,也为满族文学赢得了最初的光彩。纳兰性德所开拓的路,后来被一代又一代的满族作家们越走越开阔,有清一代,他们的创作差不多始终凸现着通俗晓畅、自然浑朴、朗朗上口的艺术特征。

与京师旗族协力重造"京腔"方言相接轨,北京的满族作家们对运用这种方言进行艺术创作,显现了高度的趣好与信心。作家和邦额在乾隆年间创作过一部文言小说集《夜谭随录》,中间有个短篇《三官保》,这样描写了两个京城旗人相互斗嘴的情形:

佟大言曰:"汝既称好汉,敢于明日清晨,在地坛后见我否?"保以手拊膺,双足并踊,自指其鼻曰:"我三官保,岂畏人者?无论何处,倘不如期往,永不为人于北京城矣!"

虽然这是一篇文言小说,所模拟的京腔声口,却活脱毕现。满族作家在本民族早期状写北京故事的小说中,就格外注重传递京师口语的气口神韵,此处足窥一斑。

满族文坛诞生的第一部长篇白话小说,即正白旗包衣曹雪芹写于乾隆年间的文学巨著《红楼梦》。这部书的艺术成就无疑是全方位的,而语言运用上的高超造诣无疑是它给世人留下最突出印象的地方,北京方言作为鲜活灵动的艺术材料,被曹雪芹"烹炼点化",挥洒得得心应手、炉火纯青。诚如红学家俞平伯先生所指出的:"宋元明三代,口语的文体已很发展了,为什么那时候没有《红楼梦》这样的作品,到了清代初年才有呢?恐怕不是偶然的。作者生长于'富贵百年'的'旗下'家庭里,有极高度的古典文学修养和爱好。在《红楼梦》小说里,他不仅大大地发挥了自己多方面的文学天才,而且充分表现了北京语的特长。"② 完全依赖北京方言语体来构建长篇,《红楼梦》之前并无先例,③ 可以说,假如没有清代京师满族

---

① 参考王国维:《人间词话》,上海古籍出版社,1998 年。
② 俞平伯:《俞平伯论红楼梦》,上海古籍出版社,1988 年,第 633 页。
③ 张菊玲:《满族与北京话——论三百年来满汉文化交融》,载《文艺争鸣》,1994 年第 1 期。

对京腔口语十分上心地玩味与打造，曹雪芹要想达到如此完美的语言水准，也是不易想象的。"一部用北京方言写成的小说取得空前的艺术成就，这个事实本身就说明北京话具有极强的表现力……曹家人肯定和绝大多数满清旗人一样，都是说北京话的。这是因为，满族人及他们的祖上女真人对北京话的形成起着至关重要的作用。"①

另一部为北京方言赢得大声誉的清代长篇小说，是道咸年间满族作家文康撰写的《儿女英雄传》。在思想性上它虽然距《红楼梦》相去较远，但在使用流畅悦耳、幽默动人的京腔语言写作上，文康却不让曹氏。胡适先生在他撰写的《〈儿女英雄传〉序》中如是说："《儿女英雄传》是一部评话，它的特别长处在于言语的生动，漂亮，俏皮，诙谐，有风趣。这部书的内容是很浅薄的，思想是很迂腐的；然而生动的语言与诙谐的风趣居然能使一般的读者感觉愉快，忘了那浅薄的内容与迂腐的思想。旗人最会说话：前有《红楼梦》，后有《儿女英雄传》，都是绝好的记录，都是绝好的京语教科书。"②

本民族历史上叙事文学传统悠久，促成了清代满族作家在小说领域表现出卓越的写作才能。"虽然他们各自的创作思想各不相同，选用的小说形式也不一样，但是他们笔下描写的家庭社会生活画面、生动丰富的人物形象，以及白话小说中鲜活上口的北京话，逐渐形成满族文学一种艺术传统，十分鲜明、突出。"③至清末民初，满族作家以北京方言来写作小说，已是蔚然成风。例如云槎外史（即西林春）的《红楼梦影》、石玉昆的《三侠五义》、松友梅的《小额》、市隐的《米虎》、冷佛的《春阿氏》、穆儒丐的《北京》《同命鸳鸯》等，均在这类创作中有过不俗的成绩。

20世纪20年代，杰出的满族作家老舍步入文坛，他在长篇处女作《老张的哲学》中使出的第一柄"撒手锏"，便是道地而传神的京味儿语言。而且，终其一生大约40年的创作生涯，京味儿语言，始终是他最叫读者痴迷倾倒的绝活儿。周作人在《〈骆驼祥子〉日文本序言》中指出："至老舍出，更加重北京话的分子，故其著作正可与《红楼》《儿女》相比，其情形正同，非是偶然也。"④把老舍的作品在京语运用上的佳绩，与曹雪芹的《红楼梦》、文康的《儿女英雄传》相提并论，确

① 金汕，白公：《京味儿——透视北京人的语言》，中国妇女出版社，1993年，第18—19页。
② 胡适：《胡适全集》第3卷，安徽教育出版社，2003年，第542页。
③ 张菊玲：《清代满族作家文学概论》，中央民族学院出版社，1990年，第270页。
④ 知堂(周作人)：《万人文库·十月文园》，载曾广灿：《老舍研究纵览》，天津教育出版社，1987年。

是切中肯綮的。这一肯綮，自然还是京旗作家在创作中始终如一的对北京方言的眷恋与砥砺。

到了20世纪晚期，"京味儿文学流派"形成，且在中国文学的大格局中引起广泛瞩目。参与其间的，既有像赵大年、叶广芩、王朔、檀林、王安等许多北京籍满族作家，也有一批来自国内各地而在京城生活较久的其他民族作家。老舍已经成了这一流派的圭臬与旗帜。尽管这一流派的作家们在取材立意诸方面差异多多，在作品中间捕捉和体现京腔语言的风采神韵，却是大家一致的求索。

当然，满族文学对北京文化的贡献，远不止于运用京城口语写作这一项。限于篇幅，这里只能择其重点稍加阐释。

四

北京的传统表演艺术，尤其是京剧和曲艺，也跟满族的关系分外密切。

京剧，顾名思义，是在北京这座城市形成的一个剧种。清代中晚期的100多年，是京剧形成并且逐渐完善的历史阶段。这一阶段，也正是京师八旗族众空前热衷于文化艺术的时期。外界对于乾隆五十五年（1790年）"四大徽班"进京为皇上祝贺80寿辰而成为京剧缘起的史实，大多耳熟能详；不过，要提到满族在京剧的发展中起到的历史作用，却可能知之不多。

满族的先民有喜好表演艺术的习性，他们中间长期流传着一种叫作"朱春戏"的民间戏剧，是集传统的满语叙事文学、民歌曲调、舞蹈表演程式为一体的艺术样式。在满族未有文字及书面文学之前，口承方式是他们记录历史、传承思想、播撒文化的唯一途径，而带有形象可视性的民间戏剧受到人们特别垂青，是不难理解的。后来，满族跻身于北京这样的中原文化重镇，以传统的审美习性而去优先亲近戏曲类的直观的叙事性表演艺术，是再自然不过的。

清入关之初直到康熙朝，因政局波动兵事起伏，京城的娱乐业是受限制的。至乾隆朝大局稳定，社会生活相对平静，戏曲等行业也渐显隆兴。随着徽剧进京并与京师此前流行的其他戏曲形式结合，八旗上下的欣赏胃口被刺激起来。为适应皇族亲贵们的观赏需要，内廷创办了教习专业演员的太监戏学；而培养旗籍子弟为业余演员的戏曲"外学"，此刻也应运而生。至道光朝，又有湖北的汉调进京，促使以"西皮""二黄"为主的京剧声腔体系日益成熟。虽然宫廷戏学这时已经衰敝，而旗族子弟中间的京戏"票友"们自组的京戏"票房",却愈来愈红火。

清代京剧艺术一直是在"双轨制"下发展的。一方面,主要有着科班出身的专业艺人们的创作及商业演出,另一方面,又有旗族业余艺术爱好者们非营利性的切磋琢磨与表演实践;二者经常彼此沟通交流,使京剧艺术从一开头就形成了雅俗共赏的品位,且直接贴近了京城文化的总格调。那时科班出身的艺人们大多短缺文化,而旗籍票友中间倒不乏知识分子和贵族人士——这些人对剧情戏理的探究较前者高深,且能把自身文学艺术综合修养移植到戏曲表演的鉴赏提高上面,这就为京剧舞台增添了不少雅致唯美的气息,也使京剧从问世之初就显现出某些地方剧种所不具备的审美基准。

"京剧,自道光年间在北京形成后,日臻完善。迨到光绪年间,便呈现出一派繁荣景象。在京剧史上有'盛世'之称。"① 这一时段,满族最高统治者对京剧的热情是空前的。"无论是穆宗载淳(同治皇帝),还是执掌实权的慈禧太后,以至德宗载湉(光绪皇帝),都是京剧的酷嗜者。特别是慈禧,可以说是一个大京戏迷,不仅爱听爱看,有时还关起门来和太监们唱上一段作为消遣。同治皇帝能演武生,光绪皇帝精于板鼓……"② 据说有一回慈禧做寿,光绪也粉墨登场,演的是《黄鹤楼》里的赵云。既然帝后们这样爱好京剧,统治阶层对京剧的扶持也就可想而知了。在这个京剧发展的黄金时段,京师四城常年设有高水准的票房组织,中间涌现出大量技艺超群的旗族票友,其中包括日后成为京剧舞台上早期名伶的庆云甫、黄润甫、汪笑侬、德珺如、金秀山、龚云甫等人。因为时值清末,八旗社会的管理已告懈怠,个别满族子弟自幼进入京戏科班"坐科"学戏的情况也出现了(例如"青衣泰斗"陈德霖和名净钱金福,均出自清恭王府开设的"全福昆腔科班")。

1911 年,辛亥革命结束了清朝统治,也终止了两千多年的中国封建专制。这一事件,为满族社会带来了根本性的变迁。旗人们挣脱了八旗制度的捆绑,断绝了当兵吃饷的经济来源,必须改行自食其力。先前颇有艺术修养的某些旗人票友,为穷困所迫,只好变先前的艺术爱好为谋生手段,"下海"成为专业艺人。此外,有些虽未贫寒到非"下海"不可的满人,在自主择业之际,因为已无八旗制度牵制,又深爱戏曲艺术,便主动选择了梨园行作为职业。自民国初年起,不同阶层的旗人从业者,摩肩接踵地进入了京剧界。这中间堪称大家级的艺术家,就有"十全大

---

① 苏移:《京剧二百年概观》,北京燕山出版社,1989 年,第 53 页。
② 蔡源莉,吴文科:《中国曲艺史》,文化艺术出版社,1998 年,第 55 页。

净"金少山、"四大名旦"之一程砚秋、"四大须生"之一奚啸伯，以及慈瑞全、金仲仁、双阔亭、瑞德宝、唐韵笙、文亮臣、杭子和、李万春、厉慧良、李玉茹、关肃霜等。这些满族出身的艺术家，对京剧艺术发展发挥过重要作用。

民国时期满族的京戏票友，人数多、实力强，最著名的有红豆馆主（溥侗）、清逸居士（溥绪）和卧云居士（玉铭）……红豆馆主出身于清宗室，被公认为京剧史上票友中造诣最深、名望最高的代表人物，他文武昆乱不挡，生旦净丑兼工，深谙戏曲音乐，吹打弹拉无所不通，深为内外行所折服，名伶们亦常趋前请教，被尊为北京的"票界领袖"。

长久以来被称为"国粹"和"国剧"的京剧，是中华文化界用心血培育出来的一朵艺术奇葩。为了造就这门"京"字号、"国"字号的艺术，满族人或投身其间或推波助澜，做出了特殊的贡献。

京城的满族与北方曲艺也有过千丝万缕的缘分。

较之京剧，曲艺似乎是更为"下里巴人"的俗文艺形态，可满族偏偏从来就跟它特别地亲。据文化人类学者研究，东北亚地区的满—通古斯语民族，都有久远的说唱文学传统。在满族民间流传的说唱文学样式"德布德林"（满语原意为"本子"），以散文讲述与韵文吟唱交替出现，讲的基本上是故事情节，唱的则主要是人物的心理活动。这类说唱文学，已跟中原曲艺中间的鼓书门类相差无多。满人入关后，秉承其民族艺术习惯，表现出了对中原城乡曲艺说唱的浓厚兴致，也及时地又创制出了本民族新型的曲艺类型。自清中期始，在下层旗人中间，出现了与民族旧有文娱嗜好相吻合的"子弟书""八角鼓"等俗文艺样式。

子弟书，是乾隆年间兴起的一种鼓曲艺术，因首创于八旗子弟中间而得名。据说这种艺术由清代军中流行的巫歌、俚曲衍成，最初多是借现成曲调编词表达怀乡思归情感的小制作，传入北京后为满族下层文化人所改造，以固定曲式配唱各种叙事作品。表演时，多以三弦为伴奏乐器，一唱到底而无说白。作品一般不太长，涉及题材广泛，除取材于《三国演义》《水浒传》《西游记》《金瓶梅》《红楼梦》《儿女英雄传》等精彩片断外，还有些描绘满族社会及市井生活的段子。作品均出自旗籍文化人笔下，遣词用韵很见功力。清中后期子弟书艺术发展很快，呈现出分别成熟于北京东、西两个城区的东韵、西韵流派分野，东韵风格"沉雄阔大，慷慨激昂"，以演述忠烈故事为主；西韵则多"尤缓而低，一韵纤萦良久"，以表现爱情故事见长。后来子弟书艺术由北京流传到盛京等处，欣赏者也扩大到广大市民阶层。同治年间出现的子弟书作家群，把创作推向了高潮，从当时无名氏所写的《石玉昆》子弟书中，可以知道，在名艺人演唱时，书场内能"坐过千人"，尚有"多人出入如蜂拥"。直到 20 世纪早期，这股"子弟书热"才退去，后来曲调也濒于失传。存世的子弟书曲目有 440 余种。受听众喜欢的一些子弟书段子，被移植到晚近的京韵大鼓、东北大鼓、西河大鼓、二人转、山东琴书等曲种内继续演唱着。

早期投身子弟书写作的高手，知名者有乾隆年间的罗松窗。韩小窗是道光至光绪间的子弟书名作家，作品逾 30 种，《露泪缘》是他最为人称道的作品，感人至深地刻画出了贾宝玉恸哭林黛玉时的情景：

苦只苦直到临终未能见面，恨只恨满怀心事不能达。到如今我万语千言你听见否？妹妹呀你在九泉之下还要详察。从今后我却醒了槐中梦，看破了世间无非是镜中花。不久夜台合你重相聚，好合你地府成双胜似家。这段情直哭到地老天荒后，我的那怨种愁根永不拔。只哭得月暗星稀没了气色，云愁雨泣掩了光华。恰便是颓唐一恸悲秦女，抵多少断肠三声过楚峡。

子弟书作家中令人关注的，还有奕赓。他是清室成员，早年做过宫廷侍卫，中年之后却潦落为"柴湿灶冷粟瓶空"的穷文人。他以"鹤侣"为笔名，创作了 10 多种子弟书作品，其中《鹤侣自叹》《侍卫论》《老侍卫叹》等来自其亲身经历和见闻，将末世之际的炎凉世态揭示得淋漓尽致。他的创作以口语白话直入唱词，常溢出诙谐戏谑的格调，为听众喜闻乐见。

八角鼓，是子弟书的姊妹艺术，也是清中期满族的曲艺曲种。据说乾隆年间八旗兵征讨大、小金川的战争中，由满族文人文小槎（又作宝小岔）创制了一种牌子曲形式的"岔曲"，在八旗社会流传开来，又经引入多种满、汉民族的传统曲牌，渐成一种牌子曲演唱形式，因用满族乐器八角鼓伴奏而得名。至清后期，八角鼓艺术盛行，八旗文人们多喜好在票房内编词演唱，聊以自娱。当时的八角鼓词作，除一些依据名作改编的段子之外，尚有《鸟枪诉功》《护军诉功》《南苑叹》《八旗叹》《夏景天》《怕的是》等，反映了"八旗生计"等社会问题。与文学性较高而声腔变化偏少的子弟书不同，八角鼓艺术以其特有的复杂多变的联套体说唱形式，对后来出现的北方曲艺曲种，如北京单弦、山东聊城八角鼓，以及民族戏曲曲种，如吉林满族新城戏等，产生了重要影响。

北京曲艺的代表性曲种——单弦，直接承袭于八角鼓。最早的单弦名家是道、咸时期的司瑞轩（艺名"随缘乐"），是一位"下海"卖艺却长期隐瞒旗人身份的艺人，他根据《水浒》《聊斋》《金瓶梅》等名著故事，创制了单弦牌子曲的演唱形式，在京师各茶馆表演，十分轰动。在随缘乐之后，清末民初的曲艺舞台上，又涌现出德寿山、荣剑尘、谢芮芝、常澍田、谭凤元等旗籍单弦演唱大师，奠定了单弦艺术名家荟萃、流派并存的局面。

相声，这种起源于北京、流传于全国并且受到国内外观众喜好的曲艺样式，也来自于满族曲艺八角鼓。早期的八角鼓演唱形式之一"拆唱"，常由多人表演，以插科打诨的丑角为主要角色。"道、咸年间拆唱八角鼓的著名丑角张三禄，因与同行不睦，无人与他搭档而改说相声，是为单口相声之始。八角鼓艺术讲究的'说、学、逗、唱、吹、打、拉、弹'中的'说学逗唱'也就成了相声的主要表现手段，而相声艺术在表演上的'捧哏''逗哏'，也是始于拆唱八角鼓"。作为相声创始人张三禄三位直系传人之一的阿彦涛，是因家道贫寒而由票友被迫"下海"的穷旗人。他与自己的徒弟春长隆、恩绪①（都是满族人），创建了相声史上的早期流派之一"阿派"。该派编演了许多属于文字游戏类的段子，从内容到手法都趋向文雅，他们讲求幽默含蓄，取笑而不庸俗，在相声中开了"文哏"先河。这显然与旗人们有着舞文弄墨的习性分不开。

在相声艺术长达一个半世纪的发展中，众多表演艺术家的名字为听众所熟知：常连安、侯宝林、常宝堃、赵霭如、郭启儒、白全福、赵佩茹、常宝霖、常宝霆、常宝华、苏文茂、杨少华、常贵田、侯耀文、杨议……他们本人或前辈，全是北京旗人。此外，像老舍、何迟等满族文学家，也都为相声提供过很受欢迎的演出脚本。

评书，是满族人特别喜好的另一项曲艺艺术。20 世纪早期，京旗满族出身的双厚坪，与"戏界大王"谭鑫培、"鼓书大王"刘宝全齐名，被誉为"评书大王"，三人鼎足而称"京师艺坛三绝"，影响极巨。到了 20 世纪中期，京城评书界又出现了品正三、连阔如两位满族评书表演艺术家，前者曾被冠以"评书泰斗"的盛名，而后者于 20 世纪 50 年代初期通过广播电台播讲传统评书，家家收音机旁挤满听众，北京市内甚至有"千家万户听评书，净街净巷连阔如"的美谈。

---

① 已故著名相声大师马三立（回族）之父，是春长隆的徒弟；而恩绪则是马三立的外祖父。

北京从来就是中国北方曲艺的重要舞台。清代中晚期和民国年间在当地曲艺领域赫赫有名的满族艺术家，还有演唱"拆唱莲花落"的赵星垣（"髽髻赵"）、演唱梅花大鼓的金万昌、演唱京韵大鼓的姜蓝田、演唱竹板书的关顺鹏、演唱滑稽大鼓的富少舫、表演滑稽二黄的白庆林（"云里飞"）和白宝山（"小云里飞"）、演唱北京琴书的关学曾等，也都对曲艺艺术的繁荣饶有贡献。

五

京师满族的常态生活习俗，亦曾给予北京文化以深度熏染。

讲求礼仪，注重礼貌，是外民族对满人印象深刻、几成公议的看法。亲宗族而重血亲、崇敬先人、尊重长辈、友爱亲朋，是该民族在早期信奉萨满教的岁月里便形成了的观念形态，世代根深蒂固。他们把这种观念兑现为日常的礼节习惯，逢年过节的祭祖、每日不辍的向长辈及同辈问安，均是发自内心的人生功课。"旗人家庭之礼最严，老幼皆无敢少失，其周旋应对，莫不从容中节，盖自幼习之。"[1]满人家庭都极为好客，即便是路人来访也会倾其所有待客，客人离去时不必留下报酬。清代旗族将这类礼俗带入京城，到了清末以及民国时代，城中与满人相处较久的汉族家庭有些也都习惯于"满汉两礼"了。满族人注重讲究礼貌的另一方面表现，就是在生活中"最忌讳随便骂街"，[2]据京城老年人讲，传统的旗人顶不习惯张口就骂人，他们之间产生了龃龉，有的竟只能以当面说一句"我实在地恨您"来发泄。满人的这种习性，后来也曾长久地被"首善之区"北京的大多数市民所认同、恪守，他们极厌恶"脏口"，无论男女老少，张嘴就骂人都最为人们所不齿。

体现着满族生活习俗的服饰文化，也给了旧日京城其他民族以影响。旗人的袍服——旗袍，很快就被汉族等民族的女性所喜爱，并通过京师传到南北各地，再通过中国侨民传播到西欧北美，成了日后女性的世界性的高雅时装样式，已经是人们时常提及的显例。其实，为目下全国各处重新穿起来的"唐装"，亦为清代满族服装样式，只是后来通过西洋的"唐人街"展示出去了，才被误称为唐装。另外，还有现在人们习惯穿的"坎肩儿"，也叫"马甲"，本是八旗兵中"马队甲兵"时常

---

① 参见（清）魏元旷：《蕉庵随笔》。

② 这是老舍在《骆驼祥子》里面写尚未被庸俗的市井文化彻底俘虏之前的主人公的心声，反映的是京城旗族的普遍心理及生活准则。

身着的无袖外套。

满族在饮食文化上对北京的奉献也不少。该民族先民长期从事渔猎生产，养就了喜食野味儿的传统；他们也喜爱甜食和黏食，因为这类食品在劳累寒冷之际十分禁饿。满族还是世界上最早饲养家猪的民族之一，对这个长期生存在高寒地带的民族来说，嗜好厚油脂的肉食曾是他们的饮食特点，也为该民族擅长烤制猪肉等肉食打下了基础。从满族入关之前到有清一代，满族固有的烧、烤、煮、涮等烹饪方式，与中原传统的煎、炒、炸、熘等烹饪方式，互相借鉴和融汇，终于登峰造极，推出了中华饮食文化的最高成就——满汉全席。"民间满汉全席之称最早见之于乾隆年间李斗的《扬州画舫录》和袁枚的《随园食单》。当时满族是统治民族，在文化上有权威影响，交往中，汉人为讨好满族官员，设席都要迎合满官的特点，必设满席，为克服满席烹调简单的弱点，又会增加一些汉族的名肴。与此同时，满席注重野味的传统，又给偏好风雅的汉官提供了体会异族风味的机会。在追求这种皇家风范的体验以及夸富心理的作用下，早在乾隆年间满汉全席就已风靡全国"。①

清代受困于"八旗制度"的都市满族，将生活艺术化，体现到了各个方面。作家老舍曾经在小说《四世同堂》中，对当年的旗族艺术生活场面作过清晰的描绘：

整天整年地都消磨在生活艺术中。上自王侯，下至旗兵，他们都会唱二黄，单弦，大鼓，与时调。他们会养鱼，养鸟，养狗，种花和斗蟋蟀。他们之中，甚至也有的写一笔顶好的字，画点山水，或作些诗词——至不济还会诌几套相当幽默的悦耳的鼓子词。他们的消遣变成了生活的艺术……他们会使鸡鸟鱼虫都与文化发生了最密切的关系……他们的生活艺术是值得写出多少部有价值有趣味的书来的。就是从我们现在还能在北平看到的一些小玩艺儿中，像鸽铃，风筝，鼻烟壶儿，蟋蟀罐子，鸟儿笼子，兔儿爷，我们若是细心地去看，就还能看出一点点旗人怎样在最细小的地方花费了最多的心血。

当初旗人们细细把玩生活百味的习性和他们极尽想象"玩出了格"的诸种方式，也融入了后来北京人的文化之内。

---

① 李自然：《生态文化与人——满族传统饮食文化研究》，民族出版社，2002 年，第 164 页。

六

经过清代的二三百年，京师旗族在重造文化习尚的同时，也体现出了自我的精神型范与性格气质。

爱国主义情操，是他们精神世界中间最可宝贵的成分。自从清政权建立，身为政权基石的八旗将士便树立起国家至上的信念。随着清初一百多年平定三藩、收复台湾、反击沙俄入侵、平定准噶尔叛乱、抗击廓尔喀入侵西藏等战争的展开，八旗官兵随时被派往前线作战与驻防。至雍正年间，全国八旗驻防已有 85 处；至乾隆后期，又增加了 49 处。满族人因而广泛地被分布到全国广大区域戍守。清代，是中国有史以来有效管辖版图最为广阔的时期。今天的中国版图基本上是在清代确定下来的。在八旗下层官兵的心间，为爱国护民不惜牺牲一切的精神，"不得捐躯国事死于窗下为耻"，[①] 而以为国战死为荣的观念，始终是牢靠的。那时节，京师八旗营房中，贫穷的士兵们，即便家徒四壁，还是不忘国家重托，要按照规定自费购置兵器战马，他们嘴上常常挂着的口头语儿，还是那么一句落地有声的硬话："旗兵的全部家当，就是打仗用的家伙和浑身的疙瘩肉！"他们一贯地忠勇可敬，饥寒困苦并没有磨损他们世代相传的拳拳报国之心。近年间，清史与满学研究界正更新思考，逐步接近一项共识：如果没有满族杰出人物和八旗劲旅在清代前期的戮力经营，从而达成了清中期国富民盛、各族一体的大局面，后来的中国，是绝难渡过帝国主义列强妄图瓜分、灭亡我文明古国这一道险关的。

若按各民族人民在清代的分工来说，满、蒙、索伦、达斡尔等旧新满洲八旗负担最重，对汉人实行募兵制，对他们却实行征兵制，孩子一落生，便是"养育兵"，长大了便要抗敌、御侮、保卫祖国，多数人都死在疆场上。因为他们付出的重大牺牲，才创造了国内的和平环境和安定的社会秩序，农、工、商、士，才能自由自在地种地、做工、做买卖、考举人进士。[②]

与雅俗兼及的文化追求相关联的，是北京满族亦庄亦谐的精神文化品相。一方面，为摆脱八旗制对自身精神的束缚，他们已习惯以插科打诨、诙谐幽默调节生

---

① 《清高宗实录》卷一三〇〇。

② 著名清史学家戴逸先生在其学术演讲中多次谈到这个观点。

活；另一方面，满人性情从来就不大认同所谓"发乎情，止乎礼仪"，也厌恶虚假的"一本正经"。他们在精神深处很是自尊自矜，讲究气节与操守，日常却不总是正襟危坐，而往往敢拿自己来开个不大不小的玩笑（北京话叫作"开涮"）。满人们跟艺术结缘以来，他们创制的各种作品，几乎无一例外地被注入了喜剧因子，其中老舍作品最是鲜明。

北京艺术的喜剧风格（最突出地体现于相声、曲艺）或多或少也缘于清末以来的历史生活：京城所历风云变幻的戏剧性、喜剧性；京都小民苦中作乐，冷眼看世相的幽默传统；没落旗人贵族讽世玩世自讽自嘲的倾向——这儿也有诸种因素的汇集。其中满族人、旗人的幽默才能是不应被忽略的方面。这可能是失败者的幽默，却也因"失败"更显示了一个民族的优异禀赋与乐天气质。①

生活在北京的满族作家，从曹雪芹到老舍，再到当代的朱春雨、赵大年、叶广芩，个个创作里面都蕴涵着深沉的民族自省意识与文化反思精神。曹雪芹的《红楼梦》，记录了"金满箱，银满箱，展眼乞丐人皆谤"的沧桑故事，发出了"喜荣华正好，恨无常又到"的感叹，进而做出"须要退步抽身早"的警告。老舍早在20世纪20年代，就在长篇小说《二马》中，深有感触地说过："民族要是老了，人人生下来就是'出窝老'。"简直是石破天惊之语。20世纪60年代，他在《正红旗下》里，更具体地检讨了满民族的历史性滑落：

二百多年积下的历史尘垢，使一般的旗人既忘了自谴，也忘了自励。我们创造了一种独具风格的生活方式：有钱的真讲究，没钱的穷讲究。生命就这么沉浮在有讲究的一汪死水里。

大约从三个半世纪之前八旗进关时候起，满族的文化即陆续启动了一场由原生态的萨满文化体系，向广泛吸取汉族等兄弟民族文化营养的多质文化状态过渡的大变迁。以清代京城旗族文化为代表的满族"次生文化形态"，其长处是不容忽略的，其弊端也是需要正视的。

---

① 金启孮：《北京郊区的满族》，内蒙古大学出版社，1989年，第53页。

本文侧重于从积极奉献的角度，探讨满族对北京文化的影响。诚如任何一个民族在任何一个历史过程中都有其局限与失误一样，满族落户京城几百年来，自身文化里面也不免滋生一些陋弊和痼疾。这些东西，也曾不可避免地作用于北京文化，也是需要认真加以审视和针砭的。满族的"次生态"民族文化，早已与北京传统文化水乳交融。假如想要脱离开北京文化浑然一体的总系统，来单纯地分析、褒贬、扬弃满族文化这个子系统，是很难做到的。易言之，北京文化中间至今存留的各类优长、缺失，也是可以通过对照满族文化这面镜子来予以深入检视的。

今天，站在新世纪新起点上面的首都北京大文化建设，业已提上日程。深刻发掘包括满族历史文化教训在内的种种有助于北京文化建设的人文思考，都应当是其中的应有之义。

北京满族传统旗袍的制作技艺与传承发展

——以清中期的便服为例

满族是我国 56 个民族中的一个重要成员，其历史悠久，文化底蕴深厚，并且建立了中国最后一个封建王朝——清朝。北京是清朝的首都，是满族贵族统治集团集中生活的政治中心，也因此成为满族文化和清朝宫廷文化富集和集中展示的大都会。北京的满族传统服装文化，可谓源远流长。

一、满族传统旗袍的简述

旗袍，满语叫"衣介"，意思是"长袍"，是满族在长期的山林狩猎生涯中，形成的特有的民族服装。满族先民主要生活在东北高寒地区，又以狩猎为生，而这种袍服正好起到保暖和方便狩猎的作用。[①] 久而久之，旗袍就被固定下来，专指满族人所穿袍服。这也是本文所讨论的旗袍的真正含义。但是，对于现在的一般人而言，"旗袍"是一个非常特殊的概念，它是一种有代表性的中国女性服饰，既与满族没有必然关系，更与男性没有关系。

图 1　满族传统旗袍

在满族的不同的历史时期，旗袍也有相对不同的构造。清朝初期，满族旗袍仍

---

* 吕晓娜，中央民族大学民族学与社会学学院 2015 级民族学硕士研究生。

① 李景辉：《旗袍古今谈》，载《天津满族文化》，2008 年。

沿袭之前未入关时的服饰传统，衣身基本是直线线条，袍身宽松舒适，长达脚踝，而不注重曲线美。但随着人们审美观念的改变，以及实用观念的不断加强，再加上不断地民族交融，旗袍逐渐形成如今我们在清宫剧中所看到的色彩缤纷、纹样华美的造型。在长期发展过程中，满族旗袍也形成了自己独特的制作工艺，为满族服饰文化的发展做出了杰出的贡献。

而在满族的传统旗袍中，以清朝的宫廷服饰最具有代表性，它不仅品种齐全，而且制作精美，色彩绚丽，寓意丰富，是满族旗装中的精品，更成为今天的清宫剧中的一道亮丽风景。

（一）满族传统旗袍的分类

清朝中后期，满族的传统旗袍已基本形成定式。

根据出入场合的不同，主要有礼服、吉服、常服、行服、便服、雨服 6 大种类，因而也就有了礼服袍、吉服袍、常服袍、行服袍、便服袍、雨服袍等；

根据开襟的不同，其主要有如意襟旗袍、琵琶襟旗袍、斜襟旗袍和双襟旗袍等；

根据袖型的不同，又可分为马蹄袖袍、窄袖袍和平袖袍 3 大类；而依据不同领型，又可分为立领袍和圆领袍。

根据季节的不同，又有单、夹、棉、皮之分。

旗袍一直贯穿于满族的发展历程中，在满族传统服装中占据着重要地位，是最具有代表性的满族传统服装。虽然旗袍的种类繁多，有不同的形式，也显示了不同的品级和地位，但它们有一个共同点，即都是以最重要的袍服为载体，然后再添加或装饰一些其他的饰品。不同类型的旗袍虽然有不同样式的袍服，男式袍服和女式袍服也各有所不同，但这些袍服的制作工艺却大同小异，因此本文以女式便服袍服为例，来具体介绍旗袍的制作工艺。

（二）便服

便服，主要是人们日常生活中闲居时所穿的服装。我们常常在清宫剧中看到的各位小主们所穿的制作华美的服饰便是便服。便服的形式繁复多样，主要包括便袍（主要为男衣）、氅衣、衬衣、马褂、坎肩等。其中，便袍为圆领，大襟右衽，平袖，左右开裾。氅衣和衬衣是便服中最为华丽多彩的袍服，也最受后宫嫔妃的喜

图 2 氅衣图

图 3 衬衣

爱。氅衣为圆领、大襟、右衽、直身、平袖及肘，左右两侧开裾至腋下。（见图 2）
而衬衣和氅衣基本相似，但衬衣左右两侧不开裾，也无氅衣两腋下用于修饰的两个
对称的云纹图案。（见图 3）在穿着时，衬衣穿在里面，氅衣穿在外面。又由于衬
衣没有氅衣的左右开裾，所以有时衬衣也可以单穿。[1]

二、制作工艺

满族传统旗袍工艺多以手工制作为主，以精细为要，然后再加以各种镶、嵌、
滚、盘等工艺。而旗袍的布料一般以织锦、真丝、古香缎、绸为主，正宗的清宫旗
袍，从选料、下料到制作，每一道工序都很有讲究。然后在整体形成之后，再在上
面绘制各种各样的图案，经过一系列的程序之后而成。因此，旗袍的制作流程大体
分为以下几步：尺寸测量、裁剪、缝制、手工和整烫。[2]

（一）测量

测量尺寸是制作旗袍的首要工序，只有测量精准，才能缝制出合身的袍服，也
才能完全地体现出袍服之美。

主要工具：皮尺、尺码单、笔、牛皮纸、选好的布料。

满族传统旗袍在制作前，要求测量的数据主要有：衣长、背长、肩宽、袖长、

① 严勇：《清宫服饰图典》，紫禁城出版社，2010 年，第 3 页。
② 本文中关于满族传统旗袍的制作工艺皆为笔者访谈调查整理所得。

大臂围、胸围、腰围、臀围、领围、手长、掌围、身高等。

具体步骤：

①测量袖长，从脖颈开始，量至手腕处。测衣长时，从后脖颈起，一般测量至脚踝处，但有时也测量至膝盖下，具体长度根据所做的袍服的具体款式来定。而腰围、胸围、臀围等直接用皮尺测量即可。测量完毕后，将这些数据都写在尺寸单上。

②在选定的牛皮纸上，根据所测量的数据，画下计算之后的长度，形成袍服的纸样图。

（二）剪裁

满族传统袍服的裁剪，比较简单。所谓的剪裁，就是要将制作成衣的布料剪裁成样。将选好的布料与之前已经测量好的、并在牛皮纸上画下的纸样比对，然后沿着纸样，将布料剪裁。

就便服而言，制作布料一般剪裁为 3 大片：左片、右片和右襟；然而满族传统旗袍中还有另外一种袍服——马蹄袖袍服。由于满族是一个马背上的民族，长期骑马狩猎，再加上天气较冷的原因，为了保护手臂，人们便想出将袖子加长的办法，于是就出现了马蹄袖袍服。有马蹄袖的袍服，除了左片、右片、右襟之外，还包括两个袖片，一共是 5 片。

如图：

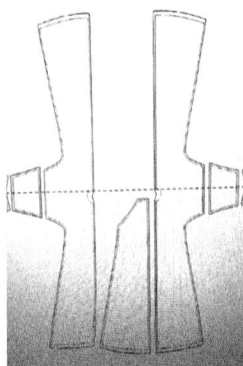 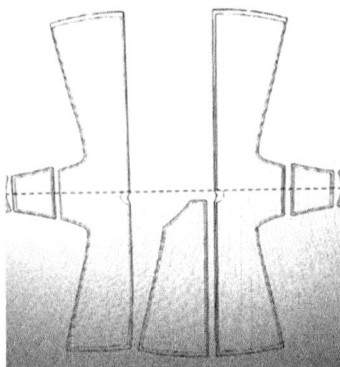

图 4　平袖　　　　　图 5　马蹄袖

主要工具：案板、糨糊、剪刀、白纸、笔、熨斗、喷壶。

具体步骤：

纸样完成后，开始裁布。用喷壶在整块布上喷洒适量的水，然后用熨斗将整块布料熨一遍，注意要把中缝线熨烫平整，保证整块布料的平整。

将布料与纸样比对好，然后开始用剪刀沿着纸样慢慢将布料裁成三大块。

旗袍在剪裁时，要用数根针将衣料固定在案板上后再进行剪裁；剪裁完主料后，要在衣片的周边上刮上一层糨糊；制作前要将主料与里料用针固定在一起；制作袖口和开衩处要用糨糊将里布和主料黏合后熨干，为的是做好的旗袍不走样。

（三）缝制

主要工具：手针、缝纫机、熨斗、硬纸板、平缝机、单针、主衣片、净样板、镶边净样板、剪刀。

主要步骤：

1. 缝制成衣

将左片布料与右片布料对齐，然后将衣料翻过来，从里面用手针开始缝制。从脖颈处开始，一针一针向下缝制，缝至开衩处，即离下摆还有几厘米的地方。（具体多少厘米，根据具体款型而定。）缝制时，要注意针脚保持均匀，使正面保持平整。缝制右襟时，用同样的方法，要使得衣料的正面针脚平整。

2. 细镶滚（滚边）

滚边的方式有很多种，这里主要介绍的为单层滚光式滚边。

首先，用纸板扣烫滚条两毛边，将滚条边折光。

其次，滚条与衣片正面相对平缝缉合，缝份 0.3cm~0.6cm。在滚包衣片弧形边时，滚条在凹处稍拉紧，在凸处稍推送。然后修剪缝份，宽度为 0.3cm~0.6cm。

最后，将滚条沿缝线翻转，盖在第一道线迹上，使其盖过 0.1cm，然后在翻转的折边上压缉 0.1cm~0.2cm 的止口。滚边时，一定要使滚边平整无扭曲。在滚角时，注意倒角，使角处保持平整。

3. 镶边（异色）

镶边就是用异色的面料镶缝在衣片边缘部分的一种装饰工艺。镶边宽度不宜过宽，一般不超过 0.6cm，再宽就成为分割了。镶边按照工艺可分为暗缝式镶边和明缝式镶边。

镶边用料的纱向一般与衣片的纱向一致，以保证面料的整体外观质感协调一致，对于面料肌理不明显的和无纺材料可以采用横纱或者斜纱。镶边料要精确裁剪，缝份一定要准确，一般为 0.6cm，必须做对位记号。可根据面料的质地适当地粘衬，以防拉伸变形。

具体步骤：

先按要求裁配镶条，将镶条与衣片正面相对，缝边对齐，衣片在下平缝，缝至拐角处机针不拔出，将衣片拐角剪一斜剪口，使衣片边与镶边对齐继续缝合，注意剪口不能超过净缝线。

修剪缝份，弧形部位的缝份要小一些，并且要打几个剪口。先将缝份分开烫平，再将衣片烫平。

4. 嵌线

嵌线就是在衣片的边缘或内部分割缝处嵌上一条细条状嵌条布的一种装饰工艺。嵌条的颜色最好与衣片的颜色对比强烈或者深浅不一。

嵌条的用料采用 45°正斜纱条，裁剪宽度大约为 1.8cm，成品嵌线宽度为 0.3cm ～ 0.8cm。

具体步骤：

把嵌条布向反面对折，先与一衣片正面相对，毛边对齐缝合，缝份 0.5cm。将另一衣片正面朝下夹住嵌条，三条毛边对齐，沿着上一条线缝合，然后将其翻转铺平熨烫。

（四）整烫

衣服缝制完毕后，为了保证衣服的平滑，需要进行一次整烫。在烫布料时，要根据布料的不同来调节温度，选择干烫、湿烫等。在熨烫的时候，要先喷点水，然后放一块烫布，要先把中缝线烫平；烫的时候，要把滚边留出来，不要烫滚边，只烫周围的地方就可以。如果有里子时，要先烫里子，后烫面子；先烫上半部分，后烫下半部分；先烫零碎部分，后烫主体衣身部分。最后把旗袍烫平即可。

将整个旗袍做完之后，再全面地检查一遍。

整个旗袍的大体制作过程就是这样。

（五）刺绣

刺绣，对旗袍起到了很好的装饰效果。旗袍大体做好后，人们为了美观，往往会在旗袍上绣上各种美丽的图案，或在袖口、衣边等处绘制或者镶嵌上几道花条或彩牙儿，或者其他各种图案。在北京地区，还流行镶上 18 道衣边，俗称"十八镶"，这样缝制的旗袍是最完美的。而在所有的工艺中，刺绣是最不可缺少的步骤。

1. 刺绣文化内涵

刺绣工艺在我国同样有着悠久的历史，苏绣、湘绣、粤绣、蜀绣便是我国刺绣中的四大名绣。这一工艺也正是在满族服饰上才得到真正的体现。

刺绣也有一定的原则，比如在刺绣中，刺绣图案要设计合理，所绣图案与旗袍的样式风格要保持一致；刺绣用线也要考虑服装的面料；而在皇室贵族的服饰中，刺绣还要考虑身份地位的不同等。

如皇后的吉服袍是后妃中最为华丽的。吉袍采用与皇帝吉服袍一致的明黄色，绘有云水纹样和十二章纹等，而且在袖口、领口等部位都镶有图案，而其他妃子的吉服袍则与皇后的有很大不同，而且不同身份的妃子的吉服图案都不一样。（见图6）

图6　代表不同身份的吉服袍

以上几件旗袍都属于吉服袍，但由于地位的不同，不仅采用不同的颜色，而且刺绣的图案不同，刺绣的绣线也不同，这正体现了旗袍的独特作用。

2. 刺绣图案意义

刺绣图案不仅可以使得旗袍华致精美，而且不同的图案也有着不同的寓意。满族服饰上的图案纹样有：云水纹、四君子、龙蟒、蝶草纹、暗八仙、补服图案、如意云头纹等。[①]

海水江涯乃自然景物，画为刺绣图案则非常具有装饰性的效果，成为满族服饰刺绣图案的一大特色。水、云、山崖、动物、器物同时出现在一个场景上，可以组合出宏大的纹样。清代的云纹、水纹图案一直被称为"五彩祥云、五色纷纭、天下太平、海水江涯、八宝平水"，形象千变万化，丰富之极，特别是最高统治者的服饰图案有着深层的含义。（见图7）[②]

---

① 王雪娇：《满族服饰刺绣的色彩和图案研究》，沈阳大学2014年硕士学位论文。

② 同上。

图 7　海水江涯

"四君子"是梅、兰、竹、菊的统称，既可作为气节崇高的象征，也可代表四季（春兰、夏竹、秋菊、冬梅）。①

蝶草纹则寓意美好，象征自由，可以像蝴蝶一样自由自在地飞翔，与自然和谐共处。（见图 8）

图 8　蝶草纹

暗八仙也是吉祥纹样，象征着长寿与吉祥。

色彩绚丽、华丽无比的满族旗袍，再搭配上精致美丽的头饰，便塑造出清宫戏中那些楚楚动人、婀娜多姿的小主形象。

---

① 王雪娇：《满族服饰刺绣的色彩和图案研究》，沈阳大学 2014 年硕士学位论文。

三、满族传统旗袍的传承发展

满族传统旗袍作为满族服饰文化的重要载体，对满族文化的传承和发展起着重要的作用。传承与发展满族的旗袍文化，就是更好地传承满族文化。

（一）后现代旗袍对满族传统旗袍的改良发展

现如今，满族传统旗袍在大街上已经销声匿迹，我们也只能在各种清宫剧中再看到它那美丽的身影。然而，对这种传统旗袍进行改造之后的现代旗袍却仍然传承了传统旗袍的魅力。

1. 后现代旗袍对满族传统旗袍的外在改良

①造型样式

民国时期，随着西洋文化的传入，国人将中西文化结合，对满族传统旗袍进行了改良，从而形成了展现女性完美身材的现代旗袍，也就是海派旗袍。海派旗袍一改传统旗袍宽大的特点，根据女性的曲美身材剪裁而成，将腰身、胸部等部位都逐渐收敛，并且抛弃了传统旗袍的多层形式（如便服就包括氅衣、衬衣、坎肩和马褂等）。

新式旗袍也有很多样式，根据长短分类，有长旗袍、短旗袍；根据有无袖分类，分为有袖旗袍、无袖旗袍、中袖旗袍等。

新式海派旗袍曾风靡一时，尤其是 20 世纪 30 年代，其发展可谓达到了顶峰，修身、性感的服装，十足彰显了女性的身材美，甚至成为标注年代的符号。以至于在大量的影视剧中，我们仅仅通过剧中人物所穿的旗袍就可以知晓故事的发生背景。

现在，样式新颖的现代旗袍不仅引领时尚的潮流，更走上了国际化的舞台。2008 年奥运会上，礼仪小姐身穿的青花瓷旗袍无疑是大会的一个亮点。而众多的国际明星，像安妮·海瑟薇、莎拉·布莱曼、维多利亚·贝克汉姆等也都喜爱穿旗袍出席各种各样的颁奖典礼。

②旗袍图案

新式旗袍不仅在样式上进行了改良，而且在图案上也进行了创新。在清代，制作精美的袍服只有作为统治阶层的皇室贵族才穿得起，而在图案选择方面则倾向于云水纹、四君子、龙蟒、蝶草纹、暗八仙、如意云头纹等象征着权贵、财富的图案；而新式旗袍作为现代女性服饰的一种，它的图案不再是以权贵为重，而更加时尚、多元，突出个性。

③材质

作为皇室贵族服饰的满族传统旗袍，一般都采用织锦、真丝、古香缎、绸等布料，而一般的平民只能穿粗布衣；现在，不仅可以用丝绸做出漂亮的旗袍，在新技术和新材料的推动下，各种类型的布料都可以做成旗袍。

④内在结构

满族传统旗袍在裁剪时，采用的是三片裁剪法或五片裁剪法，即将前后作为一个整体来通体裁剪，然后缝制成衣。然而，后现代的改良旗袍则采用前后裁法，即前后布料分别作为一个整体进行裁剪，然后再将袖子缝上去。

新式旗袍在形式造型改良的基础之上，不仅传承了传统旗袍中的精美的刺绣图案，而且继承并创新了重要的制作工艺，丰富了装饰技法，使得传统旗袍的精髓得以保存。而这些重要的传统元素不仅成为现在中国服饰元素的象征，也成为中国的代表符号。

2. 后现代旗袍对满族传统旗袍在文化上的传承与变迁

①旗袍的礼仪性

后现代旗袍不仅保存了传统旗袍的外在精髓，也将中国传统旗袍所蕴含的丰富的礼仪文化传承了下来。在清代，不同品级的人需穿着不同图案的袍服，并且在不同场合也要穿着不同的袍服，从而体现一种尊卑有序、内外有别的礼法；而旗袍在后世的发展中，仍然延续了这种礼法。在不同的场合中，女性会穿不同的旗袍。不仅款式不一，图案也不一，从而体现出旗袍对礼仪文化的延续。

②旗袍的等级意义和象征性

自古以来，中国的服饰就带有很强的等级意义和象征意义。历代的《舆服制》对上至王公贵族，下到平民百姓服装的款式、颜色、图案和配饰等都做出了明确的规定，且任何人不得逾越。而现如今的旗袍不再是某一特定阶层的服装，而是所有女性都可以穿的服饰。[①]

③由传统保守到开放外向

满族传统旗袍长及脚踝，袍身宽松，呈直筒式，将女性的身体曲线遮蔽起来，

---

① 洪悦：《中国传统旗袍的造型结构的继承与改良研究》，北京服装学院 2013 年硕士学位论文。

体现出中国古代人的传统和保守的性格。而后来的改良旗袍不仅将女性的身材曲线美充分加以展示，甚至还出现了无袖短袍，表现出满族传统旗袍由传统保守到开放外向的转变。

（三）"申遗"传承满族传统旗袍制作工艺

随着精通古老旗袍制作工艺的老艺人的逝去，传统旗袍这项古老的技艺面临失传的危险，技艺的失传对传统旗袍而言可谓是致命的打击。

没有制作技艺，何来旗袍成品？！而非物质文化遗产的申报，为这项工艺的保存提供了机会。2007 年，满族旗袍的传统制作工艺被吉林省申请为省级的非物质文化遗产，并且确定刘淑芬为传承人；2009 年，京式旗袍的传统制作工艺又被列为北京市非物质文化遗产。申遗工作的开展，让热爱这一技艺的人才被确定为传承人，对于这项制作技艺的传承起到了非常大的作用，也使得满族传统旗袍可以继续得到发展。

此外，让传承人走进校园，为学生讲授旗袍制作工艺，不仅让更多的学生学习和掌握这门技艺，对旗袍制作工艺起到了很好的传承作用，而且对满族服饰文化也起到了宣传作用。

而制作工艺的传承，不仅可以使满族传统旗袍得以传承和发展，而且对现代服饰的创新也具有重要作用。

（四）音乐——满族传统旗袍传承的一种创新方式

随着现代社会的发展，音乐已经成为人们陶冶情操、娱乐放松的一种方式，而将旗袍的精髓以歌词的形式写出来，再以动人的旋律唱出来，不失为传承文化的另一种方式。我国著名的青年歌唱家孙滢迎就以一曲《旗袍》，将满族旗袍的文化韵味表现了出来。一首动人的《旗袍》，加深了人们对于满族旗袍文化的认同和喜爱，从而号召更多的人来传承和弘扬满族旗袍文化！

（五）新技术对满族传统旗袍的推动

新技术的发展，新手段的出现，为我们提供了越来越多的新方法来传承和发展我们的传统文化。网站的推送，视频的宣传，微博、微信的推广，使得满族传统旗袍文化以文字、图片、音频或视频等形式保存下来。

四、结论

满族文化博大精深，而旗袍文化也是丰富多彩的。一件小小的旗袍，却要经过测量、剪裁、缝制、整烫和刺绣等几十道复杂的工艺，而不同的旗袍也体现着不同的功能与作用，蕴含着不同的寓意。它不仅是满族文化的重要组成部分，也是中华文化的符号。

然而，传统的满族旗袍因种种历史与现实的原因，已渐渐淡出人们的视野，以至于我们也只有在博物馆或者清宫剧中才能再见到它的多姿风采，取而代之的是豪放的现代旗袍，它以更为丰富的样式，传承着传统旗袍的精华，引领时尚的潮流，成为东方女性的代表服装。

现代旗袍对满族传统旗袍的传承，以及运用新技术手段对这一技艺的创新，不仅使人们能更深入地了解旗袍的传统制作技艺，而且对于传承满族传统文化，弘扬满族民族精神等，都有着非常重要的意义。

北京的满族乡及其旅游资源

徐　跃[*]

汤河川一带，位于怀柔区北部的深山之中，依山傍水，是北京历史上有名的满族乡，聚集着众多的满族人，而以"彭姓"为主的满族人过去世居沈阳，后随清军入关。在当时，长哨营为杨木营、喇叭沟门为鹰手营、汤河口为胭脂营，这三个营地分别承担着看管林场并向京城提供杨木材、向京城宫中提供雌雄野鸡以及开垦农田为皇宫提供胭脂费用的重要作用。经过漫长的历史岁月，三个营地逐渐发展成为现在的长哨营满族乡、喇叭沟门满族乡以及汤河口镇，在当地政府与民众的努力下，传统的满族文化一直保留至今。今天的汤河川地区，处处洋溢着浓郁的满族文化，家家保留着热情好客的满族风情。

一、北京地区满族民族乡概况

（一）长哨营满族乡

在距离北京城区 100 公里处、北京市怀柔区的东北部方向，坐落着满族聚居地的长哨营满族乡。沿着长哨营满族乡向北，可以到达河北省的丰宁满族县以及内蒙古自治区；向东可以到达河北省承德市直至我国东北地区；沿着西方走可到达延庆县以及河北省的张家口市；东南连接着密云区密云水库，因而是北京通往河北及内蒙古等地的重要交通要道，更是怀柔区的交通枢纽。坐落在青山绿水间、占地约250 平方公里的长哨营满族乡拥有优美的环境与优质的空气，更是一个天然的避暑

* 徐跃，中央民族大学民族学与社会学学院 2015 级民族学硕士研究生。

胜地。

长哨营满族乡是 1998 年撤销七道河满族乡和长哨营乡后合并而成，[①] 满族人口约占全乡人口的 1/3。

近年来，长哨营满族乡的民俗文化旅游产业日益完善，开展了满族文化生态旅游的系列活动，通过深入挖掘当地深厚的满族文化资源，建设具有八旗特色的满族文化新村，逐渐形成了自己的旅游业品牌。如"京北第一山货大集""满族民间歌舞之乡"等。[②] 北京地区唯一一个专门研究满族民俗文化的满族民俗文化研究会也于长哨营满族乡组建而成。闲暇之余，对满族文化热爱的村民们便集会在一起，互相分享最近收集到了哪些满族民俗或传说。长哨营还致力于发展具有八旗特色的满族文化新村，例如七道梁村便仿照努尔哈赤的故居，建立起一座具有索伦杆子、万字炕等满族独有风格的传统民居陈列馆。

（二）喇叭沟门满族乡

在北京市怀柔区的最北边，坐落着有"首都北大门"之称的喇叭沟门满族乡。此地在历史上是北方各游牧民族与华夏诸族经济、政治以及文化交往的活跃地带。[③] 喇叭沟门满族乡距北京城区 150 公里，面积约 300 平方公里，拥有 10 个满族村，在历史上，喇叭沟门满族乡曾归属滦平县 14 年、归属四海县 4 年，1952 年划归怀柔县，1961 年 5 月成立人民公社，于 1983 年建为乡，于 1990 年正式改称喇叭沟门满族乡。[④] 喇叭沟门满族乡拥有丰富的林木资源，于 2001 年确立了以"环境立乡、旅游带动、建京北绿色屏障"为目标的发展方向。进入 21 世纪以来，喇叭沟门满族乡一直秉承着这一理念，发展乡村绿色旅游，并结合满族传统文化，开展特色满族文化旅游。

在喇叭沟门满族乡建有八旗文化广场，每年夏秋之际，这里都汇聚着来自四面八方的游客，在广场上感受满族文化，品尝满族小吃，享受原汁原味的满族文化盛宴。满族民俗博物馆也坐落于喇叭沟门满族村，为民族文化教育增添了新的力量。在近些年的发展中，苗营、孙栅子、中榆树店 3 个民俗旅游村也先后建成，具有满族特色的农家乐对乡村经济的带动成效十分明显。2011 年，喇叭沟门满族乡民俗

① 资料来源于行政区划网——长哨营满族乡。
② 新京报：《长哨营：八旗文化助兴满乡新村》，载《新京报》，2014 年 6 月 4 日。
③ 赵书：《北京市怀柔县喇叭沟门满族乡》，载《满学研究》，1998 年第 4 辑。
④ 参见《北京市地方志系列丛书·区县系列·怀柔县志》。

旅游收入达 1000 余万元。[①]

二、丰富多彩的满族风情节

2007 年至今，北京市怀柔区每年五六月份都会举办一年一度的"满族文化节"，至今已成功举办 9 届，每一届满族文化节都会增添新的元素，力求让广大人民群众感受到最真挚的满族风情。满族文化节自开展以来，不断引起社会各界的广泛关注，活动期间前往参加节日庆典的游客越来越多。在怀柔区政府的大力支持和引导下，节日活动的类型和内容也愈加繁多，并得到社会各界的广泛好评。接下来笔者将对 2011 年—2015 年近 5 年来"北京市怀柔汤河川满族民俗风情节"活动进行分析，归纳近 5 年来满族风情节举办的特点以及变化之处。

（一）5 届满族风情节梳理[②]

2011 年的满族风情节以"怀柔汤河川满族民俗风情节"为名拉开帷幕，在开幕式上，与会领导为满族民间体育运动培训基地揭牌，宣告了满族民间体育运动培训基地的正式成立。满族传统体育项目有珍珠球、蹴球等，都是满族先民在辛勤劳动之余逐渐发展起来的体育运动项目，该运动培训基地的成立也意味着区政府对满族传统体育项目的大力支持与帮助。开幕式的《萨满舞》《大花轿》《老魁舞》等充满浓郁满族风情的文艺演出为观众带来一场视听盛宴，其中《萨满舞》尤引人注目。风情节期间，满族歌舞大赛、满族剪纸大赛也吸引了中外游客的眼球。满乡两日游等特色活动可以使得游客在山清水秀之间尽情体味满族风情。2011 年的满族风情节增加了书画家满乡抒豪情等新的内容，对于开发当地的特色文化旅游、带动第三产业、促进经济发展都起到了一定的推动作用。

2012 年"怀柔汤河川满族民俗风情节"于 6 月 22 日隆重拉开帷幕，本届满族民俗风情节的主题是"满乡欢歌闹端午"。北京市文化局党组副书记、副局长等领导出席开幕式，并为满族风情文化园落成剪彩。据悉，满族风情文化园的选址为原山货大集，经过工匠的升级改造后首度亮相风情节。该风情园占地 3 公顷，主牌楼书写的是满汉双语的"满族风情"，牌楼两侧的画板上是 24 个行政村的历史沿革及

---

① 孙文振：《喇叭沟门满族乡：乐享民族文化》，载《中国民族报》，2012 年 7 月 3 日。

② 资料来源于怀柔信息网怀柔旅游信息网。

简介，西侧是传统美食一条街，东侧建有索伦杆子和戏楼，为期 3 天的满族风情节的文艺展演、特色小吃展卖、文化展示等活动均在此处进行。

在节日举办期间，还有许多丰富多彩的民间体育项目让游客一饱眼福，如珍珠球、蹴球等，游客也可以参与其中，感受传统满族体育活动的独特魅力。喇叭沟门满族乡、长哨营满族乡、汤河口镇分别开展了满族歌舞大赛、满族手工剪纸大赛、满乡两日游等活动。游客还可以参观满族民俗博物馆，观看满族歌舞，欣赏满族剪纸，体验满族体育，学习满族婚庆礼仪，在玩乐的同时丰富自己的民族历史知识。据统计，本届风情节共接待游客 3 万余人，创历届风情节收入之最。

2013 年的"怀柔汤河川满族民俗风情节"于 6 月 10 日至 6 月 12 日隆重举行，本届满族风情节的活动主题是"浓情碧水迎宾客，满韵清风醉游人"。喇叭沟门满族乡举办了怀柔区第七届满族体育运动会；长哨营满族乡举办了第一届满族民间歌舞文化节开幕式暨满族民俗游园会、第一届"中国梦"满族歌会、第五届满族撞拐王争霸赛；汤河口镇以休闲养生的理念为主，在冯家大院民俗接待点开展了满族风情体验活动，编排了满族婚礼演出和宫廷服装展示。

2014 年的"汤河川满族风情节"于 5 月 31 日至 6 月 2 日隆重举行，3 个镇乡分别侧重了不同方面的满族文化：汤河口镇举办了 2014 年怀柔区汤河川满族民俗风情节暨满族体育运动会开幕式，并增添了八旗龙舟表演和比赛。本届满族体育运动会怀柔区 5 个镇乡 29 个满族村都有选手参赛。此外，汤河口镇还开展了满族风情服饰的展示环节。长哨营满族乡举行了"正黄旗满族村寨"开村的隆重仪式，并且开展了以"弘扬满族文化、共建文明满乡"为主题的 2014 年北京满族书画公益展，为 APEC 会议在怀柔召开营造氛围。长哨营满族乡在此次风情节系列活动中，各个村级单位都有独具特色的活动项目，如西沟正黄旗满族村寨的满族书画展；栅子正蓝旗满族文化新村的火锅盛宴；品尝八旗盛宴、体验满式婚俗的七道梁正白旗满族文化新村等，对带动各村经济发展起到了良好的作用。本次风情节节目演出突出了满族特色舞蹈、满族歌曲联唱、满族大秧歌等内容，且举办了满族民间书画展示以及满族特色手工艺品展示，展示现场还安排了 5 至 10 名手工技艺传承人现场剪纸。

2015 年的"怀柔汤河川满族民俗风情节"于 6 月 19 日在汤河川满族风情文化园隆重开幕。本届风情节，喇叭沟门满族乡结合镇内自然环境的优势，以"满韵白桦谷 养生风情地"为主题开展了各种有趣的活动，别具一格的满族婚礼秀《格格出嫁》更使得游客眼前一亮。活动当天还举行了"弘扬满族文化、共建文明满乡"北京满族公益书画展。本届风情节为期 4 天,游客们在享受视听盛宴的同时也能够一饱口福。借助这一平台,越来越多的人了解满族,并亲身感受到满族文化,将满族文化的精神内涵带出地域的限制。

(二)汤河川满族风情节的特点

纵观 5 年以来的汤河川满族风情节,我们可以看到在以满族传统民俗文化为主旋律的基础上,每年的风情节都增加了一些新的元素。从 2011 年满族民间体育运动培训基地成立伊始,到 2015 年的北京满族公益书画展,风情节在发展的道路上不断推陈出新,逐步将风情节打造成一个汇聚北京满族优秀传统文化的文化交流胜地。对 5 届风情节的内容进行梳理,可以看到以下几个方面的特点:

第一,满族文化贯穿全程。歌舞展演在为节日的预热方面发挥了良好的效果,通过近年展演的歌舞我们看到了浓厚的萨满文化、宫廷文化等,比如让人耳目一新的《萨满舞》。萨满教是一种以"万物有灵"为基础的原始宗教,满族人自先世肃慎、挹娄、勿吉、鞑鞨开始便一直信奉萨满教,萨满文化有着悠长的历史传承,在生产生活中有着丰富的体现,而萨满舞就是萨满在祭祀、祛病时所跳的舞蹈。在展览中同样十分吸引游人的还有满族剪纸,满族剪纸已被列入非物质文化遗产代表名录,这是一种基于满族文化背景下产生的剪纸艺术,在满族风情节上,满族剪纸为游客带来的文化内涵是十分强烈的,使游客在栩栩如生的剪纸中似乎可以看到满族先民的日常生活和劳动场面,其中蕴含着深厚的满族文化特色。

第二,与满族体育运动会相结合。从为满族体育运动培训基地揭牌,到后来的与满族体育运动会一起举办,区政府一直在不断创新民族文化旅游的形式与内容。满族传统体育项目珍珠球、蹴球就这样映入游客眼帘,这些民间体育运动都是满族先人智慧的结晶,如今游客可亲身参与这样的民族传统运动,更深刻地体会传统文化的精神与趣味。据悉,喇叭沟门满族乡在 2005 年特意派出一支队伍对各村老人进行走访,搜集传统的民间体育运动项目。① 得益于这次的系统收集整理,这些妙趣横生的运动才能更好地展示在游客面前,全乡的男女老少都参与其中,强身健体的同时传承着满族传统体育文化。

第三,体验式旅游逐渐开展。在食品展示处我们发现,在沙琪玛等满族特色

① 王海燕,杨晓斌,刘雪梅:《怀柔满族文化拉动民俗旅游》,载《北京日报》,2006 年 11 月 7 日。

小吃展卖活动中，游客不仅可以免费品尝地道的满族美食，还可以亲身参与满族美食的制作，体验式旅游效果十分好，每个摊户周围都围满了男女老少。参与满族美食展卖的共有精心挑选的 10 多款满族美食，游客品尝后纷纷赞不绝口。特色的满族"农家院"同样吸引游客们的眼球，游客们住着满族房屋，吃着地道满族美食，体验式旅游的特殊感受吸引着四面八方的游客。体验式旅游可以在短时间之内使旅游者融入当地族群的价值体系当中。而这个价值体系与社会生活体系与旅游者自身所生活的体系有着诸多的不同，对新鲜事物的感知与接受可以更好地促进旅游者的体验。

第四，游乐与文化同肩并行。在历届风情节中我们可以看到"二魁摔跤""满族剪纸"等非物质文化遗产。借助风情节的平台，满族乡将非物质文化遗产的传承保护与旅游产业相结合，拓宽游客视野的同时也通过媒体报道将其带出地域的限制，吸引着愈来愈多的游客前往。而富有浓郁生活气息的满族剪纸在风情节期间博人眼球的同时，也将家乡新景与传统手工相结合，让深厚文化底蕴借助物质的载体走得更远。

满族文化风情节自举办以来，不断创新，开展灵活多样的节日活动，以最大化满足游客们休闲、娱乐的意愿，使游客们在玩赏的同时还可以感受满族文化，了解满族历史，品尝满族美食，观看满族表演，如此形成了多位一体的满族文化旅游资源的利用新格局。

三、传承民族文化的民俗节庆旅游

（一）民俗旅游是当地特色文化产业

进入满族乡便可切身感受到，文化是生活，生活也反映着文化，生态旅游与民俗旅游如今是满族乡重要的第三产业，自 2005 年成功举办第一届满族民俗风情节以来，文化带动的旅游业便成为当地一大新兴产业。每年一度的风情节成为满族乡展示民族风情的最佳平台，同时也是满族乡的人民群众展示才艺的舞台，更是一个能让八方游客欣赏民族文化、学习民族知识的"游""学"平台。

喇叭沟门满族民俗博物馆位于北京市怀柔区喇叭沟门满族乡以北，始建于2003 年 6 月，2008 年扩建了喇叭沟门乡书画艺苑，竣工开馆于 2008 年 10 月。占地约 2000 平方米，依清代王爷府建筑风格建筑而成。传承着民族文化的民俗博物馆就在家门口，这对喇叭沟门满族乡的居民们来说十分方便。博物馆作为对大众进行文化展示与文化教育的重要窗口，发挥着记载民族历史、保存民族文化的重要作用。看着清朝历代的珍贵文物就摆放在原汁原味的满族建筑中，游客眼前似乎浮现出一幕幕满族先民们日常生活的情景。看着墙上所悬挂的清代历朝皇帝的画像，游客似乎穿越到那个鼎盛的时代，感受到浓郁的满族传统文化的浓厚底蕴。一砖一瓦、一器一具，所渗透的都是属于满族先人在日常的生产生活中所凝聚的智慧的结晶。而作为满族风情节举办之地的八旗文化广场更是集旅游、生活、文化传承于一身的地方。广场正中矗立一尊威严的、高达 6 米的皇太极塑像，[①] 在其身后树立着正黄旗、镶黄旗、正红旗、镶红旗、正白旗、镶白旗、正蓝旗、镶蓝旗 8 面大旗。

近年来各地乡村文化旅游日益火爆，这不仅是由于城市中的群体对"都市化"的厌倦，想要逃离快节奏的生活工作压力，也是由于对体验不同生活文化的向往，加之清宫剧在荧幕上的活跃，满族民俗旅游更是成为值得大力挖掘的旅游点。现今推行"乡村旅游"的长远目标是为了让"地方"有更大的发声空间，让更多的人认识到"地方性"以及文化多元赖以生存的基础之于人类发展的至关重要性。[②] 就此观点来说，民族文化元素对于乡村旅游来说，不仅使其在更广阔的平台展示自身，更可让人们深刻认识到我国是一个统一的多民族国家，精彩纷呈的民族文化构成了我国悠久的历史文化长河。

（二）带动经济发展、增加民族凝聚力

笔者以志愿者的身份于 2016 年 1 月 9 日参加了在北京市怀柔区红螺寺村京螺山庄内举行的北京满族同胞第二届（丙申年）迎春联谊会，参加本次联谊会的有来自全国各地的满族同胞。志愿者中有一位财经记者，笔名为林雪，在等待祭祀开始时，笔者在与其聊天中得知，虽然现在她的身份证上写的是汉族，但她却实实在在是一名满族人。由于长期生活在福建一带，林雪的口音有着南方女子的明显特点。她自幼跟随爷爷奶奶生活在福建，但是祖上都是满族人，辛亥革命期间祖辈隐瞒了满族的民族成分，隐姓埋名来到福建定居。随着时间的流逝，李雪心中"寻根"的

---

① 怀柔旅游信息网：《多情的白桦谷，诱人的满乡游》。
② 彭兆荣：《旅游人类学视野下的"乡村旅游"》，载《广西民族学院学报（哲学社会科学版）》，2005 年第 4 期。

欲念越来越明显，所以她选择在北京工作，经常参加北京、辽宁等地举办的类似的活动。她认为通过此类活动能让她更近距离地接触满族文化，找到属于自己的"文化根"。"领牲"的仪式凌晨四点半便开始准备，寒冷的清晨，她也会加入最早开始进行活动的队伍，她说了解自己民族的文化从不觉得辛苦。

涂尔干强调个体的仪式情感、意愿、爱与恨、团结等对每个人的行为的影响，这些对于社会生活的秩序也会产生作用。在日常生活中，我们的精神世界对我们的行动所造成的影响往往是很大的，内心的爱与恨支配着我们产生什么样的心情，而节庆活动往往可以通过行为的"善"与"趣"而凝聚社会上的和谐与安定。如今的社会正处于飞速发展阶段，人与人之间的距离逐渐被拉大，社会成员都有属于自己的圈子。但是通过节庆活动，地域的距离不再是问题，相反心与心的距离被飞速拉近，人们可以不远万里地奔向同一个目的地，即使在此前并未有任何交集，但是因为有着共同的文化愿景以及对民族文化的热忱，彼此之间的距离在丰富多彩的文化活动中快速地被拉近，远离城市的车水马龙与喧嚣的街道，感受最原汁原味的民族文化特色，在传承保护优秀传统文化的同时更能够极大增强民族凝聚力。

3 个满族乡为我们展示的不仅是一部有着厚重历史积淀的民族史诗，更是一幅有着优秀文化遗产的民俗风景画。恰是在它们的努力下，满族文化才得以更深刻地留在人们的生活里与心中。

积极主动地建构民族性与节庆文化

——以北京满族颁金节与北京满族萨满祈福活动为例

梁艳艳*

"民族性"（ethnos）是对于某一地区的人群的文化模式进行的概括。对民族性研究的代表作是鲁思·本尼迪克特（Ruth Benedict）的《文化模式》（*Patterns of Culture*）。本尼迪克特认为，人类行为的方式有多种多样的可能，但是一个部族、一种文化在无穷的可能性里，只能选择其中的一些，这种选择包括生死观、婚姻家庭观，以至在经济、政治、社会交往等领域的各种规矩、习俗，并通过形式化的方式，形成风俗、礼仪，从而结合成一个部落或部族的文化模式。所以说，民族性的形成有其环境的、历史的、心理的原因，特别是民族性作为一个历史概念，是不断发展的过程。

一、民族性建构与民族节庆文化

在民族—国家体制的语境中，"民族性"与"族群性"的内涵相对而言有一定的差异。"民族性"一词中含有更多的"国家"意涵，而"族群性"则更多地从文化模式的角度分析每一地区共享同一文化的某一人群的特点。例如，"印第安人"是美国国家法律对于北美洲原住民的统称，而实际上在"印第安人"的统称下有众多的族群，不同族群的文化差异也许很大。再比如说"傣族"作为我国 55 个少数民族之一，对于傣族"民族性"的研究通常是对于作为一个整体的法定傣族的共同特点的研究，而一些文章则是对于作为"傣族"这一民族下的某一族群的独特文化

---

* 梁艳艳，满族，中央民族大学民族学与社会学学院 2015 级民族学硕士研究生。

的研究，例如对"花腰傣"的研究。本文将满族的"民族性建构"建立在国家语境下的"族群性建构"的基础上，两者共同促成了满族的文化自觉，以及通过民族节庆文化进行文化展演。

国外学者有很多关于族群性（ethnicity）的研究。韦伯是最早研究族群的学者之一，韦伯认为某个族群成员对其相似性的认同是出于一种"主观的信念"（sub-jective belief），并且对该族群的历史有主观的"共同的记忆"（shared memory）。韦伯这种关注族群主观认同的思想影响了很多人，巴斯的"族群边界"理论、利奇的《缅甸高地的政治制度》对克钦人的研究、安德森的"想象的共同体"理论均受到了韦伯的影响，强调主观的认同与想象。巴斯把族群看作一个社会组织，强调族群间的界线，而这种界线是内部的，是人们思想里面的，即人们怎么样自己认为是一个族群。利奇注意到缅甸境内的克钦人的族群认同正是在与掸人的互动中才形成的。安德森则指出，由于一个族群的成员之间相互认识的人很有限，因此国家、共同体、民族主义和民族都是其成员想象出来的。科恩则是从权力和资源的角度来认识族群，提出了"隐形的组织"理论。他认为族群其实就是一些隐形的组织，表面上看不出其深层的族群含意，族群是和权力联系在一起的，任何认同都可以看作与一定权力的争取有关。巫达教授则将影响族群认同的主要因素归纳为族群内心情感和理性选择两种因素。笔者则认为，无论是族群内心情感还是理性选择，都是某一族群在历史的长河中逐步建构的结果。族群性的建构还在不断地进行着，本文所阐述的北京满族颁金节和北京满族萨满祈福活动就是一种历史性与时代性相结合的民族性建构行为。

在二元文化结构理论中，岁时节庆文化被归为精神文化的表现形式。笔者认为，节庆文化符号以其表征性的特点，往往将物质文化与精神文化相结合，在特定的时间和空间中进行的节庆活动，不仅是视觉、听觉与味觉的民族文化展演的舞台，而且是人们重要的情感寄托和精神信仰方式。在文化资源化的语境中，节庆活动中的文化展演成为体现民族文化自觉、民族性建构、文化品牌打造和文化产业发展的场域。本文将通过对满族的民族节庆文化的分析来体现满族民族性建构中的主体性努力。

二、满族庆祝"颁金扎兰"与满族萨满祭祀的历史传统

颁金节属于纪念日性质的节日，其历史溯源是后金天聪九年（1635 年）皇太极"定名满洲"事件。1635 年农历十月十三日，皇太极发布了一道谕旨，规定："我国原有满洲、哈达、乌喇、叶赫、辉发等名。向者无知之人往往称为诸申（女真），夫诸申之号，乃席北超墨尔根之裔，实与我国无涉。我国建号满洲，统绪绵远，相传奕世，自今以后，一切人等，止称我国满洲原名，不得仍前妄称。"这是我国学者对于满洲共同体的形成时间的主流看法，即认为满族是在 1635 年正式定名"满洲"，作为一个新的民族共同体走上中国历史舞台的。

尽管另有学者提出以满文的创制、1616 年努尔哈赤建国、1642 年皇太极统一东北等为满族民族共同体形成的标志的观点，还有一些西方学者则认为满族共同体观念是在晚清时才出现的，但是或许由于在 1635 年的谕旨中明确出现了"满洲"，并且日期非常明确，所以这个事件被大多数民众或学者认为是满族形成的标志性事件。自清代初年以来，满洲官员与非满洲官员在加官晋爵等方面的待遇均不相同，且已经有满八旗、蒙八旗、汉八旗的明确区分，有清一代统治者不断要求满洲人坚持"国语骑射"的族群边界。因此笔者也认为满洲共同体的观念在清代初年已经形成，且因为体现了国家意志，因此具有类似于现代民族共同体的特点。当然满族共同体的构成经历了从老满洲到新满洲，再到今日之满的历史的流变，不变的是以"满洲"作为族群共同体名称的命名。

颁金节的全称为"颁金扎兰"，"颁金""扎兰"均为满语，"颁金"是"诞生"之意，扎兰是"喜庆之日"的意思。在全世界的民族节日中，以族群共同体命名日为节日的情况是非常鲜见的。一些对清代新疆满族社会文化的研究表明，[1] 在清代，满洲人就将颁金节作为最具满族特色的节日，其他节日则多同于汉族。每到这一天，满族人就要盛装聚集在一起，跳传统舞蹈，唱满族民歌，满族的画家、诗人、艺术家等也会现场作画吟诗，热闹非凡。满族妇女们还会提前准备好萨其马、打糕等特色食品。

萨满信仰是满—通古斯族群的原始宗教信仰，属于万物有灵信仰，主要包括天神崇拜、女神崇拜、祖先崇拜、图腾崇拜、自然神崇拜。宗教研究表明，大多数族

---

① 许秀芳：《清代前期新疆满族的社会生活》，载《喀什师范学院学报》，1996 年第 3 期。姜宇：《清代新疆满族社会生活研究》，新疆大学 2013 年硕士学位论文。

群的宗教信仰都是一个多层次、多样态共存的信仰体系。尽管满族在与蒙古和中原的接触中，信仰体系不断地纳入了佛教和道教成分，例如增加了佛陀妈妈崇拜以及关帝崇拜，但是萨满信仰一直为满族统治者与民众所保持。例如沈阳故宫和北京故宫都保存着满族萨满祭祀的珍贵遗物。据史料记载，每天清晨4时萨满祭祀会从北京故宫的皇后居所坤宁宫开始，拜祭的是满族的保护神柳叶神，但也供释迦牟尼佛、观世音菩萨和关帝，皇后是主祭人，皇帝也可能亲临朝祭。这是清入关后，把沈阳盛京后宫清宁宫的萨满祭神制度原样搬到了北京故宫的坤宁宫。另一方面，在民间，每年春秋的家祭（又称年祭、大祭）以及婚丧等重要的人生礼仪中都要请萨满跳神祭祀。

因此，满族命名日"颁金扎兰"纪念活动以及满族萨满祭祀仪式的传统，与"国语骑射"一起被满族人认为是族群边界而加以保持。辛亥革命以后，由于"驱除鞑虏"的时政所迫，城市的满族人无法再公开地进行各种满族特色的节庆活动，但离城市中心较远的白山黑水地区依然保持着丰富多彩的萨满祭祀文化。可以说，满洲人具有将"颁金扎兰"视为满族诞生之日、将萨满信仰视为满族精神信仰的民族传统。

三、三场北京地区满族节庆活动记录

"颁金节"再度成为凝聚满族民族共同体的民族节日是在改革开放以后，由于党的民族政策进一步贯彻、落实，满族自治县相继成立，满族各项事业不断兴旺发达，因此各地满族自发地举行纪念活动，使用的名称也不尽相同，或称"命名日"，或称"诞生日"，或称"纪念日"等。1989年10月，由辽宁省民族研究所倡导并联合丹东市民族事务委员会、丹东市文学艺术界联合会共同在丹东举办了"首届满族文化学术研讨会"，会上曾专题讨论"满洲"命名日应如何称呼，结论是称为"颁金节"较为适宜。会后经多方宣传，各地满族竞相以"满族颁金节"为名在每年农历十月十三日前后开展各种节庆活动。《人民日报》和中央人民广播电台相继报道这一活动情况，使得"满族颁金节"更加深入人心。近年来，一些满族自治地方更是依据《民族区域自治法》将"颁金节"设立为地方性节日。这些都使得"颁金节"成为可以体现满族民族性的特色节日。因此，笔者认为，今日之"颁金节"是历史渊源与现代民族政策共同促成的民族节日。

由于历史原因，北京是满族的聚居区，并且形成了独特的"京旗"文化，汇聚了众多满族文化精英。据全国人口第六次普查数据显示，北京人口中满族超过 10 万人，如果加上非京籍户口的在京工作生活的满族，那么在京满族的人数将远远超过这个数字。在京满族早在 20 世纪 80 年代初就开始积极发起北京市满族联欢活动，1981 年在中央民族大学召开了第一届满族新年联欢会，1995 年纪念满族命名 360 周年时，与会者一致同意与全国满族一起，把满族诞生纪念日农历十月十三日称为"颁金节"。① 一年一度的在京满族联欢会由北京市民族联谊会支持，到 2016 年，已经连续举办了 36 届。无论是非官方支持的民族联欢活动，还是民间自发的庆祝，节庆活动的日期也渐渐从公历新年变为农历十月十三日左右。在节庆活动中，人们以不同形式展示着各种满族文化。

笔者参加了三场北京地区的满族节庆活动，分别是 2015 年 11 月 22 日由北京市民族联谊会满族活动组在民族文化宫举办的"在京同胞欢庆满族命名 380 周年颁金节晚会"，2015 年 11 月 24 日（农历十月十三日）由某满族文化网站主办的，在中央民族大学附近某餐厅举办的"纪念满洲定名 380 周年颁金聚会"，以及 2016 年 1 月 10 日由北京某满族文化公司牵头，在京郊某山庄举办的第二届满族萨满祭祀活动。这三场活动虽各具特点，但都体现出了满族积极主动建构民族性，融入社会主义和谐社会的民族使命感。

（一）半官方晚会上，满族知名学者指出精神要强是关键

2015 年 11 月 22 日，在民族文化宫举办的"在京同胞欢庆满族命名 380 周年颁金节晚会"，由于有北京市民族联谊会的资助，因此带有半官方色彩，在三场活动中规格也最高。作为有稳定资金支持的颁金节庆祝活动，这个年度活动已经成为在京满族节庆活动的一个金字招牌，具有民族团结的象征意义，加之近年来媒体报道逐渐增多，因此这个节庆活动是在京满族最为熟识的满族聚会活动，很多在北京长期工作学习的满族同胞都会通过不同途径拿到晚会门票。由于 1981 年的第一届满族联欢会在中央民族大学举办，因此历届晚会都有从中央民族大学招募志愿者的传统，满族学生们穿着满族服装在晚会上进行志愿服务。晚会还设有颁发满族学生奖学金的环节，由满族企业与个人资助，奖励学业优秀的在京满族学生。本场晚会的主持人均穿着满族服装，并且以满汉双语进行主持。晚会邀请了北京部分满族乡

---

① 赵书：《改革开放三十年的北京满族人》，载《满族研究》，2008 年第 4 期。

以及外地满族自治县的表演队演出太平鼓、鞑子秧歌，以及老艺术家表演单弦和琴书，还有很多在京中青年满族演员参与了演出，并且在当日或次日通过新闻媒体发布了报道文章。很多参加这个节庆活动的满族人也是穿着传统民族服装出席。但是由于是剧场演出形式，因此参加活动的满族人之间鲜少有互动交流的时间，演出结束后，大都四散离场，或者三五成群组织聚会去了。此外，晚会的文化展演存在贬义词被误用的情况，例如由东北某满族自治县带来的节目取名"鞑子秧歌"，实际上"鞑子"是汉人对满人的蔑称，观看演出的一些满族人对于这种误用的情况提出了不满。

笔者认为，本场晚会以其半官方的性质，发挥了引导满族"与时俱进"地构建民族性的重要作用，这集中体现在满族知名学者关纪新先生在晚会上的发言中。关纪新先生讲道：

同胞们，我了解各位心中有时会泛起一丝忧虑，因为满族容易被外界误看作是一个已然没了特点的民族。我想，外界愿意怎么看尚在其次，关键也许在我们自己怎么看……辨别任何一个当代民族，或许早就不再是仅仅依凭于吃什么与不吃什么食物，穿什么与不穿什么服装，信什么与不信什么宗教，说什么与不说什么语言。我们的满民族，曾经在独特的历史过程中，形成了自己诸多优良的、鲜明的文化传统，它过去和今天，在很大程度上决定着本民族成员的精神皈依、风度做派、生命持守、价值判断、伦理选项、情趣志好……身为满族后人，我们该当有责任学习传统、发扬传统，让世界看到我们民族的个性优长。别忘了，满洲民族的先辈一代又一代留给他们后人的嘱托，都有着这么样的一个沉甸甸、响当当的关键词——要强。

当前，满族人常常被置于"被汉化"的话语中，由此关先生指出饮食习惯、服饰、宗教信仰、语言文字都会随时代而变迁，但一个民族的精神内核和意义体系才是其最独特的民族性特点，也是一个民族应当传承与发扬的传统。

（二）民间网站主办的"满—通古斯文化圈"色彩的节庆活动

2015 年 11 月 24 日（农历十月十三日），在中央民族大学附近的某餐厅，某满族文化网站主办了"纪念满洲定名 380 周年颁金聚会"。

该满族文化网站由民间发起建立，在满族社群中具有一定的知名度。2015年11月24日是一个星期二，是农历十月十三日，该网站的宣传是在颁金节的"正日子"聚会。尽管当天是工作日，但是还是有200多名在京满族赶来聚会，一部分人还身着满族服装参加。聚会属于民间自发性质，AA制收取费用，在校学生有所优惠。

本次节庆活动的主持语言主要是采用汉语，但是演出中有满语歌曲演唱，主办方为参加者准备了印有满语的2016年台历。值得注意的是，这次民间自发的颁金节庆祝活动的满—通古斯文化圈特点，在餐厅的小舞台表演节目的除了满族以外，还有锡伯族的朋友带来的舞蹈。笔者发现，很多民间自发的满族聚会中常常有锡伯族、鄂伦春族、鄂温克族、达斡尔族等满—通古斯语族的人参加。此外在满族音乐创作的过程中，也多采用满—通古斯音乐的概念，因此带有更大的泛满族文化圈特点，这是半官方性质的"在京同胞欢庆满族命名380周年颁金节晚会"所没有的现象。

（三）弘扬优秀民族文化，传承萨满文化和海东青精神

2016年1月10日，笔者参加了由北京某满族文化公司在京郊某山庄举办的"第二届'祈福年、祭天地、吃福肉、喜迎春'迎春联谊会"。活动的通知中提到，举办本次活动是为了贯彻习近平主席"弘扬优秀的民族文化"的指示精神，希望"讴歌满族人民在中国共产党带领下走在民族富强的金光大道上，展示具有满族特色的大年文化"。活动内容除了萨满祭祀仪式外，还有室内联欢会、满族文化展、室外舞中幡、秧歌舞、耍金叉、满族布库摔跤、满族射箭比赛。活动费用采用AA制，每人200元。

本次活动最大的特色是萨满祭祀仪式，举行的是祭火神仪式。主办方从吉林邀请了两名萨满和两名扎力（萨满的助手），其中一名是老萨满，一名是30岁左右的正在学习的青年萨满。青年萨满告诉笔者，举行祭火神仪式是主办方向他们提出的。祭火神仪式一般在冬天举行，在后金以前是比较重要的祭祀仪式。

碍于场地限制，仪式被安排在两个场地举行，分别为祭祀净地仪式和祭祀祈福仪式两部分。祭祀净地仪式的牺牲是一只200斤左右的大猪，用于祭祀的猪不能是花斑的，必须是纯色的，而且不能有残疾。据说是为了祭祀活动和农户专门订的，在当天早上5点多钟被拉到了祭祀地点。在杀猪前，萨满要先念咒语对猪进行

净化，同时往猪耳朵里面灌水，如果耳朵动了，表明神灵喜悦，采纳这只猪作为牺牲。然后差不多到9点钟，已经被杀的整只猪被抬到祭台上，正式作为牺牲献给神灵。萨满晃动腰铃，念诵咒语迎请神灵前来享用祭品，并赐福给到场的人。扎力则在一旁击鼓来配合整个请神的活动。在即将把神灵送走之时，老萨满出现了剧烈颤抖、虚脱的状态，不得不由青年萨满搀扶下场，过了好久才回过神。青年萨满解释说，这是因为神灵太喜欢他们了。将牺牲献给神灵之后，这只猪的肉就叫作福肉，满族风俗中吃神灵赐给的福肉寓意新年里可以有福气，无灾祸。约10点钟，在另一个场地举行起火祈福仪式，将柴火摆放成9大堆，由青年萨满依次点燃火堆，然后两位萨满一起在火堆前念诵咒语，扎力在一旁协助击鼓，之后所有参加祭祀的人们手牵着手绕火而行。这是在纪念满族祖先学会用火，会用火是人类的一个伟大的发现，绕火堆则预示着新的一年红红火火。

在本次活动的联欢会上，主办方邀请了中央民族大学学习满语的研究生担任满语主持，活动以满汉双语主持。这次活动传达的核心信息是弘扬萨满文化和海东青精神。主持人说不能将萨满视为迷信，萨满文化中有很重要的人与自然和谐相处的精神，这是满族后代应当去传承的优秀传统文化。同时海东青作为满族的图腾，也是勇敢战胜困难的精神象征，因此应当弘扬海东青精神。笔者认为，主办方将萨满祭祀作为一种传统文化，以萨满祭祀来凝聚族胞，阐释萨满文化中人与自然和谐相处的精神内涵，并将其与"弘扬优秀的民族文化"的时代精神相结合，是与时俱进地主动建构民族性的一种体现。

四、结论

笔者认为，无论是颁金节庆祝还是萨满祭祀活动，都是满族人与时俱进地主动建构自己的民族性的努力。"定名满洲"（"颁金"）是满洲人主动地建构满洲民族的一次努力，而纪念"颁金"则是满族人自建族以来为了不断地增强民族凝聚力，不断与时代相适应的努力，"颁金节"本身就是历史性与时代性的结合。

萨满信仰是满族人的原始宗教信仰，一直被满族人主动地作为区别于其他民族的文化边界。而今的满族人主动地挖掘萨满文化在凝聚民族内心情感上的作用，弘扬其文化价值，既发挥了其族群边界的符号意义，又与时代精神相适应。所谓"文化自觉"，就是对自己民族文化的过去、现状和未来有所觉悟。从满族文化精英的视角，我们可以看到满族人自觉地维护自己的精神内核的努力，同时将这种精神内核置于当今的弘扬优秀民族文化以及实现民族富强的语境中。

分析本文中的几场节庆活动，我们就会发现满族人主动借助节庆活动的文化展演，在传承民族传统的同时将自己融入新时代的努力，这种主动的民族共同体建构既增强了民族的内心情感，也体现了与时俱进的理性选择。

民族文化传承的都市化经验

——以"北京蒙古语言文化班"为例

李亚宁[*]

　　少数民族文化既是我国各民族智慧的结晶，也是现代文化的重要组成部分。在全球化的背景下，民族传统文化保护和传承的呼声日益高涨。在 2016 年的两会期间，政协委员腾格尔曾一再强调"加强少数民族传统文化习俗的保护"。然而在文化多元化、全球化、现代化的大背景下，我国少数民族文化传承面临着巨大的挑战。这就要求各民族文化"不断突破本民族文化的地域和模式的局限性而走向世界，不断超越本民族文化的国界，并在人类的评判和取舍中获得文化认同和价值认同，不断将本民族文化区域的资源转变为人类共享、共有的资源"。[①] 因此，积极与时代接轨，合理借鉴现代化的文明成果，促进民族文化传承和发展就显得极为重要。而在大都市中传承和发扬民族文化，就更需要民族的文化精英分子发挥力量，引导人们正确认识现代性的内涵，科学审视本民族现代化道路，进而更好地传承和发展民族文化。

　　文化传承"是指文化在民族共同体内的社会成员中作接力棒似的纵向交接的过程。这个过程因受生存环境和文化背景的制约而具有强制性和模式化要求，最终形成文化的传承机制，使民族文化在历史发展中具有稳定性、完整性、延续性等特征。"[②] 为此，笔者通过田野调查"北京蒙古语言文化班"的发展历程以及对相关人物的访谈，以民族文化传承的都市化进程为主线，探讨民族文化如何保护以及传统

---

　　*　李亚宁，蒙古族，中央民族大学民族学与社会学学院 2015 级民族学硕士研究生。

　　①　丹增：《中华文化走向世界的理论思考》，载《云南师范大学学报（哲社版）》，2006 年第 3 期。

　　②　参考赵世林：《云南少数民族文化传承论纲》，云南民族出版社，2002 年。

与现代化的关系，以期为民族文化在都市的传承提供可借鉴性经验。

一、北京蒙古语言文化班

图 1　北京蒙古语言文化班 logo

　　"北京蒙古语言文化班"是以义务培训蒙古语言文字和蒙古族音乐舞蹈为主的公益性机构，简称"文化班"，文化传承和交流是其创建的出发点。2008 年 6 月 20 日成立了筹备委员会，在众多媒体和广大热心人士的支持和帮助下，于 2008 年 9 月 6 日正式开课。北京蒙古语言文化班招生不分年龄、种族，只要是热爱蒙古语言文化者都可以报名学习。现有 9 个班同步上课（其中儿童班 3 个），目前共有 1900 多名学生，包括中、英、日、澳、加等多个国家，蒙古、汉、藏、维、满、锡伯、白、达斡尔、回等 20 多个民族的学生；100 多名老师、志愿者，现阶段蒙古语教学已取得了阶段性成果。"北京蒙古语言文化班"是一个积极响应党和国家的民族政策，以创建和谐社会为目标，坚持以人为本的科学发展观，注重各民族团结友爱，努力为大家创建学习和交流蒙古语，进而传承蒙古族文化的平台。文化班的宗旨是"让在京想学习和了解蒙古语言文化的人们如愿以偿"；目的是"加强交流，丰富生活"；承诺是"让不会说蒙古语的人，听说能力达到初级水平；让不会写蒙古文的人，写作能力达到初级水平"；口号是"团结 进步 和谐 发展"；理念是"让世界充满爱，让义务教育陪伴初学语言文化的人"。 北京蒙古语言文化班，在内部分儿童班和成人班，每年上两个学期，时间分别是 3

至 6 月和 9 至 12 月的周六，并于每学期开学第二周举行开学典礼和每年 12 月份举行学生风采大赛；成人班每半年开设零基础新班。经验证明，如果按时上课、积极努力，一般在两年内能够简单交流和表达。

此外，文化班有着严格的运行机制和行动指南，有着健全的学生规章制度和学生管理制度，有着合理的课程设置、教学安排以及奖惩机制。目前，文化班的主要课程有字母课、阅读课、口语课、音乐课、舞蹈课以及蒙古式摔跤（搏克）和综合格斗（MMA）课程。上课时间统一在每周六一整天（寒暑假日除外）。儿童班上课时间是 14：00 ～ 17：00；成人班上课时间是 10：00 ～ 18：00。此外，每个学期组织 1 至 2 次户外活动，每年度主办 1 至 2 次蒙古文化讲座，每年度开一次表彰大会，表彰优秀老师、志愿者和学生。

经过 8 年多的努力和发展，"北京蒙古语言文化班"日渐成熟，受到越来越多人的关注和认可，影响力也越来越大。

二、文化传承的经验

（一）民族传统文化与现代化接轨

正如我们所熟知的，"现代文化是在民族传统文化的基础上提高、升华而形成的，没有传统文化的继承、创新、发展，就没有现代文化的存在和发展；民族传统文化具有时代的生命力，一经同现代化建设相适应，就会成为现代化建设不可分割的重要组成部分，民族传统文化与现代化互为依存，互为补充，协调发展，已成为不可阻挡的趋势"。[1] 由此可见，少数民族文化与现代化结合，已经成为民族文化传承的必然趋势。

"北京蒙古语言文化班"便因充分利用了现代化的技术手段和顺应时代潮流而得到了进一步发展。首先，在文化内容和形式上力求多元化、丰富化以吸引更多的人。例如，2016 年文化班新加入了马头琴基础课、蒙古式摔跤（搏克）、综合格斗（MMA）课程以及蒙古语实战对话课（如图 2），为文化班注入了新的生命力。其次，在宣传手段上，文化班积极利用大众传媒带来的便利，制作了蒙语和汉语两种网页（如图 3），还利用微信、微博、视频、邀请音乐家创作班歌、参与那达慕大

---

① 洪英华：《试谈民族文化的继承、创新与发展》，载《黑龙江民族丛刊》，2003 年第 1 期。

会筹办等多种手段推广自己（如图4）。

课程	教室	时间	任课老师	助教
马头琴基础课	理工楼地下室	9：30—11：30	赫楚芒来	萨日娜
15班语言课	801	10：10—11：00	敖敦胡	
15班练习课	801	11：10—12：00	塔格塔	
16班语言课	805	10：10—11：00	为力士	宝迪斯庆
16班练习课	805	11：10—12：00	达布拉干	
17班语言课	802	10：10—11：00	忠博尔	鲜花
17班练习课	802	11：10—12：00	温都日那	乌格木尔
15、16、17班音乐课	805	13：00—13：50	才仁其木格	阿木古楞
18、19班音乐课	806	13：00—13：50	布日玛	孟根祖鲁
18班语言课	805	14：00—15：50	布英才采克	阿密娜、刘炜炜
18班练习课	805	16：10—17：00	特格木乐	阿迪亚、艾丽娅
19班语言课	806	14：00—15：50	木希叶	秋花、阿如汗
19班练习课	806	16：10—17：00	苏日娜	高如和、哈达
儿童14班课程	802	14：00—16：00	查苏娜、满达	阿丽雅
儿童15班课程	801	14：00—16：00	萨日娜、苏日娜	特日格乐
儿童16班音乐课	709	14：00—14：50	巴音才其格	达日丹
蒙古语实战对话课	710	15：00—17：00	莫日根	
儿童16班语言课	709	15：00—15：50	韩小慧	新格日来
儿童17班语言课	807	14：00—14：50	娜日格勒	满都日娃
儿童17班音乐课	807	15：00—15：50	巴音才其格	赵娜
儿童班舞蹈课	807	16：10—17：00	萨訾拉	都科仁措
儿童—蒙古式摔跤（搏克）综合格斗（MMA）课	802	16：10—17：00	戴双海	
成人班舞蹈课	理工楼地下室	17：10—18：00	布英才采克	
成人—蒙古式摔跤（搏克）综合格斗（MMA）课	802	17：10—18：00	戴双海	温都日那

图2 北京蒙古语言文化班 第17学期2016.12.3（星期六）课程安排

2014 年 8 月 5 日 22：50

[蒙古文版] 北京蒙古语言文化班成立 6 周年庆

热烈庆祝北京蒙古语言文化班成立 6 周年庆圆满落幕，感谢所有为此付出辛劳的亲们。

阅读原文

2014 年 6 月 17 日 12：01

本周六课程及 6 周年庆安排

北京蒙古语言文化班成立六周年庆典

本周六我们正常上课到下午 4 点，4 点下课后跟老师一同去活动现场。欢迎各班同学及邀请您的亲朋好友一同参加我们的

图 3　北京蒙古语言文化班汉、蒙语网页

让不会说蒙古语的人
听说能力达到初级水平
让不会写蒙古文的人
写作能力达到初级水平

北京蒙古语言文化班

蒙古文网址：mongol.org.cn
中文网址：www.mongol.org.cn
微信公众平台：bjmongol
投稿邮箱：bjmongol@163.com
赞助微信号：saruul
报名微信号：baobeiyingxiong
新浪微博：北京蒙古语言文化班
上课时间：每周六10:00-18:00
（具体时间关注公众号通知）

图 4　北京蒙古语言文化班微博

（二）增加影响力，充分调动社会力量

北京蒙古语言文化班得到了社会各界的关注和支持，尤其是社会媒体和舆论。例如关注和报道北京蒙古语言文化班的媒体有（根据时间顺序排列）：《内蒙古日报》、国际广播电台、中央人民广播电台、呼伦贝尔电台、人民网、蒙驿门户网、内蒙古电视台蒙古语卫视春节晚会、赤峰电视台、内蒙古电视台蒙古语卫视《相约周末》栏目、《内蒙古妇女》杂志、内蒙古电视台蒙古语卫视《足迹》栏目、内蒙古电视台汉语卫视《蔚蓝的故乡》栏目、内蒙古电台、内蒙古电视台蒙古语卫视《社会观察》栏目、《通辽日报》、通辽蒙语电台、内蒙古蒙古语电台、内蒙古电视台蒙古语卫视晚间报道、《公益》栏目等，此外还有内蒙古电视台蒙古语卫视《青年》栏目——2014 年 6 月 "zaluus" program、《爱心栏目》2015 年 1 月 "hairiin helhyee" program 等。这些大众传媒扩大了文化班的影响力，使文化班得到了文化班学生和家长以及社会各界人士多方面的支持和赞助。北京蒙古语言文化班的成立和发展，几位行政人员、30 多位老师、十几位志愿者的补助，以及所有活动的经费，均来源于这些赞助（见表 1）。

表 1　2016 年学生赞助及社会赞助

具体时间	赞助人及金额
1 月 6 日	中央民族大学博士包冬梅赞助 200 元，累计赞助 400 元
1 月 12 日	北京京华通钢结构工程有限公司董事长赛音图先生赞助 10000 元，累计赞助 40000 元
1 月 14 日	法福克重工机械工程师文明赞助 100 元
1 月 26 日	uudam 赞助 100 元，累计赞助 400 元
2 月 21 日	uudam 赞助 100 元，累计赞助 500 元
3 月 1 日	中央民族大学博士包冬梅赞助 200 元，累计赞助 600 元
3 月 6 日	18 班学生张新苗赞助 1000 元
3 月 14 日	王胜军赞助 100 元
4 月 8 日	中央民族大学博士包冬梅赞助 200 元，累计赞助 800 元
4 月 9 日	18 班学生乌兰赞助 200 元
4 月 13 日	鄂尔多斯达拉特旗莲花老师赞助 200 元
4 月 16 日	uudam 赞助 100 元，累计赞助 600 元
4 月 30 日	辽宁阜新蒙古族自治县郭青枝赞助 600 元，并承诺此后每月赞助 100 元
5 月 23 日	博王夏宫生态旅游度假村老板玛西巴图赞助 100 元

5 月 27 日	uudam 赞助 100 元，累计赞助 700 元
6 月 4 日	中央民族大学博士包冬梅赞助 200 元，累计赞助 1000 元
6 月 13 日	赤峰阿鲁科尔沁旗布仁巴雅尔赞助 100 元，累计赞助 200 元
6 月 27 日	uudam 赞助 100 元，累计赞助 800 元
7 月 11 日	uudam 赞助 100 元，累计赞助 900 元
9 月 3 日	uudam 赞助 200 元，累计赞助 1100 元
9 月 16 日	王悦婷（Maggie Wang）赞助 1000 元
10 月 29 日	uudam 赞助文化班 100 元，累计赞助 1200 元
11 月 9 日	明珠（临河）赞助文化班 100 元
11 月 20 日	uudam 再赞助 100 元，累计赞助 1300 元
12 月 11 日	uudam 再赞助 100 元，累计赞助 1400 元
12 月 30 日	德国威尔德公司中国区总经理白玉山博士赞助 10000 元，累计赞助 50000 元
12 月 31 日	北京京华通钢结构工程有限公司董事长赛音图先生赞助 10000 元，累计赞助 50000 元

（三）少数民族精英分子的文化自觉性

北京蒙古语言文化班的老师和志愿者多是来自中央民族大学蒙语系的学生，有着较高的文化自觉性，他们愿意也乐意为民族文化的传承和发展贡献自己的力量。现工作于民族出版社的北京蒙古语言文化班会长即创办人萨茹拉，从 2008 年至今举办并参与了多场文化讲座和活动，努力将这个平台推而广之，从而更好地传承和发扬蒙古族文化（见表 2）。此外，很多少数民族机构与文化班也有着密切深厚的联系，如北京娜日蒙古族幼儿园、北京巴音兴业科技有限公司、北京草原皮画民族艺术品有限公司等。

表 2　2008 年至 2016 年北京蒙古语言文化班举办的蒙古文化活动

时间	文化讲座或活动
2008 年开始	连续 7 年参加在京蒙古族那达慕大会
2008 年开始	连续 6 年参加圣主成吉思汗诞辰周年活动
2008 年开始	连续 8 年参加在京蒙古族助学篮球赛
2008 年开始	每年举行北京蒙古语文化班成立周年联谊会及优秀师生颁奖大会
2008 年 7 月 19 日	邀请北京大学的陈岗龙教授做了有关蒙古民俗文化的讲座

2008 年 10 月 3 日	组织了玉渊潭公园户外活动，主要教授了一些蒙古传统游戏项目
2008 年 11 月 15 日	邀请社科院乌纳钦教授做了《蒙古民歌中的蒙古文化》的讲座
2008 年 11 月 22 日	邀请中央民族大学的那木吉拉教授做了有关蒙古历史的讲座
2008 年 11 月 23 日	舞蹈队参加了草原恋合唱团《绿色记忆》演出
2008 年 12 月 21 日	舞蹈队在草原恋合唱团《走进草原》无伴奏音乐会上演出安代舞
2009 年 10 月 7 日	北京蒙古语言文化班部分师生去元大都遗址公园秋游
2010 年 4 月 11 日	组织参观元朝重要文化遗产白塔寺
2010 年 4 月 17 日	邀请中央民族大学副教授叶尔达老师做了有关蒙古民间藏书的讲座
2010 年 10 月 30 日	邀请内蒙古农业大学教授、中国马业协会秘书长做了关于保护铁蹄马行动的技术后盾——芒来进行的讲座
2011 年 5 月 28 日	邀请北大姚克成教授做了《我心中的蒙古》的讲座
2011 年 9 月 17 日	邀请作家郭雪波做了《青旗·嘎达梅林》的讲座
2011 年 10 月 1 日	师生秋游奥林匹克森林公园
2011 年 11 月 19 日	蒙古公主哈琳光临我班
2013 年 6 月	5 周年庆典
2014 年 6 月	6 周年庆典
2016 年 1 月	班歌《神圣的七母音》诞生
2016 年 3 月	内蒙古电视台蒙古语卫视《索艺乐》栏目录制纪录片
2016 年 5 月 28 日	蒙古族特色游戏预庆"六一"儿童节
2016 年 7 月 10 日	北京蒙古语言文化班 8 周年蒙古文化公益组织代表公益交流会
2016 年 9 月 26 日	蒙古卫视《麦荷芽》栏目录制纪录片
2016 年 10 月 22 日	参加在京蒙古族那达慕大会
2016 年 12 月 13 日	成人 15 班毕业典礼暨 17 学期结课仪式

三、北京蒙古语言文化班的功能

随着社会的发展、时代的变迁以及异质文化的交流碰撞，北京蒙古语言文化班成为蒙古族文化在都市传承的理性选择。北京蒙古语言文化班使远离聚居地区的民族后代能够听到和使用本民族语言；让蒙古族在传承发展民族文化时走出唯语言教学内容与方法的模式，形成符合现代社会发展和群众需要的多元化模式，进一步扩大语言教育在传承民族精神与文化方面的积极作用。北京蒙古语言文化班在向社会教育、家庭教育延伸的过程中，与汉族等各民族教育相互影响、相互促进，在课程设置、教学方法、师资培养培训、校园文化建设等方面，强化了特色，吸引了越来越多的人参与和传播蒙古族文化。通过访谈北京蒙古语言文化班中的教师与学生，笔者发现：关于民族文化，他们普遍都有兴趣，尤其是蒙古族的学生深深为本民族文化而自豪，他们不仅愿意学习本民族文化，而且希望文化班能把蒙古族的传统文化更多地带到北京，让都市人零距离感受蒙古文化的博大精深。访谈中一位 45 岁的蒙古族阿姨告诉笔者："北京蒙古语言文化班的创新教育模式让我重新拾起了母语，找到了归属感。"

在新时代的背景下，在京蒙古人始终思考并实践着现代元素与传统文化的有机整合，这是蒙古族文化在面对现代化过程中所展现出的文化自信心和顽强的生命力。这种生命力使得蒙古文化在全球化的浪潮中，做出相应的调适，并遵循着顺应的路径与时俱进。

总之，北京蒙古语言文化班在短短的 8 年时间内由 26 名学生发展到 1900 多名学生，并在都市中生根、发芽、生长，对社会的影响力越来越大。因此，笔者认为"北京蒙古语言文化班"作为在都市传承发展民族文化的成功案例，对在全球化背景下越来越趋向同质化的社会中如何发扬民族文化具有深刻的借鉴意义。虽然，现代化是民族文化变迁的主要途径，但现代化并不总是贬义的，只要取其精华去其糟粕，现代化也可以为文化发展带来便利；文化变迁也并不可怕，因为变迁是文化的基本属性，北京蒙古语言文化班的成功案例也证明民族文化是可以在变迁中传承和发展的。

附录：

学生规章制度

1. 学生报名程序：预先电话，QQ 报名，并现场（805 教室）携带身份证复印件和 1 寸照 2 张，填写档案表为准。

2. 提前 10 分钟到教室，拿听课证进入教室，听课证放在桌子上便于检查，听课证是文化班免费听课的唯一有效证件。

3. 遵守课堂纪律，尊重老师，将手机关闭或置无声状态（关于接听电话的事情，老师课前提醒），不得扰乱课堂秩序。

4. 爱护公共财产，保持教室干净整洁。

5. 不得迟到、早退、无故旷课；如因工作或者其他原因不能按时来上课者，提前向学生处或班主任老师请假，并找时间补好所学课程内容，下节课来上课时写蒙古文请假条交给班主任的，可以视为未旷课。经常来上课的学生突然连续 3 次不来上课了，学生处负责了解情况，号召鼓励学生坚持，并学籍自动转到下一个级别班；连续旷课 3 次以上，学生处有权开除学籍，并进行网站公示。

6. 要求学生每周定期（周三）关注官方网站（http：//www.mongol.org.cn）和群信息。

7. 做好老师布置的作业、学习计划及预习计划，遇到问题应及时向老师或助教请教。

8. 积极参加班里组织的各项活动，开学典礼、学生风采大赛、周年庆典必须盛装出席，其他春游秋游活动自由参加。

北京蒙古语言文化班学生处

2012 年 11 月 11 日

学生管理制度

1. 上课期间，将手机关闭或置无声状态，不得扰乱课堂秩序。

2. 不得迟到、早退、无故旷课。

3. 准备好课堂所需文具，做好老师布置的作业。

如因工作或者其他原因不能按时来上课者，写蒙古文请假条交给班主任的可以视为未旷课。

魏公村的蒙古饮食文化

格日勒玛 *

蒙餐是中国餐饮文化体系中极具民族特色的餐饮文化之一，是草原文化的重要组成部分。蒙餐是指蒙古族的饮食，是蒙古民族在长期的生产、生活、征战中形成的饮食品类，是蒙古民族历史文化传承下来的活遗产。具体是指在一定的场所通过加工制作、商业销售、服务性劳动为消费者提供以蒙古族饮食为特色的食物、酒水、消费场所的食品生产经营行业。随着社会经济的不断发展、生产力水平的不断提高，蒙古族餐饮也日趋成熟，它源于草原文化，却有别于草原文化，成为一种展现蒙古族装修、服饰、礼仪、风俗习惯的多元的文化。蒙餐因其天然绿色、营养美味、民族特色浓重等特点独立于诸多菜系并逐渐崭露头角，受到了消费者的青睐。

笔者参考了诸多学者关于蒙古族餐饮行业和蒙古族餐饮文化的文献，并通过调研，了解到蒙餐存在的必然性和自身的优势，它不但具有广阔的发展空间，同时可缓解就业压力，推动社会经济向前发展。但不得不承认，蒙古餐厅存在一些不可忽视的弊端，如经营不善、管理落后等。其原因有客观的也有主观的，有现实的也有历史的。其中，笔者认为主要的原因应该有经营方面的欠缺、宣传力度不够和资金不足。但蒙餐业发展的优势有很多，如菜品营养优势、（羊肉、奶制品）天然绿色优势、民族特色优势等。

为了将这篇论文写得更富于理论性和说服力，笔者运用了文献研究法和实地调查法。由于自身的局限，可能有表达欠妥之处，不过希望这些意见和建议能够经过实践的检验，推动蒙餐的发展，从而使蒙古饮食文化更加受到广大消费者的喜爱。

---

* 格日勒玛，蒙古族，中央民族大学民族学与社会学学院 2015 级民族学硕士研究生。

一、蒙古饮食文化

蒙古饮食文化是蒙古民族的牧业文明在饮食习惯、饮食传统及礼俗等方面所表现出来的一种具有特色的生活方式，也就是蒙古人在餐饮历程中形成的传统的独特的文明习俗和文化积累，它包括茶文化、白食文化、红食文化、酒文化等，表现着蒙古民族的文化核心，既有文化的传统延续也有时代性，蕴藏着丰富的文化内涵。接下来笔者简略介绍一下蒙古饮食：

1. 肉食

蒙古人将肉食称作"ulagan iedegen"，即"红食"。蒙古族以畜牧业为主业，主食羊、牛肉，兼食马、驼肉，野味也占一定的比例。由于羊肉鲜嫩味美，营养丰富，至今还是蒙古人的主要肉食来源。牛肉次之，马肉更少食用。蒙古草原水草丰美，可供牲畜食用的草类繁多，使牛羊肉味道鲜美，少有膻味。越是干旱草原的牛羊肉，越是肥美可口，营养丰富。手扒肉是蒙古饮食文化中的一道传统特色菜肴。手扒肉、烤全羊等，都保持了肉的原汁原味，除加少许盐之外，不添加任何佐料。

2. 蒙古包子

是草原牧民最喜欢的食品，蒙古包子不用发酵面做皮，采用小麦面粉，用热水和好后，称为烫面。蒙古包子的特点是：馅大、皮薄、味道鲜香。包子馅儿大致分两种，一种是肉馅，即羊肉或者牛肉剁馅儿加料完成。当然，可以根据个人口味加点菜。还有一种就是用肉肠或者血肠做馅儿。

3. 蒙古馅饼

是明朝末年，蒙古族蒙郭勒津部落定居辽宁地区后创制的。最初的蒙古馅饼以当地的特产荞麦面为皮，牛羊肉为馅，用干烙水煎的方法制成。特点是成品皮薄透亮，金黄油亮，鲜香可口。

4. 奶食

蒙古人将奶食称作"Cagan idegen"，即"白食"。蒙古奶食在蒙古人的饮食文化中占有重要的地位。奶食以蒙古人的"传统五畜"的奶汁为原料，制成多种食品和饮料，以满足自己的需要。奶油、黄油、奶皮子、奶酪、生奶酪、酸奶酪等，是蒙古族食品中的上品，味道鲜美，营养丰富。

5. 蒙古奶茶

蒙古语称"苏台茄",是流行于蒙古族的一种奶制品。喝奶茶是蒙古族的传统饮食习俗,除解渴之外,也是补充人体营养的一种主要方法。砖茶是牧民不可缺少的饮品,喝由砖茶煮成的咸奶茶,是蒙古族人们的传统习俗。在牧区,人们习惯于"一日三顿茶,一顿饭"。每日清晨,主妇的第一件事就是先煮一锅咸奶茶,供全家整天享用。

蒙古人善于利用酸奶制作奶酒享用。其制作方法是:将发酵的酸奶脱脂后,在锅中煮沸,锅上套冷却装置,中央吊上小坛子。蒸汽经过冷却装置后形成带有酒精的液体流入坛中,成为奶酒。这种奶酒可以再行蒸馏,变成度数很高的蒙古奶酒。

由于内蒙古地区人口成分的变化和许多地区农耕化,现今的蒙古人,除了享用传统的饮食外,开始大量地食用蔬菜、水果以及多种谷物,城市里的蒙古人更是如此。当前中国食品安全领域存在的一些问题和缺陷,某种程度上影响着大众的生活品质和消费安全,而内蒙古大草原所拥有的绿色、无污染的食材,恰恰迎合了大众所追求的饮食理念。

二、北京魏公村的蒙古餐厅现状

在北京魏公村附近活动的蒙古人比较活跃,所以笔者到魏公村的 4 家蒙古餐厅进行实地走访,与相关负责人进行交谈,掌握了目前北京魏公村蒙餐发展的状况。

表 1　笔者调查的 4 家蒙古餐厅

餐馆名字	塔林蒙古小馆	浩日沁蒙古餐厅	兴安蒙古人家	满德海蒙古食府
经营者性别	女	女	女	男
文化程度	初中	小学	本科	硕士
家乡	兴安盟	兴安盟	兴安盟	鄂尔多斯
员工人数	8	8	6	18
桌数（张）	9	19	5	24
经营时间(年)	18	16	7	12
大 / 中 / 小型	小型	中型	小型	中型
营业时间	11：00—23：00	10：00—22：00	10：00—22：00	09：30—22：00

注:以上表格的数据是以 2016 年 4 月份的调查为准的。

笔者调查的这4家餐厅都是经营了多年的，调查结果显示，其民族性分别显现在其名称、装修风格、就餐环境、服饰及礼仪，还有菜品名称和内容等方面。

这4家餐厅中，除了满德海食府之外，其他3家从厨师到服务员均是从内蒙古来的蒙古族，只有满德海食府会招用一部分其他地区的服务员。

据实地走访了解到，这4家餐厅最受欢迎的菜主要是以牛羊肉为主的家常菜、烩菜、蒙古包子、蒙古馅饼、面片之类，以及具有内蒙古特色的奶茶、酸奶、果条等。顾客来源于附近各个单位，有白领、老师、学生、歌唱家、舞蹈家等。顾客以蒙古族为主，还有一些藏族人、汉族人、壮族人等。由于地理位置偏僻，顾客多数为老顾客，尤其是朋友和回头客更多。周末或是在北京蒙古族那达慕的时候顾客会更多。

通过访谈了解到，这4家餐厅主要存在的问题有：餐厅的店面小，而且都是私人的，不是正规的，资金不足，地理位置偏僻，顾客来源少，投资力度小。有些顾客喝酒坐的时间太长，影响更多的顾客来吃饭，所以换座率不高等问题也普遍存在。

三、蒙餐具备的特点以及优势、不足、建议

1. 蒙餐具备的几种独特要素

第一，绿色环保的食物原料、天然本味性、高热能、耐消化性、新鲜营养性。

第二，独特的蒙餐制作工艺、内涵丰富的餐桌礼仪、特点鲜明的蒙古族传统艺术、民族特色浓郁的就餐环境等。蒙古族用精湛的彩绘手法设计具有吉祥寓意的装饰图案，这种图案在蒙古族生活聚居区随处可见，已经成为蒙古民族的一种文化符号。较大规模的蒙古餐馆通常会巧妙地运用这种装饰艺术，通过室内蒙古包的设计、壁画的设计、厨具的设计将这种民族文化元素突出，搭配服务人员的民族服装，为消费者营造民族特色浓郁的就餐环境。

第三，蒙餐做起来省时省力，而且易饱，营养价值又高。

2. 蒙餐业存在的问题与不足

第一，文化层面：民族传统文化的认知缺失。

第二，技术层面：蒙餐开发与标准化的深度不够，蒙餐业经营方式落后。蒙餐品牌文化有待打造，蒙餐菜品开发理念缺乏创新，缺乏专业的知识。多数蒙古餐厅

从业人员都是非职业厨师或是半路出家，或是兄弟姐妹几个一块儿上，对待菜品只有朦胧的感觉，而无核心总结，从而造成蒙餐发展停滞不前，后继乏人。对蒙餐概念理解不深，而且品牌保护意识淡薄。缺乏系统的整理，规范的应用，科学的运作。

第三，规模小，资金不足，蒙餐的销售价格偏低，利润较少。小型蒙餐业竞争激烈，菜品过于传统，创新不足，很难吸引其他民族消费者，而大型蒙餐业菜品复杂，易脱离蒙餐业的概念。

3. 关于未来蒙餐开发的几点建议

第一，加快食源的开发与利用步伐，利用更多种原料，打破以牛羊肉为主的传统观念。蒙餐要改变观念，蒙餐并非必须大碗喝酒、大块吃肉、盘多量足，应加以改变革新，实现科学饮食、精细加工、合理配膳、就餐环境舒适。

第二，广泛搭建蒙餐文化的宣传平台，加大蒙餐行业的监督力度，与新兴产业一起成长。

第三，走集团化的发展道路，提高竞争力。蒙餐在市场经济竞争日益激烈的情况下，由于其资源的弱势和不足，生存受到严重的威胁。而扩大规模可以通过资本积累、收购兼并、合并或联盟合作等途径来实现。蒙餐应走集团化的发展道路，朝大企业、大规模方向发展，实现优化资源配置和规模经济，提高市场竞争力。

第四，要合理利用民族文化。蒙餐应利用本民族独一无二的民族性，走品牌化的道路，在市场上形成一种具有强大影响力的民族品牌，从而给蒙餐增加新的活力。小型蒙餐可通过相互合并，或是通过连锁经营扩大自身规模，并打造蒙餐业优质的品牌。有效运用现有法律体系，保护自身品牌。

蒙餐在满足市场需求的过程中，在口味上不断创新，并挖掘新的蒙餐菜品，以独特的民族饮食文化，与绿色、天然、无污染的健康饮食理念，带着草原的质朴与纯真，受到越来越多的消费者的追捧。蒙古族饮食中的食材不但具有纯天然的特点，还有滋阴润肺、清热解毒等药用价值，成为养生专家推崇的养生食材。近年来，各地以蒙餐为主的餐厅逐渐增多，挖掘蒙古饮食文化，扩展蒙餐延伸菜系，才能使蒙餐向外辐射的能量更强大。蒙餐业未来的生存与发展，必须充分发挥民族餐饮习俗的文化功能，结合现代科学的养生理念，扩展其开发思路。

经营理念决定蒙古族餐饮业的未来。蒙餐若想在诸多的竞争对手中处于不败之地，必须从经营理念方面着手进行改良与创新，把菜品质量置于根本，把服务态度的改进放在首位,把菜品的创新与融合作为关键,同时,必须继续发扬蒙古民族优秀文化与传统,通过别具一格的装修风格,搭配款式考究的蒙古族服饰,加上民族气息浓重的蒙古族礼仪,从细节和整体上凸显蒙古族文化与草原文化的经典与精髓。笔者相信,在遵循市场经济的价值规律和国家宏观调控政策的前提下,在自身的不断创新和进取下,在经营者和员工的通力协作下,蒙古族餐饮行业的前途势必一片光明。

图 1　浩日沁蒙古餐厅的指示牌

图 2　浩日沁蒙古餐厅的蒙古元素装饰品

图 3　浩日沁蒙古餐厅里面的墙画

图 4　浩日沁蒙古餐厅的一角

图 5　塔林蒙古小馆的牌匾

图 6 兴安蒙古人家的牌匾

图 7 满德海蒙古食府的牌匾

图 8　蒙古包子

图 9　蒙古馅饼

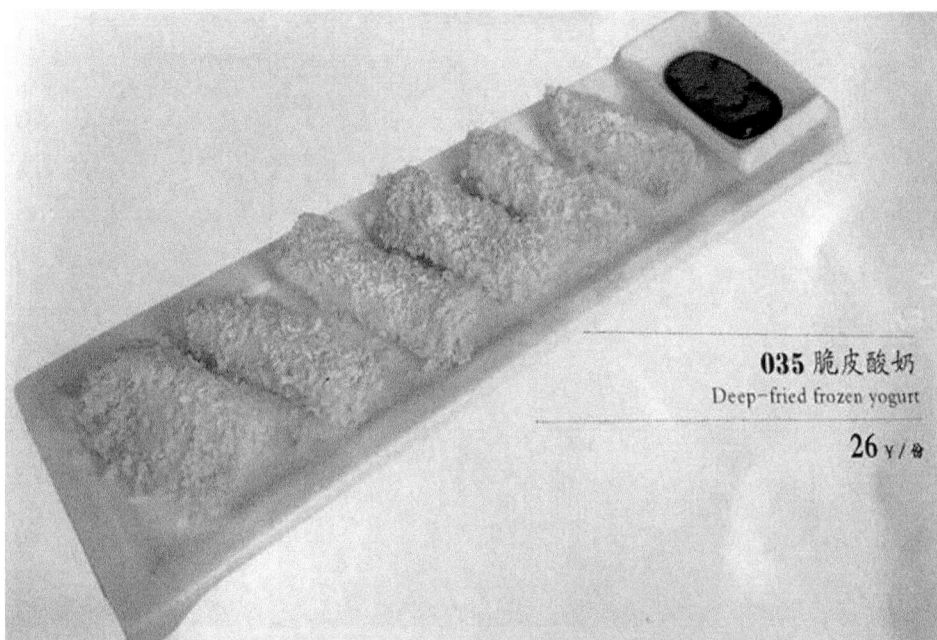

图 10　满德海蒙古食府的特色菜品：脆皮酸奶

图 11　在外面晾干的奶干儿

图 12 奶皮子

北京"新疆村"的变迁

——北京"新疆村"调查之一

杨圣敏　　王汉生[*]

在 2002 年以前，北京曾有两个"新疆村"：其中一个位于白石桥路的魏公村，该村最多时有 18 家维吾尔族餐馆；另一个位于海淀区甘家口增光路，该村曾有 33 家维吾尔族餐馆。"新疆村"既非自然村落，更非行政编制，它的得名，是由于那里聚集了大量来自新疆、以维吾尔族为主的少数民族流动人口。他们以经营餐馆为生。

自 1996 年以来，笔者在讲授"人类学田野调查方法"和"社会学研究方法"两门课程的同时，带领多个班的同学，连续 5 年对魏公村的"新疆村"进行了人类学和社会学角度的调查，重点是村中的维族餐馆。

一、"新疆村"调查的意义

在工业化和现代化的过程中，农村人口向城市转移是一个世界性的问题。在农村人口向城市流动的大潮中，来自边疆地区的少数民族人口，是农民工这一边缘群体中十分特别的一支。他们不仅像其他进城农民一样，来自农村和贫困地区，而且是一个在语言、宗教、风俗等方面特殊的人群。因而他们在进入城市以后，所面临的不仅有城乡文化的冲突和融合问题，而且也有与其他民族，特别是与汉族的民族冲突和融合的问题。他们的流动所要突破的不仅有体制的障碍，而且还有文化、心

---

　　* 杨圣敏，回族，中央民族大学少数民族事业发展研究中心教授，博士生导师。研究领域：中国西北及中亚民族。王汉生，北京大学社会学系教授，博士生导师。

理和语言的障碍。他们给城市带来的问题，除了如其他流动人群所带来的社会治安问题外，还有民族关系问题，这种关系不仅影响着其所在家乡的民族与汉族的关系，而且影响着他们的民族对国家的认同感。那么，这些流入大城市的少数民族人口是怎样一个人群？进入城市以后，这个人群会发生什么样的变迁？同时，他们给城市带来了哪些影响？

学术界对于少数民族移民社区的研究存在着几种有影响的理论，其中两种涉及本研究的主题。它们是：

第一，"边缘人"概念和理论。"边缘人"寄托在两个不同的群体中，但又不完全属于任何一个群体。结果是他们对自己在团体中的地位形成一种独特的"自我理解"，这种自我形象是非常不协调和矛盾的。学术界对边缘人的研究主要是从文化、自我认知、就业、区位的意义上进行的，而当今中国大批流向城市的农民，其边缘性更突出地表现在社会地位和身份结构上。中国城市中的移民聚居区主要是以移民共同的身份和地域背景凝聚而成的，他们都是所在城市社会的边缘群体。对他们进行研究并与国外的同类人群进行比较，无疑可以丰富有关边缘人理论和移民理论。

第二，民族社会经济聚居区模式。在对各种民族群体融入主流社会的过程、途径和特征的讨论中，存在着三种主要模式："同化论""民族文化模式"和"民族社会经济聚居区模式"。第三种模式对我们解释北京的"新疆村"具有很大的启示。这种模式将注意力集中在促使移民融合于主流社会的社会背景和结构基础上，强调在民族群体成员的社会流动和地位获得方面，民族经济和民族社会网络能起很重要的作用。这种模式包含着经济和文化两种成分，它把民族聚居区看作是大经济的一个组成部分，是一个具有独特的劳务市场，并在一定程度上独立自主的民族聚居区经济结构。有了民族聚居区经济和劳务市场的存在，移民就不需要从附属经济开始，或从社会阶梯的最低一级开始攀登，相反，他们可以自己组织起来在内部做生意或者与外界进行交易。通过家庭、亲属网络和本民族的其他社会机构，群体良好的文化共性和民族团结精神能够促进聚居区经济的发展。

我们希望通过对北京"新疆村"维吾尔族流动人口的考察，对以上的理论进行讨论。

北京历来是多民族活动的城市。自元代以来，魏公村一直与维吾尔人有密切联系。我们希望通过对魏公村历史变迁的简单回顾，考察不同民族在这里的融合过程。

二、元代以前北京的维吾尔人

维吾尔人与北京的关系由来已久。根据文献的记载，早在唐代（618—907），就有大批维吾尔人的祖先——回纥人在幽州（今北京）一带活动。当时，蒙古草原上的回纥人与唐朝关系密切，贸易活动频繁，最大宗的贸易就是用马交换中原的丝绸。当时的长安、太原和幽州几座城市是回纥商人最集中之地，仅常住长安的就有1000余人。[①]他们在这些城市中还"殖资产，开舍第"，[②]与汉人通婚。据记载，在幽州的回纥人不仅有商人，更多的是军人。783年，唐朝叛将朱滔据守幽州时，麾下的回纥骑兵就达3000人，他本人还娶回纥女为侧室。[③]840年，回纥汗国崩溃，一支回纥人南下进入中原，其中"回鹘降幽州者前后三万余人"。[④]

仅从以上这些零星的史料，就可窥见唐代的今北京地区，已有很多维吾尔人祖先的活动。

辽代（917—1125），契丹人占领了今北京地区，并将其称为"南京"。当时，辽朝与维吾尔人（回鹘人）交往密切，大量的维吾尔商人频繁往来于辽朝的各个城市经商，城中维吾尔人聚居的地方称为"回鹘营"。[⑤]今北京城自然也是维吾尔商人活动的城市之一。

三、元代畏吾尔村的建立

今北京的魏公村始建于元代，当时称为"畏吾尔村"，是一个维吾尔人聚居的村落。魏公村所在的北京西郊，在辽代还是一片荒凉。在魏公村以南约1公里，有一条流经紫竹院公园北侧、直通昆明湖的高粱河，高粱河两岸，在辽代曾经是一片战场。公元979年7月（北宋太平兴国四年），宋太宗赵光义率大军进逼辽"南京"（今北京）城，曾在此与辽军大战，史称"高粱河之战"。[⑥]

1125年，契丹人的辽朝被来自东北的女真人和北宋南北夹击而灭亡。1127年，

---

① 杨圣敏：《论回纥与唐朝的关系》，载中国中亚文化协会：《中亚学刊》（第四辑），北京大学出版社，1995年。
② 《资治通鉴》卷二二五。
③ 《资治通鉴·突厥回纥史料校注》。
④ 《资治通鉴》卷二四七。
⑤ 《契丹国志》卷二十一。张正明：《契丹史略》，中华书局，1979年，第79页。
⑥ 《宋史·太宗本纪》。

北宋被女真人的金朝打败，全线退到黄河以南，史称南宋，从此北京城下不再是前线和战场。

1163 年，金朝定都燕京（今北京），称为中都。和平与定都，推动了北京城周的建设。

12 世纪 70 年代，金世宗在北京西郊依高粱河水系修建离宫。此后，这里逐渐成为山水树木风景秀丽，离宫庙宇点缀其间的郊游胜地。

1206 年，成吉思汗统一蒙古草原，接着就向邻境扩张，今新疆遂成为蒙古军进攻的目标。当时的新疆和中亚地区，有两个地方政权互相为敌：一个是占据新疆西部和中亚河中地区（今乌孜别克斯坦、吉尔吉斯斯坦、塔吉克斯坦）的哈拉汗朝，以伊斯兰教为国教；另一个是新疆东部以高昌（今吐鲁番）为中心的高昌回纥王国。1209 年，高昌回纥王主动投奔蒙古大汗，使蒙古军轻易地进入了新疆，成吉思汗遂将女儿嫁给高昌回纥王，并认其为义子。从此，高昌回纥的贵族就受到蒙古人的信用。在元朝，文献中所称的"畏兀尔人"一般都是专指来自新疆东部高昌回纥境内的居民，而新疆西部和中亚地区信仰伊斯兰教的居民，则被称为"西域人"或"回回人"。在元代，畏兀儿贵族和文人受到重用，在政府、军队中担任要职的很多。其中较早来到元大都（今北京）的一批畏兀儿贵族，就被安排到风景秀丽的西郊高粱河畔聚族而居，形成了一个村落，当时人称"畏吾儿村"，即今天的魏公村。蒙古人于 1215 年攻占了金中都（今北京），畏兀儿人当在此后不久，随蒙古大军进入北京城，史籍中有关的记载还是很清楚的。

清朝乔松年撰《萝亭札记》卷六称："李西涯或自署畏吾，盖京师西直门外村名。本西域畏兀部落，元太祖时来归，聚处于此，以称村焉；盖与回部相似，今则不复知此族矣。廉希宪、小云石海涯皆畏兀人，西涯则以居址相近而署号，非畏兀人也。"李西涯是明朝大学士李东阳之号，他死后葬于畏吾尔村，直到十几年前，在魏公村东侧还可见到他的墓碑。[①]

元代，北京成为大都，忽必烈与皇后常住于金朝留下的离宫中，并于至元元年（1264 年）在西郊建万寿山殿。不久，又在高粱河之北岸距畏吾尔村不远处建万寿寺、五塔寺和大慧寺等佛教寺庙。当时，高粱河上已可通船，后妃公主们出西直门乘船沿高粱河可直达玉泉山、西湖，中途在万寿寺休息和用膳。于是，畏吾尔村周

---

① 贾敬颜：《畏兀儿村考》，载氏著：《民族历史文化萃要》，吉林教育出版社，1990 年。

围一片热闹繁荣景象。

四、畏吾尔村的居民

据查礼和贾敬颜先生等人的考证,最早居于此村的畏兀儿人有布鲁海牙、廉希宪和阿里海牙、贯云石两大族。[①]据《元史》本传,这几人的简要情况如下:

> 布鲁海牙,畏吾人也。祖牙儿八海牙,父吉台海牙,俱以功为其国世臣。布鲁海牙年十八(1214),随其主内附,充宿卫。太祖(1206—1227)西征,布鲁海牙扈从,不避劳苦,帝嘉其勤,赐以羊马毡帐,又以居里可汗女石氏配之。太祖崩,诸王来会,选使燕京总理财币。使还,庄圣太后闻其廉谨,以名求之于太宗(1229—1241),凡中宫军民匠户之在燕京、中山者,悉命统之。 辛卯,拜燕南诸路廉访使,佩金虎符。布鲁海牙性孝友,造大宅于燕京,自畏吾国迎母来居,事之。死后大德(1297—1307)初,赠仪同三司、大司徒,追封魏国公。

布鲁海牙来到燕京(今北京)当在太祖崩(1227年)前不久。他来北京后,造大宅迎母来居,北京西郊的畏吾尔村也就出现了。

布鲁海牙之次子名廉希宪,因其父拜燕京路廉访使,故以父官名为姓。廉希宪当生长于北京,很有可能就生于今魏公村。受燕京人文环境的影响,"希宪好经史,手不释卷。一日,方读《孟子》,闻召,急怀以进。世祖问其说,遂以性善义利仁暴之旨为对,世祖嘉之,目曰'廉孟子',由是知名"。希宪一生历任京兆、四川宣抚使、中书平章政事等职。死后,追封魏国公、恒阳王。其子6人,皆于朝廷内任高官。[②]

魏公村另一畏兀儿显贵家族阿里海牙氏当比廉氏稍晚进京和显贵。《元史》本传称:"阿里海牙,畏吾尔人也。家贫,尝躬耕,用荐者得事世祖(1206—1294)于潜邸。"阿里海牙一生历任行中书省右丞、湖广行省左丞相等职,死后加封楚国公、江陵王。

---

① 贾敬颜:《畏兀儿村考》,载氏著:《民族历史文化萃要》,吉林教育出版社,1990年。查礼:《畏吾村考》,载(清)王昶:《湖海文传》卷十二。

② 《元史·廉希宪传》。

阿里海牙娶廉氏女为妻，生小云石海牙，又名贯云石。贯云石在汉文化的氛围中长大，精通经史，历任翰林侍读学士、中奉大夫、知制诰同修国史。他还长于汉文书法，史称他："草隶等书，稍取古人之所长，变化自成一家，所至士大夫从之若云，得其片言尺牍，如获拱璧。"他死后，朝廷赠集贤学士、中奉大夫，追封京兆公。有文集多卷，其中最有名的是《直解孝经》。他的子孙也继承父祖之风，"有学识，能词章"。①

另外，居于该村的畏兀儿贵族还有忽必烈之亲近重臣、燕京行省达鲁花赤蒙速思，死后封敏惠公。蒙速思之女婿即廉希宪。蒙速思之子阿失铁木儿，官至大司徒，死后也都葬于村旁的高粱河畔。

五、畏吾尔村之衰落与魏公村之得名

贾敬颜先生认为："畏兀儿村之得名，确贯、廉二氏矣。"到了清代，畏吾尔村改名魏公村。笔者认为，魏公村之得名，当与廉氏家族有关。

最早来到畏吾尔村的廉氏父子布鲁海牙和廉希宪，死后都被封为魏国公。此后廉姓后人一直居于魏公村。直至 20 世纪 50 年代初，魏公村只有 17 户居民时，仍有廉姓。2001 年，笔者在调查时还找到了最后一位廉姓男子的女儿。20 世纪 50 年代末，原魏国公的石碑仍保存于魏公村。

畏吾尔村清代改称魏公村，似应与魏国公有直接联系。

自元代始直至清代，除了聚居于京西畏吾尔村的维吾尔人之外，陆续不断有新疆维吾尔人迁居北京，但是畏吾尔村自明代以后不断衰落，清代中期以后，该村的畏兀儿人或迁走，或融入汉族之中。究其原因，畏吾尔村的居民一直信佛教，又世代为朝廷高官，很容易就融入中原汉民族之中了。

而其他迁居北京的维吾尔人，多来自新疆西部，较早改信伊斯兰教，聚居于北京东四清真寺、牛街清真寺周围。清初又把迁居北京的维吾尔族安置于西长安街路南的东安福胡同聚居，称为"回子营"。乾隆时期，回子营有维吾尔人 329 人，编为一个佐领，由内务府管辖，按月发给钱粮。到光绪年，这支维吾尔人已发展到1800 余人。②清末民初，北京的维吾尔人一部分迁回了新疆，一部分仍聚居于此。

---

① 《元史·小云石海牙传》。
② 张羽新：《清代北京的维吾尔族》，载《新疆社会科学》，1984 年第 4 期。

直至 20 世纪 30 年代的统计中，回子营还有 108 户 795 名维吾尔人。而 1949 年时，昔日维吾尔贵族聚居的魏公村，只有 17 户汉族农户，[①] 已不见维吾尔人的踪影。

六、魏公村的变迁

1949 年解放初期，魏公村至高粱河一带已是一片荒凉，昔日香火旺盛的法华寺、万寿寺、大慧寺和五塔寺等都已荒废。村中只有十几家农户，村周围是庄稼地、大片的古冢和荒地。

20 世纪 50 年代初，政府将原住红庙、白祥庵村等地的百余户居民迁至魏公村，为他们修建了房屋，划分了村周围的土地，大部分居民都务农为生。公社化以后，这些农民又都成了公社社员，属于四季青公社万寿寺大队魏公村小队。但随着政府在西郊的各项建设，如 20 世纪 50 年代后，村周围相继兴建了外语学院、中央民族学院、北京工业学院和气象局等，加上村中人口的增长和房屋的增建，土地越来越少，到了 20 世纪 70 年代，村中居民已逐渐脱离了农业，转而成为工人、小买卖人等城镇居民，村周围只剩下少量庄稼地和小块菜地。20 世纪 80 年代中期以后，村周围的农田菜地就完全被新建的居民楼等建筑取代了。

在这个城市化的过程中，魏公村的年轻人相继离开了老旧的平房，融入城市的就业人群之中。这片 20 世纪 50 年代兴建的平房区，与周围的楼群相比，显得破旧、拥挤，留守其中的都是 50 岁以上的老居民，失去土地以后，他们没有其他劳动技能，生活陷入贫困之中。

20 世纪 80 年代中期，中国的经济体制改革进一步深入，政府允许农民进城开店设坊，提供劳务服务。于是，善于经商的维吾尔人陆续来到北京，并在北京形成了两个维吾尔人聚居的"新疆村"。他们正好为留守于魏公村平房区的老居民提供了出租房屋的机会。

七、"新疆村"的建立

早在 20 世纪 80 年代初，就有几百名新疆维吾尔族同胞在北京和新疆之间从事纱巾和布匹等日用品的运销活动。他们主要集中于王府井大街，在日用品种类齐全

---

① 宗正：《回回营清真寺》，载《回教》，1938 年第 7 期。

的东安市场和百货大楼购物，到八面槽邮局寄出，在新疆各地批发零售。

1985 年，北京的市场全面开放，大量外来人口涌进北京经商，其中的维吾尔族同胞也更加活跃，除了贩卖纱巾、布匹之外，一些人开始从事烤羊肉串、葡萄干、哈密瓜、杏干等项经营或贩运。他们主要分布于北京站、动物园、甘家口、魏公村、人民大学和海淀镇等处。不久，因经营烤羊肉串积攒了一些钱的人转向餐饮业经营，于是，在甘家口附近的北沙沟和魏公村，就出现了维吾尔人开办的新疆风味餐馆。

北沙沟东距甘家口商场约 300 米，邻近位于二里沟的新疆驻京办事处，北距中央民族大学约 2 公里。1984 年，这里开设了首家维吾尔族馄饨馆。至 1987 年，维吾尔族餐馆增至 15 家。1992 年 1 月 1 日，海淀区政府正式命名这里为"新疆村"。到 1993 年，维吾尔族餐馆达 33 个，在甘家口派出所办有暂住证的新疆流动人口达 500 ～ 600 人，其中 33 家餐馆的维吾尔族人口当在 500 人左右。1999 年，北沙沟街道拓宽工程开工，沿街的商店、餐馆等所有建筑物全部拆除，几十家维吾尔族餐馆也在其中。海淀区政府曾拨出近千万元款项对这几十家餐馆给予补偿。这些餐馆被拆除后，有的老板转到北京其他地区继续租房经营，有的转到外地或迁回了新疆。

魏公村的"新疆街"紧邻中央民族大学的北墙。1983 年，当地出现了第一家维吾尔族餐厅。1996 年，维吾尔族餐馆发展为 18 家。

解放前，魏公村仅有十几户居民，主要为农户、小买卖人等贫苦人家，周围是农田、坟场，十分荒凉。20 世纪 80 年代以后，魏公村周围建起几十栋居民楼，楼中住户主要为各类企事业单位的职工，而原来的老户仍居于平房区的旧房中。据 1994 年统计，平房区共有 820 户，2200 余人，维吾尔族餐馆也在其中。平房区夹于南北两条各长约 300 米的街道中，维吾尔族餐馆多集中于南街上，因此这条街就被称为"新疆街"或"新疆村"。此外，新疆街上还有藏、傣、蒙古、朝鲜和回等族同胞开的餐馆，因此，这条街又被称为"民族食品街"。

自 1996 年以来，笔者在授课的同时，指导几个班的同学分别调查了 11 个维吾尔族餐馆，它们是艾尼餐厅、伽师餐厅、波斯坦餐厅、古城餐厅、天池餐厅、阿凡提餐厅、阿瓦提餐厅、岳普湖餐厅、新和玉餐厅、新疆风味餐厅和友好餐厅。另外，我们又调查了朝鲜族的乡村居餐厅，傣族的金孔雀餐厅和藏族的香巴拉餐厅。总共调查了 14 家餐馆。对其中几家餐馆在 2012 年之后又进行了再调查，还对村中的一些老户居民和居委会进行了多次调查访问。

八、创业过程与生活特点

这 14 家餐馆的老板，均来自新疆、西藏、甘肃、云南、吉林延边等少数民族地区。老板的年龄在 26 ～ 60 岁之间，其中以三四十岁者居多。除了少数未婚者外，老板都带妻小等家眷同住北京。除了两户之外，其他老板都没有北京户口。

来北京之前，这些老板的身份以小商贩为主，也有农民、离职的小学教员、工人和机关干部。其中多数来自乌鲁木齐、喀什和伊宁等城镇。他们在家乡时，经济上基本比较困难，大多从事过两种或两种以上的职业。小商贩也都尝试过多种经营。也就是说，这些人在本民族中，属于社会经验较丰富，有较多见识、较大胆量，也有较多社会关系的人。但他们基本上都没有开过餐馆，主要原因是没有足够的资金。刚来北京时，一般只带了几百至几千元钱。有人甚至在走出北京站时，身上仅有几元钱。

来北京以后，一半以上的人曾经历了在街头卖羊肉串、葡萄干或到别人的餐馆中打工等形式的资金积累阶段。这个阶段，一般在 5 年或 5 年以上。少数人是靠亲朋集资或向政府贷款来开办餐馆的。借贷一般能在开餐馆后一二年之内还清。可以说，来北京开餐馆的这 14 位老板，开餐馆后都达到了脱贫致富的目的。

这些老板进入北京创业的活动，无疑是一种市场行为。因为所有的老板都认为，来北京开餐馆，比起其家乡来，有更多的赚钱机会，这里顾客更多，消费更高。但这些老板并不是完全依照市场供需关系和市场价格的指引流动的，而是沿着传统社会关系网络流动的。来北京之初，他们都是首先投奔在甘家口或魏公村的同族亲朋，或是投奔在中央民族大学读书或工作的亲朋老乡。进入北京以后，他们尽量地与同族人靠近或聚居于一处。

他们办理暂住证、开业手续、租房和贷款，都是靠这些同族老乡亲朋来指引、介绍、帮忙完成的。餐馆开办起来以后，也主要在同族老乡、亲眷中雇工。

"新疆村"内经营与生活的特点，确实表现为一种"民族社会经济聚居区模式"。14 个餐馆的雇工，一般都在 4 ～ 10 个，其中 70% 左右是与老板同族的老乡、亲眷。所有的厨师都来自本民族，其他民族的雇工主要从事前台端菜、清扫等次要的工作。工资 300 ～ 1500 元不等，80% 的异族雇工收入在 300 ～ 600 元。

"新疆村"的维吾尔族老板中，一位威望较高者担任村长。他负责协调各维吾尔餐馆之间的竞争、合作等关系。如，他要定出各种饭菜的统一价格，解决维吾尔人之间的纠纷，代表维吾尔居民与居委会和派出所等机构协商村里的各项事务，有时也代表居委会向各维吾尔餐馆转达各类通知和规定。

来"新疆村"就餐的顾客成分也与北京一般的餐馆有明显的差别。除了北京的居民之外，顾客中有较多的少数民族和外国人。如中央民族大学的少数民族教职工和学生，是这里的常客。有些居地较远，甚至远在天津等地的少数民族顾客，也专门前来这里就餐。外国人中，巴基斯坦、沙特阿拉伯等国家的使馆人员常携全家来此用餐。俄、德、日、法等50多个国家驻华使馆人员也常来此用餐。顾客中还有大量的外国留学生。

笔者1996年调查的11家维吾尔族餐馆，年赢利均在5万元至几十万元之间，赢利最高的一年近百万元。生意兴隆的原因主要有二：一是食品和餐馆本身浓郁的民族特色，二是价格比较便宜。

"新疆村"的少数民族餐馆，特别是维吾尔族各餐馆，在经营和生活中，都具有明显的内聚倾向。由于文化上的差异，特别是由于语言上的障碍和宗教信仰的不同，他们很少与当地汉族和其他民族居民交往，他们自成一个小社会。每日餐馆原料如牛羊肉、菜的进货，有自己单独的渠道和网络。每周的主麻日和古尔邦节等宗教节假日，一般都集体去清真寺礼拜，业余时间则与北京的维吾尔人之间互相串门、娱乐。除了在北京必要的开支以外，老板和雇工大多将攒下的钱寄回新疆老家。恋爱和婚姻也基本上限于本民族成员之内，大多是回新疆去找对象。

他们在子女入托、上学等事情上，并不能享受与北京当地居民同等的权利。如，孩子上幼儿园和上小学时，需要额外交赞助费，赞助费一般可达每年1000至2000元。由于他们没有魏公村的固定户口，街道居委会甚至还要向他们每人征收40元的公共厕所费。他们大多已在北京居住5年至十几年了，很多人的子女在北京长大，能说一口流利的汉语，而维吾尔语却很生疏，但他们仍没有北京人的感觉。在问到将来的去向时，大多数人都说以后还是要回家乡的。但若干年后他们回去时，家乡的生活他们还习惯吗？乡亲们对这些北京回来的维吾尔人还看得惯吗？他们确实处于城市和乡村之间、处于不同民族文化之间的边缘。

不难看出，以上所简要介绍的，在"新疆村"的初步调查，在一定程度上印证了本文前面所假设的理论。希望这种理论的探讨，对大城市中少数民族聚居区的研究和政策的制订起到一点推动或借鉴的作用。

"新疆村"以餐饮业为主，自 20 世纪 80 年代初建立后，发展迅速，在同行业中具有较强的竞争力，内部自成系统，不仅对北京的经济、社会、文化及社会管理等多方面造成了日益深刻的影响，而且还极大地影响了其故乡流出地的社会发展进程。"新疆村"的形成与发展过程不仅集中代表了农村劳动力冲破城乡壁垒进入城市、扎根城市，并不断扩展其生存空间的过程与方式，而且集中体现了在一个主体文化中，作为一种亚文化的少数民族文化是如何形成、演化以及如何与主流文化互动的。此外，作为一种聚集而居的边缘人群体，其内部的组织化程度较高，已有了采取集体行为、组织行为的能力，对城市经济社会生活的影响远较分散于城市居民中的零散个体为大。"新疆村"中的少数民族居民与本地居民杂居共处，并在北京市建立了自己的经营特色和服务范围，其与北京市的经济社会生活有千丝万缕的联系。因此，通过对"新疆村"的研究，不仅可以深入了解大城市边缘人的内部结构、生活方式、经营活动、文化心理，其与城市居民间的关系形态、互动方式、相互观感等，而且可以透视在一种新的环境中，一个异文化的变迁过程、不同文化的冲突和交融以及不同民族之间关系的演化。

大城市中少数民族流动人口聚居区的形成与演变

——北京"新疆村"调查之二

王汉生　杨圣敏[*]

一、研究关注的问题

本研究以农村劳动力流动中的一个特殊的类型——汉族聚居的大城市中的少数民族移民聚居区——作为研究对象，力图通过对该类社区的深入研究，对下述问题做出尝试性的回答：

第一，汉族大城市中的少数民族移民聚居区作为农民进入城市的一种独特形式，其形成和发展的过程、机制和主要影响因素是什么？

第二，这一独特的流动人口聚居区类型的特点是什么？

第三，这种类型的聚居区对劳动力的流动过程、对民族关系形态、对流入地和流出地的经济发展和社会结构、对民族文化的保持和变迁等，具有怎样的意义？

第四，它对理解中国劳动力流动问题和社会结构变迁的意义在哪里？

本项研究的资料主要来自实地调查。实地调查中主要采用了以下方法收集资料：

第一，个案研究。本项研究的一个重要的研究方法为个案调查。我们充分发挥个案研究的优点，即对个案的深入、全面、详细的把握，先后对位于"新疆村"内的 18 个少数民族餐馆进行了个案调查。

第二，访问。为了解"新疆村"的发展历史，我们对"新疆村"内的"老"北

---

* 王汉生，北京大学社会学系教授，博士生导师。杨圣敏，回族，中央民族大学少数民族事业发展研究中心教授，博士生导师。研究领域：中国西北及中亚民族。

京居民进行了较为广泛的访问。由于该地区现在已经拆迁，原居住人口已经分散到北京各处，很难寻找，因此我们这部分访谈资料就变得极为珍贵。

第三，问卷调查。问卷调查以"新疆村"外来流动人口作为调查对象，样本尽量采取随机的方法抽取。

二、样本基本情况

问卷调查于 2000 年 10 月开始，同年 12 月结束，共获得有效问卷 203 份。2001 年 2 月，完成数据录入和整理工作。下面是关于问卷调查数据的初步分析：

1. 民族分布

样本中维吾尔族占主体，共有 187 人，占 92.1%；其他民族 11 人，占样本总数的 5.4%；另有 5 人情况不详。在有配偶的人中，配偶是维族的占到 97.1%，其他民族只占 2.9%。这说明，同民族通婚仍是少数民族婚姻的主要形式。

2. 年龄与性别

在被调查的 203 人中，女性 37 人，占样本总数的 18.2%；男性 164 人，占 80.8%；另有 2 人未做回答。样本平均年龄 28.54 岁，配偶平均年龄 32.01 岁。

3. 婚姻状况

所有被访人均回答了他们的婚姻状况，其中已婚者 72 人，占总数的 35.5%；未婚者 112 人，占 55.2%；离婚者 17 人，丧偶者 2 人，分别占 8.4% 和 1.0%。配偶与本人的关系如表 1 所示：

表 1 样本配偶与本人的关系

关系	频数	百分比（%）
同村人	14	16.9
同乡人	25	30.1
同县人	32	38.6
同省人	12	14.5
总 计	83	100.0

4. 教育水平

样本的平均受教育年限是 7.93 年，其配偶平均受教育年限 7.39 年。样本中 75.4% 的人是在民族语学校接受的教育，只有 7.9% 的人是在汉语学校接受的教育，另有 16.7% 的人属于其他情况。表 2 是样本及其配偶的教育水平构成情况。

表 2　样本及其配偶的教育水平（%）

教育水平	本人	配偶
未受过正式教育	5.6	3.1
三年以下初级教育	0.5	4.7
小学毕业	27.7	32.8
初中	33.8	32.8
高中、技校、职高	19.5	15.7
中专	4.6	6.3
大专	5.6	3.1
大本	2.6	1.6
总数	100.0（195 人）	100.0（64 人）

与其父辈相比，样本的教育水平有了很大提高。样本本人母亲平均受教育年限为 4.43 年，父亲为 5.03 年；样本配偶母亲平均受教育 4.57 年，配偶父亲为 5.07 年。看来，男性教育水平高于女性的情况在少数民族那里也不例外。

5. 样本地区分布

样本户口在新疆的占绝大多数。在 202 个有效回答中，有 191 人来自新疆，占 94.6%，四川 4 人，甘肃 2 人，陕西、河南、宁夏、北京和山东各 1 人。有配偶的 72 人中，66 人来自新疆。

6. 健康状况

在问卷中我们设计了两个健康状况项目，一个是被调查者本人的状况，一个是其配偶的状况。有意思的是，被调查者本人认为自身健康状况良好的比例（76.8%）高于其对配偶的评价（72.5%），见表 3。

表 3　样本及其配偶健康情况（%）

健康评价	本人	配偶
良好	76.8	72.5
一般	21.2	26.1
较差	2.1	1.4
总计	100.0（190 人）	100.0（69 人）

7. 政治面貌

样本党员只占 1.6%，团员占 26.1%。配偶中党员比例与样本相差无几（1.5%），但团员比例要低很多（9.2%）。

三、职业经历

样本中农民工平均工作年数为 8.56 年，其中平均从事农业生产 5.74 年。有意思的是，配偶的平均工作年数大大高于样本本人，为 12.81 年，这显然是因为样本中未婚人数多且年龄较轻之故。样本在非农产业部门平均工作 5.53 年，配偶为 6.53 年。样本中只有 18.6% 的人在乡镇企业工作过，其配偶在乡镇企业中工作过的更少，仅 10.9%。

1. 外出之前的职业

样本中外出之前从事农业生产的占主体，具体情况构成见表 4。

表 4 外出前的职业

职业类别	频数	百分比（%）
念书	11	5.5
务农	92	46.2
企业中做工	17	8.5
干部	9	4.5
科教文卫人员	5	2.5
经商	16	8.0
待业	7	3.5
当兵	1	0.5
个体手工业	32	16.1
其他	9	4.5
总计	199	100.0

2. 外出打工或外出经营的时间和地点

样本中 20 世纪 70 年代就外出打工的只有 2 人，最早的一个是在 1974 年；20 世纪 80 年代外出的人数显著增加，有 14 人；20 世纪 90 年代的则增加到 134 人，特别是 20 世纪 90 年代后半期，外出人数是前 5 年的 2.8 倍（2000 年 1 人，另有

52人未回答)。有意思的是,66.5%的被调查者外出打工的第一个地点就选择了本市,而选择户口所在地的村镇、县城、离家乡最近的城市和同省的城市的比例均不超过7%,选择其他省的也只占12.8%。

3. 外出后的流动情况

在我们的印象中,农民工更换工作和更换居住地均十分频繁,"新疆村"住民的情况有所不同。样本中有142人自称更换过工作,平均更换工作1.58次,配偶中有23人更换过工作,平均更换1.3次。具体分布如表5所示。

表5 样本及其配偶更换工作的情况

更换次数	样本		样本配偶	
	频数	百分比(%)	频数	百分比(%)
0	62	43.7	12	52.2
1	26	18.3	3	13.0
2	19	13.4	4	17.4
3	16	11.3	2	8.7
4	5	3.5	1	4.3
5	7	4.9		
6	2	1.4		
7	2	1.4		
9			1	4.3
10	2	1.4		
12	1	0.7		
总计	142	100.0	23	100.0

从表5中不难看出,实际上样本中有流动经历的只有80人,占样本总数的30%;其配偶中有流动经历的只有12人,比例更低。

4. 外出后的第一份工作

(1) 第一份工作的所有制性质

样本离开家乡外出后找到的第一份工作是个体户的占很大比重,比例为26.6%。表6给出了具体分布情况。

表6 第一个工作单位的所有制性质

单位性质	频数	百分比（%）
城市国有企事业单位	4	2.0
城市集体企业	4	2.0
乡镇村集体企业	2	1.0
私营企业	24	11.8
三资企业	3	26.6
个体户	54	0.5
家务	1	1.1
当地居民家里	4	2.0
其他	45	22.2
缺失	65	30.5
总计	203	100.0

（2）当时的职业

样本外出打工的第一份工作主要集中在两个职业上，即服务业和干个体，具体职业构成见表7。

表7 外出后第一份工作的职务类型

工作性质	频数	百分比（%）
农民	7	4.7
管理人员	6	4.0
办公室人员	3	2.0
工人	4	2.6
服务人员	70	47.0
营销人员	10	6.7
私营企业老板	2	1.3
个体	33	22.1
其他	14	9.4
总计	149	100.0

（3）离开第一份工作的原因和方式

在有流动的样本农民中，离开第一份工作的主要三个原因是：原工作收入低（35.1%）、与老板关系不好（21.6%）和找到了更有前途的工作（20.3%）。"原来的工作太累"(8.1%)和"被原来的单位解雇"(5.4%)是第四、第五位的原因。

从表8可以看出,农民工更换工作主要借助的是社会关系——亲戚、老乡、朋友、社会上认识的人,其他手段的作用相对较小。

表8 第一次换工作的方式

方式	频数	百分比(%)
原单位或原单位同事介绍	2	2.2
自己通过城里劳动力市场	8	9.0
到用人单位自荐	1	1.1
家里人帮助找	2	2.2
社会上认识的人介绍的	11	12.4
通过老乡	43	48.3
通过其他朋友介绍	10	11.2
通过亲戚介绍	8	9.0
通过广告	1	1.1
其他	3	3.4
总计	89	100.0

(4)首次更换城市的原因

样本中有93人回答他们除在北京市工作过外,还在其他城市居住过,这就意味着他们更换过居住城市。在对"更换居住城市的原因"的回答中,"原来城市挣钱太少"被排在第一位(58.1%),其次是"在原来的城市受人欺负"(17.2%),"原来的城市机会太少"(6.5%)和"在原来的城市住不惯"(5.4%)排在第三和第四位,另有11.8%的人选择了"其他"。

5.进入本市后的第一份工作

在样本中,现在的工作就是进入本市后的第一份工作的人占绝对多数,比例为63.5%。

为什么选择到本市工作,原因比较分散,参见表9。占优势的原因是社会关系优势,家庭其他成员、亲戚、村里的熟人等在此居住或打工。

表9　到本市工作的原因

原因	频数	百分比（%）
因为家里已经有人在这里打工	10	5.0
因为有亲戚在这里打工	19	9.4
因为有村里的熟人在这里打工	22	10.9
因为这个地方有人来招工	7	3.6
因为家里有人在这里住	1	0.5
因为家里有亲戚在这里住	4	2.0
因为在民大有亲戚朋友	5	2.5
在这里打工的朋友回来找到我	22	10.9
别人说这里好找工作	95	47.0
从广播电视里听说这里挣钱容易	5	2.5
其　　他	12	5.9
总　　计	202	100.0

（1）在本市的第一份工作是如何找到的

社会关系，特别是以血缘、亲缘、地缘为纽带的社会关系，不仅是少数民族流动人口进入本市的主要原因，同时也是他们寻找工作的主要渠道，参见表10。

表10　找到第一份工作的方式

方式	频数	百分比（%）
原单位介绍	5	2.6
自己通过城里劳动力市场	7	3.6
到用人单位自荐	4	2.1
家里人帮助找	4	2.1
社会上认识的人介绍的	30	15.5
通过老乡	67	34.5
通过其他朋友介绍	22	11.3
通过亲戚介绍	28	14.3
通过本民族的人介绍	13	6.7
其　　他	14	7.2
总　　计	194	100.0

到本市后，样本平均花费41.89天找到第一份工作，最长的半年以上，最短的到达后马上工作，具体情况（个案数：153人）为："0～7天"的占47.7%，"8～

30 天"的占 13.1%,"31 ～ 90 天"的占 17.6%,"91 ～ 180 天"的占 11.1%,"181
天以上"的占 4.6%,"其他"的占 5.9%。

（2）到本市后第一个工作单位的性质

样本中,到本市后第一个工作单位属于个体性质的占绝大多数,比例为
70.9%,具体分布情况如表 11 所示。

表 11 第一个工作单位的所有制性质

单位性质	频数	百分比（%）
国有企业（事业）单位	3	1.6
集体企业（事业）单位	1	0.5
合资企业	1	0.5
外商融资企业	2	1.1
股份合作制企业	2	1.1
私营企业	12	6.5
个体	144	78.3
其他	10	5.4
不知道	9	4.9
总计	184	100.0

（3）工作职务

表 12 是样本到本市后第一份工作的职位构成情况。显然,从事服务工作的人
占主体。

表 12 本市第一份工作的职务类别

职务类别	频数	百分比（%）
管理人员	15	7.9
办公室人员	2	1.1
工人	6	3.2
服务人员	108	57.1
营销人员	11	5.8
自我雇佣者	7	3.7
街头小贩	16	8.5
其他	24	12.7
总计	189	100.0

（4）工作类别

样本的就业大部分是临时的形式，其第一份工作属于临时工的占 54.2%；其次是固定工，占 15.8%；合同工占 14.1%，平均合同年限为 2.9 年。

（5）收入

样本到本市后第一份工作的月平均收入为 2322.73 元，明显高于一般外来农村劳动力的平均收入，也高于本地职工的平均收入。为什么会这样？一个决定性的因素是样本中包含着 32 个企业主。因此，这里的月收入不只是月工资收入，即劳动收入，而且包含着经营收入，即资本收入。

6. 最近一次更换工作的原因

对于那些流动过的被访者，我们在问卷中询问了他们最近这次更换工作单位的原因，有 81 个人作了回答，具体情况参见表 13。

表 13　最近一次更换工作单位的原因

原因类别	频数	百分比（%）
为了更高的报酬	38	27.0
为了更好的工作条件	30	21.3
被上一个单位辞退	2	1.4
为和配偶在同一个城市	3	2.1
其他	8	5.7
总计	81	100.0

7. 是否打算更换现在的工作

除 27 个调查对象没有回答外，样本中明确表示没有考虑过更换目前工作岗位的人占绝对多数，为样本的 71.9%。

四、经营、收入和生活情况

在"新疆村"内，外来少数民族人口主要从事的是餐饮业工作。在样本中有 32 位经营餐饮业的业主，20 世纪 80 年代就开始在村内经营的有 5 户，占业主总数的 15.6%，其中最早在此经营的有 1 户，开始的时间是 1980 年，其余业主均是 20 世纪 90 年代开始经营餐馆生意的，其中 1990～1995 年开业的有 9 户，

1996～2000 年开业的有 18 户，后 5 年是前 5 年的两倍。这说明，"新疆村"的餐饮业如果没有外来强制性政策影响的话，会得到进一步发展。

1. 经营

（1）经营决策

对于"当初谁跟您提起北京的生意好做"这一问题，样本认为对自己下决心影响最大的人是老乡，参见表 14。

（2）投资来源

样本来到北京的时候平均携带人民币 3000 元，最多的 4 万元，最少的 0 元。业主的初始投资主要依靠向朋友借钱，见表 15。

表 14　对下决心影响最大的人

	频数	百分比（%）
是自己跑来的，没有人提起	29	24.6
家里人（亲属）	3	2.5
亲戚	18	15.3
老乡	54	45.8
外乡的朋友	9	7.6
其他	5	4.2
总计	118	100.0

表 15　投资资金来源

	频数	百分比（%）
全部是自己的积蓄	34	24.3
向朋友借无息款项	70	50.0
向朋友借有息款项	3	2.1
向银行贷款	11	7.9
向同族人借款	22	15.7
总计	140	100.0

（3）合作者和雇佣工人

样本业主固定生意伙伴平均为 4.54 人，其中同村 0.73 人，同乡 0.76 人，同县 0.97 人，同省 1.21 人，省外 0.77 人，同族 0.96 人，北京的生意伙伴仅 0.22 人。

样本业主平均雇佣工人 4.45 个，其中亲戚 0.67 人，同村 0.46 人，同乡（镇）0.50 人，同县（市）0.79 人，同省 0.88 人，外省 1.00 人，同族 1.26 人。

（4）具体经营情况

2000 年 11 月，样本业主的具体经营情况如表 16 所示。

表 16　资金流动情况

项目	平均值
11 月份实际支付（工人或服务员）的工资	2682.05 元
11 月份店铺的总租金	9674.07 元
营业总额	31283.33 元
利润率为	51.50%
11 月份您所交税收、工商管理费（仅此两项）	3260 元
11 月份餐馆纯收入	34495.45 元
现在借给别人的钱	5797.12 元
每月利息收入	1046.57 元

（5）对目前经营状况的满意程度

表 17 是样本对"您对现在的经营状况满意吗"这一问题的回答情况，满意的比不满意的多 12 个百分点。

表 17　对经营状况的满意程度

态度	频数	百分比（%）
十分满意	17	9.1
比较满意	54	29.0
一般	66	35.5
比较不满	23	12.4
十分满意	26	14.0
总计	186	100.0

2. 收入和生活

（1）工作与收入

样本平均每周工作 6.69 天，这就意味着几乎没有休息的时间。不仅如此，每天工作的时间也很长，平均 10.17 小时。平均月收入 1964.91 元。样本中已婚者配偶与本人同在一个城市的占 49.4%，平均有子女 1.95 个，其中有 58 人的子女在京上学，平均每户 0.45 个。1999 年，样本中有 58 人得到父母给的钱，平均 450 元，其中最多的 1 万元；得到子女钱的有 46 人，平均 478.26 元，其中最多的也是 1 万元。

（2）住房

样本居住的房屋使用面积平均 18.43 平方米。样本中有自购房的仅 8 户，购房款平均 23666.67 元。其余大部分人租房而居，每月房租平均 667.3 元。得到住房的具体方式如表 18 所示。样本中有 62 户除家庭成员外，同住的还有雇工、亲戚、朋友、同族的其他人，平均每户分别为 0.84 人、1.77 人、0.21 人和 0.11 人。

表 18　住房来源

来源	频数	百分比（%）
向当地居民租的	95	46.8
自己在当地买的房	8	3.9
租住旅店	3	1.5
住在亲戚家里	18	8.9
向朋友借的房	17	8.4
其他	31	15.3
missing	31	15.3
总计	203	100.0

（3）支出

样本认为，在北京市生活，平均每月需要基本生活费 1036.38 元（130 个个案），然而样本目前平均每月的家庭总开支是 1564.29 元（42 个个案），表 19 是开支细目。需要说明的是，细目中各项目的均值是依据填答者人数计算的，而不是根据样本总个案数计算的，因此我们把每一项应答人数给出。另外，月支出各项目加总后的月支出显然大大超过了上述家庭月平均总开支。为什么出现这种情况，需要我们进一步分析。

表 19　年和月支出

主要支出项目	平均金额（个案数）
1999 年给样本父母的钱（包括实物和现金）	3535.09 元（117）
1999 年给不与样本同住的子女的钱（包括实物和现金）	2136.93 元（57）
今年送礼费用	826.92 元（78）
为小孩入托和上学至今共交赞助费（不含正常学费）	1431.40 元（43）
1999 年捐助总费用	2586.72 元（61）
去年储蓄（指存入银行和家中，不含借入）	10516.28 元（86）
房租（若是买的房子，每月付贷款）	654.23 元（52）
食品	852.29 元（59）
水电、煤气和电话费	418.11 元（45）
交通费	468.75 元（64）
子女教育	305.96 元（47）
娱乐	601.34 元（56）
烟酒支出	491.52 元（66）
日用消费品支出（包括衣服和化妆品等）	492.19 元（73）
其他支出	348.13 元（48）

五、态度与行为

在设计问卷时，我们设计了有关平等、社会关系、对未来的预期等方面的问题，目的是了解被访者的主观感受和行为取向。

1. 对平等的看法

关于平等，我们设计了三个问题：

（1）对民族平等的看法

样本中认为民族之间"非常平等"的仅占 1.5%，认为"比较平等"的比例为 15.8%，认为"不太平等"的为 37.4%，认为"很不平等"的为 31.0%，另有13.3% 的人回答"不知道"。显然，认为民族之间没有受到平等对待的人比认为受到平等对待的人高出 4 倍，这是一个需要进一步研究的问题。

（2）对外来农民与本地人是否受到平等对待的看法

对这个问题的回答与对上一个问题的回答相差不多，认为不平等的人是认为平等的人的 4 倍。具体比例是：认为"非常平等"的为 1.0%，认为"比较平等"的为 13.8%，回答"不知道"的为 28.6%，认为"不太平等"的为 39.9%，认为"很不平等"的为 16.3%。

与上述评价相对应,在我们问到"外地人应该不应该与北京人受到同等对待"这一问题时,有 67.5% 的被访对象认为两者应该受到平等对待,有 25.1% 的人持相反意见。

(3) 行为层面的反映

尽管在抽象层面,调查对象认为农民工应该受到与城市居民同等的待遇,但在具体问题上有矛盾的看法,例如有 46.8% 的人同意"当城市就业状况不好时农民工应该回到农村"这一看法,不同意的人略少一些,比例为 45.8%。

样本中有 28.1% 的人与本地人发生过纠纷,68.5% 的人明确表示没有发生过纠纷。当发生纠纷时他们采取何种方法解决问题呢?参见表 20。

表 20 解决纠纷的方式

方式	是	否	未答	总计
向上级管理单位上告	30.0	17.7	52.2	100.0
组织或参加请愿	5.4	42.4	52.2	100.0
诉诸新闻舆论	2.0	45.8	52.2	100.0
虽然吃亏,但也只好忍了	13.8	34.0	52.2	100.0
找同族人报复	7.9	8.9	83.3	100.0

2. 社会关系

由前面的描述可知,在农村流动人口决定外出打工、寻找工作、更换居住城市时,社会网络总是起着十分重要的作用。到了城市并且在城市居住和工作了一段时间以后,他们的社会关系是否有所变化呢?由表 21 可以看出,确实有变化,"老乡"的作用在降低,"邻居"的关系在增强。从表 21 可以看出,在碰到经济困难时,以前的同事、邻居、亲戚是主要的求助对象;而在碰到情感问题时,主要的求助对象为邻居、朋友、亲戚。上述这种差别是很有意思的。

表 21　碰到困难向谁求助（%）

求助对象	经济困难	情感问题
亲戚	20.7	12.3
单位	5.4	1.5
以前的同事	33.0	0.5
老乡	1.5	3.9
邻居	32.0	61.6
朋友	3.0	18.7
missing	1.0	1.5
总计	100.0（203）	100.0（203）

3. 对未来的预期

表 22 从不同的层面探讨了样本对未来的预期，从中不难看出，尽管外来人口对自己的城市居民身份很少认同，但在北京继续发展的愿望还是十分强烈的。应当指出的是，在返回家乡和留在北京的可能性上，大多数人"说不清"。弄清"说不清"的具体含义和是什么原因导致这种"说不清"的状态，是十分重要的，本研究将就此进行进一步分析。

在具体层面，样本对未来的预期怎样呢？被调查者中有 26.1% 人打算购买北京户口，不打算购买的占 67%，还有 6.9% 的人没有明确表态。表示会长期留在本市的人占到样本总数的 47.3%，与否定答案所占比例相同，有 5.4% 的人态度不明。有 93 个被调查者对"打算继续在本市待多久"这一问题给予了明确的回答，平均时间为 32 个月，即近 3 年的时间，具体情况如表 23 所示。

表 23　打算继续居住的时间

停留时间	频数	百分比（%）
0 ~ 12 个月	45	48.4
13 ~ 24 个月	10	10.8
25 ~ 36 个月	11	11.8
37 ~ 48 个月	5	5.4
49 个月及以上	22	23.7
总　计	93	100.0

4．与家乡的联系

（1）承包土地由谁耕种

在样本中有 126 人涉及承包土地的问题。外出之前，他们的家庭平均承包土地 10.9 亩，外出后，所承包的土地主要由父母耕种，具体情况见表 24。

表 24 承包的土地主要由谁耕种

耕种者	频数	百分比（%）
父母	91	72.2
妻子（丈夫）	5	4.0
兄弟姐妹	8	6.3
亲戚	12	9.5
交回集体	2	1.6
转包给本村人	1	0.8
被占用	2	1.6
雇别人种	3	2.4
其他	2	1.6
总计	126	100.0

（2）家乡的住房

样本中的绝大多数人在家乡都有房子（89.2%），没有房子的只占 4.9%，另有 9 人未作回答。外出之后，这些房子主要由家里其他人居住（67.4%），其次是由亲戚住（24.7%），出租的只占 4.5%，另外还有 2.8% 的暂时没有人住。在没有房子的 10 个人中，有 4 个人已经把房子卖掉了，有 3 个人的已经损坏了，其他情况的也有 3 人。

（3）与家乡的经济往来

样本中有 64.5% 的人给家里人寄过钱，平均寄钱 6330.97 元；没有寄过钱的比例是 33%。外出后收到过家里汇款的占样本总数的 7.5%，平均金额为 2603.85 元。由此可以看出，样本与家乡的经济联系仍然是密切的，外出打工的收入对于家庭经济具有重要意义。

5．对居住地的评价

（1）就业市场

样本中 52.2% 的人认为现在比两年前更难找到工作，持反对意见的占 33%（另有 14.8% 的人没有表态）。关于导致就业困难的原因，23.1% 的人认为是"政府对民工的歧视政策"，50.5% 的人认为是"有太多的下岗工人，竞争不过"，还有 26.4% 的人认为是"其他"的原因。

对于"国有企业大量工人下岗是因为有太多农民工在城市工作"的说法，样本中持赞同态度的占 12.8%，不赞同的占 79.8%，不发表意见的为 7.4%。

（2）在"新疆村"生活的感受

对在"新疆村"的生活，样本中只有 3% 的人感到"很满意"，感到"一般满意"的占 32%。感到"不满意"的为 23.2%，"很不满意"的为 14.8%，另有 3% 的人没有表态。而主要不满意的地方依次是：治安、拥挤、没有稳定感和受歧视。

尽管对于治安满意度最低，但遭到过抢劫或殴打事件的在样本中只有 5 人，占 2.5%，其中 3 人遭到 2 次以上。为什么外来人口在北京的安全感这么差，是一个需要继续深入分析的问题。

北京穆斯林社区的历史形成

敏俊卿[*]

一、北京伊斯兰教的传入与最早的穆斯林社区

伊斯兰教传入北京的时间没有明确的史料记载，大多以牛街礼拜寺的建成年代为起点。据传，960 年，有一位名叫革哇默丁的著名伊斯兰教"筛海"（意为"老者""长老"，是伊斯兰教对德高望重、知识渊博的宗教学者的称谓），从遥远的西域来到北京传播伊斯兰教。筛海生有三子，均信仰笃定，才华横溢，深得当朝皇帝赏识，欲赐予他们官爵，但被婉言谢绝。他们潜心于宗教，呈请皇帝颁建清真寺，获得准承。996 年，辽圣宗统和十四年，即北宋太宗至道二年，闻名于世的牛街礼拜寺在北京建成，初具规模，奠定了今天牛街礼拜寺建筑群落的基础。北京伊斯兰教至此开始了新的发展，这也反映出北京地区最早的穆斯林社区开始形成。

从穆斯林社区形成的传统看，一方面，牛街礼拜寺的修建是为满足当地穆斯林的宗教需求，说明当时在牛街地区已经形成了一定规模的穆斯林社区；另一方面，随着牛街礼拜寺的建成，不断有新的穆斯林来到牛街地区居住，扩大了牛街穆斯林社区的人口和规模。

二、元大都的回回人与穆斯林社区

13 世纪初期，一代天骄成吉思汗在蒙古草原迅速崛起，统一了蒙古族各部落，

---

* 敏俊卿，回族，中国伊斯兰教协会《中国穆斯林》杂志编辑。

从此，蒙古人以征服者的姿态登上了世界的舞台。1219年，成吉思汗以攻打中亚西部的花剌子模国为开端，拉开了他及其后裔率领蒙古大军对中亚、西亚和东欧广大地区发动大规模军事征战的序幕。蒙古人先后发动的大规模西征有5次，即成吉思汗西征（1219—1223）、哲别和速不台西征（1220—1224）、绰尔马罕和拜住西征（1230—1245）、拔都西征（1236—1242）和旭烈兀西征（1253—1260）。经过蒙古军队半个世纪的西征，中亚、西亚广袤土地上的伊斯兰各国先后被其攻破。蒙古人在此基础上先后建立起了横跨欧亚两大洲的蒙元大帝国和四大汗国——金帐汗国（又称钦察汗国）、窝阔台汗国、察合台汗国和伊利汗国。其版图东临太平洋，西至俄罗斯平原，北起西伯利亚北极圈，南到波斯湾，这是人类历史上疆域最辽阔的大帝国。1271年，元世祖忽必烈建立元朝，改国号为大元，定都大都（今北京市）。

蒙古西征掀起了人类历史上草原游牧民族与农耕民族大迁徙和大融合的浪潮，长期中断的丝绸之路得以复兴，东西方交通网络高度发达，商业盛极一时，政治、经济、文化之间的交流空前繁荣，亚洲成为当时世界政治舞台的中心和各个民族交往荟萃、多元文明相互碰撞的交汇地。大批的回回人在征战中签发东来，阿拉伯地区的天文、数学、医药、建筑、艺术等领域的成果随之传入中国；中国的历史、算术、制图、医学和艺术等方面的成就，也通过阿拉伯人更加广泛地传播到西方，形成了《明史·西域传》所言的"元时回回遍天下"的历史盛景。《世界征服者史》这样记载："但在今天，许多真主的信徒已朝那边迈步，抵达极遥远的东方国家，定居下来，在那里成家，以至多不胜数。"[①] 据称，这批回回人有几十万人之多。中国伊斯兰教的传播与发展进入了第一个最为重要的历史发展时期。余振贵认为，元代在中国的穆斯林人数估计约有百万以上，遍布全国各地，并已形成中国穆斯林"大分散，小聚居"的分布格局与特征。"在元代，北京是多种来源的穆斯林的云集、落籍或中转之地"。

因回回人参与蒙古人统一全国的战争而取得卓越功勋，再加上蒙古人出于利用回回人牵制汉人和南人的政治考量，回回人在元代的民族等级中享有仅次于蒙古人的地位，在政府的任职序列中亦是如此。至元二年（1265年）二月，忽必烈诏命："以蒙古人充各路达鲁花赤，汉人充总管，回回人充同知，永为定制。"这为回回人在元代政治舞台上大显身手创造了条件，从此，在元大都的朝堂上相继活跃着一批

---

① （伊朗）费志妮著，何高济译：《世界征服者史》，内蒙古人民出版社，1980年，第12页。

回回人的达官显贵。花剌子模人牙老瓦赤任统辖中原汉地的燕京行尚书省事，为大断事官；奥都剌合蛮扑买中原课税，任提领诸路课税所官；赛典赤父子、阿合马、哈散、倒剌沙、乌伯都剌，均位至丞相、平章，成为元廷重臣。而在中央各衙门及地方政府中担任要职的回回人则更多。据《元史·宰相表》和《新元史·宰相年表》记载，回回人在元朝朝廷中担任过右丞相（正一品）的有1人，左丞相（正一品）的有3人，平章政事（从一品）的有11人，右丞（正二品）的有1人，参知政事（从二品）的有1人。按元朝定制，回回人可充任各路同知、达鲁花赤。世祖至文宗时期的21任达鲁花赤中，有回回5人；所属录事司和各县达鲁花赤中，回回人居1/3。同时，来自中东和中亚的大批优秀科技、经济人才也受到元朝政府的重用，成为元代的重要建设者，伟大的建筑家也黑迭儿丁便是其中的杰出代表。也黑迭儿丁不仅奏请修建了北京的琼华岛（今北海公园的前身），而且担纲元大都（今北京城）宫殿和宫城的设计与工程组织。

13世纪意大利著名的旅行家马可·波罗在《马可·波罗游记》中称，全国共有驿邸逾万所，以元大都为中心，全国的驿站"星罗棋布，脉络相通"。元人感叹："四海为家……适千里者，如在户庭，之万里者，如出邻家。"在这星罗棋布、四通八达的交通网络中，到处都有回回人活跃的身影，其中"回回人户在大都即近3000户"。如按每户5口人计算，其时，元大都的回回人就已经超过了1万人。这部分回回人在元大都的政治、经济、军事、科技和手工业中扮演了重要的角色。随着穆斯林人口的急剧增多，北京牛街的穆斯林社区的规模再次扩大，并必然新增一些穆斯林社区。

蒙古人专擅游牧，不擅营利，而回回人擅长经商，为蒙古贵族谋利。因此，蒙古对回回人的商业行为实行优惠政策，激发了回回人的商业智慧。许有壬《西域使者哈只哈心碑》载："我元始征西北诸国，而西域最先内附，故其国人柄用尤多。大贾擅水陆利，天下名城巨邑，必居其津要，专其膏腴。"从孛儿只斤·窝阔台大汗时期开始，蒙古国的经济主要依靠"色目人"来经营。元世祖即位，为之经营财务的一般官吏以回回人居多，回回宰相阿合马就是其中的一个代表人物，是闻名全国的著名理财能手。

13世纪末元朝定都大都（今北京），开凿河道，贯通京杭大运河，也使伊斯兰教进入沿运河传播的新时期，在历史的发展中，运河沿岸因中外大批穆斯林商人的出现而兴建或重建起大量的清真寺和穆斯林社区。

元代，北京开凿了通惠河，作为京杭大运河的北京段。通惠河自昆明湖至积水潭，经中南海、崇文门外向东至杨闸村向东南折，至通州高丽庄入潞河（今北运河故道），长 82 公里。今天，北京部分清真寺的分布与历史上的通惠河形成紧密的关联，如昌平的西贯市清真寺、昆明湖边的安河桥清真寺、海淀的蓝靛厂清真寺、德胜桥清真寺、杨闸清真寺、管庄清真寺、通州清真寺等，清真寺的出现必然有穆斯林社区相对应。这些清真寺和穆斯林社区就是大运河开通后，在历史的发展中随着穆斯林人口在各段的落居而逐步出现和形成的。

三、明代京城穆斯林社区的涌现

在北京朝阳区最东部坐落着一个著名的回族聚居地——常营。史载这是明朝开国元勋、回回著名将领常遇春在推翻元朝的农民起义中，攻克元大都时，屯兵于此而建立的。常遇春的屯兵之地，以"营"字为名。因其军营内有回回兵，为满足他们的宗教生活需求，建起清真寺，日久便形成围寺而居的回回村落。

至正二十七年（1367 年）十月，常遇春等奉命开始了一生中辉煌的北伐之战，也是他人生的最后一次重大战役。朱元璋命徐达为征虏大将军，常遇春为征虏副将军，率 25 万大军出师北伐。其时，北方元朝的军事力量已经大大被削弱，徐达、常遇春出师 3 个多月，就顺利平定山东，继之取得塔尔湾大捷，占领河南和潼关，为攻取元大都奠定了基础。史载："既行，以遇春兼太子少保，从下山东诸郡，取汴梁，进攻河南。元兵五万陈洛水北。遇春单骑突其阵，敌二十余骑攒朔刺之。遇春一矢殪其前锋，大呼驰入，麾下壮士从之。敌大溃，追奔五十余里。降梁王阿鲁温，河南郡邑以次下。谒帝于汴梁，遂与大将军下河北诸郡。先驱取德州，将舟师并河而进，破元兵于河西务，克通州，遂入元都。"[①]

洪武元年（1368 年）闰七月，徐达、常遇春率马步舟师由临清沿运河北上，连下德州、通州。元顺帝孛儿只斤·妥懽帖睦尔闻讯携后妃、太子等逃奔元上都开平（今内蒙古正蓝旗东）。徐达、常遇春顺势攻取元大都，改为北平府。后率军平定山西。洪武二年（1369 年）三月，明军主力正在陕西、山西一带，元顺帝伺机命丞相也速反扑北平，兵锋抵达通州。常遇春奉命与李文忠率步卒 8 万、骑士 1 万驰救，大获全胜。

---

① （清）张廷玉等：《明史·列传第十三徐达、常遇春》。

据载，回回将领常遇春挥师北伐元大都的两次军事行动中，曾在北京城东部的常营域内屯兵扎营。他所率的军队中有一支是回民军队，后长期驻扎于此，并形成村落。因村民多系常氏后人，故称"常家营子"，后称"常营""长营"。据《康熙通州志》记载，徐达、常遇春等筑台驻军于通州，距城 30 里为营。常营距京城朝阳门、东直门约 25 里。可见，常遇春当时屯兵扎营的地方就是常营。除常营之外，当时常遇春的回回军队还分别驻扎于京郊不同的地方，如今天顺义区的回民营，大兴区的薛营等，相传都是因常遇春的屯兵营地而得名，后回回军队长期驻扎，自成回族村落，繁衍至今。北京有学者还认为，"西城区花市清真寺相传为常遇春的官邸改建；昌平区城关清真寺为常遇春北征途中驻军时所建"。[①]

入明以后，从西域察合台汗国、伊利汗国、帖木儿汗国以及吐鲁番、哈密等地区不断有回回人移居内地，继续充实了回回人的数量。据《明实录》记载，从洪武元年至成化年间（1368—1487），东迁回回人多达 70 余批。明代，也是一个回族人口频繁迁徙的时代。作为首都的京城，在回族的移民浪潮中，在元代大量回回人落居的基础上，再次移入了大批来自祖国各地的回族人，成为回族分布较多的地区，不仅修建和重建了一批清真寺，而且涌现出了数个穆斯林聚居街坊和胡同。《冈志》记载："今燕都之回回，多自江南、山东二省分派来者，何也？由燕王之国护围（卫）军僚多二处人故也。教人哭父曰：'我的达'，其亦山东之俗也。"[②]据邱树森的《中国回族史》记载"明中叶后，北京城内及附近地区因此形成了一些较大的回回聚居区"，"由于入附北京及其附近地区的回回人很多，因此不得不大量修建清真寺"。[③]牛街礼拜寺《敕赐礼拜寺记》称："成化十年（1474 年）春，都指挥詹昇题请名号，奉圣旨曰'礼拜寺'。"同时奉敕赐名的清真寺还有"清真""普寿""法明"三寺，和"礼拜寺"合称"四大官寺"。所谓"礼拜寺"即牛街礼拜寺，"清真"即东四牌楼清真寺，"普寿"即阜成门内锦什坊普寿寺，"法明"即安定门内二条法明寺。明嘉靖三十九年（1556 年）成书的《京师五城坊巷胡同集》记述，当时与回回有关的地名还有西城阜财坊的白回回胡同、河漕西坊的回回厂、北城发祥坊的三保老爹胡同（因郑和居住而得名）、金城坊的礼拜寺（锦什坊街清真寺）和南城白纸坊礼拜寺（牛街礼拜寺）。

---

① 彭年：《浅说北京的伊斯兰教》，载《回族研究》，2001 年第 2 期。

② 北京市政协文史资料研究委员会：《北京牛街志书——冈志》，燕山出版社，1991 年，第 92 页。

③ 邱树森：《中国回族史》（上册），宁夏人民出版社，1996 年，第 389～390 页。

所谓官寺，李兴华先生认为，是指拥有礼部所发札副、冠带，从而掌教者冠带荣身，主持是寺，以领众焚修、祝延圣寿，享有一切差徭概在蠲免之列特权的清真寺。其中一部分系奉敕修建重修或由皇上题名。[①]北京四大官寺均系由皇帝题名。当时，在江苏、陕西、河北、安徽等地皆有清真寺为官寺的情形，但是一座城市同时拥有 4 座由皇帝题名的清真官寺，全国唯有北京一例。当时，曾游历中国的中亚穆斯林学者阿里·阿克巴尔在其著作《中国纪行》一书中记述了北京清真官寺和各地敕赐清真寺的情况："中国皇帝在汗八里（北京）为穆斯林建造了四座清真寺。中国境内共有九十座清真寺，都是政府为穆斯林建造的。各个部落都有自己的标帜和政府设立的礼拜处所。""有许多穆斯林得到中国皇帝的许可，永久居住在那里。仅仅巩昌府，据说就有三万定居的穆斯林"。[②]此外，明代在北京还修建了花市清真寺、教子胡同新礼拜寺、筶帚胡同礼拜寺、三里河清真永寿寺和海淀蓝靛厂清真寺。[③]相应地，穆斯林社区新建或扩大。

四、清代伊斯兰教政策与穆斯林社区

清代，由于内地回、东乡、撒拉、保安等穆斯林民族已经形成，新疆维吾尔、哈萨克、柯尔克孜等民族也完成了伊斯兰化进程，所以，伊斯兰教与各穆斯林民族的关系更加紧密。穆斯林人口不断增多，其教义思想、礼仪制度和宗教组织表现出更强的地方性和民族性特质。

在清朝前期，即从 1644 年清朝建立到乾隆四十六年（1781 年），历经顺治、康熙、雍正三世及乾隆前期，在这 100 多年里，国家统一，边疆巩固，生产发展。清廷在这一时期处理诸多民族宗教问题时，其宗教政策可以概括为"钦崇佛教、总持道法""崇儒重道""儒释道三教并垂"[④]，而对伊斯兰教确立了"齐其政而不易其俗"的政策。清政府对各族穆斯林的伊斯兰教信仰给予尊重和保护，多次驳回朝臣严禁伊斯兰教的奏疏。雍正二年（1724 年）九月，山东巡抚陈世倌上疏言："如回教，不敬天地，不祀神祇，另立宗主，自为岁年，党羽众盛，济恶害民，请概令出

---

① 李兴华：《北京伊斯兰教研究》，载《回族研究》，2004 年第 1 期。

② 阿里·阿克巴尔著，张至善等译：《中国纪行》，生活·读书·新知三联书店，1988 年，第 46 页。

③ 余振贵：《中国历代政权与伊斯兰教》，宁夏人民出版社，1996 年，第 128 页。

④ 李兴华：《清政府对伊斯兰教（回教）的政策》，载宁夏哲学社会科学研究所：《清代中国伊斯兰教论集》，宁夏人民出版社，1981 年，第 1～2 页。

教，毁其礼拜寺。"① 雍正见奏当即传谕："彼之礼拜寺、回回堂，亦惟彼教中敬奉而已，何能惑众？朕令汝等禁新奇眩幻骇人之事。如僧、道、回回、喇嘛等，其来已久，今无故欲一时改革禁除，不但不能，徒滋纷扰，有是治理乎？"② 在这种背景下，伊斯兰教得到进一步传播和发展。雍正七年（1729年）三月，陕西总督岳钟琪上奏称："查编户之中，有回民一种，其寺皆名礼拜，其人自号教门，饮食衣冠，异于常俗，所到之处，不约而同，其习尚强梁，好为斗狠，往往一呼百应，声息相关，直省皆然，秦中尤甚。"雍正皇帝遂于同年四月初七日下谕内阁："直省各处皆有回民居住，由来已久。其人既为国家之编氓，即俱为国家赤子，原不容以异视之也。数年来屡有人具折密奏'回民自为一教，异言异服，且强悍刁顽，肆为不法，请严加惩治约束'等语。朕思回民之有教，乃其先代留遗，家风土俗，亦犹中国人之籍贯不同，嗜好方言亦遂各异。是以回民有礼拜寺之名，有衣服文字之别，要亦从俗从宜各安其习"；"且朝廷一视同仁，回民中拜官受爵、荐登显秩者尝不乏人，则其勉修善行守法奉公以为良民者，亦回民之本心也"③ 等。无不显示了雍正皇帝对伊斯兰教的宽容和保护。

乾隆时期，为安抚归附的维吾尔族首领，清政府召他们及其家眷来京居住，封官授爵。和卓家族的后裔香妃就在这支进京的队伍中。他们到京后，清政府为他们赐居邸舍，授封官职，香妃的叔叔额色伊被封为辅国公，她的哥哥图尔都和表兄玛木特被封为一等台吉。另外一些部族首领也被封贝勒、台吉等号。乾隆二十八年（1763年），维吾尔族伯克霍集斯、霍什克等来京。清政府对两位伯克赐居邸舍，授封官职。对其余留住京城的人则"编设佐领"，于长安门西建回子营，修清真寺，并立有石碑。清真寺大殿建筑颇具匠心，四面皆走廊，四周各有角亭一座，殿中央隆起形成亭子的样式，金顶火檐，高起云涌。其碧色的琉璃瓦和朱色的窗柱相映成趣，极为辉煌。大殿的周围种植了松柏、柳树等，每至夏季，绿色苍荫，幽静庄严。回子营建成后，兆惠又调来北京城内许多内附的维吾尔百姓，让他们居住在长安门西，在职位、职业及旅行方面享受与当地人民相同的待遇。这里逐渐成为维吾尔族穆斯林在北京生活的社区。清真寺建成后，在这里聚集礼拜的维吾尔族穆斯林，无不欢欣鼓舞。那些入朝觐见的新疆伯克们也均愿意在这里做礼拜，交口称赞

---

① 《宫中档雍正朝奏折》第十二辑，第 900 页。
② 同上。
③ 《清世宗实录》卷八十。

这个清真寺在其故土上也未见过。《中国伊斯兰教——一个被忽视的问题》一书中还对乾隆皇帝御书的清真寺碑文内容记载道："我朝鉴于不同民族按自己不同的方式统治，因此我们始终一贯通过各自的宗教信仰彼此和睦相处。与此相适应，在我们的各种娱乐活动中，我们给你们保留表演走钢丝的游艺场所，在皇宫的宾客中，也有那些头缠白头巾人们的位置。这样，谁还能说不合适呢？"在碑记正文之后，乾隆皇帝以几行四言诗作为结束语："孰为天方？孰为天堂？花门秘刹（神秘的清真寺），依我宫门。厥城麦加，厥宗默克（穆罕默德）。派哈帕特（祖将经文授信徒），传依铁勒（并将经文传给教法官）。经藏三十，咨以阿浑（授命阿訇）……"①这些记载从一个侧面透露了清朝政府对宗教信仰宽容和对伊斯兰教怀柔的一面。

清朝后期，在北京城维吾尔街区生活的维吾尔族逐渐增多，并开始分散至城内其他地区定居。

同时，清政府对穆斯林上层人士进行拉拢网罗。清朝入关后，向全国广纳人才，不少回民通过科举考试成为清政府要员。如直隶河间府回民白惺涵，顺治六年（1649）进士及第，官至吏部郎中；江苏仁和县回民丁澎顺治十二年（1655年）进士及第，官至礼部郎中；溧阳回民马世俊，登顺治十八年（1661年）一甲一名进士，官至侍读学士。康熙对曾在广西任总兵的穆斯林官员马雄父子恩宠有加，给予高官厚禄。对投附于清朝的哈密阿奇木伯克穆罕默提夏和加的儿子额贝都拉授予一等扎萨克，编入旗队。这就是哈密回王的由来。清廷平定南疆后，允许白山、黑山两派信众照旧诵经礼拜；服饰、发型除四品以上伯克可留发辫外，其余维吾尔族穆斯林均沿旧俗；伊斯兰教历法依旧沿用；和卓的麻扎受到保护；原有伯克官制保留……

在相对宽松的伊斯兰教政策背景下，北京伊斯兰教和穆斯林获得稳定的发展，北京的牛街礼拜寺、花市清真寺、三里河清真寺、常营清真寺等在清初都得以翻修和扩建，北京的穆斯林社区也基本定型，并平稳发展。

① 余振贵：《中国历代政权与伊斯兰教》，宁夏人民出版社，1996年，第178页。

北京的清真饮食文化

徐　燕*

目前，学界对清真饮食文化的研究涉及食材、制作方法、饮食禁忌、饮食礼仪、食客关系等诸多方面，几乎达到了"凡所应有，无所不有"的程度，本文不可能一一涵盖，因此，只选择其中的一部分作为文化质点来加以分析研究——重点通过对北京清真饮食的历史及发展现状进行梳理，对不同的清真饮食消费者访谈资料进行解读，指出，北京的清真饮食本身能够提供的，除了味觉享受之外，还有浓厚的味觉记忆与历史情怀。但饮食文化本身会随着场景和赋意的变化而变化，不同身份、角色的人出于不同的原因，或许会有相同的食物选择，因此，食物及其附带的饮食行为并不能作为一个特定的外显标志，用以界定"我族"与"他族"。

一、何为"清真饮食"

"清真饮食"，指符合伊斯兰教教义、符合信仰伊斯兰教少数民族的风俗习惯，并按这种教义和风俗习惯进行生产、加工、经营的食品。[①] 其实，"清真饮食"这一叫法并非阿拉伯语的音译，也非伊斯兰教传入伊始就有，而是中国文化与伊斯兰教教义长期融合的结果，是中国特有的。阿拉伯语中则把伊斯兰教食品称为"哈俩（HALALI）"，该词借鉴于犹太教的 Kosher[②] 一词，意为"合法的"，意指符合伊斯兰教教法的食品。

---

* 徐燕，藏族，中央民族大学民族学与社会学学院 2014 级硕士研究生。

① 周瑞海：《清真食品管理概述》，民族出版社，2005 年，第 1 ～ 5 页。

② Kosher 是希伯来语，意为适合的、可以接受的。按照犹太教教规来说，指的是在饮食上"符合教规、清洁可食"。

公元 6 世纪，南朝刘义庆的《世说新语》中最早出现了"清真"一词——"清真寡欲，万物不能移也"。[①] 这以后，直至清朝，"清真"一词频频出现在文人墨客的诗词歌赋中，用以表示"纯真雅洁、朴素自然"之意。例如，唐代李白《五古·避地司空原言怀》中有"所愿得此道，终然保清真"的佳句，用以表达自己素朴淡泊的尚"清"理想；宋代陆游《园中赏梅》中有"阅尽千葩百卉春，此花风味独清真"的吟诵，用以赞美梅花纯洁质朴的品格；清朝薛雪的《一瓢诗话》中有"文贵清真，诗贵平淡"之句，用以表明文章贵在真实自然……自元代起，中国的伊斯兰教学者及宗教职业者渐渐使用"清""真""净"等字来形容礼拜寺。[②] 明洪武元年（1368年），"清真"被作为一个词，用以表示与伊斯兰教有关的事物。[③] 明末清初的伊斯兰教汉学家王岱舆更是在其《正教真诠·清真大学·希真正答》中用"纯洁无染之谓清，诚一不二之谓真"[④] 的说法，对"清真"一词进行了纯伊斯兰式的阐释。随后，诸多的伊斯兰教学者纷纷在"清真"一词的原有词义基础上，对其进行伊斯兰化的阐释，使其成为中国穆斯林的一个专用术语。据此，在中国，人们将符合伊斯兰教教义、符合信仰伊斯兰教少数民族的风俗习惯，并按这种教义和风俗习惯进行生产、加工、经营的食品称为"清真饮食"。中国的清真饮食，在具备阿拉伯—伊斯兰饮食文化标准应有因素的同时，也在烹饪技术等方面参照并吸收华夏饮食文化的经验，从而形成了兼有两种文化体系的独特饮食品种，其特点主要体现在严格的禁忌性、历史的悠久性、鲜明的地域性、品种的多样性和食用的广泛性等方面。

二、北京清真饮食的发展历史与现状

1. 历史脉络

通常意义上的"北京菜"实际上由山东菜、清真菜和宫廷官府菜三部分构成。清真菜作为北京菜中举足轻重的一部分，其历史非常悠久。本文对北京清真菜的历

---

① 该句用来称赞"竹林七贤"之一的阮咸为人清廉高洁。

② 如当时泉州将礼拜寺称为"清净寺"，杭州则称之为"真教寺"，南京称礼拜寺为"净觉寺"等。

③ 时年敕建金陵礼拜寺，御书《百字赞》曰："降邪归一，教名清真。穆罕默德，至贵圣人。"自此，"清真"一词便与伊斯兰教产生了联系。

④ （明）王岱舆著，余振贵等译注：《正教真诠·清真大学·希真正答》（白话译著），宁夏人民出版社，1999 年，第 6 页。

史发展脉络进行了大致梳理，如表1所示：

表 1　北京清真菜的历史发展脉络

唐代	唐永徽二年（651年），第一个阿拉伯使者会见唐高宗，打开双方互通有无的大门。此后，大批阿拉伯商人到中国经营各类生意，并带来了茴香、肉桂等香料，极大地丰富了中国烹饪"以味为核心"的内涵
北宋	沈括的《梦溪笔谈》①中首次出现"回回"一词，泛指信奉伊斯兰教的穆斯林
元朝	据胡振华主编的《中国回族》②一书介绍，这一时期，回回大量涌入北京，故后人有"元时回回遍天下"之说；至元年间出版的《居家必用事类全集》③中有"清真菜"之记载；元代忽思慧所著的《饮膳正要》④中载有克儿匹剌、秃秃麻食等清真菜肴，但其烹饪方法较多地保留了西域特色；元末，大量的穆斯林聚居区形成，并出现了作为单一民族共同体的回族
明朝	北京清真饮食的专业厨行大约正式形成于明代。相传，永乐年间，人称"厨子梁"的梁姓回族厨师因厨艺精湛深得皇帝赏识，被赐为"大顺堂梁"，其门下弟子众多，⑤至今已历经20几代人，这些回族名厨为北京清真菜肴的发展做出了重要的贡献
清中后期	推行民族歧视和民族压迫政策，"以回制回""剿抚并施"，使得北京清真餐饮业的发展进入了前所未有的低迷期
清末民初	北京的政治、经济状况发生很大的变化，清真餐饮业有了很大发展，如著名的清真老字号"西来顺""鸿宾楼""东来顺"等都是这一时期兴办起来的。当时，清真饭庄分为东西两派，东派重传统，以白魁老号饭庄的烧全羊等为代表；西派重创新，吸取了南方菜肴的风味，以西来顺的清真小炒等为代表
民国时期	1928年，政治中心南移，经济一片萧条，北京的高档清真饭庄也日渐衰败，不过一些清真风味小吃店却得以幸免。此时，清真菜已经成为非常完善的餐饮风味，是京式菜系重要的一支
1952年	北京的高、中、低档清真餐饮店全面恢复到正常经营水平
1956年底	对清真小吃店进行调整改组，实行公私合营，最终合并为校场口小吃店、大栅栏小吃店、南来顺小吃店等17个规模较大的清真小吃店
1958年	受"左"的思想影响，北京市的清真餐饮店有的被迫更改名称，⑥有的被拆除。一些单位合并了回汉食堂，甚至将回族厨师调去做汉族饭菜，从而导致北京市的清真网点大大减少，供应能力严重不足

---

① 参考（宋）沈括著，侯真平校：《梦溪笔谈》，岳麓书社，2002年。

② 参考胡振华：《中国回族》，宁夏人民出版社，1993年。

③ 参考（元）无名氏编，邱庞同译注：《居家必用事类全集》，中国商业出版社，1986年。

④ 参考（元）忽思慧著，刘正书校：《饮膳正要》，人民卫生出版社，1986年。

⑤ 如阜成门外的"厨子魏"、德胜门外的"厨子金"、崇文门的"厨子鲍"、朝阳门的"厨子黑"等均为其门下弟子。

⑥ 如清真老字号"东来顺"被迫改名为"民族饭庄"。

续表

1961 年	中央全面纠正"左"的错误，北京市为解决清真网点供应能力严重不足的问题，采取措施增加网点，使得全市的清真餐饮网点有一定程度的恢复
1962 年	北京市政府根据全国民族工作会议精神，注重民族特点和民族差别，强调民族政策的贯彻执行，陆续恢复了一些清真网点，停止让回族厨师做汉族饭菜
"文革"期间	清真餐饮店被指责为"为资本主义老爷服务"，北京市的清真餐饮店或被关停，或被要求减少风味菜肴，从而导致全市清真餐饮业的发展再度遭受严重挫折
1978 年	十一届三中全会后，随着各项民族政策的恢复与落实，北京市的清真餐饮业也重新迎来了发展的春天
1991 年	北京市成立了全国首家专营清真肉食品的公司，该公司所拥有的现代化清真冷库达 1.5 万吨储量，保障了全市清真肉食品的供应
1992 年	"文革"期间遭到关停的清真老字号店均得以恢复。同时，北京市第一家专营清真肉食品的大型批发市场开业，这为北京清真餐饮业的发展提供了平台与契机
1993 年	北京市民委指出改革开放以来，全市清真饮副食网点增长了 4.06 倍，遍布 17 个区县，已形成产、供、销紧密结合的清真饮副食网络
1999 年	北京市第十一届人民代表大会常务委员会第六次会议通过《北京市少数民族权益保障条例》，并于 1999 年 1 月 1 日起施行，从而更好地保障了北京市清真饮副食品的供应

由表 1 可以看到，清真饮食在北京的发展经历了一个漫长而艰辛的过程。正是经过如此经年累月的发展，才逐渐形成了今日集质地脆嫩、口味醇厚、汁浓不腻、原汁原味等诸优点于一体的北京清真菜系。北京的清真菜以炸、熘、爆、炒、扒等烹饪技法为主，其食材的搭配和烹调方法的选择融为一体，其中誉满四海、名扬五湖的名菜有炸卷果、它似蜜、炒咯吱、烧四宝、鸡皮烧鱼肚、油爆肚领等。由于北京得天独厚的地缘优势，辽金以来就云集了天下各方各族人士。因而，多种饮食文化在北京都有所体现，而清真饮食又极善于博采众长，吸收其他风味菜肴的烹调技法。因此，为适应不同顾客的不同需求，北京的清真菜在传统清真菜的基础上兼收并蓄，融汇了九州各地不同风味菜肴之精华：从蕴含着西域风情的油炸馓子，到透露着游牧民族率真性格的涮羊肉，再到浸透着江南细腻温情的八宝莲子粥……可谓包罗万象；从讲究气势排场的全羊宴，到百吃不腻的锅贴羊杂，再到实惠经济的焦圈豆汁……可谓应有尽有，可以说，它照顾到了从朱门绣户到白屋寒门各阶层的问顾者，做到了丰俭由人、应付裕如。

2. 发展现状

据第六次全国人口普查的数据显示，北京市有清真饮食习惯的少数民族约 25.6

万人，主要分布在教子胡同、马甸、大兴、密云等 16 个区县。^① 作为中国的首都、政治中心、文化中心，每年有许多全国性的政治、经济、文化活动会在北京举办，这些活动都有力地促进了北京餐饮业的发展。而且，作为中国吸纳游客最多的旅游城市之一，北京的餐饮业也因旅游业而受惠。此外，随着中国国际地位的提高，北京作为我国的国际交往中心，设有越来越多的外国大使馆、跨国公司总部、分支机构或驻京办事处等。其中，以伊斯兰教为主要信仰的国家就多达 40 多个。这些国际交流和商务往来的不断升温，刺激着北京餐饮业的迅速发展，从而形成了非常可观的消费空间。仅《北京餐馆指南》^②《中国清真美食地图》^③《中华老字号》^④ 等书中收录的清真餐馆就多达 500 多家。其中，一些"老字号"的清真餐饮企业深受顾客的喜爱，如：

被誉为"京城清真餐饮第一楼"的鸿宾楼饭庄，创建于 1853 年，现有员工 100 多人，占地面积 2000 多平方米，共 3 层，16 个单间。菜肴多达数百种，其中颇具代表性的有"鸡茸鱼翅""浓汤鱼翅""砂锅羊头""白蹦鱼丁""红烧牛尾""玉米全烩""烤羊脊""烧蹄皇""扒驼掌"等。

极负盛誉的清真名店"东来顺"，最初由丁德山兄弟手推小车在北京第一批开辟的市场——东安市场北门摆摊叫卖豆汁、扒糕等清真小吃。后来，兄弟二人在一间小木棚内挂牌开店，取名"东来顺粥铺"，主要经营豆汁、馅饼、羊杂等小吃。1912 年，东安市场失火，木棚被焚。待到市场重建后，丁德山兄弟在原来的地方建了 3 间瓦房，重新开店经营，改招牌为"东来顺羊肉馆"，专营涮肉。20 世纪 20 年代，东来顺进行改革，不仅改善了涮羊肉的炊具，还主推"选料精、加工细、佐料全"的特色，从而成为北京城内首屈一指的涮羊肉名店。建店 100 多年来，东来顺接待了大批慕名而来的中外食客，如美国原国务卿亨利·阿尔弗雷德·基辛格等，都品尝过这里的美味。

创建于 1930 年的西来顺饭庄，被誉为西派清真菜的代表，主营清真炒菜，擅长熘、爆、炒、烧，以清淡、鲜嫩、质优著称。其创始人储祥，号称"清真第一灶"，不仅精于厨艺，还十分擅长创研新菜品，如"红烧鱼翅""锅塌香椿豆腐"等口碑菜就是他结合清真菜的食材与鲁菜的烹饪技法制作而成的。作为北京市旅游用

① 张卫：《北京：清真食品标识牌证更换新版年底前换发完成》，载《中国食品》，2015 年第 11 期。

② 参考大众点评网：《北京餐馆指南》，上海文化出版社，2005 年。

③ 参考文子：《中国清真美食地图》，新疆人民出版社，2010 年。

④ 参考徐文龙：《中华老字号》，中国轻工业出版社，1993 年。

餐的定点单位，该饭庄每年会接待成千上万的游客用餐，其招牌菜有"灯笼鸡""雀窝虾""马连良鸭子"等，其中"清真烤鸭""香辣鸡丁"曾在第五届世界烹饪大赛上获得金奖。2007 年，国家商务部重新认定西来顺为"中华老字号"。

同为清真老字号的"南来顺"，则以传统的清真面点、小吃而闻名。南来顺的清真小吃，不仅价廉物美，花样繁多，还充分突出了"讲究"的宗旨。这种讲究使其店内的清真小吃处处体现出一种"精"：原料精选，加工精细，外观精致，口味精到。如"清真爆肚"虽名为一类，实则会把牛羊的胃再细分成肚领、百叶、食信、肚板、散丹、蘑菇头等十几个品种，不同的品种会对应不同的刀工——寸段、薄片、骨牌块、韭菜丝等。只有依据顾客的点餐要求选择最合适的品种及刀工，才能真正做出符号顾客口味的佳品。正是因为南来顺对每一个环节都关注和"讲究"，才使得这里每天都宾客盈门，座无虚席。

"又一顺"是北京又一大著名清真餐饮店，创建于 1948 年，集东派的涮肉（以东来顺为代表）与西派的小炒（以西来顺为代表）于一体，独树一帜，其特色菜肴包括"滑洋四宝""它似蜜""香辣羊排""醋熘木须""夏果虾球等"。2005 年，该饭庄经过整修改造后可同时容纳 300 多人用餐。2006 年，被重新认定为"中华老字号"。

与鸿宾楼、又一顺、民族宫清真餐厅并称为"西城清真四杰"的清真老字号"烤肉宛"，创建于 1686 年。该店的第一块匾额由溥儒[①]亲题。相传，齐白石、张大千、梅兰芳等艺术大师都曾是这里的常客。"文革"时期，烤肉宛被迫改名为"牧平烤肉店"，"文革"后恢复老字号。

创建于 1785 年的壹条龙饭庄，迄今已有 200 多年的发展历史。该饭庄原名"南恒顺羊肉馆"，1897 年的一天光绪皇帝曾到此吃涮肉，此后人们便称该饭庄为"壹条龙"[②]。由于当时随便称"龙"是有罪的，因而直到 1921 年该饭庄才正式挂出了"壹条龙羊肉馆"的匾额。该店一直沿用着铜火锅的传统吃法，因而被称为"正宗京城涮羊肉"。2006 年，被首批认定为"中华老字号"。

……

除了上述这些老字号外，北京的中低档清真餐饮店还有很多。比如，就清真小

---

① 溥儒，原名爱新觉罗·溥儒，初字仲衡，改字心畬，自号西山逸士，满族，为清恭亲王奕䜣之孙。笃嗜诗文、书画，皆有成就。画工山水、兼擅人物、花卉及书法，与张大千有"南张北溥"之誉，又与吴湖帆并称"南吴北溥"。

② 过去人们把皇帝称作龙，因光绪皇帝在南恒顺吃饭，人们便将南恒顺称为"壹条龙"。

吃而言，不仅在"南来顺"等老字号店有供应，在很多个体经营的清真小吃坊也有供应，如"豆汁张"家的豆汁、"馅饼周"家的馅饼、"穆柯寨"家的炒疙瘩等都远近闻名。这些小吃，都是经营者们在当时物质极其匮乏的条件下，充分发挥创造性将各类食材"物尽其用"制作而成的。可以说，在那个三餐并不丰富的年代，种类繁多、味美价廉的清真小吃成为人们日常生活必不可少的"调味剂"。

在过去，北京餐饮业被称为"勤行"，"勤行"除了包括上述各种高、中、低档的实体餐饮店外，还包括一种专门承办民间宴席的"厨行"。当时，北京城内并不缺乏好的清真餐饮店，可解放前有一规矩：清真饭馆只应散客，不接宴席，婚丧嫁娶的流水席要由当时北京城内的二三十家厨行世家承办，这些厨行世家主要分布在牛街、德胜门、王府井等地。厨行都没有实体店面，而是在办事人的家里露天搭建简易帐篷，应办事人之需摆出几桌到几十桌不等的席面。当时厨行界有一行规，叫"不串片儿"：牛街的厨子不往北，德胜门的厨子不往南，各处的厨子不轻易跨区做买卖。一般而言，每个厨行的常备菜点有 150 道左右，这些菜点全靠厨行世代口耳相传，强记硬背。

由于清真菜在用料做法上有很多的禁忌要求，因此，这种流动家宴对主厨的考验很大，从订料备料到砌灶烹饪，主厨事必躬亲。一般而言，清真宴上的菜品上桌顺序依次是"压桌""扣菜""汤菜""炒菜"。"压桌"一般以面点、风味小吃为主，会提前预备好，以便为后面烹菜节约时间；"扣菜"就是从笼屉里蒸出来的菜，要求蒸出来扣到盘子里时必须出汤，然后在上面浇一层汁上桌；"汤菜"一般要在锅里炖熟，然后连汤带菜一起上桌；"炒菜"可谓"五花八门""花样繁多"，一起宴席至少要做 4～6 样菜，会根据主人的不同要求、不同季节的时令蔬菜进行选菜配菜。比如，光是牛肉一种材料就有很多种做法，如"番茄牛肉""红蒸牛肉""炖肉""孜然牛肉""酱牛肉"等 10 多种。"炒菜"对于时间的限制要求非常严格，一般要求 3 分钟就要出道菜，因为与很多大棚宴席不同，清真宴席要求上菜快、吃饭时间短。

从落座到起座，一起清真宴就只有 20 多分钟，这一拨人吃完，紧接着就要换下一拨人。一起宴席一般要上二三十道菜，主厨要连续做出蒸、炖、炸、扣、炒等菜品，几乎连说话的时间都没有。如果要同时开 10 桌以上的宴席，对菜量的要求还很大。所以，需要厨师准备充分且精神集中，否则是无法应对的。①

随着社会的变迁，城市里的平房大院越来越少，各类大型的清真餐饮店纷纷办起了酒席，北京的"厨行"日渐式微，如今只留下了"厨子舍"一家。为了保留这门手艺，厨子舍被评为"非物质文化遗产"后，其第五代传人舍增泰收了女儿和侄子为徒，想要培养"厨子舍"第六代传人。但是，毕竟如今家庭结构发生了很大的变化，人们的思想观念和外界的环境都发生了很大的变化。因此，厨行也许不会再恢复昔日的盛景，也许最终将归为一份珍贵的平民记忆，但是这不影响厨行曾经的辉煌，也不影响人们对其背后蕴含的行业精神及平民文化的认同。而这种精神与文化内质是可以透过人们的情感共鸣，渗透在社会和日常生活之中，从而被代代相传的。因此，从这个层面而言，作为行业的厨行衰落了，但是作为北京清真饮食文化和城市文化一部分的厨行文化却仍然朝气蓬勃，焕发着生命力。

综上而言，北京的清真餐饮业发展前景可谓蒸蒸日上，欣欣向荣，但就其发展现状而言，仍存在着一些问题：

第一，清真餐饮网点少。据统计，目前北京市的清真餐饮网点在北京市政府部门登记的餐饮网点中仅占2%。②造成这一局面的原因，除了有市场竞争方面的因素外，还有城市规划发展方面的因素。在市场竞争方面，一是外来餐饮业的巨大冲击。肯德基、麦当劳等洋快餐的大批入驻，使北京的传统餐饮业面临着巨大的竞争压力；二是随着旅游业的快速升温，高级宾馆、饭店以全新的星级服务和配套的中、西餐供应，对北京的传统餐饮业形成了一定的冲击；三是鲁、川、苏、粤、闽、浙、湘、徽八大菜系及内蒙古、西藏、延边等地一些具有地域特色和民族特色的餐饮行业声势浩大地进入北京市场，争夺挤压着北京传统餐饮业的市场份额，对久据京都的清真餐饮业形成不可小觑的压力。在城市规划发展方面，北京市旧城区的改造对清真餐饮业的发展造成了巨大冲击——由于历史原因，北京的清真餐饮门店大都集中在旧城区，旧城区的大规模改造使得许多清真餐饮店业不得不搬离这些地段较好的地区，有些侥幸留在原地的餐厅，也不得不从临街的门面房搬迁至楼上，从而对其发展造成了一定影响。

第二，缺乏固有的文化内涵。现代消费者追求的不只是菜肴的口味，更是符合

---

① "厨子舍"第五代传人舍增泰在BTV《这里是北京》节目中所谈。
② 《城市民族经济发展访谈》，首都之窗，http://www.beijing.gov.cn

自身情感、体现自身文化品位的个性服务。面对竞争日趋激烈的北京餐饮市场，餐饮企业若想立足其中，就不仅要注重提升特色、价格、服务等方面的竞争力，还要营造富有内涵的企业品牌文化，从而为消费者提供兼具质量、卫生、情感及品位于一体的餐饮服务。近些年，北京清真餐饮业在外部装修和内部陈设等方面确实下了不少功夫，但仍旧缺少一些清真菜肴固有的文化内涵。因此，若想拥有持久的生命力，清真餐饮界应真正领悟"清真"二字的内涵，树立以品牌文化为主的观念，将菜肴的形、色、味与北京清真饮食的文化特性联系起来，使顾客在品尝清真菜肴的同时，能够透过菜点与服务领略到独特的回坊风情，感受到特色的清真文化。

第三，中低档清真餐饮店的经营规模小，硬件设施不足。价廉物美是中低档清真餐饮店的传统优势，但在留有传统优势和鲜明特色的同时，北京市现有很多中低档清真餐饮店的硬件设施非常不足。这些餐饮店多由个体户经营，店面其实就是经营者自建或租用的一两间房屋，不但就餐环境过于简陋，而且设施也比较落后。因此，在日趋激烈的市场竞争中，这些中低档清真餐饮店很难扩大经营，只能勉强维持现状。另外，因为大多数经营者笃信伊斯兰教"放弃余欠的重利"①的信条，基本上不从银行借贷款项，都是从亲朋好友中拆借资金，因而融资非常困难，这也是大多数中低档清真餐饮店长期处于小规模经营的一个重要因素。

第四，清真不"清"。在2011年下半年，北京市民族事务委员会同北京市统计局、财政局等多家部门，对全市范围内的清真餐饮副食网点进行了检查，检查中发现了一些"问题清真"店：一些无清真食品饮食习惯的业主，在未申办清真许可证的情况下，擅自悬挂上了"清真"标志，实际经营中采买不严，原料混装；部分清真餐厅中具有清真食品饮食习惯的少数民族职工比例偏低，有的严重不足，使监督失效；个别经营者以非清真食品冒充清真食品；有的清真饭馆虽已办了清真许可证，但原来办证的主人所提供的穆斯林员工均已不在岗；有的穆斯林居民用自己的身份证、照片申请办理清真许可证，然后交给汉族经营者使用……之所以出现上述这些清真不"清"的现象，主要原因有以下几个方面：第一，清真食品的"清真"，体现在屠宰、采购、加工、销售等多个环节上，但部分经营者过分追求经济利益，忽略了这些环节；第二，经济活动不是孤立的，而是嵌入于一定的制度中的，"经

---

① 马坚译：《古兰经》，中国社会科学出版社，1996年，第36页。

济的假设、规则和理性化是受文化的限制和塑造的"。[①] 但是，目前涉及清真食品管理方面的法律条文还很缺乏，相关的执法机构由于没有具体的法律条文作依据，在执法检查中无法介入，形成管理真空，这些都很不利于北京清真餐饮业的健康发展。

此外，"一元为主，多元共存""你中有我，我中有你"是餐饮业发展的必然趋势，在这样的大背景下，如何在秉持自身优势与特色的同时，实现推陈出新，增强品牌的扩张性，这也是清真餐饮业在发展过程中必须要考量和解决的难题。

三、结语

在西方，运用人类学、民族学等学科的理论方法对饮食文化进行研究已近百年，无论是古典进化论、结构主义，还是比较象征论、文化唯物论，都曾有学者从各自的理论角度出发对饮食文化进行过研究，但也仅仅是一些有益的尝试和探讨，并未建立起完善的理论体系，在具体的个案研究方面仍存在着诸多不足；在中国，学者对饮食文化的研究可以说略早于西方，清初杰出的伊斯兰学者刘智就曾从宗教的角度对穆斯林的禁食体系进行过较为系统的研究。但像刘智所作的这类具有一定理论取向的研究，在以后的中国饮食文化研究中并未得到进一步的深化。就现有的研究成果而言，绝大多数中国学者都把关注的焦点放在了对饮食文化的静态描述和资料介绍上，对其背后的象征意涵[②]及理论取向涉及较少。

曾有很多学者主张，饮食文化可以作为一个界定"我族"与"他族"的外显标志。但通过本次调研，笔者认为，饮食文化实际上会随着场景和赋意的变化而变化，不能固定为一个民族或者族群区别于他族的外显标志。在调研过程中，笔者曾对一些清真餐厅的消费者进行过访谈，访谈内容涉及对清真饮食的认识、对清真食品选材的看法、选择清真餐馆的原因等方面。通过对访谈结果的整理，笔者认为大致可以将这些被访者分为三大类，即穆斯林、民族信仰者和普通居民（非穆斯林，

---

① sharon Zukin，Paul Di Maggio. *The Structures of Capital*：*the Social Organization of the Economy*. New York：Cambridge University Press，p17.
② 所谓"饮食文化的象征意涵"是指把作为主体的人与作为客体的食物和饮食活动视为一个不可分割的有机整体，着重研究全社会和各民族的人如何根据自身不同层次的需求，对不同的饮食活动赋予各种特定的文化象征意义，包括作为群体和个体的人内在的各种观念意识和心理状态，以及具有文化象征意义的饮食活动在社会运行中产生的功能等内容。

亦非民族信仰者）。

"穆斯林"是指顺服阿拉的人，他们的宗教信仰程度最高，属于制度化的宗教信仰者。他们熟读《古兰经》和各种圣训，并将其中的教导躬行于实践，表现在日常生活的各个方面。他们最显著的特点是要严格遵行伊斯兰教的五功，即念、礼、斋、课、朝；"民族信仰者"是指虽然遵循清真饮食规则、认同清真饮食文化，但并不信仰伊斯兰教，不是真正意义上的穆斯林。在我国，遵循清真饮食规则、认同清真饮食文化的民族共有 10 个，① 但并非这些民族所有的人都信仰伊斯兰教。正如白寿彝先生所言："一个穆斯林，可能是回族人，也可能不是回族人。一个回回，很可能是穆斯林，但也不一定就是穆斯林。"② 与穆斯林相比，这些民族信仰者对清真饮食规则的遵循，更多源于其对本民族的热爱和对本民族风俗习惯的尊重与传承，而非源自对伊斯兰教教义的实践。对于第三种人——普通居民而言，他们对清真饮食的选择，无关乎宗教，亦无关乎民族。他们选择清真饮食，或出于地缘因素的考量，或认为清真饮食的卫生条件更好，或因为更喜欢清真饮食的味道。这里由于篇幅所限，笔者只撷取三类被访者中较有代表性的访谈片断：

（MYS，北京市民，36 岁，回族，穆斯林）清真食品是符合圣经规定的食品。我们之所以不吃大肉，也是出于圣经的旨意，要严格修炼自己的身心，保持纯净。③

（ZBN，在京学生，20 岁，哈萨克族，民族信仰者）供应清真饮食的餐馆，一般都会带有星月标志。我们不吃大肉，因为我们民族的饮食习惯一直就是这样的。④

（GX，北京市民，56 岁，汉族，普通居民）我经常到清真餐馆吃饭，我觉得清真食品的味道很特别，很好吃啊，而且清真餐馆相对而言比较干净、讲卫生，所以到清真餐馆吃饭我比较放心。很多老北京买小吃什么的，都会嘱咐小孩子："记得要买清真的哟！"很多清真餐馆都传了好几代人，从来不以次充好或者偷工减

---

① 信奉伊斯兰教的 10 个民族为：回族、维吾尔族、哈萨克族、东乡族、柯尔克孜族、撒拉族、塔吉克族、乌孜别克族、保安族及塔塔尔族。

② 白寿彝：《关于回族史的几个问题》，载中国社会科学院民族研究所，中央民族学院民族研究所回族史组：《回族史论集》，宁夏人民出版社，1983 年。

③ 访谈对象：MYS，北京市民，36 岁，回族，穆斯林；访谈时间：2016 年 4 月 20 日。

④ 访谈对象：ZBN，在京学生，20 岁，哈萨克族，民族信仰者；访谈时间：2016 年 4 月 20 日。

料，比较讲究口碑。①

　　由此可见，饮食文化其实是主体借以表达个人心理意愿的媒介和载体，它把人们内在的各种观念意识和心理状态加以浓缩，通过一定的饮食行为加以凸显，其实是个体人格特征的外化与表露。饮食文化作为主体传递信息的媒介，分别由食物、食用器具和饮食行为三种基本的要素构成。其中食物和饮食器具都是物化的符号形式，它们在各种特定的时间和场合中经过人们的想象而变成负载有信息密码的特殊实体。饮食行为则是人们利用食物和饮食器具来传递信息的中介性行为，正是因为有人们的这种饮食行为，食物和器具等物质实体才可能变得具有人性，并成为主体表达观念意识和心理状态的重要媒介或载体。也正因为食用者的主体性观念意识和心理状态，导致了饮食文化的流动性，使其不能固定为一个民族或者族群区别于他族的标志。很多人将惯用清真饮食作为区别"穆斯林"与"非穆斯林"的外显标志，但实际上，如前文所述，穆斯林、民族信仰者、普通居民均会出于对角色、身份、利益等因素的考虑，而将食用清真饮食作为日常生活的常态，从而使得"惯用清真饮食"这一行为具有两可性，失去对"穆斯林"与"非穆斯林"进行分界的意义。因此，不同身份、角色的人出于不同的原因，或许会有着相同的食物选择，食物及其附带的饮食行为只能被视为是主体表达观念意识和心理状态的重要媒介或载体，而非将"我族"与"他族"进行区别的特定外显标志。

　　除了味觉享受之外，北京的清真饮食本身能够提供的，还有浓厚的味觉记忆与历史情怀。在调研过程中，笔者曾就"社会发展中厨行越来越淡出市场"的问题及"城市规划发展造成的清真老字号被迫搬迁"等问题采访过附近居民。就"厨行"这个问题而言，很多与厨行打过交道的老北京，如今还念着厨行的好呢：

　　（MTY，北京市民，57岁）厨行做的东西吧，本味儿、讲究，不像现在的好多饭馆，做饭都是重油、重辣调味道，厨行做东西就讲究能吃出食材本身的香味，那种香味你要是吃过一次，你就忘不了了，就还想再吃第二次、第三次。②

　　（CJZ，北京市民，68岁）好多人对厨行吧，有偏见，觉得厨行就爱跟有钱人打交道，其实根本就不是那么回事儿。我当年结婚那酒席，就是请厨行给办的，当

---

① 访谈对象：GX，北京市民，56岁，汉族；访谈时间：2016年4月20日。
② 访谈对象：MTY，北京市民，57岁；访谈时间：2016年4月19日。

时我手里没多少钱，但是得结婚呐，没办法，只能跟人厨行的说实话，求求情啊。人家二话没说就答应了，到处帮我赊肉赊调料，帮我筹划，愣是把这酒席给办下来了。人家这份情，我这辈子都忘不了，到现在我都念着人家的好呢。①

但也有很多人对所谓的"厨行"非常陌生，表示没有吃过私家流动宴席，也没有见过这种场面。

而在谈到清真餐饮店被迫搬迁的问题时，很多人谈及，清真餐饮店的被迫搬迁，确实给他们的生活带来不便，使得他们不得不费一番周折、花一番工夫才能重新找到。而当笔者问及为什么即使需要费周折、花工夫才能找到，也还是要找这些老字号时，大部分人表示，到这些常去的老字号吃饭，已不仅仅是为了满足食欲，更是出于一种记忆，一种情怀：

（LCX，北京市民，51 岁）这些老字号算是北京清真味儿保留得比较好的地方了，要是把这些老字号都拆完了，你上哪儿找那么浓的清真味儿去？社会得进步，城市得发展，这是没法的事。但发展城市把特色都拆没了，这也是不对的啊。这些老字号也是北京的过去啊，你拆掉了可以重建，建些仿古的，什么小吃街之类的，但那样有什么意义呢？就好像护国寺小吃，我知道它是老北京的传统小吃，所以乐意吃它。如果你给我换了汉堡或者薯条，或者烤串什么的，对我而言，意义就不一样了，可能我就不愿意吃它了。②

（WY，北京市民，38 岁）北京的老字号原来不少的，我感觉这些店保留着还挺有意义的。我经常和朋友去外地玩，好多品牌别的地方也都有，你有的别人也有，都是大同小异的，这有什么意思呢？但是如果我们有的别人没有，这就是我们北京特别的地方啊！③

（JGD，北京市民，64 岁）人家都说咱北京是"历史古都"，你今天拆个老店，明天迁个旧址，到头来要是搞得"历史古都"都没历史了，看你还发展个啥？④

"清真餐饮"看似是一份被经营的生意，但在这生意里浸润着的，却是满满的

---

① 访谈对象：CJZ，北京市民，68 岁；访谈时间：2016 年 4 月 19 日。
② 访谈对象：LCX，北京市民，51 岁；访谈时间：2016 年 4 月 19 日。
③ 访谈对象：WY，北京市民，38 岁；访谈时间：2016 年 4 月 19 日。
④ 访谈对象：JGD，北京市民，64 岁；访谈时间：2016 年 4 月 19 日。

人情，而用这"人情"创造与书写出来的，则是城市历史与城市文化。北京的清真饮食是北京城市历史的一部分，也是城市文化延续和发展的一部分——富有特色的北京清真饮食在过去被创造出来，然后通过所用食材和制作技艺的传承而得以保留，这其中所蕴含的智慧与精神通过人为的力量得以传递，从而激起人们的情感共鸣。在经历了诸多历史变迁之后，仍然能够拥有着鲜活的生命力，其中一个原因就在于，清真餐饮既有经营者踏踏实实经营所获得的人气，也有因为这清真饮食而联结的人际与人情。凭借这一以清真饮食为纽带联结而成的人际网，就可以形成一份城市的味觉地图，丰满着城市的历史。清真饮食应城市和时代所需而生，并跟随社会历史的发展不断自我流变，最终凝固成城市场景的一部分，融入居民的生活，透射出生活于这座城市的清真食客们的审美情趣和生活习惯，也折射出这座城市的文化精神与气质。因而，城市的味觉地图不仅展现着不同个体的记忆，也呈现着具体的城市历史记忆。人们对食物的期待除了口腹之欲之外，也赋予了诸多的主体性观念意识和心理状态。因此，当一些"老字号"因城市发展规划等原因被迫搬迁时，很多人宁愿费一些周折、花一番工夫，也要重新找到这些"老字号"。因为，这些"老字号"不仅仅满足了食客们的食欲，也能够帮助人们重新找回对于城市的味觉记忆，使他们安心地融入城市生活，找回原有的食客人际关系等。也正因为如此，当昔日风靡一时的厨行在社会变迁与城市发展的历程中，不可避免地走向衰微时，会有那么多"老北京"感到不舍与难过。或许，约翰·S·艾伦说得没错："无需生活在食物匮乏状态下的人是幸运的，对他们而言，简简单单的食物就是潜在的美好回忆的来源。应当谨记，各种力量，个体的、集体的，都参与塑造我们与食物相关的记忆。或许这样能帮助我们把糟糕的事抛在一边，而创造更多关于美食和美好时光的记忆。"①

---

① （美）约翰·S.艾伦著，陶凌寅译：《肠子，脑子，厨子：人类与食物的演化关系》，清华大学出版社，2013年，第98页。

关于北京香山藏族人的传闻及史籍记载

陈庆英*

10 年前，笔者在中央民族学院曾听到关于北京香山藏族人的传闻。据说 20 世纪 70 年代初，中国煤矿文工团的两位同志在西山一带采风时，发现红旗村、正白旗村有些农民会唱一种与北京地区民歌迥异的歌曲，歌词亦非汉语，询问其含义，则说是祖上传下来的，现在无人懂得；问其祖上来历，也说不清楚，有的说原是南方的苗族，与清朝打仗，战败被俘而来，有的人过年节要专门进宫表演民族歌舞，所以南方的民歌保留下来了，但现在都使用汉语了，所以无人知道歌词内容了。煤矿文工团的同志将他们唱的歌曲录了音，到中央民族学院遍询从南方来的各族师生，期望能确定这种歌曲究竟是属于什么民族的。正好有西南民族学院的赞拉·阿旺同志，是四川小金川地区（今小金县）人，当时在中央民族学院古藏文专业进修班攻读，他鉴别出这种歌曲应是四川金川地区藏族的歌曲。此后，中央民族学院部分藏族师生曾到红旗村一带调查访问，了解更多的情况，认为当地有一部分农民是从金川迁来的藏族人的后裔，大约是清代乾隆年间两次平定金川时有一部分藏族被俘，被迁来此处定居。从当地附近山上建有金川藏族风行的石碉房，可以得到佐证。但是由于没有找到直接的文字资料证明，当地的人又坚持其祖先是南方的苗族，所以这一问题未能最终解决，许多疑问有待进一步探讨。

《西藏研究》1982 年第 1 期发表了中国社会科学院民族研究所黄颢先生的《略述北京地区的西藏文物》一文，在介绍护国寺、白塔寺、五塔寺、嵩祝寺、雍和宫、黄寺、香山昭庙之后，作者指出：

---

* 陈庆英，中国藏学研究中心研究员。

　　总之，北京地区有关藏族的文物古迹甚多，除去上述主要者外，还有一些值得进一步探讨的文物古迹。例如：房山县上方山兜率寺及其所藏藏文佛经；西山红旗村实胜寺有关金川事件的四体文《御制实胜寺碑》，西山红旗村演武厅及正白旗村附近山上建有金川藏族所修的清代藏式石碉房为攻打金川练兵之用；故宫雨花阁供奉的西藏佛像及其藏式装饰；故宫明清档案馆所藏的历代达赖、班禅向清朝皇帝呈进的大量藏文书信奏折；中南海紫光阁所绘的金川战图及功臣像；颐和园后山香岩宗印之阁附近的藏式红台建筑及碉房、佛塔；顺治、乾隆两帝分别宴请过五世达赖和六世班禅的南苑德胜寺；朝阳门内禄米仓以刊印汉藏文对照的西藏密宗图书闻名的密宗院等。

　　近年来，他发表了研究南苑德胜寺、密云番字牌村、法海寺的文章，但研究实胜寺及藏式碉房的文章还未见发表。去年，西藏文献资料丛刊出版了张羽新先生编的《清代喇嘛教碑文》，在《实胜寺碑记》的注释中对香山藏族碉房的来历、健锐云梯营的训练及实胜寺的修建作了说明，由于篇幅所限，没有展开考证，加以这一问题本来就比较复杂，注释中的说明还有许多值得补充和探讨之处（详说见后）。笔者对香山藏族碉房这一问题也很有兴趣，近年来在工作中注意收集这方面的资料，对香山藏族人的来历问题形成了一些粗浅的看法，故在张羽新先生的注释的基础上加以发挥，整理成文，不当之处，尚祈指正。

一

　　《清代喇嘛教碑文》所收乾隆御制《实胜寺碑记》及编者所加注释如下：

　　去岁夏，视师金川者久而弗告其功，且苦酋之恃其碉也，则创为以碉攻碉之说，将筑碉焉。朕谓攻碉已下策，今乃命攻碉者而为之筑碉，是所谓借寇兵而资盗粮者，全无策矣，为之憮然。因忆敬观列朝实录，开国之初，我旗人蹑云梯、肉搏而登城者不可屈数，以此攻碉，何碉弗克？今之人犹昔之人也，则命于西山之麓，设为石碉也，而简飞之士以习之。未逾月，得精其技者二千人，更命大学士忠勇公傅恒为经略，统之以行，且厚集诸路之师，期必济厥事。赖天之佑，大功以成。此固经略智勇克兼，用扬我武，酋长畏威怀德，厥角请命。是以敌忾以往者，率中道而归，窃恨未施其长技，有余怒焉。记不云乎："反本修古，不忘其初。"云梯之习，犹是志也。而即以成功，则是地者，岂非绥靖之先声、继武之昭度哉？因命择向庬材，建寺于碉之侧，名之曰"实胜"。夫已习之艺不可废，已奏之绩不可忘。于是合成功之旅，立为健锐云梯营，并于寺之左右，建屋居之，间亦依山为碉，以肖刮耳勒歪之境。昔我太宗皇帝尝以偏师破明十三万众于松山、杏山之间，归而建实胜寺于盛京，以纪其烈。夫金川蕞尔穷番，岂明师比。然略昆明而穿池，胜侨如而名子，其识弗忘一也。《汉书》训碉作雕。碉为石室，而雕则若雕鹗之栖云者，皆非是。盖西南夷语，彼中呼楼居，其音为碉云。

注：乾隆十四年（1749 年），清高宗弘历撰。碑存于北京海淀区实胜寺。

在第一次平定大小金川的战斗中（即大金川之役），莎罗奔凭借山高路险和石碉堡垒，给清军以大量杀伤。乾隆认为金川"地险碉坚，骤难取胜"，因而参酌清朝入关前与明军作战的经验，"因于京师香山（今北京西郊香山公园附近）设石碉，造云梯"，"其筑碉者，即金川番兵也"（魏源《圣武记》卷七）。乾隆十四年（1749 年）第一次金川之役虽然宣告暂停，清政府彻底平定大小金川的打算并未完全放弃。乾隆认为"已习之艺不可废，已奏之绩不可忘"，乃命将俘获的一部分大金川士兵和工匠在香山附近旧有碉堡的基础上，仿大、小金川的地形和石碉，再筑石碉，组建"健锐云梯营"，训练山地攻碉部队。为庆祝大金川之役的胜利，同时也考虑到被俘获到北京筑碉的大金川士兵和工匠的宗教信仰，乾隆命仿清入关前皇太极在沈阳建实胜寺的先例，于香山石碉群旁建立"实胜寺"，并亲制此碑文以为纪念。

可见注释者认为：其一，在大金川之役进行过程中，乾隆帝即已在香山设碉练兵，筑碉者为金川番兵。其二，1749 年，大金川之役宣告暂停，乾隆帝命将俘获的部分金川士兵再筑石碉，组建健锐云梯营。其三，为庆祝大金川之役的胜利，同时考虑筑碉金川士兵的宗教信仰，建立实胜寺。对此几点需作如下补充。

清朝认识川西藏族的碉房在战争中的作用，并不始自大金川之役。乾隆十年至十一年（1745—1746）清朝用兵瞻对，已知藏族战碉难攻，川陕总督庆复在疏陈瞻对善后事宜时就说："西番垒石为房，其高大仅堪栖止者，曰住碉，其重重枪眼，高至七八层者，曰战碉。各土司类然，而瞻对战碉为甚。请每年令统辖土司，差土目分段稽查，酌量拆毁。嗣后新建碉楼，毋得过三层以上，仍令每年终出具印结存案。"在大金川之役中，金川的战碉更使清军损兵折将，寸步难进，清军将帅一筹莫展。乾隆十三年（1748年）二月川陕总督张广泗奏报："上年因贼碉险固，一切攻碉之法，如穿凿墙孔以施火球，及积薪墙外围焚，贼皆防御严密，不能近前。彼时缺少大炮，惟掘地穿穴至碉底，多以火药轰放地雷，即可震塌碉墙。因拣调各厂矿夫，攻取曾达一碉，诇掘成，于穴中听闻碉内贼声，以为已到碉底，不意举发地雷，尚离碉二三丈远，致未收功。复于木耳金冈之大碉，挖地道已成，令于穴中打通地上一小孔，看明已在碉内，即放火药轰击，乃系贼寨东北耳碉，虽经震塌碉顶，西南耳碉，亦冲破一孔，然正中大碉，止摇动而未倾倒。自此贼皆设防，各于碉外周掘深堑，此法不能再施。"外围战碉如此难破，使得清军无法迫近大金川首领莎罗奔等驻守的勒乌围、刮耳崖。在此情况下，乾隆帝派往金川督师的大学士讷亲提出"以碉攻碉"的办法："贼番因险砌碉，藏匿其内，故能以少御众，以逸待劳。今我兵既逼贼碉，自当亦令筑碉与之共险，兼示以筑室反耕之意，且守碉无须多人，更可余出汉、土官兵分布攻击，似亦因险用险之术。"乾隆帝对讷亲的办法大不以为然，认为："但攻守异用，彼之筑碉以为自守也，我兵自宜决策前进，奋力攻取。且用以破碉之人而令效彼筑碉，是亦将为株守之计耶？碉不固，则不足恃，筑碉固，则徒劳众。若以此筑碉之力，移之攻取，破彼之碉，以夺其恃，不亦可乎？"讷亲提出的是长围久困的持久作战的方针，乾隆帝认为如实行这样的方针，"师老财匮"，兵费至巨，难以负担，而且"大兵聚久，变患易生。在因原居于无事之时，尚有一夫夜呼，仓卒四起之变，何况军中亲信仅百数十人，此外皆调发客兵及蛮司土卒，本非世受深恩为我心膂，浮寄孤悬，孰无室家乡里之恋？而劳役不已，奏凯无期，版筑方殷，锋锐莫展，肘腋之虑，良可寒心"，因而断不可行。但是，乾隆帝也拿不出迅速破碉的办法，又不愿罢兵，最后想出用满洲兵云梯登城的办法来攻取战碉，正如乾隆十三年（1748年）七月癸卯的上谕中说："朕意示弱罢兵以逞贼意，断不可为，而又实无制胜万里之能，因思满洲旧有蚁附登城技艺，甚为便捷。因承平日久，未经演习。今已派大臣挑选八旗兵丁数百名，按期操练，务令纯熟，将来或可备攻击碉楼之用。"七月丁丑的上谕又说："朕现在特派大臣，挑选精壮满兵三百演习云梯，即令伊等兼习鸟枪，俟其熟练，临期再挑选侍卫等于明春带领前往，以备率领官兵进攻之用。"由此可见，乾隆帝在香山设碉练兵实开始于乾隆十三年（1748年）七八月间，所练之兵全为满洲八旗的士兵，第一批为三百人，练习的是以云梯攻碉之法。至于当时筑碉的是否为被俘的"金川士兵"，没有明确的记载，尚难断定。七月癸卯的上谕中还说，总兵马良柱因作战失败被解送到京，乾隆帝面讯之后，"并暂留马良柱于京师，且不问其罪，令其量度贼碉情形，协同演习"。可见当时协助练兵、指示金川战碉情形的，其实是曾在金川作战的清军自己的将领，魏源《圣武记》所说的"其筑碉者，即金川番兵也"，是指后面的情形。同年九月己卯乾隆帝的上谕中又说："朕思我朝满兵素称勇敢，身临行阵，惟有捐躯效命，奋勇先登，从无退缩。若续派满兵数千前往，必能速奏肤功。现今虽于八旗前锋护军内挑兵一千名，操演云梯，但为数尚少。着再择汉仗好者一千名，合为二千之数。"几天之后的十月壬午，"大金川所调满洲兵五千名，自京起程前赴军营"。可见乾隆十三年（1748 年）七月至九月香山设碉练兵，其实只训练了云梯兵一千名，并非乾隆帝《实胜寺碑记》中所说的"未逾月，得精其技者二千人"。

乾隆十三年（1748 年）十一月，乾隆帝新派的经略大学士傅恒离京出征，次年正月，金川首领莎罗奔、郎卡乞降。乾隆帝看到金川一时难以彻底征服，指示傅恒接受金川投降，班师回朝。此次大金川之役结束，莎罗奔、郎卡仍统大金川，免其赴阙谢恩，更无押解战俘回朝的记载。甚至莎罗奔、郎卡请求选送番童、番女各十名进京代其服役，也为乾隆帝所拒绝。当时被清军带回北京的，只能是个别投降清军后曾为清军效力而又不便在原地安置的金川士兵。小金川土司泽旺之弟良尔吉、大小朗素等在清军占领美诺时投降，但良尔吉私下与大金川联络，暗通信息，泄露军情，被傅恒在军中处斩。大朗素及其徒众被清军安置在成都喇嘛寺内，不久病死。小朗素在良尔吉被诛后，带领士兵帮助清军，颇能出力，四川总督策楞请求将小朗素发往西藏，交予达赖喇嘛，令其仍作番僧，并咨驻藏大臣严加约束。乾隆帝认为小朗素是曾经出力之人，不应如此对待，"小朗素无可安插，不若令其来京。如伊愿作喇嘛，即令为扎萨克喇嘛。京中庙宇甚多，如章嘉呼图克图、噶尔丹锡勒图呼图克图、济隆呼图克图等，不一其人，讲习经典，亦属便易。如愿还俗，当授以家室，给以二三品职衔品级，以示优奖。此时策楞等已回成都，可令其传唤小朗素到省，即以大学士公傅恒之意，面加询问，并将已经奏明种种加恩之处，详悉晓谕。伊若必欲赴藏，则听其前往，如愿来京，着一面奏闻，一面委员护送前来，俾众土司知曾经出力之人，即蒙格外施恩，优加录用，庶人心皆思奋勉，是亦鼓励番众，永辑边疆之一策"。经询问后，小朗素表示愿意赴京，清朝派员护送，行至西安患痘症亡故。不过小朗素的随从，当有被送到北京的。

第一次大金川之役结束后，乾隆帝确实并未完全放弃彻底平定大小金川的打算，他下令在香山练兵的战碉之侧建实胜寺，以纪念平定大金川的胜利，同时将从金川归来的习云梯的满族士兵组成"健锐云梯营"，在实胜寺的左右建屋居住，"间亦依山为碉，以肖刮耳勒歪之境"。也即是修建金川式的战碉，模拟金川首领居住的刮耳崖、勒乌围的自然环境，供兵士演练。此时，确实有投降的金川士兵及工匠参加筑碉工作，并依附于健锐云梯营居住。《日下旧闻考》卷七十三录有《乾隆十五年（1750年）御制赐健锐云梯营军士食即席得句（有序）》一诗："朕于实胜寺旁造室庐，以居云梯军士，命之曰健锐云梯营，室成居定。兹临香山之便，因赐以食。是营皆去岁金川成功之旅，适金川降房及临阵俘番习工筑者数人，令附居营侧，是日并列众末，俾予惠焉。犹忆前冬月，云梯始习诸。功成事师古，戈止众宁居。实胜招提侧，华筵快霁初。馂余何必惜？可以逮豚鱼。"由此可见，实胜寺建成时附居于健锐云梯营的金川降人工匠数量并不多，"同时也考虑到被俘获到北京筑碉的大金川士兵和工匠的宗教信仰，乾隆命仿清入关前皇太极在沈阳建实胜寺的先例，于香山石碉群旁建立实胜寺"的说法，不符合当时的实际情形，是后人的误会。再从宗教方面看，根据崇德三年（1638年）国史院大学士刚林所撰的沈阳《实胜寺碑文》记载："至大元世祖时，有喇嘛帕思八用千金铸护法嘛哈噶喇，奉祀于五台山，后请移于沙漠，又有喇嘛沙尔巴胡土克图复移于大元裔察哈尔林丹汗国祀之。我大清国宽温仁圣皇帝征破其国，人民咸归。时有喇嘛墨尔根载佛像而来，上闻之，乃命众喇嘛往迎，以礼舁至盛京西郊，因曰：'有护法不可无大圣，犹之乎有大圣不可无护法也。'乃命工部卜地建寺于城西三里许……名曰莲华净土实胜寺。"可见沈阳实胜寺并不是像乾隆帝所说是纪念大破明军十三万众于松山而修建的，而是纪念破林丹汗、获护法嘛哈噶喇像而修建的。但无论如何，实胜寺是佛教寺庙，无可怀疑。乾隆帝在香山所建的实胜寺，应当也是供有嘛哈噶喇的佛寺，故乾隆帝的诗中称为"招提"。而金川降人的宗教信仰与此不同，虽然金川亦有喇嘛、佛等用语，但其流行的宗教实为本教，大金川之役时莎罗奔寄给绰斯甲布土司的信中说："我促浸（即大金川）与你绰斯甲布遵奉的是桑结灵巴楞则恩喇嘛衰珠尔佛爷所传的遗教，两家修的庙宇、供的佛像都是一样，你想我们促浸要是灭了的时候，你绰斯甲布还能得好么……传这雍中奔布尔的教，就只是我促浸与你绰斯甲布两家，我们两家要是灭了的时候，这雍中奔布尔教就完了。"对于金川奔布尔教与黄教的区别，乾隆帝也是清楚的，第二次金川之役后，乾隆帝即命将雍中喇嘛寺拆毁，将其木料、铜瓦、金顶等一并运回北京。乾隆帝还说："若奔布喇嘛传习咒语，暗地诅人，本属邪术，为上天所不容。"所以难以想象乾隆帝是为了金川降人的信仰而建实胜寺，应该是他为了让云梯营将士供奉佛像及护法嘛哈噶喇而建实胜寺的。

二

从乾隆十四年（1749 年）第一次大金川之役结束后，在香山修筑战碉的工作一直在继续进行。虽然从事筑碉工作的金川降人数目不多，但是关于他们工作和生活的情形，在乾隆帝的诗歌中有生动的反映。《日下旧闻考》录有《乾隆十五年御制番筑碉诗》一首，全诗如下：

番筑碉，筑碉不在桃关之外，乃在实胜寺侧西山椒。狼卡稽颡归王化，网开三面仁恩昭，叔孙名子不忘武，佽飞早已旋星轺。俘来丑虏习故业，邛笼令筑拔地高。昔也御我护其命。今也归我效其劳。

番筑碉，不惟效劳，尔乃忘其劳。魋结环耳面颗颐，嗜酒喜肉甘膻臊。但得酒肉一醉饱，浑忘巴朗卡撒其故巢。其妇工作胜丈夫，粉不能白尫且么。不藉绳墨与规矩，能为百尺森岧峣。

番筑碉，侏离番语为番谣，扬声强半不可晓。大都慕义怀恩膏。亦不为汝慕义怀恩膏，我自两阶文德舞戚旄，偶肖汝制役汝曹，赉汝金钱为锦袍。

从诗中可以看出，这些金川降人被带来北京后主要的职责就是修筑碉房，为清政府效劳。他们在服饰装束上依然保持着金川藏族的原貌，在生活习惯上爱饮酒、喜食牛羊肉，在劳动中伴以藏语歌谣，特别是他们修筑碉房的技艺高超，能不用绳墨规矩等器具就筑起高耸的石碉，这些都引起了乾隆帝的注意，并写进了诗歌。尤其重要的是，诗中写到藏族妇女的勤劳能干"其妇工作胜丈夫"，说明当时在香山的金川降人还带有家眷，举家定居于此。因此他们与那些派充苦役的战争俘虏还不完全相同。

这些金川藏族人修筑的碉房，自然不只我们现在还能见到的这几座。《日下旧闻考》记载："健锐营衙门在静宜园东南，围墙四角有碉楼四座，共房二十二楹。皇上阅兵演武厅一座，后有看城及东西朝房、放马黄城"，"园城……内设碉楼七处","健锐营官兵营房在静宜园之左右翼，共三千五百三十二楹，碉楼六十八所"。除健锐营的衙门和营房建有碉楼外，八旗印房亦建有碉楼，"静宜园南楼门外有八旗印房"，"八旗印房四隅皆有碉楼一座，乾隆十四年建。合之东四旗、西四旗各营碉楼，共计六十有七"。"静宜园东四旗健锐云梯营房之制，镶黄旗在佟峪村西，碉楼九座，正白旗在公车府西，碉楼九座，镶白旗在小府西，碉楼七座，正蓝旗在道公府西，碉楼七座。香山东四旗健锐云梯营房，乾隆十四年奉命建设，后四旗同"。"静宜园西四旗健锐云梯营房之制，正黄旗在永安村西，碉楼九座，正红旗在梵香寺东，碉楼七座，镶红旗在宝相寺南，碉楼七座，镶蓝旗在镶红旗南，碉楼七座"。

以上记载证明，从乾隆十四年（1749 年）起，乾隆帝有计划地在香山一带兴建了一批金川藏族式样的碉楼，现今西山红旗村、正白旗村附近的碉楼即是其中一部分的遗存。

从第一次金川之役开始，乾隆帝充分注意到在配备火枪、火炮的条件下战碉在山地攻防战中的重要作用。通过清军的战斗实践，乾隆帝看到掌握攻碉和守碉技术在当时条件下所能发挥的军事威力。所以西山设碉练兵也是清军战斗技术的一种新发展，它为清军后来彻底征服大小金川作了战术准备，同时也为清军的其他山地战斗提供了一种新的攻防手段。正如魏源在《圣武记》中所说："自金川削平，中国始知山碉设险之利，湖南师之以制苗，滇边师之以制猓夷，蜀边师之以制野番，而川陕剿教匪时亦师之坚壁清野而制流寇。"

乾隆三十六年（1771 年），因小金川土司泽旺及其子僧格桑与沃日土司为仇械斗，占据沃日村寨，大金川首领索诺木等支持小金川，袭杀革布什咱土司，大小金川又联合攻占明正土司之地，并抗拒清朝官员的查办，乾隆帝遂决心派大兵征讨大小金川。清军经过一年多苦战，于乾隆三十七年（1772 年）年底占领小金川，小金川土司泽旺投降被押送北京，僧格桑逃往大金川。乾隆三十八年（1773 年）初，清军分路进攻大金川，在木果木遇到顽强抵抗，大金川又派人鼓动已降的小金川番众"复叛"，截断清军后路。六月，清军在木果木大败，定边将军温福、提督董天弼战死，大营被焚，陷没文武官员及兵丁四千余名。乾隆帝为重振军威，彻底扫平大小金川，随即添派北京键锐、火器二营，以及吉林、黑龙江、伊犁、贵州、云南、湖南、湖北、陕西、甘肃各省驻军总计七万多人，以阿桂为将军、明亮为副将军、海兰察等为参赞大臣，分路大举进攻。当年年底，清军重新攻占小金川全境。

乾隆三十九年（1774 年）正月起，清军分路大举进攻大金川，这一战役打得比第一次金川之役更加剧烈残酷。金川番兵凭借层层战碉，步步防守。八月，大金川首领索诺木将小金川首领僧格桑毒死，差头人绰窝斯甲带僧格桑尸匣及僧格桑之妾侧累及大头人蒙固阿什咱阿拉至清军军营乞降，阿桂不允，拘留绰窝斯甲不放，同时又诱俘小金川大头人七图安堵尔，一并押解入京。十月，清军合围勒乌围、噶拉依官寨，昼夜猛攻。金川多次乞降不得，乃拼死抗拒。又经过一年多苦战，至乾隆四十一年（1776 年）初，大金川力竭不支，陆续有头人带领番众投降。对这些战至最后才投降的金川藏族人，乾隆帝在如何处置他们的问题上颇费思虑，乾隆四十一年（1776 年）正月丁丑的上谕中说：

　　至各路番人纷纷投出，其中大小头人俱复不少，此等番众，从前抗拒官兵，舍死固守，情罪均属可恶。直至兵临巢穴，计穷力竭，始行投降，非若大兵尚未深入以前陆续来投者可比。但番众皆系曾与官兵打仗之人，此时难以分其所犯轻重，且其抵抗官兵，固属可恨，而原其所以舍死坚守，尚知各为其主，亦复可矜。况为数过多，又系投降乞命，若尽与骈诛，实觉心有不忍。惟其中大小头人及其眷属，自不便仍留本处，应照前此平定准部时所有台吉、事桑、德木齐等概行移徙例，妥为办理。但须趁官兵未撤之时，即为查明，于八旗及吉林、索伦兵凯旋之便，令其分队携带，押至京城，再行酌量分别安插。伊等既系投降，与党恶要犯应行献俘者不同，途中不便加以锁扭，惟当留心照料，毋致脱逃，并不动声色，勿使惊畏，方为妥善。但各种头人及其眷属为数甚众，其如何分别押带之处，着阿桂妥为核定，一面奏闻。至各处降番若移于他处编管，未免人多费事，伊等俱系娴于耕作之人，两金川又有可耕之地，现在凯旋后，两金川地方立汛安营，添设提督总兵等官，足资弹压，其应办善后事宜内原有随处耕屯之议，莫若即用此等降番就所在垦耕安业，尽力农功，各有将弁管束，久之可消其桀骜不驯之气，而令其交粮，亦省川省运粮之劳。惟是编立营屯，必须安设头目，当于随营攻剿之他处土兵内，择其出力者充当，既足以示奖励，又令他处之人管理，更不虑其故智复萌。至此等降番，饿乏已久，既欲令其耕种，自难以枵腹从事，着将军等量为赏给籽种、口粮，俾口食有资，自更安心尽力。将军等宜及此时早为筹办。

　　对于金川的喇嘛（主要指苯教僧人），乾隆帝在正月癸未的上谕中说：

至促浸喇嘛好用镇压,今所得舍齐、雍中两喇嘛寺,皆系喇嘛等念经之所,恐有密藏镇压物件,阿桂等应派细心诚妥之人,于寺内寺外及附近处所凡有可疑之处,悉搜查刨挖,毋令存留。又攻得此两寺时,俱有喇嘛投出,此等皆曾为逆酋念经之人,断不可仍留该处,致番众等心存希冀,潜滋事端。况此辈在营非若壮夫之可以出力随攻,又毋庸籍其招致逆匪,留之亦属无益,应将所有喇嘛即用槛车拘解进京,并派妥员沿途严密管押,勿稍疏虞。

在正月乙酉的上谕中,乾隆帝又催促阿桂速办处理降众之事:

此等投降番众难以深信,断不宜留于番地,致滋事端。屡经传谕阿桂将所有头人等概行解京,其余暂令安插,俟办理善后事宜时,再为酌量妥办。今富德已将南路投番遵照将军等商办事宜,查办完妥,何以阿桂处转未办及奏闻?该将军等此时自以围攻贼巢、筹擒逆酋为重,难于兼顾,然每日岂无片刻稍暇?亦应将此等事宜,随时带办。况降番在营,聚集人多,难保其不乘隙生心。即逆酋等,未尝不思若辈为援助。自宜即速遣散,以善周防。虽阿桂前经奏及将降番男妇分别安插于十二土司之地,但陆续投出之头人等尚多,自应视其情罪轻重酌办。除应行献俘之犯,俟擒获逆酋等一并槛解,其余亦当如富德所办,将各头人先解成都拘禁,使军营更觉清肃,尤为妥善。

由此可见,在金川之役将近结束时,乾隆帝拟定了处置降人的办法,对索诺木等为首之人押赴北京献俘处刑;对投降的头人喇嘛等,不准留在原地,解送北京安置;对一般降人,则在金川编立营屯,给以种子口粮,令其种地交粮,并设官管理,这样就从根本上取消大小金川两土司。

战争进行至乾隆四十年(1775年)十二月二十日,大金川首领索诺木之母阿仓、姑阿青、大头人阿卜策妄、丹巴僧格等出寨投降。十二月二十八日,索诺木长兄莎罗奔冈达克出寨投降。乾隆四十一年(1776年)二月初四,索诺木跪捧印信,带领其兄弟莎罗奔(由此可知,清朝关于大小金川战役的文献中所载的"莎罗奔"并不是专指一人,而是金川苯教首教的一种称号。)甲尔瓦沃杂尔、斯丹巴及头人喇嘛等男女老幼二千余人出寨投降,第二次金川之役全部结束。

二月初六日，由户部侍郎福康安率火器营及健锐营兵士押解索诺木兄弟等入京，二月初七日，由副都统德赫布押送索诺木幼弟斯丹巴及其母、姑等进京。四月二十七日，乾隆帝举行献俘礼，下令将索诺木兄弟等重犯凌迟处死，其家口年未及岁者永远监禁，其余妇女分赏厄鲁特、索伦三姓功臣之家为奴。

由于第二次金川之役以大小金川彻底失败告终，在战争中及办理善后时遵照乾隆帝之命，有不少金川的头人及其家属被押解到北京，使在北京的金川藏人的数目增加不少，以至在乾隆四十一年（1776 年）出现了将他们编为佐领的事。

三

两次金川之役中被强迫迁移到北京及内地的金川藏人到底有多少，他们到京后居住和生活情形如何，当时应有详细的档册记载，但是现在已难以见到。不过从一些诗文中仍有线索可寻，乾隆帝在香山所作《番筑碉》诗说明，第一次金川之役后在健锐云梯营有附居的专门修筑战碉的金川藏人，已如前述。乾隆四十一年（1776 年）四月二十八日，也即是举行金川之役献俘礼、处死索诺木等人的次日，乾隆帝在中南海紫光阁宴请阿桂等征讨金川有功的将领，并写了一首长诗《四月廿八日紫光阁凯宴成功诸将士（有序）》：

绩宣西僰，洗兵波靖金川；凯叶南薰，锡宴筵开紫阁。旋眹举劳还之典，昨朝终解征衣；御楼受俘获之仪，诘旦全陈系组。念缴外栈穿冰雪，瘁以五年；指壁间米聚山川，成于百战。功宜懋赏，允兹晋爵加章；实称循名，遂尔图形系赞。繄此日同堂之恺乐，酬诸臣历岁之荩诚，酌酒亲颁，一酹露珠非易；承筐共拜，千缫赉亦奚多？抚陈迹以增怀，难忘视昔；幸后来之继踵，益勉从今。六章讵曰侈文？亿载愿言偃武。己巳班师原赦罪（己巳之奏凯，非受降，乃赦罪。彼乃所属土司，逆命则讨之，服罪而赦之，安得与外夷相提并论，谓之受降哉？），丙申宴凯信成功。樊崇甫以十年叛（郎卡自赦罪之后，未及十年，即侵扰邻境，念番俗构争乃其常事，遂置不问），莽布奚当六战雄？蚕食狼贪终弗改，鸡连鲸取孰矜穷？五年宵旰劳西顾，幸睹酬勋礼乐融。郊劳昨还晓受俘，礼应凯宴答功肤。修仪偃伯斯宜矣，夜雨朝晴有是乎（廿七夜半后快澍渥霶，未晓而霁。夜雨朝晴最为难得，于盛典尤觉相宜）！紫阁貌图伻绩显，金厄手赐按名呼（宴间，召将军阿桂、丰昇额，参赞海兰察、额森特，领队大臣奎林、和隆武、福康安、普尔普，并择其余劳绩茂著之人及军机大臣舒赫德、于敏中、福隆安等至坐前，亲赐卮酒，以示优眷）。疡瘢著处恫关切，念此何敢耀武吾？美诺重征得重易，勒围多战信多劳（初攻犟拉，虽经岁始平，及收复美诺诸境，则未旬日而藏事。至促浸则层层险阻，赖阿桂不惮艰瘁，将士奋勇宣劳，每因难以奏绩，前后不啻百战）。

诅予陇蜀无已望，念彼孽芽有籍韝。资哩卡了消雪窟，木思西里化冰嶤。而今都是光明境，屯戍相将事桔橰。上将归来是近臣（阿桂、丰昇额俱军机大臣兼领侍卫内大臣，其余亦在御前乾清门行走者多），国朝家法万年循。解兵笑彼一杯酒，示译欣兹满座春。夷乐宁须闹傀儡？俘歌合此奏童倛（阿桂等所俘番童有习锅庄及斯甲鲁者，即番中傩戏也，亦命陈之宴次）。鸿勋集矣雨旸若，祇恐骄生志倍寅。紫光阁峙液池边，为写战图廊展前（紫光阁壁间旧列西师战图已满，昨岁展拓前楹以备绘金川战绩，命将军等具稿以进，择其事最大战最伟者绘之）。幸矣竟如操左券，嘉哉所赖掌中权。扬威摅险重无藉，橐剑弢弓合有然。五载劬劳信不易，一为欢喜一为怜。伊犁回部早成勚，又勒画图新旧分。诅我佳兵不知戢？奈其伏莽敢忘勤（索诺木济其父恶，蚕食邻封，与僧格桑狼狈为奸，背恩反噬，不得不声罪致讨。今幸成功，而追忆艰险，不啻痛定之思矣）。频思旧绩翻因戚，多出翘才继以欣（平定伊犁回部时所绘一百功臣，今存者不过十之一二，抚念慨然。今所绘功臣中世家子弟及新进之人颇不乏翘材，则又为之欣幸云）。湛露采薇重赋罢，益钦保泰敢云云。

此诗亦由乾隆帝亲笔题于《紫光阁凯宴将士图》上，但是略去了诗中的注释。从这首诗的注释中可以看出，阿桂等回军之时，不仅遵旨将大小金川的头人及其家属解送北京安插，而且带回了专习歌舞的"番童"，在紫光阁的庆功宴上就表演过川西藏族的"锅庄"舞及"斯甲鲁"（歌舞），具有地方民族特色的"锅庄"和"斯甲鲁"进入了清朝宫廷。香山金川藏人的后裔相传祖上过年节要专门进宫表演歌舞，显然是有根据的，表现的歌舞自然也就是这锅庄和斯甲鲁了。

随着第二次金川之役后住在北京的金川藏族人增加，清朝政府感到有必要对他们单独编组，以便管理。在管理少数民族事务的理藩院的档册《钦定回疆则例》第五卷中有如下记载：

原例

驻京番子等编为佐领入旗学习当差

一、乾隆四十一年大学士等议定,现在驻京之两金川番子共计男妇一百八十九名口,照依乾隆二十五年将驻京之回子编为佐领之例,编为一佐领,入于内务府正白旗,为内务府及理藩院所属,与包衣管领一体,定为骁骑校一员,领催四名,马甲额缺七十名。由包衣佐领下马甲内令占三十五缺,俟有缺出裁汰外,另添设三十五。暂于包衣佐领下拣派骁骑校一员、领催二名、写档传事马甲三名,带领番子佐领下之骁骑校、领催等,教办佐领事务。此七十名马甲钱粮米石,暂行不必分给,贮于公所,另派信实妥善包衣官一员,将伊等银米撙节办理,养赡伊等,于每年年终报销,内务府查核。俟过数年,伊等晓事之时,再将此项包衣官员骁骑校等兼摄代办之处停止。伊等内有银匠、木匠、写字人四名,刻字画佛像喇嘛二名,共番子六名,交中正殿造办处,与京城匠役等一同学习行走。仍交内务府大臣等,于伊等内酌其明白去得者,拣派同本处马甲学习当差。伊等住房交管理健锐营大臣于香山附近地方令其自行建造碉楼,其工食动用健锐营公项支给。伊等内既暂不得可用之人,于包衣官员内拣选妥善者带领引见补放佐领,俟伊等内有能办事者,再以番子等补放。其佐领图记,交礼部照例铸给。

再现有留京能唱番曲、跳郭庄之番子二十八名,与前次留京番子杨苏等十一名,亦皆入于此佐领下,将现在杨苏等所食马甲钱粮十一副,亦作为此佐领之缺。

原例

香山居住番子等由健锐营约束管理

一、乾隆四十一年奉

上谕:香山安插之两金川番子,自应令健锐营就近约束管理,所有新设之番子佐领一缺,已令该营前锋章京书臣补授。其旧有之番于所占内务府甲缺十一副及应得饷米,俱著统归该佐领办理,以昭画一钦此。

以上两处记载说明,乾隆四十一年(1776年)清朝将被押送到北京的大小金川藏族189人编为一个佐领,归入内务府正白旗,加上唱番曲、跳锅庄的28人以及第一次金川之役后留京的修筑碉房的11人,该佐领共辖金川藏族228人。他们归入旗籍,成为内务府三旗中的旗人。"佐领"满语为"牛录额真",为清朝八旗的基本行政单位，清太祖努尔哈赤时曾规定 300 编为一个佐领，佐领负责管理属下的户籍、田宅、兵役、诉讼等。乾隆二十五（1760 年）年将平定新疆大小和卓木之乱时投降的回众（维吾尔人）编为一个回人佐领，在西长安街路南设回营一所以居之，回营之西建礼拜寺，金川藏族佐领即是仿其编设。不过金川藏族佐领的住房是在香山附近，由管理健锐营大臣指定地方由健锐营公项支给费用，令其自行建造碉楼，实际上就是在香山形成了一个金川藏族村，这大约是因为香山的地形气候比较适合金川藏族居住的缘故。香山的金川藏族佐领设骁骑校一员，催领四员，应在藏人中择人担任，由于暂时没有适宜的人选，所以先由健锐营前锋章京书臣担任。在初建阶段，还由内务府包衣佐领下拣派骁骑校一员、领催二名、写档传事马甲三名教办藏族佐领事务。另外还派包衣官一名管理藏族佐领的粮饷银米。这大概是因为藏族佐领的原先的十一副马甲钱粮名额及后加的七十副马甲钱粮名额都是从内务府拨出的，所以藏族佐领在财务及人事上由内务府包衣佐领代管，又由于金川藏族建筑碉房及居住在香山，与健锐营关系较近，所以乾隆帝又命健锐营就近约束管理。

既然金川藏族佐领由内务府提供马甲钱粮，所以同时也必须在内务府当差，从档册看，当时当差的种类有：唱曲跳锅庄的二十八人，健锐营修筑碉房的杨苏等十一人，中正殿造办处与京城匠役一同服劳的银匠、木匠、写字人四名，画佛像刻字喇嘛二人。这是有专门技艺特长的，其他人则由内务府大臣分派学习当差，具体干什么活则不清楚。

除此之外，金川藏族佐领似乎还有担任口语翻译的职责。《回疆则例》还记载：

番子朝觐来京传用通事
一、各省番子土司官员等袭职等事照旧由兵部办理外，至土司官员等进贡请安轮班朝觐各事宜，均归理藩院照回子例办理。遇有翻译番子字，即责成唐古忒学生出身之笔帖式二员承办，所需通事，行文健锐营在于驻京番子内择其明白晓事、汉语好者，咨调二人充当通事。

以上所记的香山金川藏族佐领是不是包括当时在京的全部藏族人呢？大约也不是，可能还有一些零散人员编入了其他旗分或部门。《回疆则例》中就有将藏族通事札克塔尔阿斋、阿甲之家口入于内务府镶黄旗的记载：

原例

番子通事札克塔尔阿斋、阿甲之家口入旗

一、乾隆四十二年奉

旨将番子通事札克塔尔阿斋等作为蓝翎侍卫交内务府，将札克塔尔阿斋等家口并前次所来以千总用之番子通事阿甲等家口俱入于该衙门镶黄旗管领下管理。

四

通过对以上史料记载的考查，我们清楚了清朝在两次金川之役的战争中都曾将部分投降的金川藏族迁移到北京，特别是乾隆四十一年（1776 年）迁来的人较多，以至清朝专门将他们编为一个佐领，归入内务府正白旗，并指定他们在香山建筑碉楼居住，由健锐营就近约束管理。这些金川藏族人带来了他们的语言、习俗、歌舞、建筑碉楼的技艺等，具有自己鲜明的文化特点，至今虽然已经过去了 200 多年，但香山的藏式碉楼依然有遗存，香山藏族人的后裔中还流传藏族的歌曲，这是值得我们注意的民族文化现象。

至于有的专家依据解放初期这些香山藏族人的后裔曾自己说是苗族的后代，因而肯定他们是苗族的后裔，自然需要进一步调查和研究史料来判断是非。不过需要附带提及的是，将金川藏族误为苗族者，以往并不罕见，例如流传很广的印鸾章编的《清鉴纲目》即称大小金川"番民居焉，亦苗种也"。现在不应用这些推测来判断，而应依据仔细的调查和大量的史料来研究问题，才能使我们的研究符合历史实际。

香山藏族编设佐领定居之后的情形，应该在内务府的档册中有所反映，对现今香山藏族的后裔的调查访问也进行得很不深入，这两方面笔者都没有条件继续探讨，因此只能希望这篇文章能起到一点引玉之砖的作用，希望有条件的同志继续深入研究，更好地弄清有关香山藏族人的问题。

北京的藏文文献

白希菊[*]

藏文是一种源于印度的辅音音素文字，即一种在文字体系中以辅音为主要成分的音素拼音文字。在字母表中把辅音字母和元音字母分别排列，元音字母不能独立书写，要加在辅音字母的上面和下面。这是一种源自印度的辅音文字观，自成一种类型的字母拼音文字体系。

而古代藏文文献载体从金石等材质发展到纸质，其间经历了千百年的漫长岁月。藏文古籍载体主要有以下几种：

其一，刻铸载体。所谓刻铸文献是指用凿等工具在石、木上雕刻而成的石刻文献、木刻文献以及金属铸造而成的铭文文献。其中，石刻文献在藏文文献中当属较早的文献之一，它又包括摩崖石刻、片石石刻、石碑和玛尼石刻。

其二，书写载体。书写载体有木简、树皮、皮、墙壁、陶器、绸缎、贝叶和纸质。

其三，印刷文献。藏文古籍中的印刷文献主要以木刻印刷为主，材质主要有藏纸、布、纱、藏绸等。

藏文文献内容丰富，涉及面广。它是我们中华民族灿烂文化的重要组成部分，也是千百年来藏族人民智慧的结晶，同时还是中华民族共同的精神财富。藏文文献历史悠久、卷帙浩繁、门类繁多，涵盖了政治、历史、宗教、天文、历算、医学、语言、文学、艺术、民俗、经济等内容，有着极其重要的价值和意义。藏文文献主要分布在西藏、青海、甘肃、四川、云南以及北京等地，本文主要论述的是北京市藏文文献的现状。

---

[*] 白希菊，藏族，中央民族大学民族学与社会学学院 2015 级民族学硕士研究生。

北京市的藏文文献出版与收藏具有悠久的历史，这与历代朝廷对西藏地方的政策有关。自元以来，各朝都在北京收藏和出版藏文文献，用以促进藏族文化的交流。尤其是中华人民共和国成立以来，党中央在藏文文献的收藏、利用、保护以及促进藏族文化发展方面，均给予了高度重视。

一、北京市藏文文献的历史渊源

北京市的藏文文献的源头应该始于元代，在八思巴任元朝国师期间，在北京（当时称大都）翻译和出版了大批藏文文献典籍，如:《金刚经》（藏汉对照本）、《八千颂》、《妙法莲花经》等。永乐年间，在南京出版了第一部刻板（一说铜板，一说木板）藏文大藏经《甘珠尔》部。这部刻板书的问世，对整个藏族文化有着极其重要的意义。因为在此之前，藏区只有少量雕版技术，而藏区大规模的雕版印刷是在这部书问世之后开始兴起的，故其影响力极大。明朝时期除刊刻藏文《大藏经》之外，还刻印了大量藏汉文对照的经典，如《妙法莲花经》《金刚经》等。

到了清代，在北京刊刻印刷藏文佛经成为一种时尚，风行于北京城里，究其原因可能首先是出于政治目的，其次才是信仰。据历史资料记载，当时的刻版印刷所应该有数十处，其中最著名的有嵩祝寺天清经局、文成堂、官方刻经处等处。嵩祝寺为清代章嘉活佛的驻锡之地，倍受清朝重视。康熙三十二年（1693 年），二世章嘉活佛阿旺罗桑却丹（1642—1715）应召进京，驻锡法源寺，在该寺讲经传法，并主持刊刻藏文佛经。三世章嘉活佛若必多杰（1717—1786）应召进京后，于乾隆七年（1742 年）在法源寺将藏文《甘珠尔》译为蒙文，并主持刊刻藏文、蒙文和汉文佛经。此后该寺一直由格鲁派僧人主持，故寺内除刊印一般藏文和蒙文的公共佛经外，主要还刻印格鲁派的藏文、蒙文佛经以及世俗图书。佛经印刷后除分藏于北京的雍和宫、广济寺、法华寺、颐和园、故宫、普济寺、东黄寺和西黄寺之外，还分赐予入京朝贡的西藏、青海、甘肃、四川、云南和蒙古族地区的藏传佛教僧俗官员。其中东黄寺和西黄寺被清廷指定为达赖喇嘛和班禅额尔德尼两大活佛贡使入京朝贡时的驻锡地，两寺几经扩建，规模宏大。乾隆四十七年（1782 年）年底，又在西黄寺西侧兴建清净化城塔院，在京城内形成了极其浓厚的藏文化氛围。在这几座寺里收藏了大批极其珍贵的京版和藏区版的各类藏文图书及文物，可遗憾的是在鸦片战争和八国联军侵略北京期间，被侵略者洗劫一空，现在空无一物了。

到了民国，印刷技术逐步从刻版、石印，转向了铅印技术。随着铅印技术的兴起，藏文铅字出版物大量出现，对藏文化的传播和发展起到了较大的推动作用。到1949年北京和平解放后，北京城内各大佛教寺庙、图书馆、博物馆保留下来的藏文图书未遭战火之灾，完整地保留下来，成为北京独有的藏文文献珍品，为现在藏学研究的事业发挥了重大的作用。

二、北京市藏文图书典籍的馆藏概况

北京市现所藏的藏文文献，从数量看，十分可观。其主要分布在国家图书馆、故宫博物院图书馆、民族文化宫、中国藏学研究中心等单位机构。

1. 国家图书馆

中国国家图书馆是中国最大的图书馆，旧称北京图书馆，是世界五大藏书过千万册的图书馆之一。1988年建成的这座新型的、现代化的新馆，坐落在北京图书馆原址以西的西郊紫竹院北侧。这是我国、也是目前亚洲地区最大、藏书最多的图书馆，也是世界上著名的大型图书馆之一。其前身是1909年4月24日清政府筹集的京师图书馆，主要用于收藏善本书等古籍，馆址在什刹海广化寺（鼓楼西鸭儿胡同内）。辛亥革命后由北京政府教育部接管，1912年8月27日开馆，正式接待读者。1928年改名国立北平图书馆，馆址迁到中南海居仁堂。1931年于北海公园西侧建成宫殿式新馆，因馆内藏有文津阁的《四库全书》，馆前街名称作文津街。这里环境幽美，明代时是著名的玉熙宫，明末时是皇家的别院。1951年更名为北京图书馆。1988年12月12日经国务院批准，北京图书馆更名为国家图书馆，对外称中国国家图书馆。1999年4月16日江泽民同志为国家图书馆题写馆名。

该馆目前收藏有26种中国少数民族文字古籍，共10多万册件。其中最多的是藏、蒙、八思巴、西夏、女真、回鹘、察合台、东巴、彝、傣、满等文种的古籍。收藏少数民族古籍始于1909年，当时清政府筹备京师图书馆时将内阁大库40多箱满文图书拨交图书馆，后来殖边学校又赠送四五箱满蒙文图书，自此国家图书馆便开始收藏我国各少数民族文字古籍。

该馆的民族语言部收藏有藏文古籍3000余函，吐蕃敦煌写经200多卷。有南京明刻版、北京嵩祝寺版、德格版、八邦寺版、塔尔寺版等，囊括了藏族的历史、宗教、语言、医学、历法、建筑、艺术等学科的古籍。藏文古籍以刻本为主，有明、清、民国刊本，部分为解放初期从德格、八邦寺购买的古籍。其中有珍贵的北京版藏文《大藏经》和抄本数百函。

2. 故宫博物院图书馆

故宫博物院是位于中国北京市故宫内的博物馆，1925 年 10 月 10 日在原明清皇宫紫禁城的基础上建立故宫博物院，位于北京中轴线的中心，始建于明成祖朱棣永乐四年（1406 年），永乐十八年（1420 年）落成。1961 年，经国务院批准，故宫被定为全国第一批重点文物保护单位。1987 年，故宫被联合国教科文组织列入《世界文化遗产》名录。

故宫博物院图书馆以清宫旧藏明清古籍为主，是以清代皇室藏书为基础建立起来的文物博物馆专业性图书馆。抗日战争时作为"古物南迁"的善本、珍本图书有 1334 箱，总计 157602 册又 693 页，其后被运至台湾。1949 年以后，不断购进和接受私人捐赠图书，现有藏书 50 余万册。古籍图书有清内府刻本（殿本）、抄本、明清坊刻、家刻本等珍贵版本。内容以史志、天算、金石、书画、佛经和历代诸家文集为主。除大量汉文书籍外，还有一批满、蒙、藏、回文书籍。该宫的图书馆和故宫保管处，均收藏有藏文古籍和藏文档案，两处的藏文藏书约有 2000 函，档案卷宗约 2000 件，其中乾隆三十五年（1770 年）的藏文大藏经《乾隆御制甘珠尔》是磁青纸泥金写本，共 108 函，经板、捆书绳、包书布、页码和卷册完整无损，每函首页均为贴锦木板，有精美的插图和珍珠璎珞装饰，共用了 14364 颗珍珠，是价值连城的珍贵版本和文物。馆内有的古籍和卷宗尚未整理编目。

3. 中国民族图书馆

中国民族图书馆是一所全国性的民族专业中心图书馆，1959 年 9 月建成开放。原为民族文化宫图书馆，1989 年 4 月经中华人民共和国国家民族事务委员会和文化部批准，改称中国民族图书馆。中国民族图书馆在北京民族文化宫内的花园式庭院之中，馆舍面积 2700 平方米，有近百个阅览座位，并拥有国内少见的封闭式书库。

建馆后向全国各少数民族地区收购和接受捐赠了大量民族图书、文物。该馆现有藏书 50 多万册，以汉文和民族文献为主，外文文献为辅。民族文字古籍 17 万余册，其中有不少国内外罕见的各种民族文字写本、刻本、金石拓片、舆图，以及年代久远的贝叶写本等。文种包括蒙古、藏、维吾尔、哈萨克、朝鲜、彝、水文等 24 种文字。藏文古籍 3200 函，其中有珍贵的抄本 1000 多函，孤本 500 多函。版本有明、清和民国刻本，以及抄本。这些古籍中有《红史》《萨迦班智达·贡噶坚赞传》《萨迦世系史》《拔协》《医药十八支及医疗法宝》，以及梵文贝叶经《妙法莲华经》《菩萨地》等 259 函，均为世界级善本。1990 年，编制完成《馆藏藏文典籍目录〈文集目录〉》，并于 1997 年出版，共 3 巨册，收 180 家文集，附子目和作者简介，查询十分方便。该馆各种目录齐全，便于查阅和检索。此外，蒙文《成吉思汗格言》、彝文《西南彝志》、水族的《水书》、西夏文佛经等都是极其珍贵的民族古籍。

4. 中央民族大学图书馆

该馆成立于 1951 年，成立之初，北京各大图书馆、博物馆和社会名流，都捐赠了大批图书，其中就有部分藏文古籍。20 世纪 50 年代中后期，从四川省德格县德格印经院购进一批古籍，1000 余函。1957 年，西藏上层人士进京开会，赠送了数百函古籍。现在该馆内藏有图书 198 万余册，其中纸质图书 150 万余册（全校总计纸质图书 165 万余册，其中院系纸质图书 15 万余册）、电子图书 48 万余册。线装古籍 22 万余册，旧平装 3 万余册，其中藏文平装书 2.04 万册，藏文古籍 2000 余函。藏文古籍中有珍贵的纳塘版《甘珠尔》，精抄本《多仁班智达传》《热琼巴传》，精刻本《达赖喇嘛传》《大宝伏藏》《布顿传》《宗喀巴三师徒传》等。除纳塘版外，还有拉萨版、德格版、萨迦版、北京版、拉卜楞版等。该馆各种书目完备，在国内外有一定知名度。此外，该校博物馆、藏学研究院均有藏文文献近 2000 册。

5. 中国藏学研究中心图书馆

中国藏学研究中心图书馆于 1986 年 5 月 20 日在北京成立。虽然该馆设备、条件远不如其他图书馆，但在搜集资料上颇下功夫，先后从全国各藏区搜集并购置了约 2000 函的藏文典籍，其中藏文《大藏经》版本有北京版、拉萨版、德格版、卓尼版、纳塘版和阿央活佛整理的手抄本《苯教甘珠尔》、满金拉色活佛整理出版的手抄本《苯教甘珠尔》、西藏古籍出版社整理出版的手抄本《苯教丹珠尔》、四川阿坝出版的《苯教甘珠尔》等。是收藏 1990 年以来新版藏文图书较多的图书馆之一。

6. 雍和宫藏经楼

雍和宫为皇家佛堂，其传承属藏传佛教格鲁派，历来受到朝廷的重视，珍藏有嵩祝寺、章嘉活佛和朝廷赠送的藏文古籍，约有 4500 函。其中有许多清代早期的刻本，如：《三师徒文集》《章嘉传》等。解放后一直受到国家的保护，故该寺图书没有任何损失。由于僧人管寺，对编制目录不大重视，至今无人整理编目。

7. 中国藏语系高级佛学院图书馆

中国藏语系高级佛学院由十世班禅额尔德尼·确吉坚赞大师和中国佛教协会原会长赵朴初先生发起倡办，经党中央、国务院批准于 1987 年 9 月 1 日成立，是一所以藏传佛教为特色的佛教综合院校，是当代中国藏传佛教的最高学府。该馆以收藏藏文图书为主。自 1987 年以来，购买、受赠的藏文图书共有 5000 余册，其中有 1980 年后的新版藏文古籍 1600 余函，有部分民国刊本，藏文平装书 3000 余册，有系统目录可供检索。

8. 民族出版社图书馆

民族出版社是我国唯一的国家级民族出版机构，1953 年 1 月 15 日，经周恩来总理批准成立。出版民族语言文字、民族历史、民族文化遗产等方面的图书，出版面向民族地区读者的社会科学与自然科学读物及相关音像制品。民族出版社藏书 10 万册，其中藏文古籍 200 函，藏文平装书 2200 余册。有系统目录可供检索。

9. 中国社会科学院民族研究所图书馆

于 1957 年建馆，藏书 41 万册，珍善本图书 1 万多册，古籍线装书 8 万册，少数民族文字版的图书 2 万多册，以及有关民族学的录音带、录像带、幻灯片、照片、缩微胶卷等。其中有明清时期的手绘典籍《苗图》，满文抄本《钦派大臣与俄国使臣交涉尼布楚国境记录》和《尼山萨满传》。藏文平装书共 1200 册，藏文古籍 1300 函。古籍中大部分为德格版，部分为北京嵩祝寺版和甘南版。各种图书均已编制系统目录，供读者查阅。

10. 法源寺藏经楼

该寺收藏有 1949 年以前的藏文古籍 1000 余函，其中有藏汉对照本，也有藏汉蒙满四语对照本。内容以佛经为主，版本主要是嵩祝寺刻本。该寺最珍贵的古籍是西藏纳塘版藏文大藏经《甘珠尔》和《丹珠尔》部，共 300 余函，经板、捆书绳、包书布、页码和卷册完整无损，书品极好。每函首页和末页均为贴锦木板，有十分精美的插图。此套《大藏经》在版本学、文献学、宗教学等方面具有极高的学术价值和文物价值。

11. 中国社会科学院少数民族文学研究所图书馆

于 1980 年建馆，收藏图书数十万册，其中藏文藏书 400 余册。此外，该所格萨尔研究室从 20 世纪 80 年代开始搜集关于《格萨尔王传》的各种资料，并成立资料室。该室搜集有 50 多部藏文《格萨尔王传》的抄本、刻本，以及 200 余册有关格萨尔的图书和其他资料，成为研究《格萨尔王传》的资料中心之一。

12. 中国民族语文翻译中心图书馆

1955 年 12 月 12 日，经周恩来总理批准，中央民委（现国家民族事务委员会）翻译局在北京成立。1974 年 2 月，周恩来总理再次批准，在中央设立一个少数民族语文翻译专门机构，民族语文翻译局的筹建工作由此全面展开。1978 年 11 月 9 日，中央马列著作毛泽东著作民族语文翻译局在原中央民委翻译局的基础上正式成立。1991 年，中央马列著作毛泽东著作民族语文翻译局更名为中国民族语文翻译中心。2003 年，经中央机构编制委员会办公室批准，翻译中心在全国党代会和全国 "两会" 等重要会议期间，同时使用 "中国民族语文翻译局" 名称。收藏藏文图书 5 万册，其中藏文古籍 120 余函，藏文平装书 2500 余册。有系统目录可供检索。

13. 中国第一历史档案馆特藏部

中国第一历史档案馆是专门保存明清两代中央国家机关档案及皇室档案的国家级档案馆，馆藏档案 1000 余万件，共 74 个全宗。明代档案 3000 余件，主要是天启、崇祯时期的兵部档案，也有少量洪武、永乐、宣德、成化、正德、嘉靖、隆庆、万历、泰昌时期的档案。清代档案占绝大部分，内容涵盖了清代的政治、经济、军事、文化、农业、工业、外交、科技、教育、宗教等诸方面。大部分为汉文档案，约 1/6 为满文档案；蒙文、藏文等少数民族文字文献和档案数千件。图书目录尚未编制完成。

三、北京市藏文文献的出版业概况

1. 民族出版社藏文图书编辑部

党中央为了解放新疆、西藏等少数民族地区，于 1949 年 12 月在北京建立了民族印刷厂，并从翌年开始，用铅印技术印刷和出版蒙、藏、维、哈文的《中国人民政治协商会议共同纲领》《民族区域自治纲领》等政策文件及少量的毛泽东著作单行本，并以藏文出版若干民族政策文件。1953 年，在国务院民族事务委员会的关怀下，在京成立民族出版社，负责出版蒙、藏、维、哈、朝等民族文字的各类图书。是年以出版少数民族文字的教科书及一般通俗读物、民族干部读物和一些急需读物（指地方出版社不能出版，急需满足实际的图书）为主，共出版藏文图书 16 种、画片 10 张；1954 年主要翻译出版了党和国家的政策文件、政治图书、法律、语言、艺术方面的图书，共出版藏文图书 37 种；从 1955 年开始，除了出版马列主义经典著作、毛泽东著作、党和国家政策文件、宣传党的民族政策的图书之外，还出版了大量的经济、民族、语言文字、文学、艺术、历史、教育等方面的图书，1955 年至 1966 年间，共出版藏文图书 736 种；1967 年至 1976 年，由于受"文化大革命"的影响，主要出版马克思、列宁和毛泽东的著作、语录和政治宣传图片；1976 年至 1979 年，除了出版国家领导人著作之外，还出版部分《人民日报》特约评论员的小册子。1979 年秋，全国进行改革开放，结束了极"左"路线的干扰，迎来了社会主义全面发展的春天。1980 年至 1992 年共出版藏文图书 619 种；1993 年至 2000 年，共出版藏文图书 358 种。据不完全统计，民族出版社从成立至 2000 年，共出版藏文图书 2175 种，其中马恩列斯著作 68 种、国家领导人著作 291 种、政策文件 137 种、哲学（宗教）64 种、社科总论 6 种、政治 418 种、法律 57 种、经济 47 种、民族 64 种、文化教育 67 种、语言文字 97 种、文学 191 种、艺术 314 种、历史（地理）126 种、科普读物 82 种、综合性图书 146 种。

2. 中国藏学出版社

该出版社成立于 1986 年 12 月 29 日，隶属于中国藏学研究中心，主要任务是出版发行藏、汉文的各类藏学专著、丛书、古籍、史料、图册及其他与藏学有关的书籍。从 1986 年建社至 2000 年，共出版各类图书 229 种，其中藏文图书 115 种，汉文图书 114 种。该社出版的精品图书有：《中华大藏经丹珠尔》（藏文版对勘本）。该书由中国藏学研究中心数十名藏学家组成的"藏文《大藏经》对勘局"校勘整理，为国家"七·五"重点项目，全书 150 册。此项出版工程耗资巨大，是世界藏学出版史上的壮举，也是藏族文化史上的一件盛事。《五明精选丛书》（藏文版）。此套丛书是精选藏文古籍中的诗学、医学、历法、哲学、声韵学、宗教学等大小五明学科的内容汇编而成，现已出版 20 余种。《藏族学者文集》（藏文版），此文集是当代藏族学者撰写的各种具有较高水平的藏文论文集。《苯教文献集成》，是由著名苯教学家才仁太主编，已出版 4 部。该社出版的书籍中 95% 以上都是以藏族文化为主要内容的文献、档案和学术著作。

3. 中国民族语文翻译中心藏文部

该机构于 1974 年在北京成立（原名"少数民族语文翻译局"），其主要任务是翻译马克思、恩格斯、列宁、斯大林、毛泽东等人的著作，全国人民代表大会和中国人民政治协商会议的会议文件，党和国家的重要文献、重要政策法规等。此外，还翻译和编写文学、历史、文化、法律等方面的论著。

4. 中央民族大学出版社

该出版社于 1985 年在北京成立，主要出版中国少数民族各方面的汉文图书和民族院校的教材，同时出版一些少数民族文字的学术论著，近年出版了《拉萨口语会话手册》《藏文文法》《西藏法典》《语言学概论》（译著）、《历辈达赖喇嘛和班禅额尔德尼年谱》《藏历精要》等藏文图书。

除以上出版社之外，北京的其他出版社也经常出版和发行一些有关藏族文化、历史、风情等方面的汉文图书和英藏汉对照的大型图册，例如：《西藏木刻艺术》《布达拉》《西藏》《古格王朝遗址》《珍宝》《中国藏传佛教白描图集》《西藏艺术》《藏传佛教金铜佛像图典》《西藏脱模泥塑》《中国西藏阿里东嘎壁画》《藏传佛教艺术》等。

四、北京市藏文文献的杂志类

1.《民族画报》

其于 1955 年创刊，月刊，以汉、蒙、藏、维、哈、朝 6 种文字出版。该报的主要任务是：报道我国少数民族地区的政治、经济、文化教育等方面的建设成就，介绍 56 个民族的社会生活、风土人情、名胜古迹、自然风光、民族文化、优秀人物，宣传党的各项方针政策，传播科技知识和民族文化，加强和增进各民族人民之间的了解、团结。其中刊登了数千幅有关藏族社会历史、宗教、文化、民族等方面的珍贵图片和相关文字。

2.《中国藏学》

《中国藏学》是由中国藏学研究中心主办、中国藏学杂志社编辑出版的社科类学术期刊。现有汉、藏、英 3 种文版。其中，汉、藏文版 1988 年正式创刊，季刊；英文版 2003 年创刊，半年刊。其所刊内容包括政治学、经济学、人口学、宗教学、历史学、考古学、人类学、民族学、民俗学、教育学、语言学、文字学、藏药学、民间文学、环境科学、文学艺术等，涉及藏学研究的各个学科和众多领域，充分体现中国藏学界的最新研究成果，展示中国藏学研究工作的最新走向。

汉文版另有《动态与信息》《新书简介》《新书浏览》《最新相关资料要目索引》等反映藏学界学术动态的固定栏目。

3.《中国西藏》

于 1990 年创刊，季刊，现有藏、汉、英 3 种文版，是中央统战部主办的综合性刊物。

此外，经常刊载藏族文化的汉文杂志也有如下几种：《民族团结》《民族译丛》《民族语文》《民族研究》《中央民族大学学报》《民族教育研究》《民族古籍研究》《民族博览》《法音》《佛教文化》等。

五、结语

北京作为全国政治、经济、文化以及国际交流的中心，高校林立，文化机构众多，历史文物古迹和人文景观分布广泛。少数民族古籍文献历史悠久、卷帙浩繁、门类繁多。元代以来，朝廷组织相关人员翻译和出版了大量的藏文典籍，到了明清、民国时期，各个皇家寺院收藏和印刷了大量的藏文文献，特别是新中国成立以后，建立了众多院校、科研单位以及各类图书馆，这些单位也都搜集和整理了大批的藏文文献，为我们的历史研究和藏学研究做出了突出的贡献。

了解北京市藏文文献的现状，对于我们这些学习和从事藏学研究的学生和研究员来说具有重要的意义和价值。第一，藏文文献典籍是中华民族灿烂文化的组成部分之一，是藏民族千百年来智慧的结晶，也是藏民族重要的精神财富。第二，藏文文献是相关研究人员和学者从事藏学研究的重要史料和资料。同时，它也是集藏民族社会历史价值、文学艺术价值、文物价值和使用价值于一体的、宝贵的文化遗产。第二，它是藏文文献学研究和发展的主要对象。目前，国内对藏文文献资料的分类还没有形成一致的看法，大家各有各的想法，各有各的见解。笔者认为，我们应该在现有的文献资料分类的基础上，对其进行进一步的整理编译、研究撰述、编辑出版等一系列配套工作，促进学界对藏文古籍文献的整理研究。

北京藏传佛教寺院分布及其特点

琼 英[*]

佛教传入西藏并不是一蹴而就的，从佛教的传入、传播到最后在青藏高原地区深深扎根所经历的岁月在众多藏族知识精英所撰写的史料中，都有详实的记载。从吐蕃赞普拉托托日年赞时期的"隐形"传入到赞普松赞干布时期的正式传入，之后在赤松德赞和赤热巴巾时期得以广泛传播。但是，在这个时期，佛教只是在上层社会和知识精英阶层人士之间传播，并没有树立坚固的群众基础。这就使得佛教在吐蕃最后一个赞普朗达玛时期遭到了毁灭。其后是两个世纪之久的战争，百姓的生活无法得到安宁，使佛教再度复兴成为可能。复兴之后的佛教就成为藏族人民的精神信仰，寺院成为人们的心灵得以"休憩"的一个神圣场域。

藏传佛教作为一种实体存在，非寺院莫属。公元 779 年，在卫藏地区建立了第一座藏传佛教寺院——桑耶寺。在此之前，吐蕃赞普松赞干布迎娶尼泊尔赤尊公主和唐朝文成公主时就有史料记载建立了大昭寺和小昭寺，但是，在藏族宗教史料中，第一个真正意义上的藏传佛教寺院是桑耶寺。因为在桑耶寺建立之后，才有了藏族的第一批出家僧人（七试人或七觉士），以及佛像和翻译的经书，才俱全所谓藏传佛教的佛、法、僧三宝，因此才称其为第一个藏传佛教寺院。吐蕃赞普朗达玛与其他反佛的苯教势力一同抑制佛教，使佛教遭到了前所未有的破坏，寺院被关闭或者被改为屠宰场等。藏传佛教复兴后，寺院开始在康区纷纷建立，最后分布到整个青藏高原地区。从区域分布上来讲，寺院在佛教前弘时期只是集中分布在卫藏地区。但是，到了后弘时期，寺院经历了一个从康区、安多两地传播分布到卫藏中心的过程。从此，寺院作为藏传佛教的一个象征符号得以建立。寺院在藏区不仅仅是

---

* 琼英，藏族，中央民族大学民族学与社会学学院 2015 级博士研究生。

作为一种象征符号，还具有一种向心力的作用，可以凝聚和整合社会成员。从国内的情况来讲，藏文化作为中华民族多元文化的一个组成部分，与其他民族的文化交织融汇。而寺院又作为藏文化的象征，不仅分布在藏区，而且也分布到祖国的其他地方。本文就以藏传佛教寺院在北京的分布来看藏传佛教在北京的发展历程及其特点。

一、藏传佛教在北京

根据史料记载，北京与藏传佛教结缘可追溯到元代。为完成统一全国大业，巩固中央政权，元世祖忽必烈于1267年在金中都城东北另筑新城，九年（1272年）改称"大都"，二十年（1283年）落成。从此，大都正式成为国都。一大批藏族高僧也随之来到大都，从而把藏族文化带到了大都。元世祖忽必烈及其继承者大力推行尊崇藏传佛教的政策，在大都建造了许多藏传佛教寺庙，作为藏族大喇嘛的宗教活动场所。可以看出，寺院作为藏传佛教文化的一种载体在北京立足，其主要原因是元代统治者对佛教的崇奉，同时，它也成为治藏的政治手段及其政策。元朝时期，主要是由萨迦派高僧掌管全国佛教事务的，明清两代也遵行了有元一代的治藏政策。但是，有别于元代的是，明朝时期采取的是"多封众建"的政策，清朝时期大力扶植的是黄教教派的势力。从藏传佛教寺院的数量来看，在元明清这三个时期呈现的是一个阶梯式的上升发展趋势，直到民国时期这种发展趋势才趋于萧条态势。总之，在元代，藏传佛教传入北京，开启了藏传佛教寺院在北京立足的先河。

二、北京藏传佛教寺院的分布概况

（一）北京佛寺分布情况

藏传佛教传入北京，根据史料记载可追溯到元代时期。藏传佛教萨迦派第四祖师萨班与阔端议妥了卫藏归顺蒙古国的条件，从此卫藏纳入中国的版图。萨迦派获得元朝扶植，在卫藏地区取得了政治和宗教上的领袖地位。1264年忽必烈迁都燕京（当时称中都，1267年又建新城于中都东北，1272年名新城为大都），设总制院，掌管全国佛教事务和吐蕃地区的地方行政事务，又命八思巴以国师领总制院事。这就标志着藏传佛教开始在北京立足。至元七年（1270 年），元世祖忽必烈命建大护国仁王寺于高梁河，并请藏族高僧胆巴金刚上师（1230—1303）担任住持，普度僧员。十一年（1274 年）三月建成。同在至元七年（1270 年），贞懿皇后诏建西镇国寺。随着藏传佛教的传入及藏传佛教寺院的建立，上到皇宫贵族下到民间百姓，其日常生产和生活的方方面面都深受其影响，而且影响越来越大。藏传佛教作为国教在元代盛行，并从此在北京产生深远的影响。

佛寺在北京的建造不同于藏区，究其原因，一是佛寺在元代的建立主要是由于皇室统治者的崇奉以及政治需求；二是北京的地势和环境不同于藏区。从北京古城的建筑布局来看，藏传佛教寺庙都建在皇宫周围，位置重要，而且其体量崇宏高大，远远超过了衙署和民居，仅次于皇宫。由此看出，北京古城寺院的建立与藏区的寺院形成鲜明的对比。相同之处在于：二者在各自的社会发展中都具有重要的存在价值，都达到了整合之功能，而且从分布上来看，都是处在重要的位置，具有较高的社会地位。不同之处在于：在藏区，寺院作为城市之中心和重心，试图把文化内核通过一种"向心力"的作用向外辐射而达到整合的功能。而在北京，佛寺则是作为一种辅助手段，通过从外层向以皇宫为核心的文化中心"聚合"来达到其整合功能。

在北京藏传佛教的史料中，集中论述了佛教作为藏文化的核心在北京历史文化中的传播及发展等概况，而对寺院分布及其特点的论述并不多见。因此，本文就藏传佛教在北京的分布状况，并将之与藏区的分布情况进行比较，从而总结出其特别之处。主要侧重于从时间和空间两个维度来进行分析和探讨。从时间的维度（长短）来看，通过论述佛教寺院在新的朝代中得到认可和发展的情况，了解朝代的更迭对藏传佛教寺院造成的影响。从空间维度来看，通过掌握藏传佛教寺院在北京区域上的分布（地理位置的优劣），来进一步了解佛寺在北京历史发展过程中的地位以及其存在的历史价值。

(二) 从时间上来看

表 1　元明清时期修建、扩建的藏传佛教寺院

元代		明代		清代	
1095	白塔寺	1403—1424	五塔寺	1629	五门庙
1267—1275	双塔寺	1425	能仁寺	1645	察罕喇嘛庙（后黑寺）
1270	西镇国寺	1435	西域寺		嵩祝寺
1270—1274	大护国仁王寺		双林寺	1651	永安寺
1284—1287	崇国寺	1439	法海寺		东黄寺
1300—1308	大承华普庆寺		智珠寺		普胜寺
1305	万宁寺		法渊寺	1652	西黄寺
1308—1312	南镇国寺	1452	隆福寺	1665	弘仁寺
1318	兴教寺		护国寺	1694	普度寺
1321	宝集寺		慈恩寺	1723	福佑寺
1326	大天源延圣寺	1485	兴教寺	1721	资福寺
1329	功德寺	1512	镇国寺		福祥寺
		1547	保安寺		慈佑寺
				1725	雍和宫
					慈度寺（前黑寺）

根据表 1 我们可以看出，藏传佛教寺院在北京的建立时间主要集中在元、明、清三代。究其原因主要是，由于藏民族全民信教，宗教势力渗透到政治、经济乃至文化活动等各个领域，所以如何利用和对待宗教势力是历代朝廷治理西藏地方的关键所在。因此，元朝以藏区的这一主要命脉作为治藏策略来控制藏区。并且元朝上至皇帝及皇室贵族，下至百姓，都把佛教作为国教对待。元代时期主要扶持萨迦派势力，使萨迦派势力在藏区形成了集政治和佛教权力于一身，独揽权势的局面。明代继续有元一代的治藏政策，与元代不同的是采取"多封众建"，册封法王等措施，而不再是仅仅扶植萨迦派势力。这就使得各教派势力在得到明代统治者的扶植后均有所发展，寺院的建造数量与元代相比有了明显的变化。到清代，藏传佛教达到了鼎盛时期，与前代不同的是，清廷扶植的是黄教教派的势力。

（三）从空间布局上来看

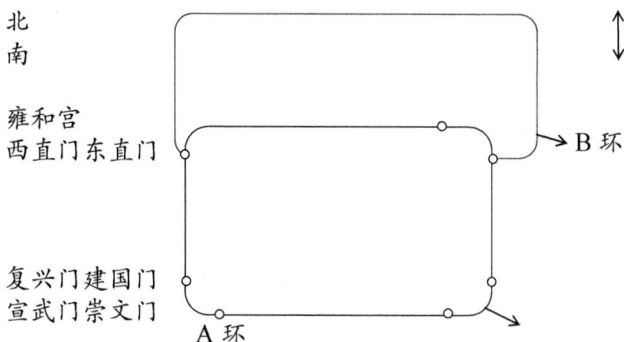

图 1　北京区域划分（东区、西区）

　　图 1 把右侧的雍和宫和崇文门视作东（南）城区，把左侧的宣武门视作西（南）城区，东（南）城和西（南）城都是围绕在皇宫周围。现今的北京城就是在 A、B 两环的基础上不断向外扩张而形成的。藏传佛教寺院在元大都的分布状态大致如下：

　　东（南）城区分布的藏传佛教寺院主要有：万宁寺、雍和宫、嵩祝寺、南镇国寺、宝集寺、隆福寺、东黄寺、普胜寺、普度寺。

　　西（南）城区分布的藏传佛教寺院主要有：大护国仁王寺、白塔寺、双塔寺、崇国寺、大天源延圣寺、大承华普庆寺、功德寺、兴教寺、西镇国寺、五塔寺、护国寺、慈恩寺、能仁寺、兴教寺、西域寺或三塔寺、双林寺、镇国寺、保安寺、法海寺、智珠寺、法渊寺、五门庙、福佑寺、永安寺、西黄寺、慈度寺或前黑寺、弘仁寺、察罕喇嘛庙或后黑寺、资福寺、慈佑寺、福祥寺。

　　从上述藏传佛教寺院的分布概况来看，寺院主要分布在北京的东（南）城、西（南）城两区。实际勘探业已证明，元大都的皇城位于全城南部的中央地区，宫城偏在皇城的东部。从图 1 来看，主要是分布在 A 环的区域范围内，与这种勘探趋于一致，藏传佛寺主要分布在南部区域中的东区和西区范围。可以说主要是围绕在 A 环（偏南）范围内，分布较为集中。元大都的园林主要分布在都城东南与西南，而尤以西南一带最为集中，究其原因，当与元大都周边水系的分布有关。由此看来，佛教寺院在当时主要是建在皇宫以及皇家园林周围的地域，这就足以说明，藏传佛教在当时具有重要的地位。

综上所述，从时间上来看，藏传佛教寺院在北京的建立时间最早可追溯到元代，经历了从元代立足、明代上升、清代鼎盛到民国萧条的一个历史过程；从空间分布上来看，藏传佛教寺院在北京的分布区域主要是在元明清各朝代的皇宫周围。元代，主要分布在中都的南部中心区域（南部的东城和西城偏南区）。明清时期，主要是在元朝时期的基础上对藏传佛教寺院进行修缮、改建、扩建的。因此，还是集中在元代分布区域范围内。民国以后，除一些著名的寺庙得以保存外，大多因年久失修，坍塌不存，或改为学校、工厂、民居而移作他用。

藏传佛教寺院从建立到后续的发展都受到了当政者的重视，同时，从人类学、民族学的视角来讲，它也是一个文化传播、民族融合的过程。时至今日，藏传佛教寺院在北京依然发挥着重要的作用，即在物欲横流的时代，给信仰藏传佛教的信徒提供一个心灵和精神得以慰藉的空间。

三、北京藏传佛教寺院的分布特点

根据以上对藏传佛教寺院在北京的分布状况的分析，我们可以发现藏传佛教寺院在北京的分布存在以下几个显著的特点：

第一，分布范围较为集中。元世祖忽必烈改迁都城到中都（今北京），并命八思巴为帝师，掌管全国宗教事务，标志着藏传佛教寺院开始在北京立足。根据上述对藏传佛教寺院分布情况的分析可知，从元代到清代，藏传佛教寺院数量有明显的增多，呈现了元代立足、明代上升、清代鼎盛及民国萧条的局面。而且建立的寺院主要集中在皇宫区域的周围。究其原因是，元代当时的都城就在西城区，元世祖忽必烈信仰藏传佛教，从一开始建立的寺院"大护国仁王寺"这一名称上就能看出，元世祖视藏传佛教为国教，并希望其能起到护国的作用。甚至从在皇城的东南西北各处都建有佛教寺院，就能看出元世祖忽必烈对藏传佛教的信仰程度非同一般。寺院都较为集中分布在皇城的周围，也与藏区的寺院作为向心力的分布格局形成鲜明的对比。

第二，藏传佛教受到历代朝廷的重视。自元代以来，萨迦派就在藏区取得了绝对的优势地位。不管是从宗教事务还是政治事务上来讲，都可以说是统领了全藏区。明、清两代大致继承了元代统治藏区的手段，即以宗教作为统治藏区的重要工具，而且根据当时具体的历史环境不断予以修正和创新，制定出了一系列行之有效的统治蒙藏地方的宗教政策。在明代，朝廷对藏采取多封众建的措施，册封达赖喇嘛、班禅的称号以及三大法王的称号。有清一代，朝廷更是对"格鲁派"青睐有加。尤其从寺院的属性来看，大多数都是皇家寺院，都是由皇家出资兴建。寺院作为得到官方授权而设立的公共机构，据此就有权得到地方官的保护。从文化上看，寺院被建构成精英的公共机构，也有义务满足全体士绅的需要，它与其说是一个社区的中心，倒不如说是一个阶层的中心。这与藏传佛教起初在藏区主要在上层社会中传播，并为其服务的形式不谋而合。但是二者产生了不同的结果，藏传佛教最终在藏民族生活中扎根并为之服务，但是在内地的传播却是随着历代朝廷的兴亡而发生变化。

第三，藏文化向内地传播。藏传佛教寺院在北京发展的历史从元代到现今已有800多年了。藏传佛教寺院不仅在元代发挥着重要的作用：皇室贵族的婚丧嫁娶等事项都要举行藏传佛教的法事活动，甚至其影响波及下层百姓的生活当中。时至今日，藏传佛教寺院在北京的影响还是不可低估的。可以说，它既是一个藏文化在内地传播和发展的历史遗迹，也是藏族与内地其他民族融合的一个见证。这场文化传播不仅使藏文化融合到了内地文化中，也拉近了各民族之间的感情。中国是一个多民族国家，藏文化作为中国文化的一个组成部分，在与其他各民族文化相互兼容并包的过程中发展，并丰富着中华民族文化的多样性。

第四，气势宏伟的建筑风格。元明清时期在北京建造寺院多属朝廷（皇家）集资行为，因此，其建筑的气势和规模都是超前的庞大和宏伟。北京现存规模最大的藏传佛教寺院——雍和宫就是典型的例证。

五、结语

藏传佛教寺院自元代在北京立足以来，就与北京结下了不解之缘。随着岁月的流逝，朝代的更迭，分布在北京的藏传佛教寺院经历了从元代立足、明代兴盛、清代鼎盛到民国到萧条的一个历史发展过程，并且在各个朝代都发挥了其特有的价值和功能，并成为统治藏区的重要手段。从藏传佛教寺院的分布区域（皇宫周围）、建筑风格以及规模仅次于皇宫来看，佛寺在当时的历史发展中地位之重要。元明清时期修建的藏传佛教寺院有些依然矗立在北京城，并形成了北京城市文化的一大亮丽的景色。现今，北京最为典型的藏传佛教寺院雍和宫就是最好的例证。藏传佛教寺院不仅作为藏传佛教的神圣场所为众生服务，而且在历史的发展过程中，它作为祖国内地宗教活动的一个重要场所，发挥着重要的统合功能。

北京市藏式风格建筑

次仁卓玛[*]

北京在元代成为国都，之后经历明、清两代，直至今日仍为国都，是中华各民族文化的交流融汇之地，承载着政治、经济、文化中心的职能。元朝结束了国家的分裂后，统一了全中国。在著名的"凉州会晤"之后，藏区回归中央王朝。藏传佛教萨迦派的八思巴追随叔父萨迦班智达来到元都，1252 年与忽必烈相遇于六盘山。忽必烈即位后，于 1260 年封八思巴为国师。

八思巴任国师期间，为以藏传佛教为核心的藏族文化与中原各民族文化的沟通与交流提供了渠道。藏传佛教由于在藏区以及蒙古贵族中的重要地位，使得元朝及其之后的王朝对之采取扶持、发展的态度。在八思巴任国师期间，藏传佛教佛塔、寺院的兴建，为藏式风格建筑日后在北京的发展奠定了基础。

至元八年（1271 年），因在辽代所建的永安寺舍利塔中发现了舍利，忽必烈敕令在辽塔遗址上重建藏传佛教白塔。尼泊尔匠人阿尼哥因深受八思巴赏识，得以主持白塔修建工作。至元十六年（1279 年）白塔建成，并迎请舍利入藏塔中。

白塔高 51 米，台基高 9 米，塔高 50.9 米。全塔由塔基、塔身、塔刹 3 个部分组成。其中塔底座面积为 1422 平方米，依次有 3 层，最下层台基设有一通道，通道连接塔基。二层及三层台基为"亚"字型须弥座。3 层台基之上为白塔基座，连接塔身及基座。基座之上为绽放状莲座，莲座之上塔身为覆钵状。塔身上半部分则为圆锥形，共有 13 节，称为"十三天"。顶上花纹铜盘的周围悬挂 36 个小铜钟。铜盘高 5 米，重 4 吨。分为刹座、相轮、宝盖等几个部分。白塔形制即源于古印度的窣堵坡式。后以白塔为中心建寺，元朝时称为大圣寿万安寺，后改名为妙应寺，

---

* 次仁卓玛，藏族，中央民族大学民族学与社会学学院 2014 级民族学硕士。

是目前北京城内最古老且保存完整的藏传佛教佛塔。

元朝广建藏传佛教寺院，为藏传佛教在北京的发展提供了条件。据《元史》记载："帝师之命，与诏敕并行于西土。百年之间，朝廷所以敬礼而尊信之者，无所不用其至。虽帝后妃主，皆因受戒而为之膜拜。正衙朝会，百官班列，而帝师亦或专席于坐隅。且每帝即位之始，降诏褒护，必敕章佩监络珠为字以赐，盖其重之如此。"① 自元朝之后，明清两代也极为重视藏传佛教。

明永乐元年（1403 年），永乐皇帝迎请噶举派黑帽系五世噶玛巴活佛得银协巴进京，并封为"万行具足十方最胜圆觉妙智慧善普应佑国演教如来大宝法王西天大善自在佛"，即"大宝法王"；永乐十一年（1413 年），永乐帝封萨迦法王昆泽思巴为"万行圆融妙法最胜真如慧智弘慈广济护国演教正觉大乘法王西天上善金刚普应大光明佛"，即"大乘法王"；宣德九年（1434 年），明宣宗敕封格鲁派释迦也失为"万行妙明真如上胜清净般若弘照普应辅国显教至善大慈法王西天正觉如来自在大圆通佛"，即"大慈法王"。

明朝时期，藏传佛教寺院有所增加，约有 10 余座。分别为：大慈恩寺、大隆善护国寺、大能仁寺、大护国保安寺、兴教寺、真觉寺等。此一时期藏传佛教寺院的建筑，仍带有印度、尼泊尔等地的风格。明成化九年（1473 年），明成祖在元代护国仁王寺内赐建真觉寺。真觉寺的金刚宝座塔按照印度佛陀迦耶精舍形式而建，建筑风格中融入印度、藏、汉、蒙等风格。

金刚宝塔分为塔座和五塔两部分，内部为砖砌，外部则用青白石包砌。整座塔分为长方形的须弥座式的石台基及金刚宝座座身。在台基上刻有佛像、梵文等纹饰。主要雕刻内容有四大天王、罗汉、狮子、象、马、孔雀及大鹏金翅鸟，以及法轮、降魔金刚宝杵、佛教八宝等浮雕图案。② 金刚宝座塔的须弥座束腰上，刻有元朝时期八思巴在中统四年（1473 年），致忽必烈的新年祝词《吉祥海祝词》。祝词为藏文、梵文上下并行刻写，自塔南向东绕塔座一周，每句 9 字或 7 字刻写，共44 句。

座身共有 5 座四方形的石塔。5 座石塔中间一尊较高，其余 4 座围绕两侧，每座石塔分层而建，每层均有石刻短檐，内刻有坐佛。塔檐部分是用白色石料仿照木

---

① （明）宋濂等：《元史·释老传》，中华书局，1976 年，第 4520 页。

② 狮、象、马、孔雀及大鹏金翅鸟，分别为五佛的坐骑。狮子是大日如来的坐骑，大象为阿閦佛的坐骑，孔雀为弥勒佛的坐骑，马为宝生佛的坐骑，而大鹏金翅鸟为不空成就佛的坐骑。

结构的塔檐雕刻而成，并且雕刻得特别逼真。在塔檐之间的每层塔身上，均浮雕有许多跌坐式佛像，5座塔身上共雕有佛像1000余尊。在塔檐的4个角上，各悬挂着一只四方形，富有蒙藏风格的铜铃。真觉寺在朝代更替中被损毁，但寺院中的标志性建筑金刚宝座塔依然保存至今。

明朝的藏式风格建筑仍延续元朝风格，以藏传佛教寺庙为主。在藏地与中原的交流中，藏地进贡品多为佛教用品及佛教造像等。而安置藏地进贡的珍贵佛像，也是明朝广建藏传佛教寺庙的原因之一。

清朝未入关前，即与藏传佛教格鲁派取得联系，并相互支持。在清入关之后，大力扶持格鲁派在藏地取得领导地位，并与藏地的联系进入空前繁盛的状态。也就是在这一时期，清朝各代帝王在北京修建多处藏传佛教寺庙。以康熙皇帝为例，康熙五年（1666年）在太液池西南岸，将清馥殿基址改建为弘仁寺，并将鹫峰寺的旃檀佛像迁移供奉于此。康熙二十七年（1668年），康熙帝敕令对妙应寺及白塔进行全面修缮，并御制碑文以纪事立功。康熙三十年（1691年）为其祖母孝庄太后祝釐，在南苑兴修了永慕寺。此外康熙皇帝还在内蒙兴建多伦诺尔汇宗寺，晚期于热河外八庙兴建的仁寺、溥善寺，并曾多次前往五台山拈香，发银帑修建"祝国佑民道场"。[①]

清朝各代皇帝不仅扩建藏传佛教寺院，并在清朝皇宫中，建造除寺院外的藏式风格建筑。在北海、静宜园、颐和园等皇家宫苑园林中也建有白塔等藏式建筑。

民国至解放过程中，中国在时代变迁的大背景下百废待兴，北京城内的藏式建筑也受到不同程度的损毁。在新中国逐渐走向正轨之后，历代兴建的藏传佛教寺庙得到修复和保护。也就在这一新时期，北京西藏大厦等藏式风格建筑拔地而起，开启了藏式风格与北京风貌相结合的新篇章。

一、寺院建筑

7世纪，佛教自印度等地传入西藏，逐渐发展为藏族社会生活中最重要的组成部分。在佛教与西藏本土宗教融合的过程中，形成了具有西藏特色的藏传佛教。为使藏传佛教兴盛发展于藏地，藏传佛教寺院的兴建随之而兴起。自元朝西藏归附中央政府之后，各代帝王对藏传佛教采取扶持发展的态度，为藏传佛教向中原传播交

① 马佳：《清代藏传佛教寺院研究》，西北民族大学2006年硕士学位论文。

流提供了基础。北京作为中国的重要城市，更是修建了多座具有时代特色的藏传佛教寺院。这些寺院建筑风格主要以藏式风格为主，兼融合有汉、蒙等建筑风格，体现了藏族与其他少数民族友好交流及文化发展的历史。

藏传佛教寺院的建筑风格，受到不同因素的影响。从地域的差别来看，可分为藏式风格、受汉等民族影响的风格。在北京、五台山等中原地区，藏传佛教寺院一般为藏汉风格结合的建筑。而藏传佛教内部各教派的差异，也导致藏传佛教寺院的建筑外观上使用的风格、涂色各有不同。[①]

在藏地，藏传佛教寺院一般建造于山麓之上，整体格局按照山势走向而建。其建造布局较为自由，寺院扎仓及大殿位于中心位置，周围围绕僧舍及各个小殿。而在北京的藏传佛教寺院，一般建造于平地之上。寺院建造规整对称，大殿及偏殿位置安排有严格的规划。

藏传佛教寺院有其独特的建筑风格。从建筑外部来说，有以下几个显著特征：金顶，建筑之上的鎏金，具有藏地特色的门窗、梁柱以及白、红等外观涂色。从建筑的内部装饰来看，寺院建筑内部的雕刻、壁画等则是重要的组成部分。

藏传佛教寺院中，扎仓及各大殿建筑气势恢宏，是整个寺院的中心建筑。这些建筑的内部空间较高。在大殿的顶部，主要采用金顶的建筑特点进行修建。早在松赞干布时期，为寺院大殿修建金顶的传统便开始流传。金顶一般采用铜铸，造型与一般屋顶相似。以斗拱做成四坡形的顶盖屋架，顶面翘首飞檐，四角飞檐饰有张口鳌头并垂有刻经铜片及铜铃。金顶屋檐上的纹饰一般为藏八宝、法轮、云纹等花纹。金顶在整个建筑中，不仅具备房檐屋顶的功效，更为整个建筑增添了别具一格的特点。

藏区的传统寺庙建筑常根据藏区的地理地貌特征，在建造过程中就地取材。例如在墙体的夯筑过程中，大量使用高原出产的黄土、阿嘎土。"阿嘎土"是高原温带半干旱灌丛草原植被下形成的土壤，经反复浇水捶打的工序后，有光滑平整的优点。寺庙建筑中的墙体一般都由阿嘎土砌筑完成，这不仅体现了藏式建筑因地制宜的智慧，同时阿嘎土夯筑的繁复也显示了寺院在藏区尊贵的地位。

墙体内部的藏式梁柱结构，是建筑内部的重要建筑、装饰部分。木柱一般为正方形、圆形、"亚"字型，扎仓等大殿内部木柱的数目一般以佛教的吉祥数字为准。

---

① 宁玛派、格鲁派、噶举派多用黄、红、黑、白色，萨迦派多用蓝色，并喜用红、蓝、白色相间的色带涂墙。

柱身多涂为红色，并装饰各种图案及纹饰，例如云纹、宝轮、火焰等。柱头雕饰复杂，色彩丰富。木梁饰有彩画及镂空木雕等花饰，色彩艳丽浓厚，与木柱连为整体，富有浓厚的宗教色彩。

在藏式寺院建筑中，壁画是建筑装饰中最主要的部分。在寺院的天井院落或是殿前回廊之中，都可见不同题材的精美壁画。壁画多采用矿石作为原料，使用时将矿石磨粉加入胶、水后进行绘画。壁画色彩丰富、笔触细腻。不同位置的彩画内容和纹样各有不同。柱头、木梁、窗框等多采用云纹、火焰纹、万字型、十字型等图案。而墙壁、回廊等壁画则多为宗教内容。常见的有释迦牟尼、宗喀巴大师的传记故事、四大天王、六道轮回图等内容题材。

汉地的藏传佛教寺院在建筑特征上与藏区存在差异，多体现出与当地建筑样式交汇融合的风格。在建筑材料的选择和建筑形制上也存在不同，但是也能看出藏式建筑风格在其中的影响。

北京的藏传佛教寺庙，根据清朝时期《理藩部则例》《清宫普宁寺档案》等档案及妙舟居士所著的《蒙藏佛教史》来看，有西黄寺、弘仁寺、嵩祝寺、福佑寺、玛哈噶拉庙、新正觉寺、普度寺、黑寺（慈度寺）、大隆善护国寺、妙应寺、五塔寺、察罕喇嘛庙、永安寺、圣化寺、雍和宫等 40 余座。

其中雍和宫为北京城中最著名的藏传佛教寺院。雍和宫原为雍正为皇子时期的府邸，清乾隆九年（1725 年）改建为藏传佛教寺院，又名"甘丹金恰林"（意为吉祥威严洲）。雍和宫在建筑风格上，既保留了明清时期皇家宫殿建筑的风格，又融合了藏式建筑的元素。

雍和宫建制规整对称，分为中路、东路、西路。由天王殿、大雄宝殿、永佑殿、法轮殿、万福阁 5 个大殿以及讲经殿、密宗殿、数学殿、药师殿等组成。寺院内高大的碑楼、石狮以及回廊、钟鼓都体现着汉、藏等多元的建筑元素。

第一进的大殿为永佑殿，黄琉璃筒瓦歇山顶样式，梁枋与屋檐之间用斗拱结构。大殿面阔 5 间，门窗使用三交六椀棱花样式，槛墙为龟背纹绿琉璃形制。法轮殿整体为汉地北方官式建筑，其内部为梁木结构，传统古建装修。大殿平面呈十字形，主殿面阔 7 间，黄琉璃筒瓦歇山顶，前后轩、抱厦各 5 间。在法轮殿正殿殿顶四边各有一黄筒瓦悬山顶天窗，殿顶及天窗顶各建有一藏族风格的镏金宝塔。在所有大殿中，法轮殿的藏式建筑风格融入尤为突出。

出法轮殿，为飞檐三重的万福阁，其两侧为永康阁、万福阁、延绥阁，三阁并列复道相通，为辽金时期的建筑风格。万福阁面阔及进深均为 5 间，整个建筑为重楼结构，屋顶采用歇山顶覆黄色琉璃瓦样式，殿内成两层阁楼状。

雍和宫大殿一般采用梁柱结构。在寺院的建筑结构上，汉族建筑特征明显的斗拱在雍和宫建筑中多有使用。斗拱，由不同形状的多个木块重叠拼凑而成，在建筑的柱顶、额枋、梁枋与屋顶之间位置使用。斗拱可增加建筑屋檐的长度，缩短梁枋跨度，分散节点处的剪力。由此之外，斗拱的外形延展，具有装饰作用。

在北京的藏传佛教寺院中，不得不提到的还有清初建立的"北坰名刹"之一的西黄寺。西黄寺始建于顺治九年（1652 年），于乾隆三十四年（1769 年）进行第二次大规模重修。五世达赖喇嘛、六世班禅在京期间都曾驻锡西黄寺，向清朝皇帝报告西藏地方政教大事。

西黄寺的寺院外观上，采用了藏式传统寺院建筑风格为基础、中原佛教寺院建筑为点饰的方式。西黄寺所包括建筑有天王殿、前院东西配房、垂花门、东西配殿、大殿、清净化城塔、后院东西配房、后罩楼等建筑。

作为北京重要的格鲁派寺院，西黄寺的琉璃黄瓦覆顶、规整对称的建筑结构，都体现了官式建筑的基本元素。在寺院内部的内饰设计中，则多采用藏式寺院内的凿壁、汉地寺院的绢墙等不同形式进行装饰。同时，核心建筑内部的群组性壁画也是建筑重要的内饰组件。壁画不仅在绘画艺术上有审美价值，其绘画主题主要体现宗教元素，具有藏传佛教特点。

乾隆四十五年（1780 年），六世班禅在西黄寺圆寂，乾隆四十七年（1782 年）在西黄寺内建清净化城塔，塔内珍藏六世班禅衣冠经咒及御赐等。由此，清净化城塔成为西黄寺内最具有藏传佛教寺院建筑特点的建筑。

清净化城塔是西黄寺塔院的核心建筑。整个塔院由汉白玉雕刻的石塔群组合而成，清净化城塔为塔群中心，雕刻尤为精美。此塔由塔基、塔身和刹杆等部分组成。在塔身设计上采用藏式建筑中的瓶形塔造型，并采用藏式建筑中常用的雕刻元素，如佛像、莲花、经文等。塔顶为藏式的鎏金宝伞样式，四隅加盖有"青白石幢"造型。清净化城塔在设计、建造过程中，备受乾隆皇帝关注。在佛塔的外部造型、浮雕内容、塔顶装饰等内容上，都体现着浓厚的藏式建筑的风格特色。

藏式寺院建筑兴起于北京为代表的汉地，原因主要如下：一是北京的国都地位；二是藏传佛教在藏区的特殊地位；三是自元代起，西藏纳入中国版图后，中央王朝在对藏区的施政方略中对藏传佛教所采取的宽厚、优待的特殊政策；明、清两朝又均连续采取元代的施政方略，这种连续性，使得在北京的藏传佛教寺庙有了一个较长的相对稳定发展时间和空间，并得以保存下来。[①]

而从建筑发展的角度来说，藏式风格寺院建筑中的元素进一步传播到北京，与北方官式建筑、辽金风格建筑等交流融合。同时，藏式寺院建筑在北京的发展，为不同性质、功能的藏式建筑进入汉地奠定了基础。

二、皇家藏式风格建筑

北京的藏式风格建筑中，藏式寺院建筑的发展历史最为久远，规模最成体系。自蒙元时期起，历朝通过不同的方式扶持和发展藏传佛教以远控藏区。藏族文化逐渐传入北京，在皇室宫廷之中，也随之出现藏式风格建筑。

以清朝的宫廷为例，颐和园、圆明园等皇家园林中，便有不同的藏式建筑。圆明园中的藏传佛教寺院——正觉寺，一反太监在宫廷寺院充任僧人的常例，为雍和宫下院，由正式僧人主持。由此可见，藏传佛教及藏式建筑在皇家宫廷、园林中的重要性和独特性。

在皇家园林中的藏式风格建筑，颐和园万寿山后山的藏式建筑群颇有特点。这一建筑群主要以藏传佛教中的"四大部洲"为主题进行建造。清乾隆二十年（1755年）左右，以万寿山后山为基础，从下至上地排列建造。整个建筑群占地2万平方米左右，以香岩宗印之阁为建筑群中心，包括四大部洲、日月台等19座建筑。

香岩宗印之阁仿西藏桑耶寺形制而建，殿门坐北朝南，面阔5间。1860年英法联军洗劫北京，殿阁也受损毁，光绪年间进行重修。重修后的殿阁前后有廊，殿顶正脊为歇山黄色琉璃瓦顶。香岩宗印之阁的整体建筑的外部用色、建筑的窗框设计上，都体现着浓郁的藏式风格特色。而在屋顶设计中，则沿用皇家建筑的黄色琉璃瓦顶，结合官式建筑传统。

香岩宗印之阁象征佛所在的须弥山，前有须弥灵境，在其四周围绕建造有象征佛教世界的四大部洲——东胜神洲、西牛贺洲、南赡部洲、北俱芦洲。四大部洲中的南赡部洲以长方形为基底，位于香岩宗印之阁北端；西牛贺洲以椭圆形为

---

① 杨嘉铭：《五台山、北京、承德、内蒙、丽江等地区的藏传佛教寺庙建筑》，载《西藏民俗》，2001年1期。

基底，位于南向右侧；东胜神洲以半月形为基底，位于南向左侧；北俱芦洲以方形为基底，位于南向顶端的中轴位置。在四大部洲之外，围绕有八小部洲。殿阁东南、西南、东北、西北四个位置，设计有白、黑、红、绿的四座佛塔。佛塔造型体现藏式风格，其建筑含义对照佛经中的"四智"。这组依山而建的丁字型建筑群，不仅按照藏式建筑风格进行建造，在其建筑布局上，也以体现藏传佛教宇宙观作为主题。

颐和园中的这组藏式建筑的独特之处在于，作为皇家园林中的佛教建筑，建筑群以模仿西藏传统寺院建筑风格为主。在建筑的外部用色上，采用藏区寺院常用的绛红色与白色相结合的色彩；四色佛塔塔身为覆钵体，塔尖为锥形，采用的是藏区佛塔的造型；四大部洲的设计汲取藏式碉房的特点。以香岩宗印之阁为中心的建筑群以金刚墙为界，错落有致地分布于万寿山之上。红白建筑与黄色琉璃瓦顶在皇家园林中格外醒目，增添了园林别致的景观。

清朝时期的皇家园林中，频频可见藏式风格建筑。这一时期皇家园林中的藏式建筑与清前期的藏式寺院建筑风格有很大不同，这些建筑含有更浓郁的藏式建筑特征。清以及清朝以前的藏传佛教寺院，一般为在原有寺院或宫殿上改建而成，在建筑布局、建筑风格上，以多民族建筑风格融合为表现。而在颐和园以四大部洲为主题的建筑群中，则尽可能地仿照藏地建筑进行修建。

这一时期皇家园林中的藏式建筑还有一大特点，即还是以宗教建筑为主题。在颐和园、圆明园等重要的皇家园林中，修建的藏式建筑以反映藏传佛教为主题。自清朝入关以来，便与藏传佛教格鲁派建立深厚的联系。为加强和重视中央与藏区的联系，清廷在北京的皇家园林及承德的避暑山庄等地，都修建有藏式风格的宫廷建筑。

三、现代藏式风格建筑

新中国成立之后，藏式建筑在北京的发展呈现新的趋势。在经历了历史浪潮的洗礼后，北京原有的藏式寺院建筑，如雍和宫、西黄寺等得到政府的重视，进行多次的修缮和保护。藏式风格建筑在北京的发展也呈现出多方位、多功能、现代化等特点。

罗桑开珠教授在《论建筑的民族文化属性》一文中，讨论了现代藏式建筑的基本特征：现代藏式建筑从阶级等级、区域特点、僧俗文化、时代风格、民族类型 5 个方面打破了传统建筑风格的界限，初步形成了具有时代特征的新型藏式建筑风格。这种新型藏式建筑风格是在打破传统建筑格局的基础上，以民族文化元素为基础，以藏式建筑特点为基本风格，以吸收多元建筑文化素材为修饰，与现代建筑功能和时代特征相融合后形成的现代藏式建筑风格。[1]

在时代发展的大背景下，位于北京市朝阳区北四环东路的北京西藏大厦，无疑是现当代北京地区较有代表性的藏式建筑。北京西藏大厦是中央第三次西藏工作座谈会确定的 62 项援藏工程之一，于 1995 年 6 月 8 日奠基，1997 年 10 月 15 日通过验收。2002 年，西藏大厦进行内部再次装修。

西藏大厦占地面积 5716.1 平方米，总建筑面积 20800 平方米。主楼高为 14 层，地下 2 层。大厦外部造型对称布局，整体组合端庄、高大、华丽。充分运用现代建筑技术的同时，融汇了西藏的藏式建筑风格。

大厦在建筑外观用色上，采用藏区常用的绛红色、白色、黑色相搭配。墙面主体选用白色，白色在藏族文化中象征吉祥；建筑顶端檐部使用绛红色，绛红色在藏式建筑中属于尊贵的用色；在窗框的用色上，则选用黑色，寓意为辟邪。由此可见，藏式建筑的颜色选用受到宗教的影响，白、红、黑等在佛教中对应不同的意义。

在外观设计上，大厦在建造过程中运用现代技术和材料，体现了现代化建筑的特征。外部造型单向上倾，立面实墙选用藏式建筑典型的黑色大理石窗套。大堂上部采用歇山式金色屋顶，女儿墙四周设有 7 座钦金宝瓶。在阳光照射之下，屋顶熠熠生辉，整个西藏大厦尽显恢宏气势，成为北京新时期藏式建筑的新代表。

西藏大厦的建筑风格吸取了现代建筑技术的精华，同时注重保持藏式建筑的特色和风格。在建筑设计的功能与艺术上力求统一，使大厦成为藏式现代建筑的新代表。西藏大厦的设计不仅在外部设计上发展创新，在功能上也体现出新时期的特点。在建筑特点上吸收藏文化的精华，并在功能上成为展示西藏风情、民俗、文化的窗口。

文化的多元发展满足了人们了解不同文化的需求，内地与藏区的广泛交流也促

---

[1] 罗桑开珠：《论建筑的民族文化属性——以藏式建筑为例》，载《中国藏学》，2011 年第 3 期。

进了藏式建筑以不同形式进入内地。藏式风格内部装修的餐厅、休闲吧等休闲场所，将藏式风格的内部装修设计带入北京。

在北京的玛吉阿米、巴扎童嘎等知名藏餐厅中，便能体会到藏区富丽堂皇的内饰建筑风格。在藏区的室内设计中，运用丰富的色彩，室内墙壁多绘有藏八宝等吉祥绘画。门饰中多可见铜门环、角云子、如意头等装饰；室内柱头等多采用雕刻的彩绘，精雕细刻、流光溢彩。

从建筑的领域来说，无论是传统的藏传佛教寺院，还是现代化的藏式风格的建筑，都在北京这座城市中找到自己的归属。

四、结语

北京的藏式风格建筑在不同的历史时期，呈现出了不同的历史风貌。蒙元时期，藏式风格建筑随藏传佛教传入北京，与汉地、辽金等建筑风格产生交流。明清之后，随着藏区与内地的交流紧密，更多的藏式风格建筑出现在北京城内。这一时期，藏、汉等建筑风格进一步融合。藏式建筑在保持其建筑特色的情况下，又因地制宜，创新融合出反映藏、汉建筑特征的建筑。

在现代化的建筑技术的推动下，北京的藏式建筑也革新发展，在外观保持藏式建筑艺术特色的情况下，发展出更全面的功能，满足人们更广泛的需要。从现阶段北京的藏式建筑特点来说，传统的藏式寺院得到良好的修缮和保护，新形式的酒店、文化交流中心迅速崛起和发展。北京地区藏式建筑的发展历程，为我们展现了自古以来藏区与内地的紧密联系。藏式建筑艺术在北京生根发芽，对汉地建筑产生了别样的影响。

古刹与白塔

——北京妙应寺的兴衰史

红星央宗[*]

妙应寺位于北京西城区阜成门内，因寺内有通体涂以白垩的塔，故俗称"白塔寺"。该塔是北京现存唯一完整的元大都文化遗迹，也是我国现存最早、最大的藏式佛塔。其造型独特、结构精巧、气势恢宏，是中国建筑艺术与尼泊尔建筑艺术、藏地文化与中原文化彼此碰撞、互相借鉴的杰作。

白塔始建于 1271 年，后又以佛塔为中心建造寺院，因庆贺元世祖忽必烈生辰而命名为"大圣寿万安寺"，坐镇都邑，御统四方，取"国祚永安，服我帝居"之意。元代，该寺作为蒙古皇室宗教活动和百官习仪的中心场所，香火鼎盛，规模宏大。元末遭雷击焚毁后，于明天顺年间重建，更名为妙应寺并沿用至今。清代，朝廷亦出资屡次修缮、装藏，时为京城最繁华的庙会场所之一。百年更迭间，虽屡遭战火，几经兴衰，但白塔的兴建却标志着藏式佛塔在中原佛教建筑史上的首次发声，反映了元以来以佛教为纽带的愈发密切的汉藏交流，而以白塔为核心的寺院形制发展史更勾勒出一匹多元文化并行不悖、水乳交融的壮美织锦。

一、兴衰：几经波折的修缮史

妙应白塔寺历史悠久，底蕴深厚。自元代兴建以来几度损毁，白塔虽得到了最大程度的保存和精心修缮，寺名却两度更改，佛寺形制亦几经变迁。

据宿白先生所校注之《圣旨特建释迦舍利灵通之塔碑文》载，"初，旧都通玄关

* 红星央宗，藏族，中央民族大学民族学与社会学学院 2014 级硕士研究生。

北，有永安寺，殿堂废尽，惟塔存焉。观其名额释迦舍利之塔，考其石刻，大辽寿昌二年三月十五日显密圆通法师道殷之所造也"，因内藏殊胜法宝而屡现瑞相，"乃知圣人制法，预定冥中，待时呈显，开乎天意，即至元八年三月二十五日。帝后阅之，愈加崇重，即迎其舍利，立斯宝塔"。① 可见，早在元世祖忽必烈敕令立塔前，此处已有辽代永安寺所建之幢形舍利塔的遗迹。元世祖忽必烈因感念舍利威灵，故开启旧塔，在旧址另建一佛塔以迎请之。并遣帝师仁钦坚赞（《元史》作"亦怜真"）依"密教排布庄严"，循如来身语意三所依装藏佛塔，是为白塔。因此严格说来，如今妙应寺所见之白塔仍为元代所兴建的藏式佛塔，而非辽代永安寺所遗存的舍利塔。

值得注意的是，学界基本认可塔碑文所考释的白塔兴建年代为至元八年（1271年），但对大圣寿万安寺的兴建年代却莫衷一是。目前，以《元史·世祖本纪》《凉国慧敏公神道碑》② 等为史料依据的观点认为，大圣寿万安寺始建于至元十六年（1279年）十二月丁酉，竣工于至元二十五年（1288年）四月甲戌。但近年也有学者，根据与之有关的重要历史人物的新考古发现或史料记载推测，大圣寿万安寺的兴建时间为至元九年（1272年），与白塔的修筑时间基本一致。如杨小琳在《元大都大圣寿万安寺与白塔建筑布局形制初探》③ 一文中，即以亦怜真圆寂后世祖为其在万安寺中举行法会为例指出，若万安寺始建时间与亦怜真圆寂时间至元十六年（1279年）一致，则无法初建就具备承载百人大法会的规模。黄春和在《元代大圣寿万安寺知拣事迹考》④ 中同样以大圣寿万安寺第一任住持知拣的入驻时间为依据，认为至元十六年（1279年）大圣寿万安寺已初具规模，至元二十二年（1285年）知拣入驻时又大兴土木二度扩建，至元二十五年（1288年）落成。

事实上，关于大圣寿万安寺具体兴建时间即使是在明代宋濂所修的《元史》中

① 宿白：《元大都〈圣旨特建释迦舍利灵通之塔碑文〉校注》，载《考古》，1963 年第 1 期。

② 《元史》（卷十）《本纪十·世祖七》中载，（至元）十六年十二月，"建圣寿万安寺于京城。帝师亦怜吉卒。敕诸国教师禅师百有八人，即大都万安寺设斋圆戒，赐衣"。《元史》（卷十五）《本纪十五·世祖十二》中载："（至元二十五年夏四月）甲戌，万安寺成。佛像及窗壁皆金饰之，凡费金五百四十两有奇，水银二百四十斤。"而，程钜夫则在《楚国文宪公雪楼程先生文集》卷九《旃檀佛像记》中引《凉国敏慧公神道碑》碑文，"（旃檀佛像）南还燕宫内殿居五十四年……世祖皇帝至元十二年乙亥，遣大臣字罗等四众备法驾仗卫奉迎居于万寿山仁智殿"。"（至元）二十六年己丑，自仁智殿奉迎（旃檀佛像）居于（大圣寿万安）寺之后殿焉"。宿白先生以此考证，认为依世祖"庶一切人俱得瞻礼，乃建大圣寿万安寺"训，在旃檀佛像未移至仁智殿前，万安寺尚不能兴建。因此，其始建时间不能早于至元十二年（1285 年）。

③ 杨小琳：《元大都大圣寿万安寺与白塔建筑布局形制初探》，中央民族大学 2012 年硕士学位论文。

④ 黄春和：《元代大圣寿万安寺知拣事迹考》，载《北京文博》，2001 年第 4 期。

也有所出入，如《本纪七·世祖四》所记载的"九年十二月癸丑，升拱卫司为拱卫直都指挥使司。是岁，天下户一百九十五万五千八百八十。赐先朝后妃及诸王金、银、币、帛如岁例。断死罪三十九人。建大圣寿万安寺"，[①] 就与同书《本纪十·世祖七》中所载的"（至元十六年十二月），建圣寿万安寺于京城"[②] 大相径庭。如此，虽然大圣寿万安寺究竟始建于何时尚无定论，但可以确定的是，大圣寿万安寺为由国家斥资修建的元大都敕建佛寺，其兴建时间晚于白塔。佛寺基址由"帝制四方，各射一箭，以为界至"，[③] 经累年扩建、修筑，最终形成了以白塔为中心向四周辐射、总面积达 16 万平方米的宏伟皇家佛寺建筑群。百年间，大圣寿万安寺香火鼎盛，法脉不绝。既是帝后妃主、王公贵族、喇嘛僧侣举行佛事活动的宗教中心，又是朝廷例行年度盛典前"百官习仪"的政治场所，世祖忽必烈逝世后更设"影堂"于寺内以供僧众观其御容。作为元代藏传佛教在内地传布的缩影，大圣寿万安寺的分布位置、建筑等级、基址规模为一般佛寺所无法比拟，终元之世享有特殊优礼，其重要地位可见一斑。

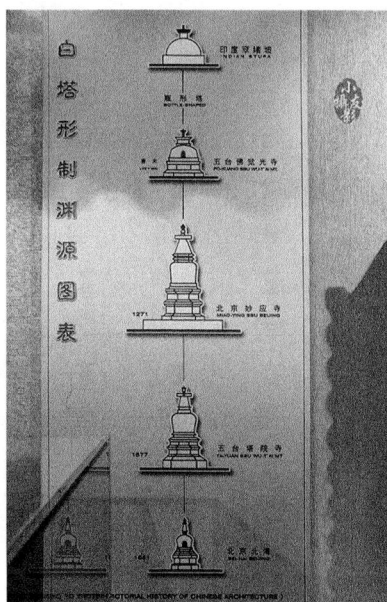

图 1　妙应寺白塔结构图

元末至正二十八年（1368 年）佛寺遭雷击焚毁，唯白塔幸存，此后 65 年佛寺几近荒没，偶有信众捐资修缮白塔的天盘华鬘或铜铃。现据《宣德八年重新修建造碑》可考，明宣德八年（1433 年）白塔得到了修缮，但佛寺并未得到重建。直至明天顺元年（1457 年），因宛平县民郭福奏请，由司设监太监廖秀捐资，于元万安寺遗址上重建了佛寺。成化四年（1468年）佛寺竣工，皇帝赐匾更名"妙应寺"，意为"无而能妙，空而善应"。重建后的佛寺，除白塔这一主体建筑外，还包括山门、钟鼓楼、四重殿、塔院、东西配殿、方丈院等部分。相较于元代东西、南北均

---

① （明）宋濂等：《元史》卷七，中华书局，1976 年，第 144 页。
② 同上，第 218 页。
③ 一箭之地为 120～150 步。一步以 1.575 米计，为 189～236 米。

长 400 米的正方形分布，受宣德年间建造朝天宫占地的影响，妙应寺被压缩为东西宽约 50 多米，南北长约 200 米，总面积约 1.3 万平方米的狭长矩形分布，其规模仅为元代的 1/8。同时，元代以白塔为中心，周围建以殿堂、僧舍的藏式建筑布局，也在明代转变为汉地寺院"伽蓝七堂"的建筑格局。（见图 1）一方面，白塔北移至寺院尾部，佛殿转而成为寺院的中心与主体，形成前殿后塔的模式；另一方面，寺院建筑、装饰风格也不再突出藏传佛教艺术特点。

清代，妙应寺受理藩院直接管辖，额设喇嘛 39 名。清代妙应寺沿用明代布局，并由朝廷拨款对佛寺进行了多次修葺。康熙二十七年（1668 年）修缮之事记于《圣祖御制妙应寺碑》中，乾隆十八年（1753 年），清廷又对其进行了大规模修缮并为白塔重新装藏。三世章嘉呼图克图所著的《京西门白塔因缘志》即对此次所藏的全套龙藏新版《大藏经》、乾隆御笔《般若波罗蜜多心经》、梵文《佛顶尊胜陀罗尼经》、赤金佛像、法衣等经籍、塑像、供物做了详细记载。清中叶后期，妙应寺僧人出租配殿及空地给小商贩，渐成为北京著名庙会之一，佛寺日趋世俗化。

二、开山：藏传佛教在内地的传布

藏传佛教随着元朝的建立首次传入北京地区，元皇室对藏传佛教极力推崇，亦为其在内地的传布提供了有利的条件。其推行力度，由元代大都地区大肆兴建的藏传佛教佛寺与佛塔的壮观景象可窥得一斑。仅在北京地区，由元代帝王主持兴建的巨刹多达十余座。[①] 元代以前，北京地区虽不乏佛寺，但皆为汉式寺院中线为轴、左右对称、整饬严谨、层次分明的中原建筑风格。至元八年（1271 年），由元世祖敕令所建的白塔遂成为北京第一座藏式佛塔，后依塔而建的"大圣寿万安寺"亦成为内地藏式佛寺建筑的杰出范本。

"佛塔"系梵语"窣堵波""浮屠"（stupa）音译，随着佛教的传入而进入汉语词汇。在近 2000 年的沿革和发展中，各时期佛塔形制都有明显的时代特色。（见图 2）妙应寺白塔是典型的覆钵式瓶形藏式佛塔，其形制与印度的"窣堵波"式塔相近，一般由基台、覆钵、平台、柱竿和华盖 5 个部分组成。由元朝国师八思巴主持、尼泊尔工匠阿尼哥设计监造、帝师仁钦坚赞（亦怜真）以藏密身、语、意三所依装藏而成。佛塔为砖石结构，高 50.9 米，底座面积 1422 米，通体洁白，工艺精

---

① 姜立勋，富丽，罗志发：《北京的宗教》，天津古籍出版社，1995 年，第 96 页。

图 2　白塔形制演变图

巧。阿尼哥基本沿用了覆钵式塔的主体构造，即须弥座塔基、覆钵体塔身、圆锥形相轮、伞盖、流苏和宝瓶，同时改良了尼泊尔风格的覆钵式塔身的"眼光门"设计，而呈现出新的艺术风格。白塔塔基为 3 层方形折角须弥座，最下一层为"亞"字型折角，中间设有束腰，最上层为 24 个半球突起式莲瓣围成的环形复莲座。塔台承托塔身，塔身上大下小，状如一个倒置的钵盂，故名覆钵式塔。塔身之上是一层小型须弥座，其上有层层内缩、上旋的 13 层锥形相轮，象征佛国世界十三层天。相轮顶承直径 9.9 米的华盖，周围悬挂有 36 个风铃。华盖上置宝顶，另竖有一尊鎏金铜制小佛塔。

　　作为天下有情众生资粮圆满的供养福田，佛塔本没有一成不变的度量，外器世界即是一尊如意俱生的塔。佛塔作为空性的象征，应是无色无相、永恒不灭的。如《造舍经》所言："塔身小如余甘子，华盖一片柏树叶，塔轴细犹一根针。造塔的大小完全在于各自的信心大小和物力多少，欲建什么造型的塔取决于施主各自的爱好，没有统一的模式。"[①] 因此，佛塔即是涅槃与宇宙的复合象征。在这个意义上看，元代以白塔为中心的大圣寿万安寺布局即是藏传佛教曼荼罗宇宙图式的具体体现。《元代画塑记》载："仁宗皇帝皇庆二年八月十六日，敕院使也讷：大圣寿万安寺内五间殿八角楼四座。令阿僧哥提调，其佛像计并稟揑思哥斡节儿八哈失塑之，省部给所用物。塑造大小佛像一百四十尊，东北角楼尊圣佛七尊，西北垜楼内山子二座，大小龛子六十二，内菩萨六十四尊。西北角楼朵儿只南砖一十一尊，各带莲花座光焰等。西南北角楼马哈哥刺等一十五尊，九曜殿星官九尊，五方佛殿五方佛五尊，五部陀罗尼殿佛五尊，天王殿九尊。东西角楼四背马哈哥刺等一十五尊。"[②] 这

---

　　① 根秋登子：《论藏式佛塔建筑》，载《西藏研究》，2004 年第 2 期。

　　② 《元代画塑记·佛像》，载《中国美术论著丛刊·寺塔记·益州名画录·元代画塑记》，人民美术出版社，1964 年，第 15 页。

种空间布局与建筑形制与汉地佛寺建筑"伽蓝七堂"模式迥异，而与藏传佛教寺院曼荼罗空间图式较为相似：中央的白塔象征居于宇宙中心的须弥山；东南西北四方对称布置诸佛菩萨殿堂，象征世界四大部洲；四角则设角楼，象征须弥山周围的四大护法天王。（见图3）

　　另一方面，从白塔所在的位置来看，其位于元大都福田坊内，紧邻皇城。符合该时期常将佛塔建于坡峰高台、关口要隘、渡口要津或都市大道上，以促进藏传佛教弘法的时代背景。不置可否，无论从佛寺、佛塔的地理位置，还是其空间布局、建筑性质，元代始建的白塔和大圣寿万安寺都被给予了最大程度的优厚和礼遇。由此观之，白塔兴建之始亦是元统治阶层以政治利益为诉求，在内地大力推行藏传佛教之始。《圣旨特建释迦舍利灵通之塔碑文》中尤见得，行文极力强调世祖在辽代舍利塔中所得"至元通宝"，以此宣示元社稷正统，并通过迎请舍利、遣仁钦坚赞（亦怜真）装藏，充分显示了对藏传佛教的尊崇，由此以宗教为纽带巩固了中央政权对西藏的统治关系。

　　值得注意的是，虽然明清两代都对妙应寺和白塔进行了修缮，但其规模与力度远不能与元代初建时相比。特别是明代，佛寺与白塔的修葺善款均为私人捐赠的个人行为，而不涉及官方行为，建成后的佛寺亦不再作为国家例行法事、庆典、祈福活动的核心宗教场所。可见，妙应寺的繁荣与藏传佛教在内地的传播程度有关，或者说与皇室内部对藏传佛教的推行力度有关，与中央政权的治藏政策有关。明代政

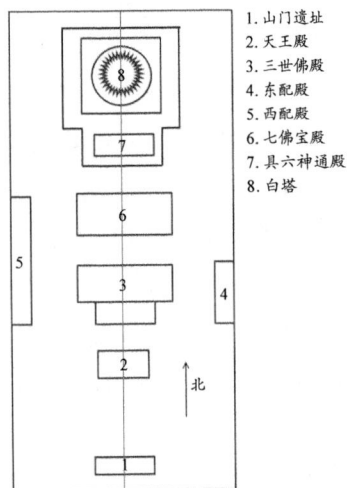

1. 山门遗址
2. 天王殿
3. 三世佛殿
4. 东配殿
5. 西配殿
6. 七佛宝殿
7. 具六神通殿
8. 白塔

北

图3　妙应寺元代布局

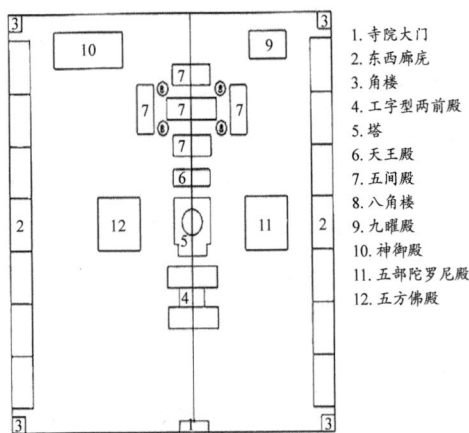

1. 寺院大门
2. 东西廊庑
3. 角楼
4. 工字型两前殿
5. 塔
6. 天王殿
7. 五间殿
8. 八角楼
9. 九曜殿
10. 神御殿
11. 五部陀罗尼殿
12. 五方佛殿

图4　妙应寺明清布局

权建立之初，鉴于元代崇奉藏传佛教而使其政治利益超出宗教职能之流弊，转而支持汉地禅、净、律、天台等佛教宗派，藏传佛教开始在内地式微。因此，尽管明代各朝多不同程度地提倡和保护佛教、道教，却又以"广行诏谕""多封众建"等措施始终保持着限制佛教发展、控制出家人数、抑制寺观经济的方针政策。由此，亦不难理解妙应寺在明代的尴尬境遇。

三、见证：藏族文化在北京的本土化

清代基本承袭明代治藏政策，以尊崇藏传佛教格鲁派"安众蒙古""辑藏安边"，使以藏传佛教为载体的藏族文化在内地获得了更多的传播空间和发展机会。随着元大都的建立首次传入，经明清两代调适，整合为北京历史文化的重要组成部分。一方面，以妙应寺为代表的藏传佛教寺院建筑演变为北京的标志性地景，成为普通民众踏青游玩、庙会赏灯的集会场所；另一方面，以布施、绕塔、诵经为代表的佛教修持仪轨也逐步融入北京民众的世俗生活中，成为约定俗成的民俗活动。

妙应白塔寺庙会即是这一时期藏传佛教文化的本土化产物。庙会在北京民俗活动中占有重要地位，清末民初最为兴旺。据北平民国学院刊印的 1930 年《北平庙会调查》载，"月开三次者五，月开二次者十一，年开三次者一，年开二次者三，年开一次者十六，共计庙会之数三十六"，[①] 可见庙会之频繁。妙应白塔寺与土地庙、隆福寺、火神庙、护国寺、花市即是该时期北京城区主要的庙市。其由来已久，清初期已颇具规模，直至 20 世纪 50 年代仍是北京的主要庙会场所。《旧京琐记·市肆》载："京师之市肆有常集者，东大市、西小市是也。有期集者，逢三之土地庙，四、五之白塔寺，七、八之护国寺，九、十之隆福寺，谓之四大庙市，皆以期集。"至清末民初，随着清政权的崩溃，过去八旗聚居的西城庙市日益凋敝，东市则因侨居商客增多而愈发繁荣。白塔寺庙会的时间和会期也发生了改变。《北平庙会调查》载，白塔寺庙会每月开市开 3 次。对此，民俗学家常人春先生认为，白塔寺庙会原为农历初五、六开市，每月开 6 天，即每月初五、六、十五、十六、二十五、二十六。民国十一年后改为公历每月五、六日。1949 年后，又由于土地庙会停办，改为逢三、四、五、六日开市，会期延长至 12 天。[②] 届时，小贩设摊沿街叫卖，游

---

① 张羽新等：《藏族文化在北京》，中国藏学出版社，2008 年，第 215 页。
② 同上，第 215、219 页。

人驻足围观挑选货品。各种山货日杂琳琅满目，还有大批民间艺人聚集在此搭台唱戏。庙会逛累后，在茶棚歇脚纳凉，听评书、看戏法、侃大山，再图个新鲜看人拉洋片，也是那时人们逛庙会的乐趣之一。与雍和宫、黄寺、黑四等由宗教庆典而兴起的藏传佛教寺院庙市不同，这一时期的妙应寺庙会很大程度上是由民间自发的贸易需求带动的。可见，清末民初，妙应寺的宗教职能已日趋淡化，而成为商贸交易的场所。

与庙会相伴的还有绕塔活动。佛塔是诸佛意所依，绕转佛塔即可视为身、语、意自我净化的过程，有离恶趣闻解脱之功德，是典型的藏传佛教修持行为。而民间自发的绕转白塔行为却并不完全出于对藏传佛教的虔诚信仰，而多是民众憧憬美好未来，祈求来年福寿安康、万事如意的朴素愿望。绕塔在每年从正月初一起开始，熙熙攘攘的绕塔人群一直持续到十五元宵后才逐渐散去。《帝京景物略》载："岁元旦，士女绕塔，履屣相蹑，至灯市盛乃歇。"[1]《光绪顺天府志》亦有"旦至三日，男女于白塔寺绕塔"的记载。老北京民谣《正月正》中的"八月八穿自由鞋走白塔"一句，也描绘出旗人妇女脱去厚重的花盆底鞋，换上轻便的平底鞋去绕转白塔的热情。可见，藏传佛教文化已随着川流不息的京城百姓及摩肩接踵的香客信徒，在拜谒游览妙应寺、参与绕塔活动的过程中，演变为其历史记忆的一部分。

然而，与印度佛教对藏地的浸润不同的是，藏传佛教在内地的传布并没有改变以儒学为主干的汉地传统文化主体结构，没有动摇以理学为纲骨的主流思维方式，没有摒弃以柔静安逸、娴雅超脱为追求的审美情趣。如意大利学者韦大列收录在《北京的儿歌·白塔寺》中的童谣唱道："白塔寺，有白塔，塔上有砖没有瓦。塔台儿上裂了一道缝，鲁班爷下来锔了塔。"虽然歌谣唱的是修缮白塔的逸闻，但从行文的逻辑思维和审美情趣来看，已不是藏传佛教的文化内涵了。由此观之，程朱理学兴起以来，包括藏传佛教在内的佛教在汉地经历了儒学化的自我调适过程，最终形塑为儒、佛、道三教互为增益、并行不悖的相对平衡关系。

四、结语

综上所述，妙应白塔寺的兴衰折射出藏族文化在内地的本土化进程。以统治阶级上层积极推动藏传佛教在内地的传布为开端，经历了元朝的鼎盛后，在明代进入

---

[1] 才让：《藏传佛教民俗与信仰》，民族出版社，1999年，第67页。

蛰伏期，随着清朝统治者对格鲁派的大力扶持而再度中兴。鸦片战争后，清廷日衰，以国家财政为主要经济支柱的皇家寺院开始向社会底层开放。过去以政治威权为核心的神圣空间开始退去宗教光环，与本土文化发生交织，最终涵化为常人可随意出入的世俗场所。妙应白塔寺即在这样一段漫长的演进过程中，浓缩为一段汉藏文化不断碰撞、互为融合的鲜活影像，成为内地与西藏睦邻友善、交流往来的历史见证。

宫廷藏佛

——北京故宫藏传佛教造像浅析

王　妍[*]

坐落于北京市中心、占地达 78 万平方米的故宫博物院作为明清两代皇宫的旧址，在 500 多年的宫廷史中，汇集了举国上下以及世界各地的文化精品和奇珍异宝。在经历了朝代更迭乃至封建王朝统治末期内忧外患带来的劫掠后，这座宝库中的藏品也遭受了严重损失，甚至流落四方。至今出自故宫的文物除部分流失外，主要收藏在北京故宫、台北故宫和南京博物院等处。按照 2016 年初官方公布的数字，故宫博物院目前拥有总数超过 180 万件的珍贵馆藏。这些藏品种类丰富，其中宗教文物共有近 5 万（48627）件。

自 13 世纪元朝以来，藏传佛教逐渐传入中原地区，并相继得到元、明、清各代皇室成员的推崇和信奉，致使宫廷内数量可观的建筑以及大部分宗教文物与藏传佛教有关。据统计，故宫内共有 65 处藏传佛教殿堂，其中馆藏藏传佛教文物珍品近 3 万件。这些佛堂主要分布于内廷各区，有中正殿、中正殿后殿、中正殿东西配殿、香云亭、宝华殿、梵宗楼、雨花阁、慧曜楼、吉云楼、慈宁宫大佛堂、英华殿、慈荫楼、宝相楼、咸若馆、临溪亭、佛日楼、梵华楼等处。其中部分建筑直接仿造藏地寺院形制建造，如清代乾隆年间建造的雨花阁，就是仿照西藏阿里古格的托林寺金殿改建成的，是严格按照藏密的四部（事部、行部、瑜伽部、无上瑜伽部）设计的佛殿，内部供奉着藏传佛教法物。

无论是帝后日常起居的寝宫内，还是消闲游乐的花园中都有供佛之所。这些殿堂内满供着藏传佛教神像、佛塔、佛经、祭法器……每座佛堂供奉的主神不同，均

──────────

　　* 王妍，中央民族大学民族学与社会学学院 2016 级博士研究生。

有宗教崇拜的不同功用，其内的陈设布局依据格鲁派（黄教）教义，模拟西藏寺庙神殿，所以清宫佛堂内几乎囊括了西藏神殿中的各类神像、神器。[①] 这些藏品主要是西藏、蒙古等地的贡品和元、明、清各代的宫廷制作和收藏，其中包括相当数量的藏传佛教造像。造像以铜质为主，兼有泥质、瓷质、玉石质、铁质、金银质等。这些造像的时代早起 7 世纪，晚至 19 世纪末至 20 世纪初，举凡上师、诸佛、菩萨、本尊、护法、空行与地方诸神等多种品类，不仅有常见的佛、菩萨，还完整保存了全堂的密宗四部佛像。造像产地多为印度、尼泊尔、克什米尔以及西藏等，偶有北京、内蒙等地产造像，品相完好。大体涵盖了藏传佛教造像的各时期和地区的基本特征。

一、故宫藏传佛教造像分期

故宫内数万件藏传佛像大都保留了清代所特有的黄签（俗称黄条）记录，这些系于佛像身上的黄签题记，是清代的鉴定记录，反映出佛像本身及与其相关联的诸多历史信息，是研究清宫藏传佛教造像最直观和最重要的第一手资料。乾隆初年，三世章嘉若必多吉奉旨对清宫所藏的佛教造像进行清理和分类，并以满汉文书写黄条（即黄色纸条），此后宫中收藏的所有造像均系有这种黄条，成为清宫藏佛教造像的特色之一。其共同特征是正反两面均写有整齐的小楷字，正面为汉文，反面为满文，两面内容相同，说明造像的质地、尊名、年代、进贡者。

这些藏传佛教造像由包括章嘉、土观、阿旺班珠尔等高等喇嘛高僧鉴定，记录了佛像的分类、名称、来源以及进宫时间等。三世章嘉若必多吉是当时著名的佛教大师，精于佛像的绘塑与鉴定，因此经过这些高僧确定的佛像名称与分类至今仍具有重要参考价值。[②] 根据这些黄条，我们可以确认，造像中有很大一部分是由以达赖和班禅为代表的西藏僧俗上层、以哲布尊丹巴等为代表的喀尔喀蒙古各部僧俗上层以及以章嘉国师为代表的内蒙古、甘青地区以及驻京喇嘛所贡。然而并非所有的黄条题记都准确无误，在乾隆晚期以后清宫的黄签题记中经常能遇到题记内容与实际造像不符的情况，明显为后人误认。[③] 例如，一尊题记为"乾隆三十九年十二月

---

① 王家鹏：《神秘的故宫藏传佛教世界》，http：//gb.cri.cn/3601/2005/08/05/1266@649119.htm

② 王家鹏：《藏传佛教造像——故宫博物院藏文物珍品大系》，上海科学技术出版社，2003 年，第 18 页。

③ 罗文华：《故宫经典藏传佛教造像》，紫禁城出版社，2009 年，第 90 页。

十一日，钦命阿旺班珠尔胡土克图认看供奉利益蕃铜利玛释迦牟尼佛"的造像实则是一尊药师佛。[①]

按照黄条的记载，可以看出古代对于藏传金铜佛像造像分类主要以材质、产地、时间和风格为基础。清宫旧藏的藏传佛像，据现存实物、题记及档案记载大致概括为梵铜利玛（印度铜合金）、梵铜旧利玛、蕃铜利玛（西藏本地铜合金）、巴勒波利玛（尼泊尔铜合金）、桑唐利玛（印度帕拉王朝及尼泊尔造像风格的铜合金）、扎什利玛（扎什伦布寺铜合金）、紫金利玛（西藏或乾隆时期宫廷仿制的贵重材料合金作品）等共计有 16 种名称。这其中有按照产地分类，也有按照铜材质、教派寺院乃至工匠名字分类的。由于分类方式多样且错综复杂，本文将主要根据造像的制作时间和主题特征来选取有代表性的故宫藏传佛教造像进行分析。

藏传佛教造像的分期大致与西藏佛教的发展相一致，总体可以分为初始传入、交汇融合、成熟发展和繁荣后的渐趋衰落几个阶段。

1. 初期传入时期（7—9 世纪），即吐蕃时期，也是佛教的前弘期

佛教正式传入西藏是在 7 世纪吐蕃赞普松赞干布时期，这之前当地固有的宗教为"苯教"。松赞干布为了加强与周边民族的经济文化交流，吸收其他民族的先进文化，积极发展与邻近地区的友好关系，先后与尼泊尔尺尊公主和唐朝文成公主联姻。尺尊公主和文成公主分别携带了一尊释迦牟尼佛像到西藏，修建起拉萨著名的大、小昭寺。此后西藏开始陆续修建其他佛殿庙宇，并翻译佛经，佛教正式从尼泊尔和汉地传入西藏。这一佛教在吐蕃初始发展的时期，来自汉地、尼泊尔、印度等地的工匠都曾往来西藏工作，把各地的佛像式样和造像技术传播到西藏。但 9 世纪中叶吐蕃最后一位赞普朗达玛大力压制佛教，并加以摧毁，掀起一场大规模的灭佛运动。吐蕃陷入各个势力割据一方的分裂状态，藏传佛教"前弘期"至此结束，寺庙、佛像多数被摧毁，前弘期的佛像遗存相对较少，佛教造像艺术在藏地的发展一度终止。

2. 交汇融合时期（10—13 世纪），即佛教后弘期前期

这一时期，佛教在经历了近百年的禁佛磨难后再度复兴，经上下两路再次传入藏地，也带来印度、克什米尔、尼泊尔与汉地的佛教艺术风格在藏地的再次交融。这一时期，西藏本土产的藏传佛教造像也模仿各地的佛像而呈现出了多种风格的特点。在故宫旧藏的佛像中，例如释迦牟尼佛坐像（见图 1）采克什米尔犍陀罗式，

---

① 罗文华：《故宫经典藏传佛教造像》，紫禁城出版社，2009 年，第 161 页。

风格古朴写实；宝生佛（见图 2）、无量光佛（见图 3）、绿度母（见图 4），是东北印度风格；立像莲花手观音菩萨（见图 5），是尼泊尔风格。

据王家鹏先生的研究，[①] 这一时期大体说来，藏西地区受西北印度斯瓦特、克什米尔艺术影响，藏中、藏南地区更多受东北印度帕拉王朝、尼泊尔艺术影响；藏东地区受汉地艺术影响。

图 1　释迦牟尼佛坐像（西藏，克什米尔风格，11—12 世纪）

图 2　宝生佛（东北印度，10 世纪）

图 3　无量光佛（即阿弥陀佛，东北印度，10 世纪）

图 4　绿度母（东北印度，10 世纪）

---

① 王家鹏：《藏传佛教造像——故宫博物院藏文物珍品大系》，上海科学技术出版社，2003 年，第 23 页。

图 5 立像莲花手观音菩萨（尼泊尔，11 世纪）

3. 成熟发展时期（14—16 世纪），即后弘期中期

经过几个世纪的发展，13—14 世纪的藏传佛教造像，工艺已经十分纯熟。如产于西藏的手持金刚立像（见图 6）以及毗卢佛坐像（见图 7），工艺精良，造型传神。13 世纪后，西藏的佛教造像形成比较统一的本土艺术风格，这与佛教自身的发展紧密相关。13 世纪中后期，西藏统一于元朝政府管辖之下。中国的佛教发展到元代，由于社会经济和社会思想意识的转变，佛教在汉地的发展已经远不及唐朝时的鼎盛，但在西藏，由于元朝统治者的大力推崇和扶持，藏传佛教得到空前的发展，佛教艺术也随之出现空前繁荣景象，造像艺术风格和手法较前有了根本改观。西藏本地的风格日趋成熟，且渐趋一致。

当时各派风格逐渐融合，形成一种更为统一的表达方式，这种统一的新形式表现在帽冠、装饰、莲座、背光形式基本一致，印度、尼泊尔等外来影响已不明显。[①]

尤其到了 15 世纪，进入一个新的兴盛辉煌时期。首先在造像风格上，不再全部仿效其他地区的佛像模式，更多融入了藏族自己的审美和艺术手法，实现了本土化；其次，造像师们十分注重《造像量度经》对于佛像比例和形式的规定，对不同

---

① 王家鹏：《藏传佛教造像——故宫博物院藏文物珍品大系》，上海科学技术出版社，2003 年，第 25 页。

图 6　手持金刚立像（西藏，13—14 世纪）　图 7　毗卢佛坐像（西藏，13 世纪）

类别造像的加工塑造，形成规范统一的艺术模式。据推论，《造像量度经》应当是在 12 世纪以前被译为藏文的。[①] 值得注意的是，藏族学者在翻译这些经典时加进了藏地传统绘画造像的实践经验和作者自己的体会，也成为藏族佛教造像师们的技艺已到炉火纯青境界的一种体现。元朝在宫廷内专设"梵像提举司"，作为佛像制造的专门机构，并请来当时著名的尼泊尔艺术大师阿尼哥等人，主持宫廷绘塑工作。此时期代表作品有：西藏西部产金刚界毗卢佛（见图 8），西藏产无量寿佛（见图 9）以及西藏产宗喀巴像（见图 10）。

① 康·格桑益希：《藏传佛教造像量度经》，载《宗教学研究》，2007 年第 2 期。

图 8　金刚界毗卢佛坐像（西藏西部，
　　　14—15 世纪）

图 9　无量寿佛坐像（西藏，15 世纪）

图 10　祖师像（即宗喀巴像，西藏，16 世纪）

4. 繁荣后的渐趋衰落时期（17—19 世纪），即后弘期后期

清王朝的扶持带来了 18 世纪佛教艺术发展的最后一个高潮，大量西藏佛像精品进贡宫廷，宫廷制作的佛像也回返西藏，促进了内地与西藏佛教艺术的交流。然而在经历了历史上的巅峰后，西藏地区造像艺术创造开始呈现出趋于形式、规整造型、程式化特征明显等倾向，而缺乏内在神韵和生气。如西藏产普贤菩萨（见图

图 11　普贤菩萨（西藏，19 世纪）　图 12　无量寿佛立像（西藏，18—19 世纪）

11），以及西藏产无量寿佛立像（见图 12），均表现出程式化和做工粗略的特点。

　　而与此相对，在同一时期，尤其是康乾盛世时期，内地产佛教造像在清朝宫廷的大力推崇下，得到了快速发展，呈现出注重写实、工艺精细、自然主义的倾向。康熙设"中正殿念经处"，乾隆设"造办处"，都是用于制作佛像，乾隆还曾亲手设计造像图式。而今天所见的清代内地造像绝大多数都出自康乾时期，代表了清代造像的最高工艺水平。如内地产大威德金刚立像（见图 13），北京产白度母像（见图 14），以及内地产青玉阿底峡坐像（见图 15）。此外，一些佛像还在藏地技法的基础上，融入汉地的最高工艺元素，如珐琅彩等，创造性地制作出极具

图 13　大威德金刚立像（内地，清乾隆）　图 14　白度母（北京，17—18 世纪）

图 15　阿底峡坐像（内地，17—18 世纪）　　图 16　弥勒佛坐像（内地，清乾隆）

艺术审美价值的佛像。如内地产弥勒佛坐像（见图16），是铜胎掐丝珐琅，可谓金铜佛像中的珍品。

　　故宫还有许多西藏与清宫的合成像，如狮吼观音，造像清秀恬静，与清宫后造的狮子底座相搭配，浑然一体，体现了很高的艺术水平。[①]

二、故宫藏传佛教造像主题特征

　　在故宫博物院，一位初来乍到的参观者往往会惊异于故宫所藏的数量众多的藏传佛教造像。其中有面部祥和的佛菩萨，也有狰狞、令人敬畏的护法、空行母等。密宗发源于印度，流传到尼泊尔，再扩大到广阔的藏族地区。这些区域的人们在数千年历史发展中将这种精神传统一直保留至今，并且通过绘画等艺术手段创造了独特的佛教文化和文明。这些佛教造像除了其本身的艺术及历史价值，同时蕴含着深刻的精神和宗教层面的意义。

　　众生皆具佛性。据《大般涅槃经》言："佛性者名第一义空，第一义空名为智慧。所言空者，不见空与不空。智者，见空及与不空。"佛性即空性，就是意识中未升起意念时的原始的觉醒状态。佛教信仰者修习佛法恰恰为的是了悟空性，而其前提是要拥有人身，从而积累福德以及智慧。在藏传佛教中，之所以有为数众多的

① 马云华：《黄签所见乾隆时期大活佛喇嘛进献佛像》，载《故宫博物院八十华诞暨国际清史学术研讨会论文集》，紫禁城出版社，2006年，第308页。

神明的化现，恰恰是为了使得有情之人的心得以归驯，辅助修行者去除觉悟过程中的障碍。因此在密宗的传统中，修行者需要观想佛、本尊、空行母以及菩萨等作为觉悟的对境。

修行者对不同神明产生不同形式的归属感，这种归属感的产生可以有助于他们快速觉悟，因为这些神明代表了修行者各自的情感倾向。如一些修行者喜欢观想观音菩萨，另一些也许会选择某一位度母神，还有一些更愿意通过观想那些愤怒相的神明来修行。在所有的密宗传统中，这些神明都会被清晰地观想出来，包括具体的颜色、形状、脸部、手部以及所有的装饰物细节。[①]

在故宫的藏传佛教造像中，涵盖了众多的佛像尊神。其中包括梵华楼在内的一组六品佛楼内所供的六品铜佛像是清乾隆时期对密教四部神系完整和系统化的建构。因为篇幅所限，无法一一分析列举，在此仅选取具有代表性的一些佛像加以说明。

1. 祖师像

在藏传佛教神系中，上师居首位，是个人修行路上的指路明灯，这也是为何强调"依止上师"的原因。尤其密宗修行多为师徒之间的口耳相传，除了显宗部分的修习，密教部分的指点都依靠上师。上师与佛无异。藏传佛教上师主要包括印度大乘上师、密教上师、重要的译师等，如噶当派的阿底峡、宁玛派的莲花生大师、萨迦派的八思巴、格鲁派的宗喀巴等。西藏各个教派有不同的祖师，但是所有教派都要求弟子对上师如同对佛陀本人，身语意三皈依于上师。在藏传佛教中，总是将上师画在上方，与佛同高，甚至在佛之上。

17 世纪的祖师像（见图 15）刻画的是噶当派阿底峡（982—1054），其为印度高僧，公元 1038 年，应邀至西藏传法，在阿里卫藏等地讲经，著《菩提道灯论》，对佛教在西藏的复兴起到重大作用。该尊佛像产于内地，整个作品人物形象刻画细腻写实，袈裟的质感通过流畅的线条表现得淋漓尽致。采用玉石为原料，具有汉地作品的特色，是当时汉藏佛像艺术融合的集大成作品。

产于西藏 16 世纪末的祖师像（见图 10）是一尊铜镀金的宗喀巴像。宗喀巴（1357—1419），是西藏格鲁派的创始人，被藏族人民誉为"第二佛"，因其本人出生在青海宗喀一带（今塔尔寺所在地），故被尊称为宗喀巴。《菩提道次第广论》和

[①]　Min Bahadur Shakya. *The Iconography of Nepalese Buddhism*. kathmandu: Handcraft Association of Nepal, p37.

《密宗道次第广论》是其代表作，至今仍为格鲁派必修的经典。与此前众多教派重视密教轻显教不同，他极力推崇由显入密，先显宗后密宗。他还强调戒律对于僧人的重要性。格鲁派在西藏声名鹊起，最终在 17 世纪获得了西藏宗教的最高地位。本尊造像技法娴熟、工艺精湛，宗喀巴大师面目慈祥，头戴黄教通人冠，衣纹细致自然，双手结说法印，整体造型给人以安详平和之感。为西藏产佛像造像发展至鼎盛时期之代表作。

2. 五方佛

五方佛源自密宗金刚界思想，他们不是独立存在的，而是对"佛"的概念的抽象表述。五方佛是"本初佛"的化现。开始，本初佛是一团火焰自莲心而出，通过它的五种智慧和禅定之行，生出五方佛。东南西北中五方，各有一佛主持。分别是中央的毗卢遮那佛、东方阿閦佛、西方阿弥陀佛、南方宝生佛、北方不空成就佛。

故宫保存了诸多数量的五方佛，其中，金刚界毗卢佛（见图 17、图 7、图 8），全称毗卢舍那佛，又译为大日如来。其中克什米尔产毗卢佛（见图 17）为黄铜材质，头戴三叶冠，冠叶以及冠檐均装饰细密珠纹，线条柔和，雍容华贵，具有印度造像影响的痕迹，是克什米尔艺术的经典作品。此像入清宫后配有紫檀木龛，龛后有满、蒙、汉、藏四文题记。此外，西藏产黄铜毗卢佛（见图 7）以及西藏西部产毗卢佛（见图 8），均线条流畅，工艺精良，是鼎盛时期之作。图 8 与图 7 造像相比，要明显受尼泊尔艺术的影响。佛像镶嵌绿松石、青金石以及珊瑚石，项链尽管简略，但珠粒精致。可见，藏西艺术古拙的特点正在逐渐受到影响而发生改变。

图 17　金刚界毗卢佛
（克什米尔，8—9 世纪）

宝生佛，五方佛中居南方，代表平等性智，基本手印是右手施与愿印，左手施禅定印，全跏趺坐。东北印度产宝生佛（见图 2）与同时期东北印度产无量光佛（见图 3）风格完全一致，可见出自同一位工匠之手。

无量光佛与无量寿佛的汉文译名均为阿弥陀佛，居西方。二者起源不同，随着佛教的发展，二者的概念重合，印度后期经典中二者已经混同。但在藏传佛教中，他们是不同的两尊神。在五方佛系统中，无量寿佛是无量光佛的化身，代表寿命的延长。二者形象不易区别。

故宫藏西藏产铜镀金无量寿佛（见图9），整体做工细腻，与东北印度产无量光佛（见图3）相比，可见明显风格上的差异，这也是15世纪西藏佛教造像风格融入更多藏族自己的审美和艺术手法，实现本土化的体现。该尊无量寿佛头戴宝冠，佩戴项链、璎珞、臂钏，镶嵌松石，明显可见藏式风格。

如前文所述，西藏佛教造像进入18世纪，即后弘期晚期，开始出现程式化、缺乏内在神韵的特点，已经较之前15—16世纪时期藏地佛像的细腻做工逊色许多。这一点从西藏产立像无量寿佛（见图12）可见一斑。其造型更像一位佛身边的供养菩萨，而不像是无量寿佛。五叶冠很高，冠叶为花枝状，涂色以像珠宝之形，这是后弘晚期西藏及蒙古地区造像中常用的装饰方法，可能是为了降低成本。①

图18　无量寿佛坐像
（内地，18世纪）

而18世纪同期，内地藏传佛教造像却在乾隆年间达到技艺和表现的精湛。如清乾隆年间内地产无量寿佛坐像（见图18），面目清秀，色彩明艳，不失典雅，下乘掐丝珐琅莲座，工艺精湛。

3. 佛陀

佛教创始人释迦牟尼（公元前565—前486），原名乔达摩悉达多，诞生于古印度迦毗罗卫国的蓝毗尼。他舍弃豪华生活，出家修行，最后获得觉悟，创立了佛教。随着佛教的发展，释迦牟尼的地位在日趋复杂和庞杂的神系中发生了变化。小乘佛教时期，对释迦牟尼佛的崇拜仅仅限于对他的神迹象征性的表现，如莲座、足迹、菩提树等。当佛像出现在犍陀罗艺术和摩陀罗艺术中时，他被看作是佛教至高无上的尊神。随着大乘佛教的出现和发展，释迦牟尼被神圣化、抽象化为佛教第一神。很快，佛教的神系开始从时间和空间上拓展。现在佛即释迦牟尼佛，释迦牟尼之前的佛即过去佛为燃灯佛，未来佛为弥勒佛。

在故宫所藏的藏传佛教造像中，释迦牟尼佛的佛像数量众多，《造像度量经》

---

① 罗文华：《故宫经典藏传佛教造像》，紫禁城出版社，2009年，第74页。

载佛具有"三十二相""八十种好",因此通常其造像和绘画的图像学变化很少,只有坐姿和立姿两种,禅定印、与愿印、触地印、转法轮印和无畏印为最常见的几大手印。

斯瓦特产释迦牟尼佛坐像(见图19),佛陀右手施与愿印,左手握持衣角,施授记印,结跏趺坐,袈裟自然垂落,衣纹自然写实,身体健壮。佛像整体浑厚,具有鲜明的斯瓦特佛像特征。

与之对比,北京产释迦牟尼佛坐像(见图20),其风格迥异。该尊佛像佛陀施转法轮印,结跏趺坐于矩形座上。经考证,该尊佛像是内务府造办处工匠仿克什米尔造像制造的,但是实际已经与克什米尔风格相距甚远。如佛陀鼻子为锥形,是典型的清宫式,而不再是克什米尔的扁平式。佛座两侧与背面镂空缠枝莲图案装饰,佛身下坐垫每个圆圈中细刻一凤鸟图案,具有典型的汉地特色。

图 19 释迦牟尼佛坐像
(斯瓦特,6—7 世纪)

图 20 释迦牟尼佛坐像(北京,
17 世纪)

乾隆年间,内地佛教造像艺术蓬勃发展。除了模仿各种风格的造像,最独特之处在于工匠们尝试汉藏工艺的完美结合。比如内地产弥勒佛坐像(见图16)在藏地技法的基础上,融入汉地的珐琅彩等工艺元素。该尊弥勒佛神态庄严,身着袒右袈裟,手结说法印,垂脚坐于束腰方台上,露肌肤处铜鎏金。袈裟和方座表面为掐丝珐琅。方台上镶嵌各色宝石釉料,五彩斑斓,精美华丽,此像是金铜佛像中的珍贵品种。

在故宫所藏的佛陀造像中，有一尊要在此处特别
说明。这是一尊喀尔喀蒙古产释迦牟尼佛坐像（见图
21）。该尊佛像右手施苦行印，左手持袈裟一角，结
跏趺而坐。面相俊美端庄，鼻梁挺直。其身躯健壮，
胸肌隆起，可以让人直接感受到真实人体的质感。袈
裟贴身流畅，整体打磨细腻，堪称当时的佛像精品。
在为数不多的蒙古产佛像中，具有这样成熟的尼泊尔
风格特点的造像着实令人称叹。

4. 菩萨

根据陈义孝的《佛学常见辞汇》可知，"菩萨"
是梵语"菩提萨埵"的简称，华译为"觉有情"，就
是能自觉又觉他的有情。菩萨的意思，还有开士、始

图 21　苦行释迦牟尼佛坐像
（喀尔喀蒙古，17 世纪）

士、高士、大士等。开士者，以法开导众生之士；始士者，开始觉悟之士；高士
者，高明之士；大士者，实践大乘佛法之士。释迦牟尼佛在成佛之前就曾经为菩
萨，经过几世漫长功德积累后才最终成佛。大乘佛教菩萨代表自利利他思想，扬弃
小乘佛教单纯追求自身圆满，达到罗汉果的境界，并不进入涅槃，而是以救度众生
出离世间苦海，到达解脱的彼岸为己任。

菩萨变化形式众多，其中八大菩萨一说最为普遍。《八大菩萨曼荼罗经》里称
八大菩萨为：文殊菩萨、普贤菩萨、观世音菩萨、金刚手菩萨、虚空藏菩萨、地藏
菩萨、弥勒菩萨、除盖障菩萨。通常佛教造像多依此经。在西藏地区，第一代赞普
松赞干布时期，印度密教处于初级阶段，当时西藏提倡只以观音菩萨为本尊，以诵
持六字大明咒为行持，是最早传入西藏的一种简单易行的密宗法门，在藏地传播普
遍且迅速。四臂观音在藏传佛教中较常见，是藏密大悲观音的主尊，代表悲、智、
力，与文书菩萨、金刚手菩萨合称"三主尊"。

故宫馆藏诸多菩萨像中，不乏精品之作。其中尼泊尔产莲花手观音菩萨立像
（见图 5）就是佛教后弘期早期的代表作。这尊铜鎏金观音菩萨右手持莲枝，左手施
与愿印。头戴三叶冠，冠叶收拢，头光火焰纹饰，具有典型的尼泊尔风格。三折扭
身姿，立于莲花座之上，莲枝随观音身体婉转曲折。红铜润泽，具有肌肤的质感。

产于内地的红铜鎏金莲花手观音菩萨（见图 22）虽然在配饰上华丽精细，姿
势优美，然而由于整体给人一种不稳定的感觉，不敌尼泊尔造像精湛。

图 22　莲花手观音菩萨（内地，14 世纪）

西藏产骑象普贤菩萨（见图 11）是后弘期晚期的作品。普贤菩萨游戏坐姿，侧坐象背上，右手说法印，左手托宝，天衣飞动，却缺乏生趣，呈现出造像程式化的特点。

5．女尊

在藏传佛教造像中，众多的女神形象占据了重要地位。小乘佛教排斥女性，更不供奉女神。佛教女尊的出现与繁荣和大乘佛教的密教有不可分割的关系。

观世音菩萨的化身很多，著名的如二十一度母、八大救难度母等。《度母本源记》中说，观世音菩萨在无量劫前，已利益救度了无数的众生，可有一天她用圣眼观察六道，发现众生仍未减少。菩萨不忍再看，泪流双眼。淌下的眼泪滴成莲花，先变成绿度母，随即变出白、红等不同身色的度母，共二十一尊。这二十一度母化现后，各自对观音菩萨说偈立誓，要辅助观音救度众生。在藏族地区，白度母和绿度母是较常出现的两尊女性佛像，家喻户晓，地位很高。尼泊尔产度姆立像（见图 23），面庞俊美，表情柔媚，丰乳细腰，右手施与愿印，动感效果强。表情姿态均带有尼泊尔艺术中独特的女性魅力，堪称尼泊尔艺术精品。

图 23　度母立像（尼泊尔，9 世纪）

　　北京产铜镀金白度母（见图 14），镶嵌珊瑚石，右手施与愿印，庄严优雅。配饰头冠、项链以及莲座上的珠纹匀称精美。极可能是当时清宫内务府造办处在该时期的上乘之作。

　　更早时期的东北印度产绿度姆（见图 4），右手施与愿印，左手持花，游戏坐姿，下踏小莲台，背光为拱门式样。别致之处在于背光上部两头大象相对而立。整体装饰加工均匀精细，与图 14 北京产白度母相比，给人以风格更加自由和随意之感。

　　空行母，在密宗传统中，既有平和相，也有愤怒相。她们能帮助修行者去除障碍，引导后者觉悟。一些空行母是动物脸，有狮子脸、母猪脸、老虎脸。金刚空行母可以在虚空中穿行，具有超自然的智慧和能力。内地产金刚空行母立像（见图24）头戴骷髅冠，三目圆睁，裸身，丰乳细腰，胸前垂挂骷髅大璎珞。左手持嘎布拉血碗，右手持钺刀，双脚下各踏一人，背饰镂空雕饰火焰纹背光。表情生动，动作豪放，制作精湛，是18世纪清宫造办处制作工艺最辉煌时期的上等作品。

图 24　空行母立像（内地，18 世纪）

6. 护法神

如其名所示，护法神是保护佛法不受破坏，维护佛陀教义的神明。通常，护法神以愤怒相示现，目的是为了震慑驱魔，使佛法得以传播。西藏护法体系的建立是在公元8世纪。莲花生大师应吐蕃赞普赤松德赞之邀来到藏地弘法，他降伏藏地桀骜不驯的苯教神，并将部分愿意归服者收编为护法神，使得印度传统的护法神在西藏开始本土化。[①]

西藏产手持金刚立像（见图6），怒目圆睁，赤发红颜，身形粗壮质朴，项链、手镯等处均镶嵌松石。这是在造像艺术交汇融合时期的作品，该作品部分体现了帕拉和克什米尔风格的影响。

内地产红铜大威德金刚立像（见图13），裸身，大腹，胸前二臂，右手持钺刀，

---

① 罗文华：《故宫经典藏传佛教造像》，紫禁城出版社，2009 年，第 262 页。

左手持嘎布拉血碗，多臂呈扇形展开，各持法器。脚下踏八兽、八禽、八天王、八女明王，身姿强健有力，充满威猛气概。此佛像造型极为复杂，铸造精良，线条规整，是这一时期宫廷造像精湛工艺的体现。

三、故宫藏传佛教造像研究价值

故宫藏传佛教的研究具有极其重大的学术价值。历史上，随着西藏与中央关系的不断加强，联系更加紧密，藏传佛教也逐渐成为皇室的宗教信仰。自元朝起，西藏各教派领袖人物，只要归顺朝廷，朝贡请封的，便定期进京朝贡，而这些造像就是朝贡的重要物品。每件造像进入皇宫的过程都凝固了一段历史，数万件文物组合成丰富全面的历史图景，使人们可以感受到各民族相依相存，共同发展的光辉历程。

清朝皇帝充分了解藏传佛教在蒙藏地区的重要影响，把"兴黄安蒙"作为巩固蒙藏边疆的重要国策贯彻始终。尊崇达赖、班禅、章嘉、哲布尊丹巴等黄教领袖，给予崇高的地位。清代达赖、班禅数次到北京朝觐，受到皇帝的隆重接待，他们的造访在宫廷中留下了诸多印记，而佛教造像恰好成为这些印记的见证。

藏族医药在北京

罗静萍[*]

藏族医药当中蕴含着藏族人民广大的智慧和藏传佛教的慈悲精神。由玉妥·云登贡布所著的《四部医典》推动了整个藏族医药的发展，在藏传佛教的寺院当中，一般都开设有曼巴^①、扎仓^②来教授医药学知识，培养医药学人才，使得藏医药得以绵绵不断地传承发展。在今天，藏民在生病以后，也会在第一时间去找藏医看病。藏医药的发展在今天呈现出一种越来越繁荣的局面，不仅在世界屋脊青藏高原积极发展，甚至在各个大都市中都出现了它的身影。在中国的首都北京市，就有两家专门经营藏医药的机构。下面笔者将为大家详细介绍这两家机构的现状和发展情况等。

一、北京藏医院

北京藏医院位于北京朝阳区惠新西街，是我国唯一一家以藏医为主、多民族医学与中西医相结合的国家级民族医院；是国家中医药管理局批准的重点民族医院建设单位、北京市基本医疗保险定点医院。北京藏医院于 1992 年成立，由中国藏学研究中心和西藏自治区山南地区行署联合创建。1998 年经中央统战部、国家民委、国家中医药管理局联合发文，决定把北京藏医院扩建为一所"以藏医为主，多民族医为一体，民族医，中西医结合、医教研结合的国家级民族医疗机构"，并于 2000

---

　*　罗静萍，藏族，中央民族大学民族学与社会学学院 2016 级硕士研究生。
　①　曼巴：藏语音译，其汉语意思为医生。
　②　扎仓：藏语音译，其汉语意思为学院。各藏传佛教寺院当中都会设有各种学院，学习五明学。

年在亚运村异地扩建，2002 年竣工迁入现址。

北京藏医院建院 20 多年来，在中央统战部、国家民委、国家中医药管理局、中直管理局、西藏自治区、中国藏学研究中心、北京市中医管理局等各部委局的关怀与指导下，不断发展壮大。目前整个医院由门诊楼和住院楼组成，下设藏医心脑血管科、藏医糖尿病科、藏医肝胆病科、藏药浴四个国家重点建设专科，以及藏医胃肠专科、藏医妇科、藏医传统疗术科、藏医风湿、类风湿科等。北京藏医院在保护与发展传统藏医文化上做了很多的工作与贡献。下面笔者将对北京藏医院的一些特色进行介绍：

1. 藏医院特色治疗专科

藏医心脑血管科一直是北京藏医院的重点建设专科，是国家中医药管理局十五期间重点建设的项目。于 2002 年正式成立，藏医药在治疗心脑血管疾病方面积累了大量的临床经验，并有自己完整的理论体系和临床实践经验及丰富的治疗手段。早在藏族医学巨著《四部医典》[①] 中就记载了对脑血管疾病和心血管疾病的理论和治疗方法。北京藏医院的课题组在 3 年建设期间通过内服纯藏药和结合藏药浴，外用金（银）针、火灸、放血、拔罐等藏式手法与现代康复技术相结合，至今共接诊高血压、心绞痛、脑出血、脑萎缩等患者共达 8 万多人次，总有效率达 86% 以上。为了进一步提高医疗质量，本专科多次与其他单位合作，组织学术交流活动，开展人才资源共享等。并对藏医大师的临床经验、秘方、偏方等进行了收集和挖掘。先后在措如·次郎和省级藏医专家加央伦珠等学科带头人的指导下完成了《补隆养血和降隆吸血法对治疗脑中风后遗症的疗效观察》《藏医药对脑血管后遗症疗效性观察》《藏医诊疗标准在藏医学科建设中的作用》《标准化建设在藏医中的运用》等论文，对整个藏医心脑血管科的发展都起到了很大的促进和推动作用。

藏药浴也是北京藏医院的一个特色治疗项目。藏药浴治疗法是通过将全身或者部分肢体浸泡于药物煮熬的水汁中，然后卧热炕发汗，祛风散寒、化瘀活络，达到治病的一种疗法。藏药浴根据藏医理论，利用藏族医药与现代高科技的熏蒸器的完美结合，借热力和药力的双向作用，实现"皮肤吃药"的物理疗法。对于类风湿关节炎、各种偏瘫、痛风、银屑病等治愈率高达 96% 以上。藏药浴是一种受到广大的患病群众欢迎的治疗方式，这种治疗方式无疼痛感，绿色健康，经济适用。

---

① 《四部医典》，又名《医方四续》，形成于公元 8 世纪，由著名藏族医学家宇妥·云丹贡布所著，共 4 部，156 章。

藏医肝病重点专科也是国家中医药管理局"十一五"重点专科建设项目之一，在藏医"三因"学说指导下，结合现代生物医学技术，特别是运用现代科技手段，开发研制出以青藏高原特有的纯天然藏药材为配方的藏成品药，标本兼治、综合调理、清热解毒。对诊治乙肝、肝硬化、肝癌、急慢性胆囊炎患者，取得了良好的疗效。

藏医风湿类风湿专科也是北京藏医院的一个特色项目。现代医学当中关于风湿的病因机理至今尚未完全明确，目前认为其发病原因与自身免疫有关。藏医则认为风湿、类风湿是因为人体内物质的失衡导致的一种疾病。北京藏医院类风湿专科以藏医《四部医典》等医学经典为基础，结合藏医长期以来的临床经验，采用高原纯天然无污染的药物研制的藏药风湿止痛丸、乳香丸、如意珍宝丸等，结合藏药浴和现代化理疗，治疗风湿、类风湿关节炎、肩周炎等疗效独特。

2. 医院特色优势

目前医院共有 40 余位专业藏医，他们在藏医学院接受过系统的藏医理论培训，又有多年的临床治疗经验。这些医生来自藏区，但是生活在北京，与藏区的医生相比，他们有更多与外界接触的机会。这些医生们大多毕业于藏医专业，但是长期在内地工作的经历使得他们的汉语水平很不错，并且在北京的工作机会使得他们能够接触更多的一些最新出版的文章、专著，了解到医学界的最新资讯。不仅仅是对藏医的资讯，而且对于中医、西医等不同的医疗系统都能够有更深入的认识，能够有效地结合这几种不同体系的医疗方式，更好地来为患者制定治疗方案。同时医院的地理位置优势能够帮助医院更快地引进先进的设备和仪器，将传统的治疗与现代的仪器充分地结合起来。

藏族医学是一门高深的学问，其中流派众多，各个学派又都有其所擅长之处。最为明显的就是藏医因地域原因而分为北派和南派两种，想要博采众长，就只能够通过不断学习。北京藏医院充分认识到了这个问题，所以医院每年都会举办"高研班"，至今已经举办了 7 届。每次的"高研班"都会请来藏区各地具有高水平的著名藏医为全院的工作人员进行培训，每次培训的效果与反响都是很不错的。

3. 医院的发展现状

通过现场对一些患者和医护人员的访问，笔者了解到，目前来医院就医的患者多为附近的居民，也有部分在京居住的藏族群众，还有一部分患者是因为其他患者的介绍来到这里进行治疗。很多患者表示在没有接触到藏医之前，都认为藏医比较神秘，心中也是充满了犹豫，但是在来医院就诊后发现，北京藏医院是一所很正规并且人性化的医院。特别是一些患者在经过治疗发现藏医的疗效后，就更加信任藏医院了，纷纷介绍自己的亲友来藏医院就诊。但总的来说，大部分的群众对于藏医藏药还是比较陌生的。要想消除由不了解所带来的陌生感与不信任，需要藏医院进一步完善整个医院的医疗体系和加大对群众的宣传力度。

以上笔者所介绍的北京藏医院是以公立形式传承和发展的，下面笔者将介绍以私立形式在北京发展的藏族医药的代表——宗喀藏医门诊。

二、宗喀藏医门诊

坐落于北京市东城区雍和宫大街的宗喀藏医门诊，以"传承千年纯正藏医精华，呵护众生永久身心健康"为理念，以藏医药当中独有的"五元"药力，为都市大众去除疾病，送去安康。1999 年 10 月，宗喀藏医诊所在首都各界人士的关怀下盛大开业。这是坐落于首都北京的第一家传承纯正藏医药的惠民诊所，自其成立之日起，就认真贯彻执行卫生行政主管部门的思路部署，严守雪域千年传承的藏医药理念。诊所自开业起就受到各族群众的广泛好评，这些良好的评价越传越远，使得周边城市的患者也纷至沓来。2003 年，经东城区卫生局研究审核决定，将宗喀藏医门诊改制为非营利性门诊。

1. 门诊治疗特色

在门诊开业的十几年里，本门诊在对众多病例的分析研究中构建起了严谨的都市性易患疾病的研究团队，并且积极地制定了一套绿色治疗方法，对于都市生活当中常常出现的长期失眠多梦等亚健康的身体状况进行了有效的治疗。根据诊所的主治医生尕藏扎西介绍："每天大概都会有四五十名患者接受这样的治疗。并且因为此种治疗的疗效很好，这些患者又源源不断地介绍新的患者来此处就诊。"

笔者在宗喀藏医诊所进行访问的时候，发现了一种很受患者欢迎的治疗方法，即火灸疗法，它可阻断疾病随脉扩散，能够迅速止痛，抑制肿瘤的生长，有祛风、散寒、舒经、活络的功效，对于风湿、类风湿、产后引起的关节疼痛等都有显著的效果，所以在宗喀藏医诊所中的使用率很高。

此外，放血疗法在宗喀藏医诊所也很受欢迎。

2. 门诊的发展现状

笔者在门诊进行访问的时候，发现来门诊就诊的患者人数众多，本来面积不大的诊所里充满了前来就诊的患者。据笔者了解，这些患者多是慕名而来，或者通过以前来此就诊的患者介绍而来。以下是笔者对于前来就诊的两位患者的简要访谈：

[个案1] 患者是一位来自安徽的中年妇女，她现在住在北京的女儿家里。她患有关节炎，每周都会来宗喀藏医诊所进行两次的拔罐和清除瘀血的治疗。据她说，在来此治疗之前，她已经去过了很多大医院就诊，也采用了很多民间偏方，都不管用。后来听她侄女介绍了宗喀藏医诊所，开始也是抱着半信半疑的态度，后来经过一两个星期的治疗，感觉身体好了很多。并且在这里医生给开的药的价格也不贵，和其他大医院相比很便宜。主治医生尕藏扎西人虽然年轻，但是医术高超，对待病人充满耐心。现在自己已经接受了将近一个月的治疗，身体状况已经好了很多。并且已经把自己家里的、患有相关疾病的二姐也介绍到这里进行治疗。

[个案2] 阿拉腾大叔是一位来自内蒙古的患者，长期的饮食问题和饮酒对他的身体造成了很大的损伤。他自己因为工作的原因经常来北京出差，加上自己是蒙古族的原因，从小信仰藏传佛教，所以对藏医药也有一定的了解。自己在听朋友说了这个诊所之后，慕名而来，起初也是抱着试试看的心态，在经过几次治疗后明显感到身体的状况好转，所以每次都会趁着出差的空隙来到这里进行治疗。他说在这里治疗的同时，能够和主治医生以及工作人员聊聊有关佛教的知识，感觉很放松。自己也向周围的很多在京的蒙古族朋友宣传过宗喀藏医诊所。

3. 积极贡献社会

宗喀藏医诊所在治病救人的同时，还通过各种渠道积极贡献社会。宗喀藏医诊所虽然早已远离雪域高原，身在纷繁的都市当中，但是整个诊所却一直没有忘记自己的根源，时刻关心着雪域的众生。位于青海藏区的尕哇寺至今已有百年历史，始建于格鲁派鼎盛时期，但"文革"时期遭受到了很大的破坏，2005年宗喀藏医诊所为其捐款重建，并于2006年10月竣工开光，使得这座经历磨难的古寺重新成为虔诚信众的膜拜之地。

此外，诊所在自身资金紧张的情况下，还坚持资助四川德格以及其他青藏高原地区的学校。另外还给不少患有心血管、肝硬化、子宫肌瘤等疾病的患者无偿赠药，免费进行治疗。

宗喀藏医诊所一直秉承着奉献社会的理念，不仅将高超的医药水平奉献给广大的患者，同时也时时刻刻牵挂着身处雪域的同胞，真正践行了藏传佛教慈悲为怀、心系众生的教义，体现了藏族人民善良正直的品德。

三、结语

在我国，还有很多的患病群众不知道藏医药的存在，为了更好地造福患者，弘扬传统的藏族医药文化，有必要大力宣传藏族的医药知识。同时各个藏医药机构也要不断地提升自身的水平，积极造福患者。特别是像北京藏医院和宗喀藏医诊所一样身处于首都的机构，代表着藏族医药的形象，更有义务和责任发展好自身，为整个藏族医药树立一个良好的外在形象。当然另一方面，我们也应该看到，以这两家机构为代表的藏族医药正在社会各界的帮助之下，积极地发展着自身和传承着传统文化。由此，我们可以预见到，未来藏医药将会被更多人接受和了解，藏医药的明天将是更加光明的。

北京的藏族工艺品

——以雍和宫附近为例

孙　健[*]

雍和宫是北京市最大的、也是保存最为完好的藏传佛教寺院，其特殊的历史和宗教地位，以及其保存的极具特色的宗教建筑、佛像艺术、佛教法器、珍贵文物等，吸引着大批的国内外游客前来观赏。以雍和宫为中心，附近有很多卖藏族特色工艺品的商店，成为北京市藏族文化汇聚的地点之一，所以笔者选择此处作为调查地点。

一、藏族工艺品

（一）藏族饰品

青藏高原独特的地理环境和气候造就了藏民族独特的审美标准和审美取向，如今的都市生活越来越崇尚自然，返璞归真成为一种新的时尚。藏族特色的首饰以其特有的材质与造型，以及深厚的文化内涵，成为当今追求美的一种形式。调查过程中，笔者访谈了雍和宫大街一家名为"天堂眼"的藏族饰品店，店主是来自四川省甘孜藏族自治州的一对年轻夫妻，来北京经营藏族饰品已经有四五年了。经笔者了解，店内的藏族饰品大部分来自藏区，还有一小部分来自印度、尼泊尔。店主说，近几年，藏族饰品在内地卖得非常不错，一方面是因为藏族同胞来到内地生活的越来越多，另一方面是因为以藏传佛教为代表的藏族文化在内地越来越受到欢迎，所

＊　孙健，中央民族大学民族学与社会学学院 2015 级硕士研究生。

以生意越来越好。藏族饰品极为丰富多样，它们不仅仅是一种简单的"点缀"，更是一种穿戴的常态，用"浑身披挂"来形容藏民族对饰品的钟爱之情，一点都不为过。

1. 头饰

藏族人不论男女，都以留长发，并编辫为基本审美特点。如今藏族男子留长发的不多，只是个别地方仍保存男子留长发的传统，但是藏族女子绝大多数留有长发。藏族人对于头饰非常在意，头饰的样式也是多种多样。雍和宫商店内的藏族头饰，大部分是用玛瑙、珊瑚、松石等宝石珠串连成的类似于网状的头饰，像帽子一样戴在头上，在额头部位还有吊坠垂下，色彩艳丽，非常华贵。此外，笔者在一家商店内见到一种叫作"巴珠"的头饰，用布做成"丫"字型支架，支架上用玛瑙、松石、珊瑚等装饰，这种头饰原是达官贵族佩戴，现在流行于拉萨和日喀则等地。[①]藏族人民的头饰非常丰富，不同地区的头饰不同，在北京地区出现的种类只是一小部分。

2. 项链

藏族特色的项链有很多种，最常见的是以绿豆大小的珠子串成，材料一般为松石、玛瑙、蜜蜡、青金石、檀木、藏银等，颜色多为红色，绿色、黄色、白色，串成项链的珠子的数量没有特殊要求，但是很多都以108颗为准。据店主介绍，这与藏传佛教中佛珠108颗代表108种烦恼或者108尊佛的功德有关。

很多项链还带有吊坠，吊坠多呈圆形、椭圆形、水滴形，材料一般是松石、玛瑙、蜜蜡、青金石、玉石、藏银等。其中最为珍贵的"天珠"，藏语称为"孜"，关于它的来源说法很多，史学家认为它是从波斯一带传入西藏的手工饰品，但是藏族的传说故事中则认为"孜"是由从天上掉下来的虫子变化而成的，至今也没有确切结论，从而使得"孜"更加珍贵，其中九眼天珠是最为珍贵的。[②]还有一种吊坠藏语称为"嘎乌"，多是由银或者金或者铜制作而成的小盒子，也叫作"嘎乌盒"，"嘎乌盒"外面一般刻有图案，如六字真言、度母像、吉祥八宝、卍字符号等与佛教相关的图案，盒子里面也可以装有六字真言或者上师图像或者佛教经文。"嘎乌盒"其实是作为护身符的一种首饰。除此之外，吊坠还可以是几厘米长的金刚杵，不过佩戴的人并不多。

① 申鸿：《藏族头饰中的原始宗教意蕴》，载《阿坝师范高等专科学报》，2005年第4期。
② 天珠根据身上的眼数，可以分为"单眼天珠""两眼天珠""九眼天珠"等。达瓦：《西藏的古今饰品》，载《中国西藏》，2005年第6期。

3．耳环

藏族特色的耳环一般是以银或者黄金为材料，并且上面镶有椭圆形或者圆形的装饰物，装饰物大多是红色玛瑙、红色珊瑚和绿色松石，颜色艳丽又不失端庄。也有直接以松石、玛瑙或者珊瑚为耳坠的，这种耳环要较长一些。

4．戒指

藏族特色的戒指的造型与材料和耳环非常相似，大多是以银或者金为材料，上面镶有玛瑙或者珊瑚或者松石，而且一般比较大，戴在手指上非常显眼。很多藏族人的手指上会戴有多个戒指，一方面是出于爱美之心，另一方面是藏民族的传统观念中，以此作为财富的象征。

5．手镯

藏族特色的手镯大概有 3 种类型，一种是以银或者黄金为材料制作而成的手镯，上面刻有藏族特色的图案，还有玛瑙或者松石等镶嵌在上面。另一种是以玛瑙、松石、珊瑚、青金石、玉石、檀木、蜜蜡、砗磲、菩提子、水晶、琉璃等为材料制成的花生粒大小或者更大些的珠子串成的手镯，在手腕上只能绕一圈。还有一种是以玛瑙、松石、珊瑚、檀木、蜜蜡、菩提子为材料制成的绿豆粒大小的珠子串成的手镯，基本每条都是 108 颗珠子，这种手镯往往被当作"佛珠"，在念经或者转山转湖时，佛教徒会一边转动佛珠，一边念六字真言等。

6．腰刀

藏族男子很多都有携带腰刀的习惯，过去携带腰刀和战争有关。作为防身武器的腰刀一般比较长。还有一种较短的腰刀是生活必需品，在食肉时，藏族人会从衣兜里掏出腰刀割肉而食，精致短小的腰刀非常便利。久而久之，携带腰刀成了展示男子气概的装饰品。在雍和宫附近的商店中摆放的腰刀，长 10～20 厘米，大多用黄铜、白铜、银、金或者金色的铝合金制作而成。刀柄通常用牙樟木或者檀木做好，然后用银或者金等金属皮包饰，刀柄和刀鞘上刻着吉祥八宝或者六字真言等藏族特色的图案，还有一些会在上面镶嵌玛瑙、珊瑚、松石，十分精致。在刀鞘上会凿出几个小孔，以便于将腰刀用绳子系起来挎在腰上。系腰刀的绳子也非常讲究，往往将彩色的丝线编成漂亮的结，并以玛瑙、松石、珊瑚、蜜蜡等宝石装饰。

7．腰带

藏族女性在重大节日时会佩戴绚丽多彩、雍容华贵的腰带。腰带的材料一般是羊毛、棉、丝织品或者牛皮等，腰带两端有银或者金做的金属扣，以便于佩戴。腰带上面往往还有彩线编织的图案，如正方形、菱形、卍字符、莲花、六字真言、各种花朵等。腰带织花上面镶着金、银制成的圆形饼状凸出物，非常具有立体感，凸出物周围又用玛瑙、松石、珊瑚等珠宝围绕装饰。藏族女性佩戴的腰带，色彩丰富，鲜明艳丽，有时腰带可以作为女子的嫁妆。

（二）礼佛用品

藏传佛教是藏民族的文化精髓，对于藏传佛教的信仰已经成为藏族人的生活常态，生活中的很多方面都和藏传佛教有密切关系，富有藏民族特色的工艺品中，很大一部分是礼佛用品，随着藏传佛教在内地的传播，这些手工艺品也随之传播开来。在雍和宫大街上，有很多经营礼佛用品的商店，笔者访谈了来自热贡地区、以绘画唐卡为生的店主扎西，了解到热贡地区很多人都是从小学习绘画唐卡的。扎西学习了十几年，绘画唐卡的技术已经非常高超，所以和朋友一起来北京一边画唐卡一边卖。在访谈时，扎西正在和伙伴画一幅金刚手的唐卡。笔者还访谈了一位经营佛像的店主，他是河南人，汉族人，也是信佛之人。来"请"佛像的人一般都是商人或者是虔诚的佛教信徒。虽然店主不是藏族同胞，但是和每一个顾客都能聊很多佛教典故或者教义，所以生意很是红火。藏族工艺品的交易绝不仅仅存在于藏族同胞之间，内地人对于藏式礼佛用品的需求也非常大。

1. 唐卡

唐卡是藏民族最具有代表性的民间宗教艺术形式，长期以来在藏族各个区域广泛流行着唐卡艺术，随着市场的发展，交流的频繁，唐卡艺术进入首都地区，深受人们的欢迎与推崇。其中以青海热贡的唐卡最为著名，在雍和宫附近有3家唐卡商店，店主均是来自热贡的唐卡绘画者。藏民族在于宗教方面的各个细节，差不多都可以通过唐卡表现出来，唐卡艺术从某种程度上来说已经成为藏族宗教文化的独特标志。所有的佛教故事、佛教人物、佛教事件以及抽象的佛教宇宙观，唐卡艺术家都可以通过绘画唐卡展示出来。唐卡一般是绘在棉布、油纸或者丝绢之上，各色颜料需要绘画者自己调配，精心选择。绘画内容的不同，决定了唐卡的大小不同。唐卡的绘画，需要深厚的功底，需要内心平静，需要丰富的知识体系，往往要学几年甚至十几年才能掌握。一幅精美的唐卡需要花费几个月甚至几年的时间来完成。

2. 佛像

佛像是藏传佛教的信仰载体，不但是宗教文化的展示，也是佛教艺术和金属加工技艺的展示。凡是藏传佛教寺庙存在的地方，必定有佛像的存在，所以雍和宫附近的佛像商店数量之多便不足为奇。笔者通过调查发现，这些佛像有些是四川制造，有些是拉萨制造，有些是尼泊尔制造。从佛像的造型和身份来看，大部分是典型的藏传佛教崇拜的佛像，如四大天王、释迦牟尼、文殊菩萨、普贤菩萨、地藏王等。佛像大多数是黄铜制作，表层加以镀金。也有比较小的佛像只有十几厘米高，是琉璃或者陶瓷制作。有佛像，必然会有祭拜佛像需要的供品，每家佛像店里都有拜佛用的酥油、铜质酥油灯盏、藏香等极具藏族特色的工艺品。

3. 哈达

哈达曾经是重要的礼佛法器，有着浓厚的宗教色彩，如今哈达是藏民族十分珍爱且使用非常普遍的吉祥物，献哈达是藏族人民最常见的一种礼节。在藏区，逢年过节、拜会尊长、走亲访友、朝圣拜佛、婚丧嫁娶、乔迁新居等事项中都要敬献哈达，以表达自己的忠诚、尊重、祝贺、祝福、友好、和睦、惜别、哀悼等情感。哈达的材质有棉、纱、丝等不同种类，材质虽有优劣之分，但是人们更看重的是其表达的敬意。当然，一般对身份、地位、年龄越高的人，越要敬献材质好的哈达。哈达的颜色一般有白、黄、蓝几种，以白色最为常见，因为藏族人民崇尚白色，认为白色代表"纯洁""善良""慈悲""吉祥""光明"之义。笔者在佛像店里也发现很多较大的佛像都用哈达包裹起来，以防止灰尘弄脏佛像；在一些供有佛像的店里，佛像面前会供有白色哈达。有些哈达上面绘有莲花、吉祥八宝、六字真言、卍字符、扎西德勒等图案。哈达的长短不一，长的有 1 到 2 丈，短的有 3 到 5 尺。哈达作为藏族人民表达礼节的代表物，已经随着藏文化一同进入内地，成为藏族文化的代表符号之一。

4. 转经筒

转经筒是藏地特殊的宗教法器，每一个藏传佛教寺庙里面或者寺庙周围肯定有转经筒存在。雍和宫附近的商店里出售的都是可以随身携带的转经筒，中间有一根转轴，手柄部位刻有精美图案，上半部有一个中空的短圆柱体插在转轴上，可以灵活转动，最顶上一般会有一个吊坠或者绳结修饰。圆柱体外部会刻有莲花、六字真言、吉祥八宝、卍字符等佛教图案，有些是镂空的。圆柱体内部是空心的，里面可以装六字真言或者其他经文。转经筒的材料有木质的、铜质的、银质的、金质的，还有一些是转轴为木质，空心圆柱体为金属材料。转经筒的转动方向有"顺时针"和"逆时针"之分，藏传佛教为顺时针方向转动，藏族早期的本土宗教——苯教为逆时针方向转动。不过无论哪种转法，都可以积累功德。

5. 吉祥八宝

吉祥八宝在藏语中称为"扎西达杰"，藏族传统的吉祥八宝是由 8 种不同的宝物组成，分别是法轮、宝伞、胜利幢、吉祥结、右旋海螺、宝瓶、莲花、金鱼，是藏族僧俗民众使用最为广泛、最喜爱的图案之一。吉祥八宝的寓意体现了藏传佛教的理念：法轮代表佛法圆轮，代代相续，是生命不息的象征；宝伞代表覆盖一切，开闭自如，是庇护众生的象征；胜利幢代表遮覆世界，净化宇宙，是解脱贫病的象征；吉祥结表示回贯一切，永无穷尽，是长命百岁的象征；右旋海螺表示佛音吉祥，遍及世界，是好运常在的象征；宝瓶表示福智圆满，毫无漏洞，是取得成功的象征；莲花表示神圣纯洁，一尘不染，是拒绝污秽的象征；金鱼表示活泼健康，充满活力，是趋吉避邪的象征。[①] 正是由于吉祥八宝的美好象征得到了藏族群众的无比喜爱，因此吉祥八宝的表现形式也是多种多样的，既有图案，刻画在各种载体上；也有塑像，供奉在佛像前或者佛堂里。

6. 藏香

藏香被视为藏族传统手工业的一朵奇葩，是藏传佛教的重要载体之一，是藏族群众不可缺少的日用品，一方面人们用它拜佛朝圣，避鬼驱邪；另一方面，藏香的配料中有很多对人体有益的成分，不但味道清香，而且可以净化空气，缓解病痛，使人心情舒畅。据资料记载，吞弥·桑布扎根据西藏的地域特点，把印度的熏香技术进行改进，发明了藏香。笔者调查了解到，很多商店的纯正藏香正是从吞弥·桑布扎的家乡西藏尼木县吞巴村运输而来。传统藏香一般以柏树树干或者榆树树干为原料，然后加入藏红花、麝香、白檀香、红檀香、紫檀香、速香、沉香等几十种香料按一定比例制作而成。[②] 藏香有多种颜色，如红、黄、紫、绿等，形状也多种多样，有长条状、环状。藏香最初在贵族阶层中盛行，而且有专门搁置藏香的焚香盘。焚香盘多由上等檀香木制成，非常精美。散发着清香气息的藏香，使藏民族更具神秘气息。藏香制作也早被列入非物质文化遗产之中，成为藏族文化的一部分，也得到内地群众的喜爱。

---

① 益西：《浅析藏族"吉祥八宝"的寓意》，载《四川民族学院院报》，2010 年第 4 期。
② 黄鑫宇，张婧：《藏香历史及藏香业发展探究》，载《西部时报》，2012 年 10 月 23 日。

7．面具

提到藏族面具，很多人都会想到寺院"羌姆"[①]和"藏戏"，其实藏族面具早在新石器时代晚期就出现在藏区了，只是通过寺院"羌姆"和藏戏而被大众所熟知罢了。藏族面具按材质分为金属面具、木质面具、织品面具、皮质面具、纸质面具、泥面具、贴布面具等。其造型非常丰富，有九头罗刹女面具、地狱阎王面具、骷髅鬼面具等鬼怪造型，也有鸟类面具、猩猩面具、牦牛面具等动物精灵造型，还有各种神灵、菩萨的造型，很明显受到藏传佛教的影响。面具底色的不同，象征不同的意义，如白面具象征纯洁、善良、慈悲；红面具象征权力与威严；绿面具象征福德深厚；黑面具代表恶相，象征邪恶；黄面具象征智慧、兴旺、功德广大；半黑半白面具象征人物表里不一、两面三刀；蓝面具象征英勇无畏。[②]笔者由店主口中得知，如今的藏族面具不仅局限在"羌姆"或者藏戏表演中，更多的是作为艺术品来收藏，尤其是很多内地的艺术爱好者们，都对藏族面具非常感兴趣。

二、藏族工艺品的特点

笔者此次调查仅仅是以雍和宫附近的商店中的藏族工艺品为主，虽然无法完整地将藏民族的手工艺品罗列出来，但是雍和宫作为藏族文化在北京的代表，其附近商店中的藏族手工艺品大体可以涵盖藏族手工艺品的特色。现以雍和宫附近的商店中的藏族工艺品为例，将藏族工艺品的特点总结如下：

1．种类繁多

藏族是一个有着悠久历史文化的民族，虽然居住在自然环境恶劣的青藏高原之上，但是藏族群众的手工技艺却十分精湛，手工艺品的种类也相当丰富。藏民族的饰品种类之多，完全可以用"浑身披挂"来形容，从头到脚，几乎都用饰品来装饰，而且每种饰品又具有不同的样式和材质。至于宗教用品更是多不胜数，凡是有宗教现象、宗教活动、宗教事务出现的地方，总会有各式各样的宗教用具，而且可以说藏族最为精湛的手工艺术和手工艺品都是和宗教有关的。除此之外，由于藏区各地的风俗习惯等的不同，相同的手工艺品，往往会有不同的形式或者造型。

---

① "羌姆"是宗教类别舞蹈中最为重要的寺院祭祀性舞蹈。

② 罗布江村，杨嘉铭：《藏族面具文化的历史探源——兼述藏族面具活态遗存的基本要素》，载《中国藏学》，2006 年第 3 期。

2. 材质特殊

从前文可以看出，无论是饰品还是宗教用具，它们的材质都非常具有藏族特色。其中玛瑙、珊瑚、松石、蜜蜡、天珠、砗磲等珠宝类可以说是最受欢迎的；檀香木、柏树、藏红花等藏族特色的植物类也非常常见；羊毛制品、动物毛皮等也是较常见的材料。总之，藏族的手工艺品的取材大都是藏区常见的或者特有的材料。

3. 宗教内涵丰富

藏传佛教可以被视为藏族的文化代表，宗教已经渗透到藏民族的日常生活中，藏族的手工艺品中几乎都具有丰富的宗教内涵。从前文可以看出，手工艺品的图案大多是六字真言、卍字符、莲花、吉祥八宝等佛教图案；此外，在藏传佛教中，将砗磲、蜜蜡、玛瑙、珊瑚、金、银、红玉髓称为"佛教七宝"，佛教徒认为这些是最佳的持戒物，所以藏族工艺品中很多都以这些材料为装饰物，或者直接佩戴这些吉祥物。很多的礼佛用品也随着佛教的盛行，在普通民众间流行开来。

4. 色彩明丽

藏民族生活在青藏高原之上，以灰色、褐色为主要色彩，所以对于艳丽的色彩十分钟爱。从前文可以看出，藏族的手工艺品很多都是金色、黄色、红色、绿色、蓝色等鲜艳的色彩。对于白色，藏民族有着独特的感情，因为其生活在雪山之中，所以将白色视为最吉祥、最纯洁、最慈悲的颜色。

三、总结

藏民族文化的丰富多彩之处就在于，不同地区的文化都具有不同的特点，本文所列的手工艺品只是藏族工艺品的一小部分。北京市的政治、经济、文化地位已经得到国际认可，随着"民族的就是世界的"这一口号的不断落实，藏民族的文化资源将会以各种形式不断地汇聚到北京。藏族作为我国少数民族中历史悠久、文化丰富的民族之一，具有藏族特色的资源已经在北京市逐渐形成自己的民族文化品牌，为北京市的旅游业、餐饮业、服务业、文化产业等方面的发展提供着强大的吸引力，同时也为藏民族自身的发展以及藏族文化的宣传推广形成巨大的推动力。相信随着市场需求的扩大，会有更多更丰富的藏族手工艺品进入北京地区。

北京藏族文化的窗口

——民族出版社藏文编辑室

丹珍央金[*]

    民族出版社成立于 1953 年 1 月 15 日，前身为中央民委参事室，是全国唯一的国家级民族出版机构，主要致力于服务党的民族工作，弘扬和传播中国少数民族文化。随着民族出版社的诞生，藏文图书出版事业也以崭新的面貌跻身于祖国出版行列之中。藏族文化历史悠久，千百年来无数高僧大德和学者大师把内地和印度的大量佛教经典译成藏文，奠定了藏传佛教的典籍基础，同时创作了包括佛学在内的哲学、文学、语言学、医学、天文学、逻辑学、建筑学等方面的大量优秀著作，形成了藏族独特的文化。民族出版社成立后，用现代手段出版藏文图书，这是有史以来的创举。

    民族出版社藏文编辑室始终把翻译马列经典著作、党和国家领导人的著作、政策文献和法律法规、重要会议文件作为首要任务，致力于整理传承藏族文化古籍遗产，致力于社会科学和自然科学等各门类学科藏文版、藏语文工具书以及相关音像制品的出版，注重发挥政治宣传、文化传承、知识传播、行业引领、公益服务、信息研究、团结示范等作用。

    自 1953 年建室以来，成立了校对组、编辑组、翻译组、发行科和资料室。随着现代科技的进步，校对组与编辑组于 2004 年合并，资料室从与其他 5 省区民族出版社交换样书的单一的功能逐渐转变为如今的储存及发行样书等多种功能。

    1993 年 5 月，社驻西藏工作站成立。其宗旨是：深入群众、深入生活，学习群众语言，特别是为来自安多和康巴地区的青年编辑提供学习卫藏方言的有利条

* 丹珍央金，藏族，中央民族大学民族学与社会学学院 2016 级硕士研究生。

件；深入基层了解读者需求，及时反馈信息，以改进选题工作；深入西藏各地文化单位、科研单位、大专院校等广泛组织稿源，并聘请社外专家学者编稿审稿，以提高青年编辑的业务水平；在配合主渠道新华书店做好发行工作的前提下，努力搞好自办发行，扩大藏汉文图书的销售量。

二、藏文编辑队伍

民族出版社刚成立，藏文编辑室刚起步时，懂编辑业务、有藏文化知识的编辑人员奇缺，基础十分薄弱。1955 年开始，藏文室不断从中央民族大学、西北民族大学、西南民族大学、西藏大学等各民族高校调进青年干部，并从社会陆续吸纳一批有真才实学的人员，一面认真工作，一面加强培养。据不完全统计，60 多年来藏文室流动的干部至少有 80 余人，形成了一支忠实执行党的路线方针，精通编辑业务和藏族文化知识、勤恳认真、无私奉献的编辑队伍。在这支队伍中，包含来自全国各地其他民族的编辑人员，如汉族、回族、纳西族和土族等近 50 多位编辑人员。60 多年来，藏文室涌现出了许多优秀的藏文编辑工作者，他们为民族文化的繁荣发展作出了重要贡献：

黄明信，精通汉藏两种语文，著名藏学家。1953 年民族出版社成立后，任藏文室第一任副主任。在他主持下首次翻译出版了《矛盾论》《实践论》《新民主主义论》等毛泽东著作。他作为主要负责人之一，参加整理出版了大型工具书《五体清文鉴》，组织出版了《格西曲扎藏文辞典》，为该社藏文图书出版事业作出了重大贡献。

刘立千，中国社会科学院民族研究所特约研究员，首届中国藏学研究珠峰奖荣誉奖获得者，民族出版社藏文编译室副主任、编审。他长期从事藏文翻译和藏学研究工作，特别是对古藏文和藏传佛教、藏族历史研究有着很高的造诣，是国内外公认的学者和权威。几十年来他发表了一系列的学术论文和译著，如《西藏王臣记》《印藏佛教史》《土观宗派源流》《西藏宗教史鉴》《卫藏道场胜迹志》等。在担任室副主任期间，他主持翻译了《毛泽东选集》等马列经典著作和大量党的政策文件，翻译编辑了大量的藏文典籍。

戴贤，精通汉藏两种语文。起先在西南民族学院任藏文教员，后调中央民委翻译局、民族出版社藏文室做编译工作。1979 年任藏文室副主任，1989 年聘任为正编审，曾任民族出版社总编辑。他在翻译《毛泽东选集》（1—4 卷）、《反杜林论》《唯物主义和经验批判主义》等马列著作中作出了重要贡献。由于他译文准确、流畅、优美，博得了藏文翻译界一致好评。

多吉杰博，正编审，精通藏文，尤其擅长语法修辞。他在藏文室工作 33 年，在校订马列及毛主席著作的译文、整理出版藏文古籍、培养翻译人才等方面作出了杰出的贡献，博得藏族学术界一致赞扬。他从 1989 年起任中国藏学研究中心副总干事，继续为发展藏族文化作贡献。

高炳辰，汉族，正编审，精通汉藏两种语文。1956 年调入中央民委民族语文翻译局工作，局社分开后一直在藏文室工作。他除熟悉编辑、翻译业务外，更擅长词汇的搜集、整理和编纂工作。多年来他前后参加了《藏汉大辞典》编纂工作，编辑出版了《汉藏对照词汇》《汉藏对照词典》等大型工具书，成绩卓著。

如今，藏文室有编审 2 人，副编审 6 人，编辑 8 人，助理编辑 4 人，大都具备大学以上学历。

三、藏文图书的出版

藏文编辑室成立之初，只有黄明信、昂旺格桑、李春先等 6 位编辑，而这几位编辑人员既要编又要译，还要校对，每年也只能翻译出版一些急需的政治类图书。出版工作缓慢、种类单一。

根据记载，出版社刚成立的 1953 年 3 月，藏文编辑室翻译出版了《中华人民共和国全国人民代表大会及地方各级人民代表大会选举法》、6 月至 9 月翻译出版了国内最早的藏文版连环画《鸡毛信》（上下册）。一直到 1980 年左右为止，翻译出版的政治类图书占多数，比如《共同纲领》《中国革命与中国共产党》《论人民民主专政》《民族问题与列宁主义》《毛泽东选集》《实践论》《毛泽东的好战友——雷锋》《共产党宣言》等。也有少数以藏民族文化为题材的图书，如 1954 年整理出版的《藏文字汇》，被称作是该社成立以来的第一本优秀的藏文古籍。1954 年 5 月编辑出版了《汉藏新词汇》（第一集），收集解放后翻译出版的诸如《共同纲领》等 10 余本汉译藏图书中的新译词词汇约 2500 个。1956 年出版了《西藏文法四种合编》《格西曲扎藏文辞典》《藏文动词变化表》等。自 1980 年开始，随着时代的转变，藏文室出版的图书也从单一向比较全面的方向发展。

1955 年，以报道反映少数民族生活为宗旨的大型画报《民族画报》创刊，并出版了藏文版；1968 年，《红旗》杂志藏文版出版；1988 年 7 月 12 日，经过国家新闻出版总署研究同意，藏文室自 1988 年 7 月始，以藏文出版《求实文选》。

无论怎么艰难，藏文图书出版在编辑室成员的不断努力下，品种由原来单一的政治图书发展到包括经济、科技、法律、文教、哲学、历史、地理、文艺以及各种工具书等多门类的图书；每年出版的图书由原来的二三十种增加到二三百种，字数由原来的十几万字增加到二三千万字；发行量从建社之初的每年几千册增加到 60 多万册；编译人员也由最开始的四五人增加到二三十人。据统计，目前在全国藏文图书市场的占有率达 50%。除政治、文学、科技等图书外，还出版了大批优秀传统藏族文化图书，其中重点读物有《西藏王臣记》《红史》《智者喜宴》《东噶洛桑赤列全集》《才旦夏茸全集》《萨迦派系列丛书》《藏医药大典》等。

到目前为止，藏文编辑室共出版近 4000 种藏文图书，累计印数达 1.2 亿余册，这些图书包括马列著作、毛泽东选集、老一辈无产阶级革命家著作、党和国家的重要政策文献以及历史、文学、哲学、医学、法律、科技、藏文古籍、幼儿读物、各种工具书等门类，较好地满足了广大读者的需要。

现将民族出版成立以来的藏文图书按以下种类来进行介绍：

1. 政治类

自 1953 年至 2000 年为止，翻译出版的图书有《中华人民共和国全国人民代表大会及地方各级人民代表大会选举法》《中国革命与中国共产党》《论人民民主专政》《中华人民共和国宪法（草案）》《政府工作报告》《毛泽东选集》（1—4 卷），《中华人民共和国宪法》《毛泽东书信集》《中国共产党党章》《为人民服务》《矛盾论》《实践论》《邓小平文选》等；自 2000 年至 2016 年翻译出版的图书有《中国共产党历史》（上中下）、《你也能创造奇迹》《西藏民主改革 50 年》《民事纠纷解决》《农村治安法律问题》《婚姻法律指导》《江泽民选集》《习近平谈治国理政》等。这些译本不但满足了广大藏族读者们关于政治方面的知识需求，而且高标准的翻译水平一直为翻译界提供了良好的参考资料。

2. 辞书类

1954 年，编辑出版了《汉藏新词汇》（第一集），它是新中国成立后该社精心组织编辑的第一部藏文辞书，也是藏汉对照词汇的母典；1957 年，格西曲吉扎巴编纂的《格西曲扎藏文辞典》出版；1964 年《汉藏词汇》出版，它是第一部比较成熟的汉藏翻译工具书，对汉藏翻译产生了巨大影响；1976 年，《汉藏对照词汇》出版，主要是将历年来翻译出版的马列著作、党和国家的重要政策文件、《红旗》杂志以及其他书刊中积累的资料加以整理编译；2015 年，《藏医药基本名词术语藏汉对照词典》《藏文高频词辞典》等出版。此外还出版了《汉藏对照词典》《藏文同音字典》《藏医词典》《汉藏对照成语》《藏文缩略语词典》《藏语敬语词典》《古藏文词典》《梵藏汉词典》等多种具有现实价值意义的工具用书。

3. 藏文古籍

1953 年至 1980 年出版的藏文古籍图书有《藏文字汇》《西藏文法四种合编》《藏文文法根本颂色多氏大疏》《云使》《藏文文法讲义》《巴协》《智者语饰——藏文字词概述》（藏文）等。1981 年至 2000 年出版的有《西藏王统记》《敦煌本藏文文献》《诗论明灯》《吐蕃碑刻钟铭选》《因明七论除意暗庄严疏》《萨迦世系谱》《晶珠本草》《量理宝藏论》《扎什伦布寺寺规》《唐卡绘画明鉴》等。2000 年至 2016 年出版的有《宁玛派源流》《五明概论》《慈氏五论》《辞藻学入门》《热贡族谱》《吐蕃史论译集》《中阴法汇编》《康多研究》等。

4. 文集

1981 年至 2000 年出版的有《赛仓·罗桑华丹文集》（1—9）、《贡唐·丹贝仲美文集》（1—11）、《端智嘉全集》（1—6）；2000 年以后出版的有《东噶文集》（1—8）、《才旦夏茸全集》（1—13）、《康萨尔丹贝旺旭文集》（1—5）、《加羊加措文集》（1—3）、《夏日东文集》（1—10）、《伯东班钦全集》（1—95）等。

5. 文学

主要出版的有《骡夫记》《藏族当代女作家诗歌精选》《藏族民间谚语精选 300 句》《申扎山歌集》《日喜日嘎故事》《白琼的故事》《藏族名人名言集》《民间文学》《藏族中代文学》《西藏民间歌谣集》《文学佳作欣赏》《西藏民间故事小集》《热贡·多杰卡诗集》《康区婚礼祝词小集》《加绒民间歌颂》《遥远的黑帐篷》《冬日无雪》等。

6. 格萨尔

主要出版的有《扎巴讲述格萨尔王传》系列丛书、《少年格萨尔王》系列丛书、国家出版基金项目《格萨尔精选本》（1—40）等。

7. 藏医

1981 年至 2000 年出版的有《藏药晶镜本草》《藏医大辞典》等。2000 年以后出版的有《藏医药经典文献集成》（1—100）、《藏医药大典》（1—61）、《21世纪藏医教材丛书》（1—26）等。

8.古典文学译文

主要出版的有1978年由5省区和民族出版社的专家组成的翻译组译的《水浒全传》、1983年索南班觉译的《红楼梦》、1996年平措次仁译的《唐诗三百首》、2011年果洛南加译的《中国传统文化经典丛书》、2013年果洛南加译的《四书·五经》、2014年孔宪岳译的《三国演义》等。

9.儿童读物

1981年至2000年出版的有《世界童话名著》（1—8）、《漫游科学世界》（1—10）、《怎样走向成功——画说世界著名企业家》（1—10）、《儿童科普十万个为什么》（1—12册）等。2000年以后出版的有《大闹天宫》、《托起明天的太阳——民文青少年读物丛书》《中国儿童百科全书》《中学生百科全书》（1—10）、《中国读本》等。

四、代表性出版成果

《藏汉大辞典》（上、中、下）于1985年7月出版，是中国第一部兼有藏文字典和藏学百科全书性质的综合性藏汉双解大型工具书。张怡荪主编，1985年民族出版社出版。这部辞典收词5.3万余条，以一般词语为主，分基本词和合成词两大类。此外，还收有旧时公文、封建法典、藏区风俗、农牧生产、器用服饰、赋税差徭等方面的用语，并收录了一部分方言词汇和新词术语。书后附有《动词变化表》《干支次序表》《藏族历史年表》以及反映藏族文化特点的彩色图片百余幅。1987年获吴玉章奖金语言文字学一等奖；1993年获国家图书奖提名奖。

《英藏汉对照词典》于1988年9月出版，此书为归国藏胞扎西次仁先生回国后同刘德俊合著，经过10多年的辛勤努力编成。它收词广泛，编排合理，实用性强，填补了藏文辞书多方面的空白，受到国内外读者欢迎。1990年获全国图书评比优秀奖。

《新编藏族格言》于1990年出版，本书搜集了500余首格言，继承了藏族传统的创作特点，针对现实生活中的问题，用生动的比喻，阐述了治学、处世、待人的道理，是对青少年进行思想品德教育的理想读物。此书1993年获第五届全国少数民族文学创作"骏马奖"。

《西藏王臣记详释》于 1993 年 12 月出版，属于藏文古籍注释。此书是对五世达赖喇嘛所写的《西藏王臣记》中的一些难点加以注释，对原作中未提到而又与其有直接关系的历史事件根据史料进行了增补，使内容更加充实。此书于 1994 年获第二届中国民族图书奖三等奖。

《藏药晶镜本草》于 1995 年 8 月出版，是一部藏药学巨著。收录矿物、植物和动物等藏药材 1350 余种，其中药材名称以藏、汉、拉丁 3 种文字对照标注，每种药物都有详细的产地、形状、颜色、特性、别名、味、功能、疗效等文字说明，其中 900 多种药材附有彩色实物照片，对我国当代藏医药学的现代化和产业化发展起到了重要的作用。此书 1997 年获第三届中国民族图书奖二等奖；1996 年获第三届全国藏文优秀图书奖一等奖。

《藏医药大典》（1—61）于 2012 年 12 月出版，该书是由青海省藏医药研究院组织，1000 余名相关专家参与，历经 20 年编纂完成的迄今规模最大的藏医药文献出版工程。全书 60 卷，附《藏医药大典总目》1 卷，6000 万字。涵盖了藏医药学从理论到实践几乎所有的内容，时间跨越从公元前 7 世纪至今 2900 多年的历史，是对藏医药学理论全面系统的集成。全套图书由藏医学史、古代医籍、四部医典、临床医著、药物识别、药物方剂、药材炮制、仪轨颂词等 8 大总义 78 章 492 节组成。此书于 2014 年获国家政府奖。

《端智嘉全集》（1—6）于 1997 年 12 月出版，分为诗歌（20 篇）、小说（15篇）、论文（15 篇）、译作（12 篇）、名著诠释（7 篇）和散文、信札等（散文 6篇；其他 4 篇；信札 9 封）6 类。端智嘉是新中国成长起来的藏族学者和作家中的佼佼者，在短暂的人生旅程中取得了杰出的成就，他的诗词、小说、散文、论文和译作风靡 20 世纪 80 年代的藏族文坛，对藏族当代文学和学术文化的发展作出了重要贡献。《端智嘉全集》1999 年获第四届国家图书奖提名奖，1999 年获第四届中国民族图书奖三等奖。

《赛仓·罗桑华丹文集》（1—9）于 2001 年 4 月出版，该书涉及藏族传统诗学、藏传佛教、寺院志、语言文字、语法修辞、音韵声学、宗教哲学、文学历史、人物传记等大小五明学科。此文集于 2003 年获第六届中国民族图书奖二等奖；2003 年获第六届全国藏文优秀图书奖三等奖。

《〈格萨尔〉精选本》（1—40）于 2005 年 9 月出版，该书是在众多的《格萨尔》

分部本和异文本基础上，经过众多专家学者和说唱艺人的多方论证、筛选、编纂而成的。反映了《格萨尔》鲜明的民族特色、地域特色和时代特色，是反映古代藏族社会历史的一部"百科全书"。这套精选本计划编纂出版 40 卷，每卷约 2 万诗行，40 万字，总计约为 80 万诗行，1600 万字。这是一项跨世纪的文化出版工程。2001年获第五届全国藏文优秀图书奖二等奖。2004 年获第六届全国书籍装帧艺术展览暨评奖优秀装帧设计铜奖。

《无色界——嘎玛·多吉次仁（吾要）作品》于 2007 年 5 月出版，该书从不同题材和材质等方面体现了作者艺术创作上的探索与创新。作者以独特的超现实主义的艺术手法阐释了藏民族博大精深的文化内涵和人文情怀，表达了对养育自己的雪域高原的深深眷恋之情，展现了其特有的艺术手段和良好的技艺。该书 2007 年获首届中国出版政府奖装帧设计奖。

1985 年的《毛泽东书信》获 1992 年首届全国藏文优秀图书奖二等奖；《世界童话名著》（1—8）于 1994 年出版，获 1995 年第二届全国藏文优秀图书奖一等奖；《梵藏汉对照词典》于 1991 年出版，获 1995 年第二届全国藏文优秀图书奖三等奖；《漫游科学世界丛书》（1—10）于 2000 年出版，该套丛书获 2001 年第五届全国藏文优秀图书奖一等奖；《中国藏族文化艺术彩绘大观》于 1999 年 2 月出版，获 2001 年第五届中国民族图书奖二等奖；《西藏民俗精选本》于 1999 年出版，获2001 年第五届全国藏文优秀图书奖二等奖；2013 年的《藏医药大典》（全 60 册）获第三届中国出版政府奖图书奖（出版行业的最高奖项）；2016 年的《无雪冬日》获第十一届全国少数民族文学创作"骏马奖"中短篇小说奖。

此外，藏文编辑室积极响应上级指示，对藏区进行公益活动：向全藏区中小学捐赠基金项目图书；向 5 省藏区免费赠送《民族区域自治法》《习近平谈治国理政》等政策理论学习读物。在 2004 年，针对预防非典、普及健康保健知识，向藏区捐赠有关方面的书籍；当青海省玉树州发生地震后，向灾区捐赠了藏文版的《健康 66条》《急症与意外伤害救治问答》《身边的传染病》3 种图书各千余册。自 2008 年以来，积极配合政府进行农家书及寺庙书的采购与配置工作，发行范围涉及 7000 多个行政村，2000 余座寺庙，发行千余品种图书，采购码洋达到近 4 千万元。

人民大会堂西藏厅壁画初探

刘　军 *

中华人民共和国中央政府人民大会堂（以下简称"人民大会堂"）是党和国家领导人接待外宾、开展国际交往以及举行重要活动的地方，是国家的象征，凝聚了国家和全国各族人民的希望。在这里，见证了新中国历史发展过程中的一个又一个重大的决策。而西藏厅，则凝聚了藏族人民在祖国这个大家庭中努力前进的精神力量。今天，让我们走进人民大会堂西藏厅，欣赏西藏厅内的一幅幅精美绝伦的壁画，透过壁画，展现藏族同胞在祖国的关怀下一步步走向繁荣发展的历史景象，感悟壁画背后的每一位画师对雪域高原的难以言说的情怀。

在北京市中心天安门广场西侧，西长安街南侧矗立着巍峨庄严的人民大会堂。它是全国人民代表大会开会所在地和全国人民代表大会常务委员会的办公场所，除此之外，也是党和国家领导人和人民群众举行政治、文化、外交等大型重要活动的场所。党和国家领导人在这里接待外宾、开展国际交往，它也成为中国的象征。

人民大会堂南北长 336 米，东西宽 206 米，占地 15 公顷，总建筑面积 171800 平方米，于 1958 年 10 月 28 日破土动工，1959 年 9 月 10 日竣工，是北京 20 世纪 50 年代著名的十大建筑之首。人民大会堂庄严肃穆，建筑在平面上呈"山"字形状，两翼略低，中部稍高，四面开门。在外观设计上，选取浅黄色花岗岩作外表，上有黄绿相间的琉璃瓦屋檐，下有 5 米高的花岗岩基座，周围环列着 134 根高大的圆形廊柱，从远处看，更显其庄严。人民大会堂正门正对天安门广场，正门门额之上镶嵌着中华人民共和国国徽，迎面就有 12 根浅灰色的大理石门柱。人民大会堂建筑整体风格庄严典雅，四周建筑层次分明，极具民族特色。

* 刘军，中央民族大学民族学与社会学学院 2016 级硕士研究生。

图 1　西藏厅全景

　　人民大会堂主体建筑由 3 部分构成：人民大会堂的正门是东门，东门入口台阶总高 5 米，全宽 83 米，拾级而上，步入门厅，过厅便是中央大厅（只是门厅，不设座位），简洁大气。穿过大厅，则是宽 76 米、深 60 米的万人大会堂；大会堂北侧是有 5000 个席位的大宴会厅；南侧则是全国人大常务委员会办公楼。除此之外，我国各省、市、自治区在人民大会堂都有一个厅。按照周恩来总理的提议，由各省、直辖市、自治区自主装修、设计，以供各省、直辖市、自治区代表开会讨论或举办大型重要活动等使用。每个地方代表厅的装饰都堪称艺术精品，异彩纷呈，具有浓郁的民族风格和地方特色。

　　西藏厅就位于人民大会堂 3 层，距天安门最近，站在西藏厅内，从北窗眺望，可以看到天安门、故宫等建筑；从东窗就能看到天安门前迎风飘扬的五星红旗。驻足于此，你会油然生起爱国之心，感到祖国与西藏同胞永远在一起！立足于西藏厅中心，四周环顾，你便会发现四壁皆是具有浓郁藏民族风情的壁画，展现了西藏悠久灿烂的历史文化、壮丽独特的自然风光和勤劳勇敢的人民。

　　大厅东墙的壁画《扎西德勒图——欢乐的藏历年》描绘了藏族、门巴族、珞巴族等各族群众喜气洋洋、兴高采烈、共度藏历新年的情景，画面直观反映了从除夕之夜到初一凌晨的民俗活动，以及汉藏一家、军民团结、准备春耕等场景。

大厅南墙的三幅画分别展示了世界屋脊上最大的湖泊纳木湖，世界最高峰珠穆朗玛峰和藏东牧区小景草原风光。大厅北墙的三幅画分别描绘了西藏的江南原始森林、阿萨的古建筑物龙王潭和滔滔不绝的雅鲁藏布江。大厅西墙的两幅画：其一为《雅吉节》（即物资交流会）；其二为《望果节》（即庆祝丰收之意）。休息室有唐卡画四幅：南墙《八思巴觐见忽必烈》，象征着西藏从此正式纳入中国版图；西墙南侧《囊萨姑娘》，刻画了西藏民间传说中一位为争取婚姻自主，同残酷的农奴制做斗争的姑娘；西墙北侧《汤东杰布》，描绘了西藏古代一位著名的工匠大师；北墙《松赞干布与文成公主》，描绘了吐蕃时期一代英王松赞干布和文成公主百年好合的美好形象。休息室平顶图案是《龙凤呈祥》，四角是彩云飞凤，灯花为双龙盘珠，中部刻有"五妙玉"图案，由仙桃、海螺、长笛、六弦琴、哈达组成，表示吉祥如意。[1]

西藏厅的壁画大多采用工笔画中的重彩法的创作手法。重彩法，顾名思义就是浓墨重彩的意思，指以矿物颜料和粉质颜料（包括水粉色和丙烯色等）为主的方法，重彩法重着色，但不意味着将颜料堆得像某些油画那样厚，只强调颜料能覆盖住版面即可，再配合渲染，从而达到厚重的效果。粉质颜料涂后，颜色色度饱满，色相鲜明，能给人以雍容华贵、富丽堂皇之感。壁画是建筑装饰的重要组成部分，它与建筑物的总体风格设计相协调，成为一个整体。回首曾经在西藏厅展示过的一幅幅精美绝伦的画作，那是西藏历史和人民生活的真实写照，也是每一位壁画设计者的人生故事的精彩展现。

一、《扎西德勒图——欢乐的藏历年》

在人民大会堂西藏厅的墙壁上有一幅十分著名的大型丙烯壁画，叫《扎西德勒图——欢乐的藏历年》（以下简称《扎西德勒图》），长 18 米，宽 4.5 米。这幅壁画由中国藏学研究中心研究员、国家一级美术师、享受国务院特殊津贴的叶星生先生亲自设计，西洛（原十世班禅画师）担任艺术顾问，数位汉、藏、回等民族美术工作者集体绘制而成。最后邀请阿沛·阿旺晋美先生（ང་ཕོད་ངག་དབང་འཇིགས་མེད）为壁画题字，藏文原文为：

---

[1] 参考人民大会堂管理局组织编写：《人民大会堂》，辽宁出版社，1998 年。

དབངས་བོད་སྐུ་ཚལ། བསྒྲུབ་སྐྱོབ་ཀྱིས་བོད་རིགས་རིག་གནས་དར་སྤེལ་བཅོན་ཀྲོ་མཐུན་ཡེ་ཤེས་ཉིན་གྱི་བོད་རིགས་ཀྱིས་སྐུ་ཚལ་ཞིབ་འཇུག་བྱེད་པར་དེ་བས་ཆེ་བའི་ཐུབ་འབྲས་ཐོབ་ཐུབ་པའི་སྨོན་འདུན་ཞུ་བའི་ཆེད་དུ་བྲིས།

题意为:"抢救民间艺术, 弘扬藏族文化。祝叶星生研究藏族文化取得更大成就。"

这幅壁画从 1980 年开始设计到 1985 年竣工, 历时整整 5 年时间。壁画的画面中心为吉祥双斗、羊头、青苗及各类藏族人民心目中的吉祥物, 周围则是洋溢着热情、欢乐地跳锅庄舞的藏族青年男女。目光向左移动, 壁画的左面内容由手举火把的牧区妇女, 在除夕之夜沐浴、吃"古突", 新年初一背圣水、抛五谷、弹六弦、跳热巴舞等活动场面组成。目光转向右边, 壁画的右面向我们展现了藏族迎新年说唱"折嘎"、农区老人献哈达、跳藏戏、赛马、唱酒歌、备耕等民俗风情。整个壁画的背景图案为布达拉宫、雪山、祥云、江水等。规模宏大, 绘制精美, 构成了一幅西藏人民翻身解放, 欢度藏历新年的主题画作。在画中, 共描绘各种人物 71位, 动物 49 个, 各种吉祥图案和节日用品 100 余种。壁画在构图上采用藏族传统的中心构图法, 在最中心, 以跳锅庄的男女围成一圈向四周舞动并旋转扩展; 用圆和方、直线和曲线等几何图案手法巧妙地将各个部分构成一个有机整体。在人物形体上, 采用写实手法将藏画、国画、西画等不同艺术元素融为一体, 创造出姿态各异、生动鲜活的人物形象。[1] 在色彩的选择上, 则使用藏族人民喜爱的金色和绛红色, 使作品极具视觉冲击力和艺术感染力。整个壁画富丽堂皇, 与西藏厅的建筑融为一体。

壁画创作之始, 西藏自治区、政府领导高度重视, 委派十世班禅大师额尔德尼·确吉坚赞及阿沛·阿旺晋美两位副委员长亲自审稿, 并多次到现场指导。设计者叶星生本人 9 岁跟随张大千的同门师兄冯灌夫学习绘画, 13 岁随父母进入西藏, 并拜原十世班禅宫廷画师西洛老人为师学习民间美术, 在西藏工作生活近 40年。1979 年创作的新西藏布画《赛牦牛》获全国美展二等奖并被中国美术馆收藏;《藏风》《极地》《高原之歌》等作品先后被选送日本、南美等展出; 1980 年至 1985 年用了 5 年时间, 为人民大会堂西藏厅设计并绘制了《扎西德勒图》等 7

---

① 吴文茹:《解读人民大会堂壁画——〈扎西德勒图——欢乐的藏历年〉》, 载《中国西藏》, 2012 年第 1 期。

幅大型壁画，轰动国内外；1991 年设计制作的《西藏传统工艺系列作品》获国家
"星火成果展金奖"；1994 年设计制作的《布达拉宫玉雕模型》被中国国家博物
馆收藏；1999 年为昆明世博会设计的《西藏厅》获得金奖；2007 年国画《天界》
拍卖的 108 万全部捐献中国红十字会等，可以说叶星生的一生都献给了西藏艺术。

在谈到《扎西德勒图》的创作时，叶星生说："创作灵感来自于我在西藏的 40
年对这片土地的熟悉和热爱。尽管现在我在北京工作，但梦魂牵绕的依旧是我的西
藏高原。"根据叶星生的描述，为了准确描绘壁画的内容，他在西藏各个城镇和乡
村大量搜集素材，各种素描、写本、构思草图及局部小样，印满了他在西藏的足
迹。叶星生自己尘封的档案中有一份写于 25 年前的《五年壁画工作简况》。在简况
中，有这样几句话：

> 5 年的奋力拼搏，自己深感身心疲惫，有限的能力、精力已经无法应付周围的
> 一切，5 年来我有计较不完的是是非非、个人得失，为守住壁画这个阵地，可以说
> 在忍辱负重、委曲求全，而且几乎到了承受力的极限。但我并不后悔，因为这是我
> 当初自己选定的路……梦想有一块大墙，将我对这片土地的爱、对藏族人民的爱用
> 画笔表现出来。①

1985 年 4 月 15 日，中央人民广播电台播出长篇通讯《民族艺苑的一枝花》，
详细介绍了壁画《扎西德勒图》及其设计者和参与这项工作的各民族美术工作
者，以及壁画创作背后艰辛和感人的故事。2010 年，上海世博会西藏馆再次邀
请叶星生展出这幅作品。时至今日，《扎西德勒图》已在人民大会堂西藏厅挂了
30 余年未被换过，其被鉴定为西藏壁画艺术新的里程碑，由此可见这幅作品的
意义之大。

---

① 吴文茹：《解读人民大会堂壁画——〈扎西德勒图——欢乐的藏历年〉》，载《中国西藏》，
2012 年第 1 期。

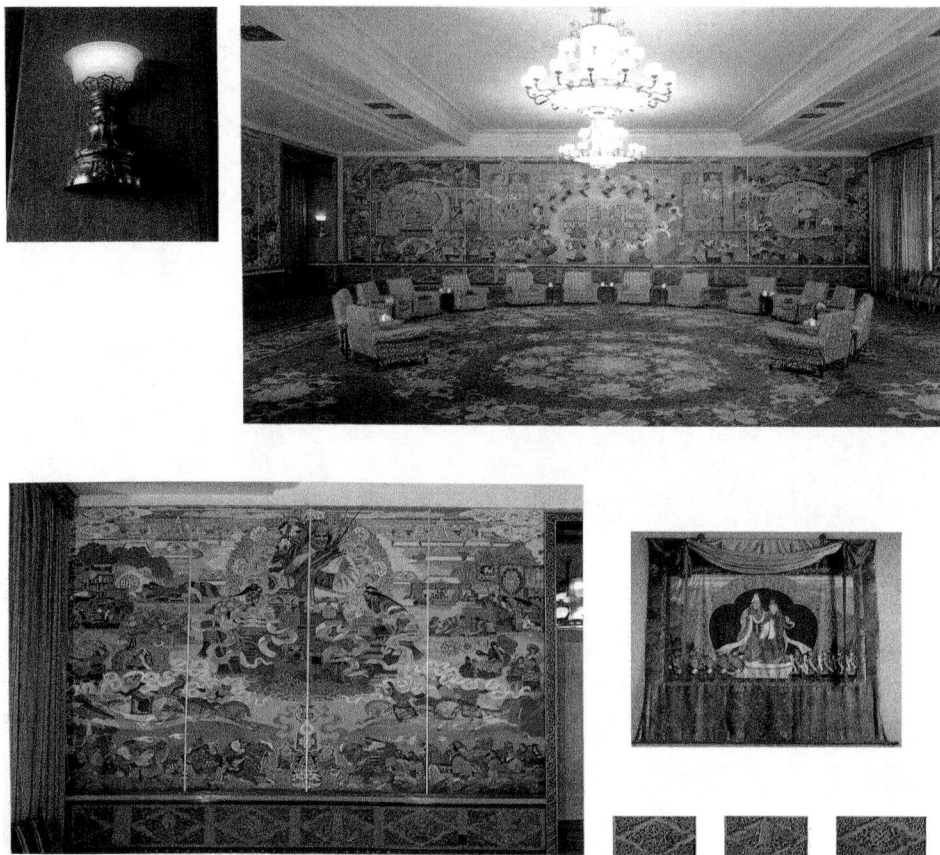

图 2 《扎西德勒图——欢乐的藏历年》

二、《西藏的新生》

这幅壁画由中国著名画家、清华大学美术学院教授汪钰林先生于 1960 年执笔所画，这也是人民大会堂建成后第一批在西藏厅展示的壁画之一。当时还在中央工艺美术学院（清华大学美术学院前身）装饰绘画系壁画专业就读的大四学生汪钰林接到了要为人民大会堂西藏厅创作壁画的任务。据他介绍，大会堂布置装饰作品任务一般都采用"命题创作"。虽然当年只是个 20 岁出头的青年，但汪钰林在接到任务的一瞬间，已经对创作方向心领神会：这幅作品必须与那时刚实现的西藏解放紧密呼应。于是年仅 24 岁的他在 1960 年 8 月 13 日毅然前往拉萨采风，历经 16 天到

图 3 《西藏的新生》

达拉萨。据他回忆说，他每天就背着画夹穿梭在拉萨的街道和寺院，每天都处于激动和亢奋状态，灵感也不断涌入心头，看什么都想画。在拉萨的一年时光里，除了为人民大会堂西藏厅创作壁画作准备外，他的不少代表作如《拉萨大昭寺》《江孜古城》等也是在这一时期完成的。1961 年从拉萨回来后，汪钰林就投身于西藏厅壁画的创作之中，白天就在人民大会堂西藏厅旁边的一个房间里画《西藏的新生》正稿，晚上就住在西交民巷的平房里，大概半年多的时间《西藏的新生》终于完成。

在这幅画中，汪钰林用中国画的重彩手法，勾画出西藏人民喜迎新生的场景。据他回忆说，当时十世班禅审稿时要求多画几位喇嘛，他言道：艺术是要以少胜多的。在汪钰林毕业作品展时，这幅画也在其中，当时著名艺术家林风眠先生在汪钰林的老师张仃先生的陪同下看到这幅画时给予很大肯定，说道："一个没有充分了解西藏的人，是画不出这样的作品的。"现在不少着眼于现实目标的文艺界人士认为，作品能够进入人民大会堂通常说明艺术家的成就获得了官方认可，因此他们把大会堂当作身价和脸面的标准。对于这种看法，汪钰林坦然笑道，对于他而言，50多年前为人民大会堂西藏厅创作的那幅画，只是一个"政治任务"。政治素质过硬是艺术家有机会为国作画的首要条件。当时他被工艺美术学院推荐完成大会堂西藏厅作品时，还只是壁画系四年级的学生。现在回忆起来，汪钰林深感家庭出身好、政治态度比较积极是自己当选的重要原因。

三、《八思巴觐见忽必烈》

这幅壁画由西藏著名画家、国家一级美术师罗松西饶创作。1982 年，罗松西饶被抽调到人民大会堂西藏厅从事大型唐卡壁画创作。这位接受过现在美术熏陶的唐卡画家运用了"古为今用，洋为中用"的手法，以现代审美观和写实手法为基调，却又不失藏民族美术风格，形象地向人们展示了公元 13 世纪第七世萨迦法王八思巴觐见元世祖忽必烈的历史场景，标志着西藏从此正式纳入中国版图。1955 年，罗松西饶被选送到中央民族学院（中央民族大学前身）学习，深受现代美术影响。1961 年毕业回藏，后就职于昌都群艺馆。1982 年参与到人民大会堂西藏厅壁画的设计当中，当时一起在西藏厅创作其他壁画的还有叶星生、益西喜饶、诸有韬等人。他坦言，能够参与这项任务感到十分光荣且任务艰巨，作为一名藏族画家，他有责任在人民大会堂这个庄严神圣的地方向全国各族人民展现藏民族悠久灿烂的历史文化。罗松西饶倾注了平生的艺术心血和功力，不分白天黑夜地埋头从事创作。当样稿得到十世班禅大师及阿沛两位副委员长的高度认可时，他感到一切都是值得的，且更加坚定了他继续从事绘画创作的信念。《八思巴觐见忽必烈》这幅画曾获"珠峰"美术大奖，现代画家、一级美术师、西藏书画院院长韩书力先生曾给予高度评价："西藏历史人物形象的设计，目前看来也真是非他莫属。"罗松西饶既学习过藏族传统绘画，又受到现代美术的影响，开创了西藏绘画新风格，该画也在北京和西藏多次展出。

除此之外，壁画《望果节》《雅吉节》由西藏第一代画家、中国美术家协会西藏分会副主席诸有韬先生绘制完成，并被香港《美术家》刊用，后被载入《中国现代壁画选集》。《喜马拉雅晨曦》由韩书力先生于 1979 年绘制完成等，此处暂不一一列出。

人民大会堂西藏厅的壁画就像是一页页的记事年表，不仅体现出雪域高原的藏民族独具特色的人文风情和灿烂悠久的历史文化，而且从每一幅画作当中，我们都能感受到每一位设计者和绘制者高超的绘画技艺、丰富的西藏阅历以及他们创作的艰辛，更是建国以来中国风云变幻的历史的真实反映。立足于人民大会堂西藏厅，仿佛穿越到了那片神圣而神秘的雪域，看到了布达拉宫的霞光，听到了寺院的念经声，也闻到了那浓浓的酥油茶香……

北京藏族饮食文化发展现状调查研究

——以仓央嘉措餐吧为例

布　琼*

北京这座历史悠久的古城，经历了千年历史文化的奠基，已成为中国甚至是世界著名的都市之一。北京在都市化发展过程中，融入了各民族优秀文化，散发出生机勃勃的生命力。在这里，藏族的餐饮和文化得到了很好的传承与发展。北京不仅具有自己的特点，还是一个大熔炉，餐饮领域汇集着世界各地的品牌，在这种竞争激烈的环境下，藏族的餐饮业和文化想要生存和发展，必须要有吸引消费者的突出特色和与众不同的味道。现今，随着人们生活质量和品位的提高，高质量的就餐环境和服务态度，也成了人们做出选择的衡量依据。在这种竞争激烈的环境中，藏族餐饮业运用藏族独特的民族韵味与别样的文化特质，吸引着来自四面八方的、喜欢藏族餐饮和文化的人们。近几年藏族餐饮得到了很好发展，目前北京有几家特别有名的藏餐吧，如大家耳熟能详的"玛吉阿米"，经营者运用六世达赖喇嘛仓央嘉措的故事，以及藏族传统饮食和原生态歌舞艺术的收集与开发，并以经营藏族传统手工艺品为辅业，迅速发展，成功地成为藏族文化产业在北京发展的一个缩影，并且分别在北京的朝阳区建国门和团结湖开设了分店。除玛吉阿米之外，还有卓玛藏餐吧、巴扎童嘎、藏堡等都具有一定名气。随着藏族餐饮业的发展，并带动越来越多的藏族青年进京经营藏餐吧，同时也受到客人的青睐，藏族餐饮行业在北京有了一席之地。

笔者选择仓央嘉措餐吧作为田野调查点有 3 个理由，一是仓央嘉措餐吧刚开始经营，存在着很多不足之处；二是经营者的平均年龄为 26 岁，他们代表着"90 后"

---

*　布琼，门巴族，中央民族大学民族学与社会学学院 2015 级硕士研究生。

的藏族年轻一代在首都北京创业，今后藏族青年进军大城市就业的人群只增不减；三是他们都在大学里受过良好的教育，他们为何在北京创业？有什么不同于前人的经营策略？笔者主要通过实地访谈和查阅文献完成本文，有不妥之处，请给予批评。

一、仓央嘉措餐吧

仓央嘉措餐吧位于北京市海淀区魏公村，这条街是很多人都耳熟能详的民族餐饮街。魏公村由元代畏兀（畏吾）村而来。现在，那里汇聚了很多少数民族的餐馆。[①] 该店位置优越，周围有多所高校，如：中央民族大学、北京外国语大学、北京舞蹈学院等，还有部分写字楼，交通便利，地段相当繁华。仓央嘉措餐吧原名热琼玛餐吧，老板是中央歌舞团著名的热巴舞蹈家欧米加参的女儿，欧米加参老师是一位跳着热巴舞站上了世界舞台的舞蹈家，老板深受父亲的影响，餐吧命名为热琼玛餐吧。

（一）仓央嘉措餐吧藏式装饰风格

仓央嘉措藏餐吧于 2015 年 10 月正式经营，该餐吧老板是 4 位来自藏区的年轻人，其中 2 个是在校生，平均年龄 26 岁。该店在魏公村民族饮食街上，从外表的装修风格来看，映入眼帘的便是浓郁的藏族特色，牌匾上写着仓央嘉措餐吧 6 个大字，格外吸引人。餐吧有两层楼，分别设在二楼和三楼。走进餐吧，楼梯的墙上悬挂着各种藏区人物的画像、风景照以及藏文书法，相框与相框空隙之间，用藏文密密麻麻写满了留言，餐吧二楼设有大厅、厨房和收银台，收银台上供养着观音菩萨，可能是受汉文化的影响；大厅墙中央是一幅巨大的佛教元素的壁画，向顾客展示了藏族人民的勤劳与智慧以及对宗教的信仰；周边角落的架子上摆放着佛教元素的手工艺品和热巴艺人的模拟塑像，这里主要用于就餐。二楼至三楼的楼梯顶上挂满了五颜六色的经幡，抬头一看震撼人心。三楼设有大厅和 2 间包厢，这里的装修风格与二楼迥然不同，富有浓郁的藏族特色，装修材料主要以木质为主，室内摆放着木质藏式桌椅，四周及屋顶以灰色的木质材料拼成，木板墙上挂着唐卡、弓箭和风景照，大厅中立着一个柱子，柱顶挂着牦牛骨头，骨头上

---

① 贾萍萍：《都市少数民族餐饮社会文化功能的个案研究——以北京金孔雀德宏傣味餐馆为例》，中央民族大学 2011 年硕士学位论文。

挂着金刚鞭，显得格外神秘；柱子周围摆放着盛放酥油茶的器具，给人以身在藏族农家之中的感觉。柱子的主要功能是用于跳锅庄舞，藏民族热爱唱歌跳舞，传统藏族客厅中间必有柱子，当人们酒兴达到一定程度时，喜欢围着柱子跳起锅庄。该店在客人吃饱喝足时，工作人员会组织客人跳锅庄，客人跟着工作人员围着柱子跳锅庄。2间包厢都是用灰色的木板拼成，一个包厢大约可以容纳 5 至 8 人。三楼除了用餐外，还可以举办各类聚会，是客人们一边喝酒一边跳舞的最佳场所。整个餐吧的装修融入了都市和传统藏文化建筑的特色，为客人营造出神秘的空间。

以下是笔者对该店主要负责人、老板之一的曲多进行的访谈：

访谈 1

问：您叫什么名字？哪里人？

答：我叫曲多，我来自四川甘孜稻城。

问：我记得以前这里的牌匾是热琼玛餐吧，现在为什么改成仓央嘉措餐吧？

答：对，以前叫热琼玛餐吧，老板不是我们。现在已经转让给我们，据说原老板今年 60 岁，因心脏病突发去世，家中没有经营餐吧的人手，所以一种偶然的机会转让给了我们。

问：为什么餐吧取名为仓央嘉措餐吧？

答：因为仓央嘉措特别有名，很多人都喜欢，再说他是六世达赖喇嘛，对内地影响很大，特别是他的诗，在北京耳熟能详，无人不知。

问：您没有开餐吧之前，了解仓央嘉措吗？

答：之前就了解，因为他是藏族历史上的伟人之一，只要是藏族人都知道他。

问：营业生意如何？

答：还可以，周五、周六、周日客人比较多。再说我们这个餐吧刚营业，也没有做宣传，所以还可以。

问：客人主要来源是？

答：主要是周边的学生，也有上班族，也有外国人。

问：客人藏族多还是汉族多？

答：都要来，都差不多。

问：你认为本店的装修能突显出藏文化吗？

答：我们几个精心设计，我们认为能突显出藏文化，包括桌子和椅子都能突显，但是由于资金不足，不能完全突显出藏文化，不过差不多了。

问：北漂会得到家人的支持吗？

答：现在我们几个年龄都不算很大，父母很赞同我们的观念，作为一个男人，应该多出去闯。

问：营业时间？

答：早上9点半到晚上9点半，期间提供餐饮，之后只提供酒水，厨师要下班。

二、仓央嘉措餐吧藏式特色饮食

藏餐没有明确的菜系菜派，大致可按地区特点分为四大风味，即：姜菜、卫藏菜、宫廷菜和荣菜。通常所说的藏餐是以拉萨餐为代表的藏族餐饮总称。[①] 仓央嘉措餐吧经营的藏族特色饮食与北京其他藏餐馆经营的藏族特色饮食大致相同，主要是由于藏族饮食结构过于单调，最大的区别在于牧区和农区的饮食差异，藏族饮食以肉食类的菜为主。仓央嘉措餐吧的藏族特色饮食主要有：牦牛肉、酥油茶、糌粑、青稞酒、奶奶制品。该店实行藏族传统的用餐方式，即分餐式，从而形成了藏式餐厅经营的一大特色。

本店的特色饮品包括：酥油茶，是藏族最具有代表性的特色茶，是由酥油、砖茶、盐巴等充分搅拌融合在一起而形成的一种带有"高原味道"的饮品。拉萨啤酒，产自西藏拉萨，是以优质大麦芽、青稞麦芽为主要原料，利用西藏"水质纯净、无工业污染、原料上乘"三大自然优势精心酿制而成，是代表西藏拉萨特色的酒水。青稞酒，藏语叫作"羌"，主要是用西藏当地无污染的优质矿泉水和极富营养价值的青稞制成，喝了不上头、不口干、醒酒快。

本店的特色菜品包括：铁板牦牛肉，牦牛肉最大的特点是肉质结实，撕掉肉筋，搅拌孜然和其他调料，大火烧熟，味道独特，是最受欢迎的菜之一。酸萝卜炒牛肉，拉萨传统家常菜，将用特殊方法腌制的酸萝卜丝与牛肉丝合炒，味道丰富。藏式烧烤天然蘑菇，新鲜幼嫩的蘑菇上撒以各种藏式调料，在火上烤着吃，口感丰富而独特。酸奶人参果八宝沙拉，以西藏土特产人参果、酸奶和8种蔬菜水果搅拌

---

① 史映蕊：《藏族餐饮文化的都市化发展模式研究——以北京藏餐企业"玛吉阿米"为例》，中央民族大学2011年硕士学位论文。

而成，口味清淡，富有营养。糌粑坨坨，藏族的传统主食之一，将糌粑面、酥油、茶汤搅拌在一起，揉成一坨一坨，蘸藏式辣酱食用。藏式肉包，藏族的传统主食之一，以高原牦牛肉为主要食材，蒸出的包子油而不腻。

问：目前有几个厨师？

答：有2个，一个厨师在北京的玛吉阿妈那里工作了6年，还有在西藏的很多餐厅工作过5年多，后来就被邀请到我这里工作，另一个厨师正在跟班学习。

问：厨师人手够吗？

答：人手不够，但是我们这个餐厅刚起步，很多时候我们几个也一起打下手，以后生意好了再请厨师，目前北京厨师也不好找。

问：最特色菜是什么？

答：我们的菜单一看就能看出，是西藏特色菜，虽然品种不多，但都是我们餐厅的拿手菜，具有代表性的菜。

问：肉类是从哪里购买的？

答：从青海运过来的，我们在高级佛学院有认识的人，所以每周我们要跑到高级佛学院进牛、羊肉，蔬菜是这里购买，所以我们菜的成本高。由于店子在学校附近，我们的价格相对而言比较低了。

问：你们会对菜进行改良吗？

答：会改良，我们先自己讨论，再跟厨师讨论，进行改良。

从以上菜品、饮品当中可以看出，藏餐吧饮食是结合了藏族绿色、无污染的食材，同时也充分考虑到消费者的口味而形成的。

三、仓央嘉措餐吧在城市发展中呈现出的问题

1. 缺乏餐饮工作经验

根据笔者调查，仓央嘉措餐吧的4位合伙人，之前都没有从事过餐饮业的相关工作经历，4名合伙人之中，其中2名属于在校学生（中央民族大学），2名毕业后从事贩卖药材的工作，对餐饮业都没有任何经验。这4位青年一直想要北漂，一次偶然的机会，得知热琼玛要转让，大家商量筹资，收购了热琼玛，改名为仓央嘉措

餐吧。此藏餐吧的装修风格、物品摆设、特色菜谱和经营风格与其他北京藏餐吧大同小异，没有形成本店自己的特色风格。

访谈 2

问：你们总共有几个人合伙经营？

答：我们有 4 个朋友一起合伙，我们都是来自同一个地方；热琼玛餐吧转让费用很高，一个人拿不下来，所以我们 4 个合伙营业。我们 4 个当中，2 个已经毕业了，还有 2 个合伙人正在民大上学。

问：你们以前经营过餐饮业吗？

答：我们以前都没有做过餐饮业，我毕业后回到老家做了 1 年生意，主要是卖虫草和其他药材；我们 4 个一直有计划合作在北京开一家藏餐吧，我另一个朋友在民大上学，得知有这样的机遇，我们 4 人合伙买了下来。

2. 藏式特色菜单调化

菜品的创新是餐饮业发展的动力，品牌菜肴是经营的重点。目前北京餐饮市场竞争非常激烈，经营者因意识到菜品的重要性，加大力度不断推出特色菜谱。近些年来，川、粤、鲁、湘、沪、台等菜系先后抢滩北京市场，它们都在菜肴上不断创新，藏族餐饮与之相比，明显落后一大截。从藏族餐饮情况看，该餐饮最大的特色是以肉类为主，产品花样少，独特品牌少，加工牦牛肉、面食品等千篇一律。仅以仓央嘉措餐吧为例，几乎都是传统的炒菜，没有自己的特色，没有自己的风味，这是造成没有竞争力的最大原因之一。

3. 缺乏营销策略

仓央嘉措餐吧不注重营销及促销策略，该藏餐吧相对来说规模比较大，面积大约 120 平方米，分两层楼。坐落在大学附近，却没有对学生顾客有任何打折或者其他的优惠活动，而且几乎没有任何宣传自己品牌的营销活动。随着互联网时代网络用户信息获得、分享能力的提高，消费者的信息反馈为其他消费者提供了重要参考。近几年来，消费者特别流行在大众点评、美团等相关网页上浏览餐饮业的相关信息，消费者更加理性地选择餐饮店。

访谈顾客

问：您好！请问您是怎么知道这里有藏餐馆的？

答：我们走在街上看到招牌写着仓央嘉措餐吧，我们就走进来品尝。

问：您是第一次品尝藏餐吗？味道如何？

答：我以前没吃过，比较好奇，所以来品尝。味道还行，就是觉得价格比较贵。

问：您会向同学、朋友推荐本店吗？

答：对藏文化感兴趣的同学、朋友我会推荐。

4. 家族式经营现象普遍

藏餐吧在聘用员工制度上都有严格的民族和地域限定，如仓央嘉措餐吧只招收藏族的，另外，招收的员工最好是老板家乡附近地区，便于交流沟通，呈现出很明显的同胞式经营和家族式管理的特点。家族式经营管理，一定程度上保留了藏民族文化的纯净性和特色性，但是，常常因为单一的产权限制了发展规模，使其在定位上层次不高。管理人员因家乡情结，对犯错误的工作人员很难进行批评和惩罚措施，导致了工作人员服务质量不高，很难满足顾客的各种需求。

问：目前本店有多少个服务员？

答：只有3个，而且都是男服务员，正在找女服务员。

问：对于餐饮业服务员好找吗？

答：主要是找民大的学生过来兼职。

问：您对服务员有要求吗？

答：要求必须是藏族，因为我们这儿是藏餐吧，藏族对餐吧比较了解。也想通过藏族服务员，打造出藏餐吧的特色。

5. 经营者主题不明确

北京多数藏餐吧被打造成综合的休闲娱乐场所，可以提供多种服务，首先是餐饮，为消费者提供具有藏族特色的菜品及高原特色的饮品，如拉萨啤酒、酥油茶和青稞酒等；其次白天打造成休闲吧，店内播放悠扬的藏式音乐，提供酥油茶和酒水等，同时免费提供藏族历史、文化、旅游方面的书籍、杂志和各种宣传册；最后在以饮食为主业的基础上，直销藏族传统艺术品、纪念品、装饰品等特色产品，例如：各类首饰、唐卡、藏刀、藏香和虫草等产品。

以仓央嘉措餐吧为例：该店在学校周围是一个比较大的餐馆，笔者实地调研，该店共有 10 张桌子，大约可容纳 60 余人。但是该店只有 2 名厨师，其中 1 名还是跟班学厨。我们且不谈菜的口感，从厨师人员的数量就可以得知，较短的时间内无法为客人供应满意的餐饮。餐饮是藏餐吧的核心，只有餐饮丰富、口味独特，才能吸引更多的顾客，从而使经营者获得更多的利润。该店在早上 9：30—晚上 9：30 期间供应菜，之后只提供酒水。该店共有两层，从空间设置上看，二层主要是用餐场所，三层表面上看是用餐场所，但其装饰空间更加适合喝酒、唱歌和跳舞等活动。多数藏餐吧都提供高原特色酒水，但笔者实地调研中发现，多数消费者认为特色酒水价格过高，口味独特，只适合品尝，不适合畅饮。多数消费者畅饮大众啤酒，如：燕京啤酒、青岛纯生等品牌。该店的经营者没有明确的目标，把餐饮和畅饮两者放在同等的地位，没有突出餐饮的重要性。

四、仓央嘉措餐吧发展的策略及建议

1. 创新菜品

现今随着社会的便利，越来越多的人选择在饭馆里吃，促进了餐饮业的发展。同时，对餐饮经营者在饮食、店面环境、服务态度等方面提出了更高的要求。藏族的特色餐饮业要向多方面发展，首先开发民族菜品的食材、烹饪方法、营养价值等。如：糌粑坨坨，可以改良加工成绿色小甜品；加大力度对原有的特色菜进行改良，同时引进新食材，创新特色菜。其次多下功夫对藏族传统文化进行研究，向懂这些传统文化的老前辈学习。这样才能让北京藏族特色餐饮业更加大众化、特色化、文化艺术化，向具有规模的、标准化的餐饮业发展。

2. 建立网络宣传平台

建立网络平台有助于宣传藏族特色餐饮品牌，并及时提供餐饮信息，为顾客创造出便利条件。[①] 网络平台的建设要以网站为核心，带动微博、微信、大众点评和美团等新媒体平台进行整合营销。网站内容应主要包括：门店基本信息、餐饮介

---

① 张硕：《民族文化创意产业新媒体渠道的整合营销策略创新——以藏餐连锁企业"玛吉阿米"为例》，载《青春万岁》，2014 年第 23 期。

绍、特色活动、其他服务端口的下载链接等。门店基本信息包括目前营业店铺的地址、交通方式、联系方式、营业时间，便于顾客选择用餐时间、到达方式，便于顾客订位预约，便于顾客了解餐厅环境。介绍特色餐饮及其文化情境有利于吸引顾客注意，加深顾客对藏族饮食文化的理解，对其口味进行预先心理建设。随着网络的发达，越来越多的人使用网上支付，为了便利消费者，要提供多种支付方式，如刷卡、转账和微信支付等。

该店位于多所高校集中区，面对不同的消费者，可以提供不同的消费方案。如上班族可以按正常的价格收费；学生可以凭学生证享受优惠活动；也可通过办理会员卡等方式宣传餐饮。

3. 进行科学的经营管理

藏族餐饮同其他餐饮相比，最大的局限就是突破不了家族式管理的限制。为了打造出藏餐吧的纯净性和特色性，老板雇用的工作人员都是藏族，导致食品、服务很难有新的突破。特别是在城市立足的藏餐吧，要适时地突破家族式管理，进行科学的经营和统筹。经营者可以利用业余时间，学习一些成功的餐饮经营管理经验，提高自身的经营管理水平。首先，藏族餐饮业要树立目标，要有近期的和长期的奋斗目标，只有科学定位，才有可能在竞争激烈的餐饮市场中争取一席之地。其次，在学习过程中注意收集管理知识和管理经验，要成为具有相当管理能力和经营水平的管理者。最后，建立明确的规章制度，规范工作人员的行为，提升餐厅的服务质量。作为在城市生存的民族餐厅，不管是什么经营模式，不论规模的大小，科学的经营管理始终是其能得到长远发展的必要条件。

4. 经营者明确主题

所谓民以食为天，食品是人类生存和发展的最基本需求。食品又是餐吧的灵魂，消费者选择藏餐吧主要目的是为了品尝具有藏族特色的餐饮。很多餐吧将餐饮和该店的附属功能放在同等地位，做餐饮不能"胡子眉毛一把抓"，要突出自身的特色。经营者需要加大力度挖掘藏族传统饮食，并对传统饮食进行改良创新，开发出符合大众口味的新品种，但要注意保持藏族特色。还可以把藏族传统饮食与绿色食品相互整合，开发出具有藏族特色的绿色食品。时刻要注重食品创新，食品创新是餐饮业的动力。对于一家餐饮业而言，厨师团队起着重要作用，要定期组织厨师团队交流学习，研发新菜谱。此外，在以饮食为主业的前提下，拓宽餐吧的其他功能。

五、结论

　　藏族餐饮因具有一定的市场需求、丰富的藏文化、深厚的民族品牌，在北京得到迅速发展。从目前的整体情况看，藏族餐饮业还未成熟，没有形成产业品牌，多数餐吧存在着表面藏式装修、服务质量不高、经营模式落后、缺少特色菜品等问题。藏族餐饮的发展需要加大力度深入挖掘藏族传统饮食，创新藏族特色餐饮，突出藏族文化的特色，打造出具有藏族特色的餐饮品牌。藏餐吧还要树立下列意识：不仅要为消费者提供藏族特色的餐饮，还要成为展示藏族文化的窗口，促进不同民族对藏民族的认识和了解，促进都市餐饮文化的发展，促进民族交流，促进民族团结。

商品与符号：文化产业化背景下的藏族饮食文化

——以北京藏族餐厅 M 为例

乔小河 *

伴随着"消费社会"或"后工业社会"的形成，人们在对"物"的消费行为中，不仅仅体现出物或商品对人的本性的支配与异化，还蕴藏着一种更深层的"符号"消费。人们的消费理念经历了一个从"物"的消费到"符号"消费的过程。

藏文化是我国民族文化宝库中一颗璀璨的明珠，藏区因独特的民族文化吸引了国内外大量的游客。藏文化作为一种"符号"，在北京有着怎样的发展和传播空间？笔者认为，少数民族文化产业化有助于文化的发展和传承，有助于让越来越多的人认识到少数民族文化的独特魅力。但是，过度的加工和改造，在一定程度上也会破坏少数民族文化的本质和原真。本文以北京藏餐吧 M 为例，以藏族饮食文化为立足点，探讨北京藏文化的符号价值，以及在产业化和意义消费愈加流行的情境下，少数民族文化自身发展的隐忧。

一、从藏餐吧的营销透视文化产业相关理论

"文化产业"，是以"文化创意"为核心，以创造和销售某种文化观念、文化符号和文化服务为主的产业。"文化产业化"，就是文化走向市场，把文化当产业一样经营。通俗来说，就是用文化来赚钱，然后再用赚来的钱发展文化。[①] 少数民族文化产业化，即将少数民族文化进行包装和改善，将其运用到产品设计中，或者直接

---

* 乔小河，中央民族大学民族学与社会学学院 2015 级民族学专业博士研究生。

① 贾春水，熊忠东：《浅谈我国文化产业化的必然性》，载《商场现代化》，2008 年第 28 期。

推广民族文化，并以此获取利润。藏族餐厅——藏餐吧 M，作为藏文化在北京微缩的符号，其营销的成功有着必然性，其运营的过程也即藏族文化产业化的过程，这个过程中始终体现了文化产业化理论的指导。

（一）符号价值理论

在现代经济活动中，符号扮演着一种"替身"的角色，并通过附着其身的符号意义来指称特定的对象。在某种意义上说，符号的这种指称既是对市场智慧的一种写照，也是对研究经济符号意义的高度概括。[①] 而民族文化符号就是在民族历史中形成的可以指代、表示这一民族文化内涵、特征的所有符号（传达民族精神文化的媒介）的集合。民族文化符号可以是纯视觉的，可以是实物的，可以是礼仪行动，也可以是社会伦理道德规范等。"符号价值"这一概念是当代法国著名思想家让·鲍德里亚（Jean Baudrillard）首先提出来的，他从符号学的角度对商品的价值进行了重新思考，并且指出，现代社会的消费品除了具有使用价值和交换价值以外，还有符号价值。[②]

北京藏餐吧 M 最重要的消费群体并不是普通老百姓，其作为"藏文化的传播窗口"，有特定的消费群体：一是在京生活、学习、工作的藏族人；二是不太了解藏族文化，但对藏文化很有兴趣或抱有猎奇心态的非藏族人；三是在附近工作或居住的外国人。这三类群体去藏餐吧的目的并不仅仅是果腹，更重要的是感受藏族文化氛围。对于在京藏人来说，作为背井离乡的外地人，他们渴望在藏餐吧寻找到自己的民族认同感，希望重温生活和精神的环境家园；而对于后两者来说，他们可能是为了感受藏族的传统生活以及了解藏族传统文化的精髓。饮食的买卖是使用价值与交换价值的最大体现，但藏餐吧中所蕴含的藏族文化，给顾客们带来的精神享受和心灵的放松，则是不能用金钱来衡量的，是符号价值的集中体现。

（二）"意义消费"理论

符号价值体现的是一种意义消费，它发挥着社会区分的功能，即通过对某一商

---

① 鲁钟鸣：《学会利用品牌的符号价值》，载《经营管理者》，2004 年第 3 期。

② 桂世河：《符号价值是商品的第三种价值吗》，载《西安电子科技大学学报（社会科学版）》，2005 年第 3 期。

品的拥有来体现商品所有者的身份和社会地位。早在 1899 年，美国经济学家凡勃仑在《有闲阶级论》一书中就提出了"炫耀性消费"的概念，即富裕的上层阶级通过奢侈的、铺张性的消费向他人炫耀自己的财产、地位和身份。这种炫耀性消费实际上就是一种意义消费。不过，今天的意义消费不再是所谓上流社会的专利，而是社会大众的消费行为；再者，消费的对象也不再是特殊的、奢侈的商品，而是日常用品。可以这样概括：意义消费已经由过去的贵族消费变成了今日的大众消费。①消费的权利无关乎一个人的身份和地位，每个人都可以在消费中寻找和享受某种意义。

符号价值促成了意义消费，作为文化区别的独特价值，每个"符号"都具有特殊的"意义"。因而不同的消费者在藏餐吧 M 中追求的意义是不同的：有人希望在转经筒和玛尼堆等装饰中，感悟藏传佛教的深邃；有人希望在锅庄舞和藏戏表演中，领略藏族歌舞的质朴和纯真；也有人希望在藏族服务人员爽朗的笑声中，感受藏族人民爽朗、质朴和坚韧的民族性格。

（三）"意义转移"模式

"意义转移"模式，就是将商品符号化并使之具有某种意义，即将商品的文化意义、表征意义、象征意义从文化世界里"转移"出来，通过某些手段，使物品成为具有某种意义的符号和载体。主要手段有：②

1．广告

通过广告、画面，消费品成为文化、品位、身份的符号象征，使得本来毫不相关的一些意义与商品连接在一起。藏餐吧 M 虽然没有正式的电视广告，但其名字就是最好的招牌。因为这个名字具有明显的藏族特色，让人直接想到这个餐厅是藏式餐厅，藏语的音译发音，又勾起了人们无尽的想象：餐厅名字的意思、背后的故事和文化意义，都让人们对藏餐吧具有的民族文化特色充满了想象。

2．流行时尚

流行时尚是引导符号化消费的一个重要途径，即通过符号张扬自己的个性。流行时尚风向标主要有以下两种：一是大众传媒的舆论引导，二是意见领袖和时尚达人的个人引导。藏餐吧 M 就抓住了一些流行时尚的符号，使之与自己的产品相结

---

① 王新新：《意义消费与符号价值》，载《经济管理》，2003 年第 9 期。
② 李正欢，曾路：《符号消费的意义解读》，载《重庆邮电学院学报》，2004 年第 6 期。

合，产生了很好的卖点。国家大力提倡弘扬和保护少数民族文化，突显了少数民族文化的稀有性和独特性，因而对藏文化的探寻和体验也越来越成为一种时尚。另外，某些公众人物也将"民族风"引入自己的创作或服装，让人们感受到了少数民族文化的质朴之美，很多产业纷纷效仿。藏餐吧抓住了人们对稀有文化的猎奇心态以及对流行的不懈追求，将藏文化符号大量运用于营销的方方面面，受到了大家的"追捧"。

3. 商品的符号设计

产品的款式、造型、形状、色彩、线条、体积等各方面的设计，均能体现人与物的"意义—价值"关系。在社会生活日益感性化的时代潮流中，人们对美的感知越来越强烈，商品的符号和美观设计在商品的价值构成中所占的比例也越来越大。藏餐吧 M 将民族符号运用得淋漓尽致，在装修摆设、菜肴设计和歌舞表演等方面，都融入了很多藏族文化元素。

4. 品牌

品牌是重要的消费交流符号，消费中的很多文化意义、象征意义都是以品牌为载体的。张树庭认为品牌主要由识别符号系统、实体产品或服务以及附加价值 3 个部分组成。[①]

识别符号系统：这是品牌的外在形式意义，由专门设计的名称、标识、包装、声音、传播用语等组成，主要目的是一种区别或示差，使消费者能很快在众多商品中找出该品牌的产品或服务。藏族风情，带有浪漫气息和神秘色彩的店名，招牌上的汉藏双语等，都是藏餐吧 M 的识别符号。

实体产品或服务：要想成功被消费者选择，品牌也要有实质性的内容。藏餐吧 M 的藏族风味菜肴，精选藏地的材料，辅以藏式的烹饪方法，既营养又美味，是实体产品的表现。

附加价值：这是品牌成功的核心。在藏餐吧，不仅可以享用到藏式美食，还可以免费观看藏族歌舞表演。感受藏族风情的就餐环境，让消费者觉得这样的消费物超所值，这些都是附加价值的体现。

---

① 张树庭：《论品牌作为消费交流的符号》，载《现代传播——中国传媒大学学报》，2005 年第 3 期。

二、藏餐吧 M 营销中体现的符号价值

意义消费的产生，使得消费者愿意为这些"符号"价值支付更高的价格，消费者通过消费这些"符号"获得了某种超出物品使用价值之外的符号价值。

（一）有形符号表现

所谓显性表现就是将文化的内涵用直观的、可视的符号表现出来，即通过产品的外部结构、造型、色彩、线条、装饰等形式表现出来。[①] 在藏餐吧 M 的运营中，有形符号处处可见。

1. 店内装饰、摆设

从店面招牌开始，藏文化的气息就扑面开来。藏族女性形象——"玛吉阿米"的头像以及汉藏双语的书写，使藏餐吧的招牌别具一格。进门的楼梯古香古色，墙壁上绘有藏族风情图案，五彩经幔挂满屋顶。

据笔者了解，店里的家具饰品均从西藏运来，玛尼石堆和巨大的古铜色转经筒首先映入眼帘；梁、柱上的壁画请了 3 位西藏画师一笔笔精心绘制；窗旁的灯笼，墙上的藏历、唐卡，顶棚上的八宝布帘、屋梁上的木制面具、牦牛毛织的门帘、铜质的酒杯、酒壶、茶杯，还有服务员的衣饰，全部在西藏专门订制，目的是为保证藏文化的原生性美感。因为浓墨重彩的藏文化元素，藏餐吧 M 也被很多人称为小型的藏文化博物馆。

2. 菜肴设计

菜品既保留了原始藏族菜肴特色，又融入了现代都市人的口味，整体口味以复合味型为主。藏药、高原食材等都是较为神秘的原料，是藏文化在餐饮中的典型符号。菜品改良上，以藏餐制作方法为基础，再与尼泊尔、印度等地的美食做法相结合，又适当加入地方元素，尤其注重营养搭配，使菜品更具特色的同时，又符合现代都市人的饮食习惯。

如"巴拉巴尼"，它是用菠菜酱与奶豆腐烧制而成的绿色素食，是一道具有尼泊尔风味的特色菜，但仅仅是在制作技法上借鉴了尼泊尔，其本质上仍为典型的藏餐。汤汁表层上用奶油书写了佛教符号——"卍字符"，是最具特色的藏文

---

① 房国栋，冯东，段渭军：《论民族文化符号在产品设计中的应用》，载《山东工艺美术学院学报》，2006 年第 3 期。

化符号。另外一道菜——藏式烤天然蘑菇，是在新鲜幼嫩的蘑菇上撒以各种藏式
调料，在火上烤着吃，从菜名到调料，再到制作方法，都体现了浓郁的藏族气息。
还有，酸奶人参果八宝沙拉，是由以西藏特产人参果为主的 8 种蔬菜水果丁合拌
而成的沙拉，并配上自酿天然纯酸奶做的沙拉酱，从食材到制作工艺，都体现了
藏族特色。

3. 藏族服务人员和演员

藏餐吧 M 中的服务人员几乎都为藏族人，他们可以用藏语和汉语两种语言交
流。在工作时间，身着地道的藏族服饰和首饰。藏族人就是藏族文化最好的符号，
通过与他们交流，可以感受到高原文化赋予他们的豪爽、乐观和开朗的性格，以及
他们对生活的理解和对宗教的虔诚。

因此，在有形的符号中，主要有纯视觉的符号，如装饰和摆设；有实物性的符
号，如菜肴上的"卍字符"、经幡、转经筒和玛尼石堆等，而藏族服务人员才是最
关键的实体符号。

（二）无形符号表现

在某些产品中，我们可能无法看到文化符号的直观存在，却能感觉到产品所散发
出的民族气息，这时我们可以说民族文化符号是以隐性的方式存在于这一产品之中。
这种隐性的符号也许不能被人们即刻解读或理解，但通过置身于其中的感受，便能逐
渐体会和感悟。如民族风俗、礼仪、道德规范和宗教观念等所形成的文化符号。

1. 民族风俗

藏族人民热情好客，依照习俗，他们会向远道而来的客人敬献哈达和美酒；在
重大的欢庆节日时，大家还会一起载歌载舞。在藏餐吧 M 中，他们也将这些民族
风俗表现出来了。比如，他们会向就餐的客人赠送哈达；在晚上 8 点开始的歌舞演
出中，他们还会热情邀请客人一起围起圆圈，跳起锅庄。这些都是藏族民族风俗的
缩影和符号。

2. 礼仪

进入藏餐吧 M，服务员会用纯正的藏语与你打招呼，一句"扎西德勒"或者
作一个揖，都是礼仪文化的表现符号。语言和肢体动作的表达，虽然不能够持续很
长时间，但它们传达出的文化内涵却是十分深厚的：藏族人民重视礼仪，尊重长
辈，尊敬客人。

3.道德规范

在藏餐吧 M 工作的服务人员，多为 20 多岁的年轻人。从藏区来到北京工作和生活，难免会有一些迷茫和不适应。但是，他们依然能保持着纯真笑容，下午顾客较少的时候，他们会凑在一起聊天；晚上忙碌的时候，虽然很累，也从不抱怨。他们有着自己的道德规范，在面对一些无理客人时，虽觉得委屈，但也会选择包容；在面对老板的苛责时，他们也会据理力争，坚定自己的立场。藏餐吧 M 中的年轻藏族人，在生活和工作场景中演绎了道德规范的符号。

4.宗教观念

藏餐吧 M 在装潢上采用了许多佛教造像，大包间供有释迦牟尼佛像以及班禅大师的照片，大厅的墙上也供有佛像。每天清晨，服务员都会对佛像供上清水，每隔一段时间会供果品，佛像周围供有很多零钱。藏餐吧 M 中的工作人员，在日常生活中，也践行着自己对藏传佛教的虔诚。

在藏传佛教的宗教观念中，藏族人是不吃鱼虾等水生物的，这点在拉萨藏餐吧中体现得比较明显，但是因为北京藏餐吧面对的消费群体更为广泛，所以菜肴中已经有所改良，加入了一些尼泊尔风味，所以，在个别菜肴中会有鱼肉出现。在藏餐中，依然以牛羊肉为主。这些细节都是藏族宗教观念的符号体现。

因此，定位为"传播藏族文化的窗口"的藏餐吧 M，在形式上刻画了很多藏族文化的符号，这些符号的价值就在于吸引了越来越多的顾客光顾。可以说，藏餐吧 M 是一个成功的文化产业营销方案，不仅宣传了藏族民族文化，还能够带来相应的经济收益。

三、藏餐吧 M 营销的 SWOT 分析

对于任何一个文化产业的营销方案来说，在实施之前、中、后期都要进行相应的评估和分析。对于藏餐吧 M 进行 SWOT 分析，有助于我们更深入了解民族文化产业化过程中的关键点和注意事项。

（一）优势分析（Strength）

将民族文化符号应用于文化产业营销中，使得产品（藏餐吧 M）拥有了以下

几个优势：①

1. 产品成为文化的信息载体，具有了文化内涵和文化感染力

藏餐吧 M 的定位是"藏文化传播的窗口"，因而在其营销的各个方面都融入了藏文化的元素。当藏餐吧不仅仅是一个餐厅，更是藏文化在北京微缩的民族符号时，它就具有了深厚的文化内涵和文化感染力。很多人去藏餐吧就餐，并不简单是为了果腹，更多是为了去感受雪域高原文化的独特魅力，"如果不能去到西藏，那么就在北京领略一下她的美吧"！这是藏餐吧很多顾客的初衷。

2. 使产品更具个性，即具有民族特色和民族风格

将民族文化符号应用于产品中，产品就拥有了更明显的标识性。定位准确，主打"民族牌"，弘扬民族文化，藏餐吧 M 通过带有浪漫色彩的店名和具有神秘气息的传说故事，将藏族的民族特色和风格彰显无疑。特色菜肴、民族歌舞表演、独具匠心的民族风格装饰和摆设等，让藏餐吧 M 在北京的少数民族餐饮行业中独领风骚。

3. 借助于文化的影响，产品的知名度得到迅速提高

北京有很多少数民族餐馆，如蒙古族风味、傣族风味和新疆风味的餐厅，但藏餐吧 M 的知名度却颇高，吸引了很多国内外顾客，主要原因在于显著的藏文化特色。近几年来，藏餐吧 M 也引起了越来越多媒体的关注：中央电视台，北京电视台，德国、香港和泰国等 30 多家新闻媒体都对该餐厅进行过报道；欧美几大权威性的旅行者指南手册连续 4 年推出了藏餐吧 M；美国"Lonely Planet China"2001 年度拉萨地区餐饮业介绍中，藏餐吧 M 也位居第一。

4. 借助于文化优势，促进产品的持久销售，扩大产品的市场占有

从 1997 年在拉萨开业的第一家藏餐吧 M 开始，直到现在，它已经具备发展成为连锁店的趋势和潜力。目前，藏餐吧 M 在北京拥有两家分店，在昆明拥有一家分店。在设计理念和风格方面，4 家藏餐吧却是完全不同的：拉萨的是酒吧风格，昆明的是康区风格，北京的建国门店是家庭风格，而团结湖店是宫廷风格。借助于藏文化的独特优势，以及对不同地区的不同定位，藏餐吧 M 的市场占有率越来越高，其生命力也更加旺盛。

5. 由于文化信息的载入，增加了产品的附加值

在藏餐吧就餐，不仅可以享用到地道的藏式美食，更能在繁华的北京享受到藏

---

① 房国栋，冯东，段渭军：《论民族文化符号在产品设计中的应用》，载《山东工艺美术学院学报》，2006 年第 3 期。

族风情，消费者在满足了物质享受的同时，更体验到一种精神和文化的享受，藏餐吧 M 或多或少让消费者们感受到了一些藏族文化，加深了对少数民族的理解，从而增加了产品的附加值。

（二）劣势分析 (Weakness)

1. 消费水平高

北京两家藏餐吧 M 都地处繁华地段，为较高档的餐厅，所以菜价较贵。据调查，人均消费在 100 元左右，菜肴虽做工精细，但分量不是很大，所以，如果只是为了果腹的话，藏餐吧 M 并不是一个很好的选择。

2. 消费群体狭窄

来藏餐吧 M 就餐的多为白领、文艺青年和外国人，他们多数对藏族文化具有浓厚的兴趣，或多或少带有一些猎奇心态。这使得藏餐吧 M 的消费群体变窄，消费群体有限，在弘扬少数民族文化方面的作用也就相应弱化了。

3. 服务人员较年轻，难以应对复杂的服务行业

藏餐吧 M 的服务人员多为 20 岁左右的青年，个别人在思想和价值观念方面还不够成熟，既渴望又害怕接受现代化的生活，对于一些社会规范和道德伦理，还缺乏相应的价值判断。因此，对于员工素质的提高、心理问题的疏导以及工作规范的完善，还有待于进一步加强。

（三）机遇分析 (Opportunity)

1. "民族的，才是世界的"

民族文化元素融入的产品确实具有更广阔的前景。在国外，唐装和中式餐厅特别受外国人的喜欢；而在国内一些大城市，身着民族服装、装戴民族饰品的人们总是能吸引人们更多的关注。因为选址的优势，藏餐吧 M 已经被越来越多的外国人熟知并喜爱。那么，保持民族文化对外来人士的吸引力，将民族品牌做大做强，是藏餐吧 M 需要思考的，也是民族文化实现新发展的重要契机。

2. 民族文化的保护与发展越来越受重视

随着藏戏和《格萨尔》等被纳入世界非物质文化遗产名录，民族文化的保护与发展越来越受重视。在这样的大环境中，藏餐吧 M 的出现与发展就顺应了时代的潮流。所以北京藏餐吧的存在，正好为大家揭开了藏族文化的神秘面纱。

3．北京是一座包容的现代化城市

作为首都，北京是座包容的城市。不管是贫穷还是富贵，不管是主流还是边缘，在这里都有生存的空间，少数民族文化在这里也得到了很好的尊重和重视。北京很好地包容了少数民族文化，也接纳了藏文化的载体——藏餐吧 M。

（四）威胁分析 (Threats)

通过对藏餐吧的顾客以及服务员、演员的访谈，笔者发现藏餐吧 M 的运营中也存在着诸多问题。这些问题其实就是对藏餐吧未来发展的一种威胁和挑战。

1．菜价的合理程度

前文已经提过，藏餐吧 M 虽然菜肴做工精细，但菜价偏高。一位曾经去过拉萨藏餐吧 M 的顾客甚至打趣地说，北京藏餐吧 M 的菜肴与拉萨藏餐吧 M 的基本没什么区别，唯一的区别就是菜价翻了好几倍。北京是国际性大城市，地价、租金和物价相对较高，但如果菜价超过了顾客预期的接受范围，也是难以发展持续性消费群体的。

2．过度产业化对民族文化的意义内涵的破坏

怎样把握民族文化的保护与文化产业化之间的"度"，正是藏餐吧 M 需要思考的问题。到底是把宣传民族文化放在首位，还是把获取经济利益放在首位？这主要取决于店主的价值选择。不可否认，藏餐吧 M 在宣传藏文化方面确实起到了很大的作用，但文化与经济之间的均衡把握，始终是藏餐吧 M 需要慎重考虑的，一旦"越界"，民族文化就有变质的可能。

3．宗教世俗化的危险

在藏餐吧 M 内供有一些佛像和宗教器物，如转经筒和法号。事实上，佛教经典中有规定，不允许在商业的、世俗的地方供养佛像，否则是不敬的表现。尽管藏餐吧 M 是有着浓郁藏文化的藏族餐厅，但本质上仍旧是商业区域，在产业化的大背景下，佛教的文化符号已经在不知不觉中成为一种"卖点"。但归根结底，宗教是神圣的，是心灵的洗礼，不能、也不应该被世俗化。

四、结语

藏餐吧 M 作为藏族文化在北京的微缩符号，在一定程度上扮演了"传播藏族

文化窗口"的角色。但是，我们也应该看到藏餐吧 M 对藏族文化的改造。需要承认的是，这种改造和包装有利于藏族文化在京城的立足和发展，但藏文化的质朴性、宗教文化的神圣性也在一定程度上受到了影响。

选择神圣，还是世俗；选择文化，还是利益；选择传统，还是现代；这是一个两难的选择。或者拒绝二选一，而在其中找到一个平衡的支点，在一个和谐共荣的环境下，让民族文化保护与文化产业化共同发挥作用，或许是更为重要的。而支点的寻找和"度"的把握，是需要大家进一步深思的。

北京的苗侗傣饮食文化

李　梅[*]

2016 年《舌尖上的新年》作为同名系列纪录片的第三部，[①] 在华人世界引发了集体的美食回忆，该片不仅展示了大量鲜活的中国节庆美食，同时展现了美食背后的生态选择和文化的象征，揭示了中国饮食文化的自然属性和文化属性，在微观视角下探讨了饮食文化背后的家庭和社区的互动关系。该纪录片主要以区域为饮食文化研究的分类，未能关注地方少数民族特色。本文在梳理前人研究成果的基础上，结合在北京民族特色餐厅进行的田野调查，拟从民族饮食特色、顾客饮食体验和民族餐饮餐厅建设等纬度，从更宏观的角度探讨饮食文化背后的族群认同和族群互动关系。

一、饮食特色：自我的文化认同

饮食是生物体从外界获取能量的过程，人类作为生物也需通过饮食获取能量。通过人类漫长的发展，饮食逐渐从自然的生物需求演变为复杂的社会选择。马文·哈里斯在其著作《好吃：饮食与文化之谜》中从自然科学和人文科学的结合部入手，借用大量遗传学、地理学、医学、环境科学、历史学、人口学等研究成果，指出文化与生态共同规定了我们的食谱，生态环境为饮食选择提供了可能，文化做出了饮食选择。[②]

* 李梅，中央民族大学民族学与社会学学院 2015 级民族学专业硕士研究生。
① 指 2012 年播出的《舌尖上的中国 1》，2014 年播出的《舌尖上的中国 2》以及 2016 年播出的《舌尖上的新年》3 部。
② 马文·哈里斯：《好吃》，载《民俗研究》，2000 年第 3 期。

"一方水土养育一方人",这说明不同的地理单元构筑了不同的文化类型。苗族主要分布在我国西南地区及湖南、广西等地,①侗族主要分布在我国贵州、湖南和广西等地,②傣族主要分布在云南等地。③虽然在行政区划上分属不同省份,但属于同一地理单元。该地区属于亚热带山地气候,湿润温暖,夏无酷暑,冬无严寒,降水量充分,自然环境良好,以山地为主,具有较好的山地垂直带谱,利于多种作物的种植和生长。这种相似的生态资源为该地区的饮食习惯的形成提供了物质基础。

在这种自然环境下,交错杂居的苗、侗、傣民族形成了下列相似的饮食习惯:

第一,鱼米为食。该地区拥有雨热同期的气候资源、肥沃的土地资源和充沛的水文资源,适合稻米种植,同时稻米的高产也能满足该地区人口增长的需要。该地区山地丘陵较多,在山地或台地居住的人们因地制宜地种植籼米或糯米。侗族人善于把糯米做成糯米饭、粽子或糍粑,④苗族人把糯米做成米粉、米豆腐、米酒或糍粑,⑤傣族人顿顿离不开糯米饭。⑥丰富的水文资源也为鱼类养殖提供了可能,该地区的人们创造性地进行"鱼稻混养",以稻养鱼、以鱼护稻的共生模式,满足了该地居民对鱼的需求。苗、侗、傣民族都以鱼为待客的最高礼遇。

第二,喜酸嗜辣。该地区不产盐,再加上旧时政府通过盐的管控加强对少数民族的管理,该地区居民缺少必要的调味品。通过多年的实验,苗、侗、傣民族摸索出以酸代盐,以辣补咸的烹饪方法,同时,酸味腌制可以在炎热天气下长期保存食物,有利于帮助消化,刺激食欲,逐渐成为该地人们的饮食选择。侗族人称"三天不吃酸,走路打倒蹿",⑦可见其对酸的喜爱。贵州等地素有"地无三里平,天无三日晴"之说,辣椒有祛寒除湿,开胃健脾的功效,可以有效避免风湿和感冒,成为

① 根据2010年全国第六次人口普查数据,我国苗族总人口为9426007人,在以下6个省份(自治区)的分布情况为:贵州省3968400人,湖南2060426人,云南1202705人,重庆482714人,广西475492人,四川164642人,占我国苗族总人口的86%以上。
② 根据2010年全国第六次人口普查数据,我国侗族总人口为2962911人,在以下3个省份(自治区)的分布情况为:贵州1628568人,湖南842123人,广西303139人,占我国侗族总人口的95%以上。
③ 根据2010年全国第六次人口普查数据,我国傣族总人口为1261311人,在以下两个省份的分布情况为:云南1222836人,四川7652人,占我国傣族总人口的98%以上。
④ 包羽:《黔东南苗侗民族的饮食文化初探》,载《黔东南民族职业技术学院学报(综合版)》,2010年第2期。杨音南:《侗族饮食文化的构成与特色探析》,载《民族论坛》,2007年第6期。
⑤ 龙明锋:《湘西苗族饮食文化浅析》,载《扬州大学烹饪学报》,2004年第4期。许桂香:《浅谈贵州苗族传统饮食文化》,载《凯里学院学报》,2009年第5期。
⑥ 童绍玉:《浅议云南省德宏州傣族饮食文化特征》,载《楚雄师专学报》,2000年第3期。
⑦ 杨音南:《侗族饮食文化的构成与特色探析》,载《民族论坛》,2007年第6期。

该地居民的口味偏好。苗族素有"无辣不成菜"的说法，这种爽辣也与苗族爽朗、泼辣的性格相符。

第三，喜酒爱茶。酒既是佐餐的佳酿，也是助兴的良方，对于爱好歌舞的苗、侗、傣民族来说，"无酒不成席"，只有酒的助兴才能让饭菜更香，歌舞更美。没有美酒，再好的菜肴，主人都觉得面上无光。苗、侗、傣民族的酒从原料来分，有米酒、高粱酒、稗子酒、苞谷酒、茗酒、混合酒等。糯米酒是米粮中最好的酒，烈中带柔，口感甚好。从烤法来分有头锅酒，二、三锅酒，尾酒和夹酒等。[①]苗、侗、傣民族不仅好酒，也好茶。侗族招待客人素有"茶三（三碗茶）酒四（四杯酒）烟八杆"[②]之说，一盏油茶或豆茶既是三餐前的"开胃菜"，也是妇女聚会的必备品，更饱含吉祥如意的深意。[③]

西南地区特殊的生态环境形成了苗、侗、傣民族特殊的饮食习惯，如果没有文化的作用，当苗、侗、傣民族的居民来北京生活时，会根据北京的生态环境改变饮食习惯。一般认为，族群的语言、饮食习惯、衣着等在环境变迁中最容易发生变化和适应，而民族心理、性格、价值观念、宗教信仰等精神世界是不易改变的。但在大量研究中发现事实却非如此，例如潘家园的苗族商贩的宗教信仰发生了很大改变，而饮食习惯基本没有发生变化。至今，潘家园的苗族人坚持酸辣口味，很少外出就餐，而是在买来的瓶瓶罐罐中腌制酸菜、酿制米酒。[④]

这种不变正是一种自我身份的界定和文化的认同，食物在社会文明的发展历程中逐渐被赋予文化象征。例如：在傣族社会中，素有"吃了毫诺索，人就长了一岁了"的说法，由普通的糯米做成的"毫诺索""毫吉"等食品被赋予神圣意义，成为傣历新年中的节庆食物，只有吃了"毫诺索""毫吉"等食品才能顺利过新年。在这种文化意义的推动下，傣族人无论走到哪里，在傣历新年都会吃"毫诺索"和"毫吉"。[⑤]在苗族和侗族中也有类似的食物，只是名称略有差异。唯有在适当的季节、场合或节日中，食用特定的食物，黔东南地区的苗族人及侗族人，才会感受到食物与季节、节庆活动之间的关系，也才会经由食物来进一步体验、记忆或认同该

---

① 包羽：《黔东南苗侗民族的饮食文化初探》，载《黔东南民族职业技术学院学报（综合版）》，2010 年第 2 期。

② 秦秀强：《侗族饮食习俗及其在当代的变迁》，载《民族研究》，1989 年第 6 期。

③ 包羽：《黔东南苗侗民族的饮食文化初探》，载《黔东南民族职业技术学院学报（综合版）》，2010 年第 2 期。

④ 陶华英：《北京潘家园苗族商贩城市适应研究》，中央民族大学 2010 年硕士学位论文。

⑤ 王文光，姜丹：《傣族的饮食文化及其功能》，载《民族艺术研究》，2006 年第 3 期。

节庆活动与其民族或个人的关系。[①]

笔者对清华大学南门附近的贵州酸汤鱼店进行调查时，受访者表达了自己对酸汤鱼的情感认知："每当我吃到酸汤鱼，就感觉回到了寨子里，又闻到阿妈捞起家里米酸汤的味道，听到阿爸打回鱼的笑声。"对于苗族人来说，酸汤鱼就是重拾苗族身份的一次体验，也是对苗族文化的一次体验。

在当代，作为外显的区分民族成分的文化符号主要有服饰、语言和饮食习惯，在北京这种国际化大都市，穿着民族服饰多显得怪异，使用民族语言会造成与主流文化对接的困难，只有通过饮食才能表达民族文化，彰显自己的民族特色和民族身份。

二、饮食体验：我族与他族的边界

饮食是民族文化的重要组成部分，表达了民族的生活环境和民族性格。那么，饮食能否成为民族的边界？王明珂认为，客观的饮食并不是一个可以分别出我群与他群的标志。同时，他在让步中指出在认同毫无问题的时候，要吃什么，爱吃什么并不成为问题，与认同也不构成联系，只有当认同出现危机时，吃什么穿什么才成为一种选择。[②] 西敏司在其著作《甜与权力》的开篇提及：人类的食物偏好在其对自我的界定中处于非常核心的位置："在人们看来，那些与自己吃着截然不同的食物，或者是以截然不同的方式与自己吃着类似食物的人，往往与自己有着天渊之别，甚至更为低等……换言之，饮食可以作为我族和他族的界限。"

如果以苗、侗、傣民族主要居住的西南地区为中心，那么北京无疑是该民族的边缘。在边缘地区，区分我群和他群是实现民族和文化认同的前提条件。在定义我群和他群时，需要找到一个人为的边界作为区分。[③] 相比服饰、居住环境等民族特征，饮食最不易发生冲突，游离性最强，在任何空间下都可以存在。笔者认为正是基于饮食文化的强游离性和高接纳性，更容易通过饮食体验形成我群与他群之间的边界。

通过搜索引擎对北京的苗、侗、傣民族餐厅进行统计，在北京 175682 家餐厅

---

① 张馨凌，林淑蓉：《饮食：用身体实践的反思性传统——以贵州侗族地区为例》，载《贵州社会科学》，2012 年第 6 期。

② 徐新建，王明珂，王秋桂等：《饮食文化与族群边界——关于饮食人类学的对话》，载《广西民族学院学报 (哲学社会科学版)》，2005 年第 6 期。

③ 彭兆荣，2003。

中，有 678 家餐厅经营苗、侗、傣民族餐饮。[①] 来餐厅就餐的顾客民族成分复杂，以魏公村民族餐饮街的金孔雀德宏傣味餐馆为例，在调查期间内来餐馆就餐的 122 名顾客中有汉族 101 人（占 82.5%），壮族、白族、彝族各 3 人（占 7.5%），苗族、蒙古族、满族各 2 人（4.8%），瑶族、傣族、朝鲜族、布依族各 1 人（占 3.2%）。可见，来民族餐馆就餐的顾客的民族成分多元化。从就餐次数来看，仅有 18% 的顾客是第一次品尝，21.3% 顾客来过 10 次以上，来该餐厅就餐的多为老顾客。通过上述数据可知，很多其他民族顾客也频频光顾傣味餐厅。

其他民族的顾客在傣味餐厅就餐的过程中，感受到的是傣味餐厅独特的文化内涵。在调查中，一位北京的汉族顾客这样描述她的就餐感受：

以前知道的傣族，就是孔雀舞，通过网上发现这个地方，过来一吃，感觉不一样，你看这个菠萝饭，这个黑三剁，和我们日常吃的都不一样，傣族还是一个很有特色的民族。

另外一位汉族顾客这样表达他的就餐感受：

我这是第七次，或者第八次来了，其实在来之前，我对这个民族没有什么感觉，我觉得这个少数民族只是那个户口簿上啊、身份证上有那么一栏，我身边也没有什么少数民族，真的没有感觉到什么是少数民族。我来咱们这里吃过几次才有感觉，啊，这个少数民族和我们确实是不一样的，这个吃的、喝的都有自己的一套东西。

通过上述材料可以看出，民族餐饮以其独特性，表达了我群和他群之间的界限。为生活在中原地区的汉族，提供了一个真实接触少数民族文化的机会，进而将少数民族从符号变为实体，真真正正地感受到少数民族文化的独特性。

对于傣族来说，民族餐饮体验为增进民族沟通提供了新的途径。一位傣族就餐顾客这样解释她的就餐理由：

---

① 使用的搜索引擎对一家餐厅的多家分店视为多家，考虑到很多分店有自己的特色菜肴，在统计中将分店视为独立餐厅统计，这种统计方法对影响力分析具有重要意义。

别人知道我是傣族，就问我会不会跳孔雀舞，好像傣族就只会跳孔雀舞，除了孔雀舞我们之间就没有什么可以交流的。后来朋友带我到这个地方，以后再有人问我会不会跳孔雀舞，我就带他们到这里来。他们吃的时候问这个问那个，以后再聊天，我们可以聊的内容就多了，他们对我们傣族的了解也多了。

在现代化的传媒下，民族被符号化，这种符号化的表达方式有利于区分彼此的不同，强化民族特色，但也会造成刻板印象，固化民族形象。通过民族餐饮，他族对我族有了更深刻的认识。以傣族鱼腥草为例，鱼腥草是傣族饮食中很重要的佐料，生长在我国西南 3 省阴冷潮湿的山区中，为北京罕见。傣族生活的地区天气炎热、湿度大，需要能祛风除湿、发散解表的佐料帮助其适应生活环境。鱼腥草具有清热解毒的功效，可以很好地防治傣族因常吃烤制或油煎食物造成的上火。在傣族文化中，傣历年一定要吃鱼腥草，这是因为傣族认为鱼腥草有驱鬼避凶的功效，吃了鱼腥草可以获得一年的平安。[①] 通过对鱼腥草的解读，可以帮助他族更好地了解我族的文化，而我族在文化解释中重新认识到我族文化的独特性，从而更好地理解自身文化，提升文化自觉和民族自觉。

很多学者否认民族餐饮可以作为我群与他群的界限，笔者对此并不赞同。苗、侗、傣民族喜食酸辣，但并不代表其他民族就不喜欢酸辣，不代表可以无视与苗、侗、傣民族交错杂居的汉族也嗜辣喜酸这一事实。如前所述，饮食文化的形成与生态环境密切相关，因此同一地区的不同民族在食材选择和菜品味道上可能存在相似，但饮食文化体现在对食材的选择、加工、呈现和储存等各个环节的影响上，尤其是在对食材的加工过程中，文化发挥了很大的作用。傣族的"香竹饭"就是用芭蕉叶包起米饭在火上烤，通过"烤"这一原始的烹饪方法加工食物，而该地区的汉族多用锅煮或者炒，虽然呈现的食物在口感上相似，但这种截然不同的烹调方式代表了不同的历史文化记忆，这种差异性的历史文化记忆就是民族之间文化的差异，也就是我族与他族之间的边界。

还有学者认为民族餐厅多元化是对民族边界的模糊，笔者对此同样表示不赞同。根据 2010 年全国第六次人口普查可知，北京共有苗族 12957 人，侗族 3774 人，傣族 1022 人，合计 17753 人，占北京总人口（19612368 人）不足千分之一。

---

① 王文光，姜丹：《傣族的饮食文化及其功能》，载《民族艺术研究》，2006 年第 3 期。

如果仅依靠本民族人前往就餐，数量如此庞大的餐馆无疑只能纷纷倒闭，多元化的顾客群体也是市场发展的必然选择。同时，这种观点也是一种对边界的误读。族群间的边界是一种模糊的、动态的存在，对于个体来讲，允许发生越界行为。民族餐饮展现出的是我族大致的生活选择，在地理环境、与周边民族文化交流等多种因素影响下，同一民族不同地区的人们在生活习惯上各有差异。饮食体验就是对差异的体验，只有差异的体验才能认识到边界，这些差异可以帮助顾客体验到民族之间和民族内部的边界。

三、民族餐厅：族群互动的纽带

餐饮体验帮助顾客体会到民族边界，民族餐厅则帮助顾客参与族群互动。民族餐厅通过特殊的装修设计、身着民族服装的服务员等将顾客带入情景化的民族文化中。

民族餐厅的设计和装潢一般都彰显民族地方特色。金孔雀德宏傣味餐馆以傣族传统建筑为外观，以傣族的文化符号孔雀为装饰，主色为象征佛塔的金色，分别用汉语和傣语书写店名，带给用餐者强烈的视觉冲击。进入店里，可以看到大幅《云南十八怪》的挂图介绍傣族的生活习俗，厅内供奉着金碧辉煌的金孔雀佛台，墙上挂着象脚鼓，竹林将餐桌隔开，身着窄袖短衫、打折花筒裙的女孩展现出姣好的身姿，身着无领对襟小袖衫、长管裤的青年露出手臂上的虎豹文身，处处体现出民族风情，带给就餐者一种进入德宏地区的场景想象。笋笋贵州酸汤鱼在 logo 设计上也采用了相同的思路：以两个头戴银饰的苗族人物简笔画为主，一条大鱼从天而降。在其店内墙上画着繁多的、象征丰收的苗族笋筐。

这些极富民族特色的装修和布置将顾客带入傣族生活的场景中。一位就餐的顾客就这样描述他的用餐体验：

这里的建筑很有特色，在大理市区也吃过一家金孔雀，很是喜欢，于是专门过来试试。一进门就有傣家特殊的调料味，很是熟悉。筷子也很接地气，仿佛感觉又回到云南了。

这种情景化的体验唤起了顾客对云南的记忆，更唤起了游客前往该地旅游，体验民族风情的欲望：在这里能看到傣族服饰，吃到傣家菜，但具体的风俗习惯要靠咨询。但是这些餐馆会激发起人的好奇心，让人们产生想去当地看看的欲望。通过这种情景化的想象刺激，激发消费者进一步了解和探究特定民族文化的兴趣，甚至将那些对特定民族文化深深着迷的消费者引向滋养这些富有文化魅力的那一方水土那一方人，为地方民族旅游业的勃兴注入推动力和吸引力。[①]

在很多民族餐厅内，雇用了来自当地的少数民族做服务员。他们通过多民族之间的频繁接触，原有封闭的生活圈被打破，排外意识有了一定程度的淡化，交往内容也变得更加丰富，民族地区的通婚圈逐渐扩大，愿意与其他民族通婚，进一步加深了民族之间的深入交往，减少了民族矛盾与冲突。通过外出务工经商获得了一定的经济收入，进而成为民族地区的经济能人与民间精英分子，获取了社会声望，提高了社会地位。通过外出务工经商接触到新的技能、先进文化和城市文明，同时把北京的生活方式、观念及其他相关的信息带回民族地区。这对于缩小城乡生活差距，改变传统生活方式，提高消费水平与生活质量也有着潜移默化的作用。

少数民族人口流动的一个重要结果，是不同民族间的社会交往的增加和经济联系的加强，使得都市多元文化得到加强。各民族语言、餐饮、服饰、艺术等各个层面的相互交融，促进了民族关系在更广阔范围和更深层面的发展。"在日益变得单一化的现代城市中，他们为拥有某种文化和生活方式特点的市民提供基本服务，也为主流民族提供关于少数民族文化特点的体验服务，这使主流民族感受到文化差异的正面价值。在一些地区，少数民族流动人口还通过参与流入地社区文化建设，丰富着当地文化旅游的内涵"。[②]多民族化的格局带来了多元文化的交融，不同民族之间的餐饮文化、服饰文化、语言文化的交融日益密切，不同特色的少数民族餐饮在都市汇聚，丰富了都市文化，促进了多元文化的发展，为都市发展注入生机和活力。

民族餐饮作为文化符号，又是展现中国社会多元一体、美美与共的政策和现实的窗口。北京作为中国的首都，国际化大都市，以一种包容的态度接纳民族餐饮，为民族餐饮的发展提供资源，更有利于展现一个开放、自信、团结的大国形象。

饮食，是人类生活的重要组成部分。它是人类生存、提高自身素质的物质基

---

① 贾萍萍：《都市民族餐饮社会文化功能的因子分析——基于调查问卷数据的研究》，载《经济研究导刊》，2012 年第 22 期。

② 张海洋，良警宇：《散杂居民族调查：现状与需求》，中央民族大学出版社，2006 年，第 12 页。

础，同时，也是人类繁衍不可或缺的物质源泉。在世界上，不同国家、不同地区、不同民族有着相同或不同的饮食习惯，并在长期的历史传承过程中，形成了不同的饮食文化。理解不同民族饮食文化的差异，对加强自我身份认同，增进民族自信有着重要的意义。同时，通过加强对饮食文化差异的理解，有助于促进民族交流，增进民族互信，减少民族矛盾，丰富城市文化，缩小边疆和中心之间的差距，对于稳定社会、构建和谐社会有着重要的作用。

我们来自彩虹的故乡

——土族在京联谊会现状研究

叶妙春 *

土族作为中国 56 个民族之一，在社会不断发展的背景下，社会文化经济和教育等各方面都有了长足的发展，越来越多的土族同胞经过自己的努力不断发展，走出自己土生土长的土地，走向了北上广等发达城市。本文通过分析在京土族联谊会的现状，对在京土族联谊会的发展特点及发展前景进行全面反思。

一、土族背景简介

土族是中国人口较少的民族之一，现有人口大约为 30 万。主要聚居于青海省东部湟水以北、黄河两岸及其毗连地区，主要分布地区有：互助土族自治县、民和县、大通回族土族自治县、乐都县、同仁县等地，还有一部分居住于甘肃省天祝藏族自治县。近些年在中国其他省市，如云南、贵州地区也逐渐出现了迁移过去的土族人口居住的情况，但是这种情况还是属于少数。根据 2000 年第五次全国人口普查统计，土族人口数为 241198。主要从事农业，兼营畜牧业。语言使用土族语，属阿尔泰语系蒙古语族。文字过去通用汉文，近年创制了拉丁字母形式的土族文字，正在试行。

土族早期从事畜牧业生产，后来转到以农业为主兼营畜牧业的生产生活模式。农作物品种主要有小麦、青稞、土豆等。土族有酿酒习惯，农家所酿名"酩醪"，互助所产青稞酒远近驰名。土族先民以善养能日行千里的"青海骢"而驰名中原。

---

* 叶妙春，中央民族大学民族学与社会学学院 2015 级民族学专业硕士研究生。

土族人民能歌善舞，有丰富多彩的民间文学艺术，民间文学主要以口头传承的方式流传下来。土族人民大都可以演唱土族民俗歌曲，也能跳土族舞蹈。土族的喇嘛、僧侣也著书立说。由土族活佛善慧法日所著的《宗教流派镜史》一书，曾被译成英、德文流传国内外。互助土族自治县的佑宁寺作为一座藏传佛教寺院，寺内僧人基本都为土族，这代表着土藏两族文化交流频繁。

土族人民的重要节日有，农历正月十四日佑宁寺观经会，二月二威远镇擂台会，三月三、四月八庙会，六月十一丹麻戏会，六月十三、二十九"少年"会，七月二十三至九月民和三川地区的"纳顿"（庆丰收会）等。其中擂台会、丹麻戏会和"纳顿"最具土族民族特色。届时，除举行赛马、摔跤、武术和唱"花儿"等传统娱乐活动外，还举行物资交流会，充分促进了当地的经济文化事业的发展。此外，与汉民族一样，土族也过春节、端午节等传统节日。

在古代，土族的先民们从事畜牧业，平时他们在广袤的草原上逐水草畜牧，每到农历六月十五日这一天，各部落的男女老幼汇集起来向他们共同的神山敖包致祭行礼，表示崇敬之情，并以求保佑。这一天，骑士们要赛马夺冠，歌手们要对歌，舞安昭，老年人要互通信息，叙说自己一年来的所见所闻，谈论地方风光，奇闻怪见，还要交流生产技术。后来，土族由从事畜牧业转事农业，居住分散，各地的气候、自然地理、生产状况各异，故安昭纳顿会的安排，在时间上也有先有后，时间拖得很长。从农历六月十五日开始，一直延续到九月底。其形式各地也都有自己的特色。

二、土族在京联谊会组织机构

1. 产生根源

土族在京的联谊活动的产生时间暂时无法得知，应该是少数土族迁移到北京并在北京地区生活，并产生交流的时候就出现的。经过多年的发展，与会的人数也从刚开始的不到 20 人发展到了现阶段的 200 人左右。

土族在京联谊会的产生根源，可以归纳为 3 个方面，其一是各个老乡会的通性，即地缘文化向心力的推动。其二是在京土族联谊会组委会的支持和帮助。其三是国家民委对于少数民族活动的大力支持。

2. 联谊会的组织构成与传承

土族在京联谊会作为一个非正式组织，在组委会和优秀土族人士的支持和鼓励下，已经成为一个较为成熟的活动机构。从组织构成上来说，有明确的分工，并有明晰的层级划分和职责，所有的活动都是由以中央民族大学民族学与社会学学院系主任祁进玉教授为会长的整个领导班子和秘书处进行策划和组织的。

联谊会每年都会选择有能力、踏实肯干的土族优秀本科生成为组织者，组织在京土族联谊会和土族文化论坛。土族文化论坛是土族联谊会组织的最有影响力的活动。截至 2016 年，已经举办到了第九届中国土族文化论坛暨第十六届北京土族"安昭纳顿节"。

3. 联谊会的组织职能

在京土族联谊会中，每个人都有自己在组织内的分工和职能。在工作过程中，大家同处于平等的地位，共同执行联谊会事宜，为联谊会的发展尽自己的一份绵薄之力。正如笔者访谈的一位对象所言：

争论肯定是有的，但最终会形成最有利于联谊会发展的办法，然后大家一起去做……我们没有一个人独裁，都是大家商量着来。

联谊会中既没有绝对的权威，也没有绝对的"退休"。一位访谈对象对笔者这样说：

联谊会所承办的具体事务不是全由组委会做的，谁有空了就过来帮忙，联谊会的事终归还是大家的事。大家一起努力，把联谊会的事情做好。

由此可以看出，土族联谊会的运行和发展是建立在整个在京土族同胞的民族自信心和强力促进民族发展的具体行动的基础上的。

4. 联谊会的成员

在京土族联谊会的成员以在京就读的土族籍本科生为主，研究生也有参与，还有相当一部分的在京务工人员。联谊会的所有活动通知都是由土族联谊会组委会的 QQ 和微信上的土族同乡会的族群组进行发布和推广的。

当被问及为什么加入土族联谊会这个问题时，一位访谈对象这样回答：

那肯定是一个地方来的人感情不一样，来到这么远的地方还有老乡，感觉肯定不一样……还有就是我们从一来到现在，受到他们（指老会员们）的照顾太多了，想把这种互帮互助的传统传给下一届。

三、成员互动

在京土族联谊会作为一个非正式组织，更多的是提供了一个互动交往的平台。联谊会成员在与土族同胞的互动中，恢复到老乡的角色中去，不但是策划者和指导者，而且也是参与者，而土族联谊会的具体职责也是在成员的互动和活动举行的过程中得以落实的。下面笔者介绍一下土族联谊会举办的一些活动：

1. 中国土族文化论坛和北京土族"安昭纳顿节"

在土族联谊会组织的活动中，最有特色的就是土族文化论坛。土族文化论坛以讲座报告的形式，邀请相关领域的专家、学者围绕跨学科（民俗学、人类学、社会学、教育学、政治学等）视野中的中国土族传统文化研究及其相关专题等做主题演讲。论坛为开放式主题研讨会，与会的各位专家学者可以从各方面对土族文化等进行开放式的交流。

北京土族"安昭纳顿节"则是一个民族联谊性质的同乡会，民族性是其最大的特点，参加人员主要是土族在京人员。不同于纯地缘色彩的同乡会组织与一般的老乡会，它不单单是一个老乡聚会，还是一个民族的大聚会。

中国土族文化论坛和北京土族"安昭纳顿节"的举办时间一般是每年的11月，承办人员需要提前一到一个半月进行筹备工作。筹备工作主要包括文化论坛专家的邀请、讲座报告的安排、会议所需经费的落实和活动场地的预定等。由于这些活动的举办主要是以中央民族大学民族学与社会学学院为依托的，所以所有的活动场地都要向中央民族大学进行申请。与会的专家学者主要是从青海、北京以及其他地区的高校及其他单位邀请过来的，专家的食宿等问题都是需要承办者提前加以安排的。此外，由于土族人民都能歌善舞，这一盛大活动中必定少不了土族传统的歌舞演出，而演出节目的编排也需要精心筹划。

中国土族文化论坛和北京土族"安昭纳顿节"通常持续一天时间，早上8点开始开幕式，会长祁进玉教授先对此次活动进行发言，国家民委的领导也会对这一土族盛事表示祝贺。紧接着就是文化论坛的环节，来自各个地区的专家学者进行专题演讲和发言。到下午1点左右，就进行"安昭纳顿节"的聚餐活动，餐会上会有土族阿姑和阿吾给同乡们带来的歌舞演出。大家载歌载舞，欢庆这一属于土族儿女的节日。

2. 购票回家

在京在校土族同胞们在假期时一般是小集体买票，即关系比较密切的几个人组成一个小集体，大家将钱和学生证一起交给一个代表（一般是男生），由他买票后再分给大家，大家到时候就以一个小团体为单位回家。几个小团体如果在车上碰到了，就组成了一个大团体。

回学校的时候也是这样。至于被问及在青海家中的这段时间，是否和在北京熟识的土族同胞联系时，大多数访谈对象表示：如果关系很好，又有机会，大家也会一起玩，不过重点还是在以前的老朋友上。

3. 送老生

它是在京在校土族同乡们一年中又一个很重要的活动，前来参加的老乡会成员可以达二三十人。活动的费用来自于在京土族联谊会。在聚餐中，毕业生成了主角。需要指出的是，活动不是单一的某个学校的活动，而是全体在京土族毕业生都可以参与的盛会。

在送老生活动中，除了正常的进餐，大部分时间都用来交流与互动。

4. 其他互动行为

还有一些活动，不以联谊会的名义进行，但与联谊会有着密切的联系，可以视为联谊会活动的衍生互动或隐性功能。

在京土族联谊会中，部分高年级的成员会离开宿舍，在校外租房子居住。他们常常会邀请一些其他的老乡会成员，来家中小聚。在家里，他们一般会做些家乡风味的菜肴，彼此之间谈论的话题也很丰富，学习、生活等都有。

访谈对象还提及，个别联谊会成员之间也常组织小规模的游玩的活动。这也是由土族联谊会衍生出来的。

由此可知，土族联谊会组织的活动交流性很强，成员间的互动程度很高，相同的民族情感把大家聚集在一起。

在平时大家也会有学习上的交流，老乡会中的学长学姐们会提供自己的学习资料给学弟学妹们，给予他们学习上的指导和帮助。但是这个不能纳入联谊会的日常事务中来，毕竟大家的专业不同，也没有形成一个固定的活动模式。

四、互动影响

1. 成员内部的互动影响

在京土族联谊会的成员在互动中结成了一个以情感为纽带的亲密关系。在访谈中，访谈对象之间提到彼此时往往使用亲昵的称呼，如某某哥等。此外，笔者还注意到一点，在访谈对象描述联谊会成员间的互动关系时，说到这样一句话：如果幸运，那么两个老乡会被分到同一个宿舍中。在这里，他用到"幸运"这样一个词语，充分体现出他对于这一感情的重视。

在京土族联谊会的维系基础是无私的付出和感恩的心情。对于同民族的学生和朋友，大家给予的帮助是很大的。而这种善意的、无私的付出和感恩的情感对于联谊会成员的人格塑成具有重要的意义，不但对于其在校期间的情感建设具有重要的意义，而且在其以后的人生道路中，也将也起到相当重要的作用。

笔者在访谈中了解到，大部分的土族同学在毕业后愿意回到家乡，为家乡的发展做出贡献，对大学期间结识的这些有着相同的人生经历、共同的人生追求的朋友们来说，找到的是事业上的伙伴。在老乡会内部，都有自己的 QQ、微信联系群，通过这些现代化的手段，彼此之间在多年后仍旧会保持一个良好的互动关系。

2. 联谊会的影响

联谊会大部分成员是土族的在校学生，他们来到北京这个多民族交融的地区，面对着与原文化区完全不同的、陌生的文化，在生活习惯、环境等方面会产生一定的心理落差，再加上远离家庭朋友，社会应变能力不足，易产生孤独感，影响到正常的学习、生活。

当然，这时候需要学校老师的介入，但是在大学，老师面对的往往是上百个学生，对于每个学生的个人问题往往显得力不从心。联谊会则可以很好地成为他们的心理调剂站，相似的文化背景，相似的生活经历，给予了他们更多的话题，更有利于有针对性地解决问题，有利于相互敞开心扉，做更深入的交流。

那些已经走向社会的联谊会成员，可以对即将踏入社会的同胞在职业规划、人生规划等方面给予针对性的指导，这也是一种帮助和促进。

对于刚入校的新成员，在京土族联谊会也会有针对性地对其恋家情结进行适当的梳理，避免小团体主义，引导新成员更好地融入大学生活中去，与身边的汉族同学和其他少数民族同学打成一片，为校园的多元文化建设做出自己的贡献。

在土族联谊会所展示的良善宽容的心理状态，对于民族地区的发展同样具有重要的意义。在各民族发展进步的今天，以宽容并包的心态，平等地对待一切异文化和异文化的传播者，取其精华，对促进民族地区发展，促进民族进步都有很重要的作用。

3. 联谊会的发展需要

在京土族联谊会在发展过程中，会员的人数一直具有不确定性，这种不确定性主要来源于社会人员的流动性和在校学生的流动性。如果每个在京学校在人员统计和注册上提供方便，就可以更好地团结土族生源，为联谊会的发展提供便利。社会各界的土族同胞也应紧密团结在在京土族联谊会的周围，为促进联谊会的长足发展贡献自己的力量。

开展一些有利于展示联谊会特色的活动。就目前来看，现在的主要活动除土族文化论坛和"安昭纳顿节"之外，仅有送老生的活动，而在送老生的活动中，参与的联谊会成员又不多，社会成员参与的更是少之又少。希望可以提供更多开放的平台，给土族同胞更多交流互动的机会。

在京土族联谊会和其他在京少数民族联谊会可以通过合作，组织多民族文化节，展示自己的民族特色，出售自制的家乡小吃和传统的特色手工艺品，一方面可以为联谊会增加活动经费，另一方面也可以丰富少数民族文化生活，加强不同文化背景的同学间的交流，搭建友谊的桥梁。

在京土族联谊会在自身的发展过程中，也要逐渐体系化，活动形式和内容也要努力实现多样化。在体系化的过程中，依旧要坚持发挥情感的纽带作用。同时，土族联谊会也要适时扩大自己的交往范围，与其他兄弟民族加强互动，增进了解。加大与在北京的其他土族同胞的交流互动，将校内土族老乡和校外土族老乡有机结合起来，实现共同发展，为校园小社会和大社会的和谐发展做出自己的贡献。

在探讨土族联谊会成员的群体特征时，一位访谈对象曾幽默地回答说："可能是普通话不太好吧，其他的应该差不多。"通过访谈，笔者看到他们努力、热情、无私、感恩的一面。他们在大城市里不断奔跑着，努力追逐着自己的梦想。

作为一个民族学专业的学生，笔者认识到在研究民族问题时，必须要有一个国家的观念，不要抱着狭隘的民族观念，不能抱着一个守旧的地方意识。一个民族的发展和一个国家的发展都要强调完整性，没有完整的国家概念，哪里能体现出民族的意识？只有在强调国家完整性的前提下研究民族文化的多样性，才能使整个民族和社会不断向前发展。我们只有始终坚持国家统一的理念，才能做一个有社会责任感的人；才能做一个民族发展的支持者和促进者；才能使土族的文化得到发展，使更多的人知道土族，了解土族。

故宫普洱茶的今昔

李继群[*]

2007 年 3、4 月间，一项名为"百年贡茶回归普洱"的活动引起了很多人的关注。所谓"百年贡茶回归普洱"，指的是保存于北京故宫已逾 100 多年的"万寿龙团贡茶"，由特别车队护送，跨越北京、天津、山东、上海、浙江、广东等 9 个省市，历近万里的行程，最终回到云南省普洱市。作为普洱市第八届中国普洱茶叶节的重要活动，这坨光绪年间就送入皇宫的普洱茶团首次出宫，并在各个途径省市进行了展示，最终回到云南"省亲"。

"万寿龙团贡茶"被称为"普洱茶太上皇"，是现存陈年普洱茶中的绝品。其真品仅有两坨，分别保存于北京故宫博物院和杭州中国农业科学院茶叶研究所。"万寿龙团"是在 1963 年的故宫库存清理中得以发现的。至今，故宫博物院还藏有普洱茶膏、普洱团茶、女儿茶等清宫遗留下来的其他普洱茶。来自中国西南边疆的普洱茶成为故宫的重要文物，普洱茶的故事值得深究。

一、普洱"茶"

一般认为，普洱茶主要产自中国云南，是布朗族、哈尼族、拉祜族、德昂族、傣族等少数民族栽培、使用、交换的茶叶品种。[①]确切地说，普洱茶的主要产地在今天中国云南省普洱市和西双版纳州，该地区清朝为普洱府管辖。"普洱"是地名，

---

[*] 李继群，纳西族，中央民族大学民族学与社会学学院 2016 级民族学专业博士研究生，云南大学民族学与社会学学院讲师。

[①] 马祯：《百年普洱茶研究回顾——学术视野中的普洱茶意义变迁》，载《学术探索》，2015 年第 11 期。

普洱茶是清代普洱府地界上所有大叶种晒青茶及其制成品的通称。[①]"普洱茶"的确切称谓应该是清以后才出现的，但普洱"茶"的历史由来已久。

云南思茅地区[②]澜沧邦崴周围发现的新石器即是 3000 多年前的濮人文化，邦崴过渡型古茶树即是古代濮人栽培驯化茶树"科学实验"遗留下来的活化石。[③]

位于普洱市澜沧拉祜自治县惠民乡辖区内的景迈山，生活着傣族、布朗族、佤族、拉祜族、哈尼族等多个少数民族。景迈山的傣族认为他们是这片古老大地上的最早居民，因为根据当地傣文资料记载，佛历四三七年（前 106 年），今云南德宏一带的傣族部落王子"召糯腊"率 3000 余部落人员沿澜沧江而下开始大规模的迁徙。迁徙途中，有一部分人员在沿途选择美丽富饶的土地定居下来，召糯腊最后带着 1000 余人于佛历四四二年（前 101 年）来到景迈开辟村寨。结合当地傣文资料，景迈山的傣族构建了自己民族发现茶、使用茶的历史：召糯腊在其妻子病重之时发现神奇的植物"茶"，并利用茶生津止渴、解乏提神的作用治好妻子的疾病，后来还带领大家完成了茶树的人工栽培。傣族人将茶称之为"腊"，"腊"（读音为 là）在傣语中就是"除掉""弃掉"的意思，茶的药用功能得到了体现。另外，在傣族村落中茶叶也是一种食物，至今在傣族村落里还保留有把茶当菜的吃法。一般分两种：一种是生吃，只要蘸点盐和辣椒水就可以了；另一种是将茶用水煮沸后，先喝其汁，然后把喝淡后的茶用竹筒腌制起来，三五天后拿出来放上一些盐再吃。据说这是傣族先民发现茶叶不久后，因茶的珍贵，人们喝汁后舍不得丢掉那些茶渣，就把它拿来留在竹筒里，后来才发现这是一道很美味的菜，从而形成了傣族村民喜爱的一道特殊菜肴。

景迈山的布朗族也强调是他们的祖先"叭哎冷"在南迁过程中最早认识到茶叶的药用价值。人们在战争中偶然发现茶叶能够使人头脑清醒，精神振作，可以用来治病、消除疲劳和提神，因此将茶叶与其他树叶分别开来。布朗族的祖先，也是种茶始祖叭哎冷将其称之为"腊"（读音为 lā），[④]其意为"绿叶中能当作佐料且能治病并且作为饮料的叶子"，其命名理据是茶叶的药用及作为饮品的价值。布朗人把"腊"摘下来带在身上，劳累时就放到嘴里含着，用这样的方法来消除劳累，保养

---

① 徐斌：《马背上的贡品——普洱茶入宫记》，载《紫禁城》，2006 年第 3 期。
② 思茅地区，即今天的普洱市。新中国建立后，普洱相继更名为普洱专区、宁洱专区、思普地区、思茅专区、思茅地区等。2003 年，经国务院批准，思茅撤地设市。2007 年，思茅市更名普洱市。
③ 黄桂枢：《论普洱茶的历史地位和现实意义》，载《中国茶叶加工》，2002 年第 4 期。
④ 傣族和布朗族都将茶命名为"腊"，但是两个民族对于其含义的解释是不相同的。

身体。后来又采用把"腊"摘回来，用锅炒、用手揉、用阳光晒干的加工方法。为了发挥"腊"的药性作用，后来人们喝"腊"的时候，先把"腊"放入小罐罐烤香，然后放水熬成汤来喝。这时期，"腊"便成为人们必不可少的普通饮料，不喝"腊"头就疼。布朗族中流传着这样一句话："上山不带饭可以，不带'腊'不行。"对"腊"的利用越来越广泛，需求量也越来越增加，种植出现了较快的发展，从一棵发展到数棵，从数棵发展到小片种植，从房前屋后四面八方扩种发展，经近千年种植历史，成了今天的万亩原始古茶园。[①]

普洱地区民族的口传故事不仅追溯了祖先迁徙和开拓的过程，也讲述了普洱"茶"的被发现、利用和种植的历史。而在历史文献中最早留下普洱"茶"记载的人是（862 年）亲自到过云南南诏的唐吏樊绰，他在《蛮书》卷七中云："茶出银生城界诸山，散收无采造法。蒙舍蛮以椒、姜、桂和烹而饮之。"这部距今 1100 多年前的《蛮书》，是普洱茶历史的开篇文字。"银生"指南诏时的银生节度，银生节度的首府银生城在今天普洱景东县城。"诸山"，指银生节度辖区各地山区。"银生""诸山"产茶，而南诏地区的"蒙舍蛮"将茶和"椒姜桂"一起烹煮后饮用。这一记录一方面说明了茶的故乡就在普洱，普洱"茶"源远流长；另一方面说明了远在千里之外的南诏地区已经有了普洱"茶"，茶的贸易已经形成。

据光绪《普洱府志》载，普洱茶早在唐代就已行销西番。其卷十九《食货志》载："普洱古属银生府，则西番之用普茶，已自唐时。"明朝谢肇淛在《滇略》中说"士庶所用，皆普茶也"，可以看出普洱"茶"的普及程度。明万历年间，在普洱已设官管理茶叶贸易。清代中叶，清政府在普洱府和思茅厅增设官茶局，商人经营茶叶要向官方领取"茶引"（即执照）。据考，历史上普洱茶的运销量号称 10 万担以上，清顺治十八年（1661 年），仅从普洱运销西藏的茶叶就有 5 万担之多。清人檀萃在《滇海虞衡志》中云："普茶，名重于天下，此滇之为产而资利赖者也。入山作茶者数十万人，茶客收买运于各处，每盈路，可谓大钱矣。"[②]

普洱"茶"的交易量大、交易范围广。自唐时兴起的普洱"茶"交易运输之路今天被定义为"滇藏茶马古道"。这条道路南起云南的西双版纳和普洱，中间经过了今天的大理白族自治州和丽江市、迪庆藏族自治州进入西藏，直达拉萨，有的还

---

① 李光涛，何强，何仕华：《云南澜沧县芒景、景迈栽培型古茶林略考》，载《农业考古》，1997年第 2 期。

② 黄桂枢：《云南普洱茶史与茶文化略考》，载《农业考古》，1995 年第 2 期。

从西藏转口印度、尼泊尔，成为古代中国与南亚地区一条重要的贸易通道。普洱"茶"是这条贸易通道上的重要媒介，它带动了不同地区人群之间的交流和流动，普洱"茶"也为更多人所"享"。

二、"普洱贡茶"

至于普洱"茶"何时进贡至朝廷，学界有着不同的看法。

有人根据《万历云南通志》的记载："车里司（今勐海）专管贡茶及各勐土司，实行茶引制"，认为普洱茶在明代已经成为贡茶。而在民国二十八年（1939 年）罗养儒所著的《纪我所知集》里则说："论云南贡茶入帝廷，是自康熙朝始（1662 年）云南督抚派员支库款，采买普洱茶五担运送到京，供内廷作饮，至此，遂成定例，按年进贡一次。"① 更为保守的说法是：云南省按例进贡普洱茶的时间最迟不晚于清雍正七年（1729 年）。② 其根据是这一年广西总督鄂尔泰积极推行改土归流政策，于雍正七年（1729 年）设置普洱府，管辖今普洱地区和西双版纳州，严密地控制了普洱茶的购销权力，同时选用极品进贡给朝廷，至此普洱茶的贡茶历史有了记录可查。

其实，云南所产茶叶早在唐时就成为"易西番之马"的重要物资，上贡进皇宫也不会是太晚期的事情，只是最后以"普洱茶"之名誉满天下。清代《新纂云南通志》称："普洱之名在华茶中占特殊位置，远非安徽、闽、浙（茶）可比。"《普洱茶记》则称："普洱茶名遍天下，味最酽，京师尤重。"末代皇帝爱新觉罗·溥仪说："夏喝龙井，冬喝普洱，拥有普洱茶是皇室地位的标志。"说明清时云南普洱府的普洱贡茶确实得到了皇室的喜爱。

清政府为了能使朝廷享受到上等的普洱贡茶，在普洱建办贡茶厂，将六大茶山晒青毛茶运普洱加工成五斤重团茶、三斤重团茶、一斤重团茶、四两重团茶、一两五钱重团茶、瓶装芽茶、蕊茶、匣装茶膏 8 种（称八色贡茶）。

普洱茶的采制是极为讲究的。一是采摘茶叶要注重季节和品种。清《普洱府志》记述："二月间采，蕊极细而白，谓之毛尖，已作贡，贡后方许民间贩卖。采而蒸之，揉为团饼。其叶之少放而犹嫩者名芽茶。采于三、四月者名小满茶。采于

① 杨兴能：《清朝时期云南的普洱贡茶》，载《中国茶叶》，1999 年第 4 期。
② 徐斌：《马背上的贡品——普洱茶入宫记》，载《紫禁城》，2006 年第 3 期。

六、七月者名谷花茶。大而圆者名紧团茶。小而圆者名女儿茶。女儿茶为妇女所采，于雨前得之，即四两重团茶也。"二是采摘茶叶时要做到"五选八弃"。即"选日子、选时辰、选茶山、选茶丛、选茶枝"；"弃无芽、弃叶大、弃叶小、弃芽瘦、弃芽曲、弃色淡、弃食虫、弃色紫"。① 三是茶叶加工好后讲究包装。清代汪士慎的《普洱蕊茶》云："客遗南中茶，封裹银瓶小，产从蛮洞深，入贡犹矜少。"从诗中可知，当时的普洱蕊茶、芽茶系装在银瓶中进贡的。银瓶包装是为了避免串味。清代云南个旧盛产白银，银瓶精巧玲珑，颇受皇室家族青睐。② 而如今藏在故宫的普洱茶膏放置在盒子中，并用长方形片竹笋衣将茶膏一层层隔离开来，有效防止破损和受潮。另外如较大的团茶外包装用了竹箬，几个团茶则在竹箬包上竹篾捆牢。竹笋、竹箬、竹篾都是就地取材，但是这些竹纤维强韧耐久，不会败坏破碎，同时又有防潮、过滤杂味的功效，成为包装普洱茶最理想的材料。③

普洱贡茶送呈到皇宫的过程也是非常严格的：加工好的贡茶经验收后，先分别包装，再用黄包袱包裹，然后在官兵护卫下运到昆明。运送贡茶的马帮须持有官府颁发的令牌，以通过路上设置的层层关卡。马帮到达昆明后，负责运送的官员将贡茶交送巡抚衙门验收，督抚再派员运送进京。④ 明末清初，为了方便向京城进贡"普洱茶"，还专门修了一条普洱至磨黑以北到省城昆明的"官道"。这条道因山高路险，故有"茶庵鸟道"之称，故亦成了清代"普洱郡八景"之一。

送呈到皇宫的普洱贡茶，成为宫廷的一种必备饮品。在清代宫廷，上至皇帝、皇后，下到太监、宫女都会饮用普洱茶。沈义羚在《宫女谈往录》中说："老太后（慈禧）进屋坐在条山炕的东边，敬茶的先敬上一盏普洱茶。老太后年事高了，正在冬季里，又刚吃完油腻，所以要喝普洱茶，因它又暖又解油腻。"⑤ 按照清廷尚饮奶茶的习惯，很多普洱茶都是加奶一起煮的。而清泡出的普洱"酽"茶，则因其解油去腻的作用而得到人们的喜爱。

普洱贡茶还成为皇帝赏赐大臣或礼赠使者的重要物品。皇帝定期或不定期地赏赐臣下一些物品，是皇帝笼络人心的方式。将普洱贡茶作为赏赐物，一方面可以看出皇帝对普洱贡茶的认可，另一方面也说明普洱贡茶在京城并不是容易得到的东

① 徐斌：《马背上的贡品——普洱茶入宫记》，载《紫禁城》，2006 年第 3 期。
② 杨兴能：《清朝时期云南的普洱贡茶》，载《中国茶叶》，1999 年第 4 期。
③ 付超：《浅谈清宫普洱贡茶》，载《收藏家》，2012 年第 3 期。
④ 徐斌：《马背上的贡品——普洱茶入宫记》，载《紫禁城》，2006 年第 3 期。
⑤ 万秀锋：《普洱贡茶在清宫中的使用考述》，载《农业考古》，2012 年第 5 期。

西。而作为给外国使臣的赠礼，更是将普洱贡茶放在了贵重、稀有之位。

从普洱"茶"到普洱"贡茶"，一字之差，其价值已经得到了极大提升。它已经不仅仅是饮品，作为礼物与赏赐，它是王朝中心关系的纽带、交流的媒介。①

三、"普洱茶"

普洱贡茶的历史结束于光绪三十四年（1908 年）。当时普洱贡茶在昆明附近被抢，最后停止了纳贡，普洱贡茶的时代结束了。

民国到新中国建立前普洱茶生产和交易情况，在李拂一和范和钧两位先生的文章里有记载。李拂一先生于 1901 年出生于今天的普洱，1932 年，他联合佛海②当地的中小茶庄，成立了"佛海茶业联合贸易公司"。据说公司年出口茶叶数量在 2 万多驮。由于他亲历了普洱茶的民国史，其撰写的《佛海茶业与边贸》等文章展现了民国时期茶叶种植生产、茶庄发展状况、以茶叶为媒介的国际交流等。范和钧于 1939 年受云南中国茶叶贸易股份有限公司③之邀来到云南，最后筹建了"佛海茶厂"。《佛海茶业》一文详细介绍了佛海茶业的沿革，茶树的栽培，茶叶的采制、初制、复制、包装、运输、销售以及佛海茶叶的改良等方面的问题。由此可以看出，民国年间，因为特殊的政治形势，茶叶贸易也受到了影响，但普洱茶的加工和贸易并未停止。

新中国成立之后，"云南中国茶叶贸易股份有限公司"更名为"中国茶叶公司云南省公司"。1950 年，该公司与下关茶厂共同熬制普洱茶膏 2100 千克供应西藏。此后，该公司虽几易其名，但一直致力于统一普洱茶的质量标准和加工工艺。但这一阶段普洱茶已经不再那么出名了。

20 世纪 80 年代末期到 90 年代初，收藏在香港和台湾的一些陈年普洱茶被发现，并在两地得到极大追捧。1988 年 12 月 13 日到 1989 年 1 月 1 日，台湾茶艺观光团来到昆明植物研究所，意在调查云南是否还在生产普洱茶。研究所的植物学家们说他们没有听说过普洱茶，即使历史上有，现在也不存在了。台湾观光团接着到了六大茶山地区，他们发现在这些地区，普洱茶依旧还被种植，且在六大茶山留存

---

① 马祯：《普洱茶的社会生命史及其意义研究》，载《红河学院学报》，2015 年第 5 期。
② 佛海，即今天的勐海县，1958 年佛海县改名为勐海县。
③ 1938 年 12 月，云南中国茶叶贸易股份有限公司成立。

着很多古茶树。台湾和香港对于普洱茶的追捧使云南重新重视普洱茶，[①]普洱茶重新走入了世人生活。

此后，普洱茶热不断升温。学者们在讨论普洱茶是什么？普洱茶的贸易路线如何发展？普洱茶与少数民族之间的文化关联是什么？商人们在策划如何利用普洱茶的厚重历史和药用功能来提升它的商业价值？政府则在规划如何将普洱茶这一"活化石""遗产""资源"与经贸、观光、旅游、招商整合起来？

2007 年，一支由 60 多人和 6 辆车组成的"盛迎"队伍，护送着一坨来自故宫博物院的百年普洱贡茶，从北京辗转全国多个地方，直至终点云南。整个活动万众瞩目，声势浩大。也正是在这一年，云南省思茅市正式更名为普洱市。2010 年，普洱市启动了"景迈山千年万亩古茶林"申报世界文化遗产的工作，2012 年成功列入《中国世界文化遗产预备名单》，成为《世界文化遗产预备名单》中唯一与茶有关的遗产地。

不可否认，故宫的普洱茶是百余年的文物，而民间的普洱茶还在继续着"可以喝的古董"的传奇。

---

① 马桢：《普洱茶的社会生命史及其意义研究》，载《红河学院学报》，2015 年第 5 期。

后 记

　　作为千年古都，北京不仅是我国各民族人民向往之地，也是我国各民族文化荟萃之地。自古以来，北京就是一个多民族杂居的城市，从春秋战国到1949年新中国成立，北京的城市规模、人口数量不断增加，生活在城市中的少数民族也越来越多。新中国成立后，北京更是成为全国人民工作和生活的理想之地，从1964年以后，北京非世居的少数民族的增长速度大于世居的少数民族人口的增长速度。2010年第六次人口普查数据资料表明，北京市少数民族人口80.1万，占全市总人口的4.1%。千人以上少数民族有21个，其中满族、回族、蒙古族、朝鲜族、土家族、壮族、苗族人口都超过万人。目前，北京也是全国唯一一个聚集了56个民族的城市。除了中国传统的儒、释、道文化外，北京还是世界各主要宗教文化的荟萃之地。实际上，正是各民族的优秀文化铸就了今日北京的辉煌。

　　作为首都，北京也是全国最包容的城市，无论来自何方，无论属于哪个民族，人们都能在这座传统与现代相互交织的大都市中找到属于自己的一席之地。如今的北京，不仅每年有很多来自世界各地的"洋打工"，而且也有大量的少数民族流动人口的涌入。据统计，2015年底，北京仅内地民族班学校就有20所、西藏中学1所，在校学生共有6874人，全市登记少数民族流动人口约22.8万人。如何管理、理解和支持城市中的少数民族流动人口一直是近年来相关学术界和管理部门的热门话题。笔者以为，要想使城市中的少数民族流动人口尽快融入当地社会，适应所在城市的生活节奏，首先要对城市中已有的少数民族的文化及其特点有所了解。尤其像北京这样的大都市，理解城市文化应该是实现城市有效管理的前提。

　　同时，北京也是全国各民族团结的典范，世界了解中国各民族文化的窗口，北京的各项民族工作都走在全国的前列。各民族文化在北京和谐相处，并不断得以弘扬发展，正如费孝通先生所倡导的"美人之美，美美与共"。遗憾的是，不仅海外，就是国内对北京丰富灿烂的各民族文化的了解都非常有限。所以，如何书写和讲好北京民族团结故事，不仅对建设中华民族共同的精神家园具有极其重要的现实意义和学术价值，而且对世界认识中国文化、了解中国国情具有典型和示范作用。

多年来，我们一直希望能够出版一本"北京少数民族文化资源研究"的读本，而本书正是这一想法的初步实施。首先，非常感谢中央民族大学的杨圣敏教授、余梓东教授、中国藏学研究中心的陈庆英研究员和雍和宫的刘军研究员对本书的大力支持。其次，也非常感谢北京第二外国语大学的厉新建教授、北京市社会科学院的包路芳博士、中国伊斯兰教协会的敏俊卿博士和中国藏学研究中心的李德成研究员；他们不但热情参加了我们举办的"北京少数民族文化"系列讲座，还把相关讲座内容整理成文贡献给本书。再次，也非常感谢参与本书撰写的民族学专业的诸位研究生，希望他们通过实地调查和论文撰写，对北京的民族文化资源有所了解。最后，衷心感谢郭荣荣女士，本书从选题策划、组织书稿、文字编辑到封面设计，郭女士都付出了艰辛的劳动。

北京有着极其丰富的少数民族文化底蕴，本书只是冰山一角，希望能起到抛砖引玉的作用，能吸引更多的人投入对北京少数民族文化资源的研究之中。

编者